房地产实战营销丛书

房地产中介经纪机构人事行政与业务经营管理

余源鹏　主编

机械工业出版社
CHINA MACHINE PRESS

本书是针对房地产中介经纪机构的设立和管理而编写的。本书以管理学为基础，理论与范本相结合，总结了近几年来全国各地优秀房地产中介经纪机构的实操管理经验，取之精华，全面系统地描述了房地产中介经纪机构人事管理、行政管理、业务经营管理模式。本书内容详尽，专业性强，是一本房地产中介经纪机构人事行政和业务经营管理的指导书和范本参考书，特别适合房地产中介经纪机构的经纪人员、部门主管领导和文职秘书等人士阅读。

图书在版编目（CIP）数据

房地产中介经纪机构人事行政与业务经营管理/余源鹏主编.
—北京：机械工业出版社，2010.9
（房地产实战营销丛书）
ISBN 978-7-111-31853-8

Ⅰ.①房…　Ⅱ.①余…　Ⅲ.①房地产-中介组织-行政管理②房地产-中介组织-经济管理　Ⅳ.①F293.35

中国版本图书馆 CIP 数据核字（2010）第 177055 号

机械工业出版社（北京市百万庄大街22号　邮政编码100037）
策划编辑：赵　荣　责任编辑：葛　楠　张大勇
版式设计：霍永明　责任校对：姚培新
封面设计：张　静　责任印制：杨　曦
北京京丰印刷厂印刷
2010年10月第1版·第1次印刷
169mm×239mm·28.25印张·518千字
标准书号：ISBN 978-7-111-31853-8
定价：88.00元

凡购本书，如有缺页、倒页、脱页，由本社发行部调换

电话服务
社服务中心：（010）88361066
销售一部：（010）68326294
销售二部：（010）88379649
读者服务部：（010）68993821

网络服务
门户网：http://www.cmpbook.com
教材网：http://www.cmpedu.com

本书编写人员

主　　编：

余源鹏

策划顾问：

广州鹏起房地产代理有限公司

参编人员：

黄　然　李巧莉　崔美珍　邓祝庆

夏　庆　林达愿　林旭生　张雄辉

叶志兴　杜志杰　黄林峰　罗宇玉

董庆园　张良洪　张吉柱　宋明志

陈友芬　王旭丹　林　涛　余鑫泉

罗　艳　钟世权　曾　琳　陈淑燕

信息咨询：

盈地网 www. eaky. com

前　言

随着全国各地存量房（二手房）的日益增加，增量房（新房）房价的高居不下，许多人在衡量了房价、地段、社区成熟度、现房现住等因素之后纷纷选择了购买二手房。房地产三级市场（即二手房市场）的成交面积已经逐渐接近房地产二级市场（即一手房市场）的成交面积，特别是在大城市中，有许多城市已经出现二手房市场的成交面积超过一手房市场的情况。另外，在流动人口较多的大城市中，二手房租赁业务也是非常活跃的。

无论是二手房的买卖还是租赁等二手房交易业务的发展，都使得以二手房交易为核心盈利业务的房地产经纪机构有了广阔的生存和发展空间，所以几乎在各大城市的每一条街道上都有房地产经纪机构的身影。

房地产经纪是指向进行房地产投资开发、转让、抵押、租赁的当事人提供房地产居间介绍、代理的经营活动，目前主要包括代理新旧房买卖、租赁等业务。房地产经纪机构是房地产中介机构中最主要的机构（房地产中介机构还包括房地产咨询机构和房地产估价机构），其建立的形式以房地产中介代理公司加分行为主，还有各种房地产咨询机构、个体房地产信息服务部和家政服务中心等。本书就是针对这些房地产经纪机构的设立和管理而编写的。

由于房地产中介经纪机构的设立门槛较低，而且只要有中等规模以上的社区就有其生存盈利的空间，因此房地产中介经纪机构在全国各地都普遍存在。但随着房地产市场的几度起落，大浪淘沙，各地房地产经纪机构分化，出现了遍布城市各主要区域的大型连锁中介公司和一些只有一两家分行的小型中介机构并存的现象，也出现过拥有上百家分行的中介公司倒闭的情况。

因此我们认为，一方面房地产经纪机构会长期存在，并随着城市化进程的发展而增加；另一方面各家房地产经纪机构必须强化自身建设和规范化管理才能有效降低成本、抵御风险、增强机构自身的核心竞争力，最终做大做强。房地产经纪机构的规范化管理建设主要有两个方向，第一是人事行政管理，第二是业务经营管理。

我们根据广大房地产中介从业人士的需求,经过两年多的调查和研究,编写了这本《房地产中介经纪机构人事行政与业务经营管理》,旨在为广大房地产经纪机构的创立者、管理者和从业者提供国内最先进、全面、实用的房地产经纪机构人事行政和业务经营管理制度、规范、流程和范本。

房地产经纪机构的管理者参考借鉴本书的内容后，可以根据自身机构的规模和特点，对本书所提供的制度、规范、流程和范本稍微加以修改后，便可制定出一套高效、实用、严谨的管理制度体系，从而让房地产经纪机构能有效降低管理成本，提高工作效率，在激烈的市场竞争中站稳脚跟并开疆辟域。

本书全面讲述了房地产中介经纪机构的业务经营管理：

第一章，房地产中介经纪机构人事管理。

第二章，房地产中介经纪机构行政管理。

第三章，房地产中介经纪机构业务经营管理。

本书是一本以管理学为基础，理论与范本相结合的、内容全面的房地产中介经纪机构人事行政和业务经营管理的指导书和范本参考书，具有以下五个特性。

第一，专业性。本书是专门针对房地产中介经纪机构这一类企业和机构的内部管理而“量身定做”的，针对性极强，书中各项管理内容、规范和制度都是经过严谨推敲得出的。

第二，实操性。本书的编写人员全部来自多年从事房地产中介经纪机构管理的一线专家，管理实操经验丰富，力求通过全面实用的理论指导和众多优秀的制度规范，使读者可以在最短的时间内吸收前人的管理实操及业务经验。同时，本书一如既往地保持了我们编写房地产图书的实操性风格，力求体现现实房地产中介经纪机构内部管理工作的内容、要求和深度。

第三，范本性。为了说明房地产中介经纪机构人事行政和业务经营管理工作的内容，本书研究总结出大量的优秀合同和表格范本。这些范本涉及内容全面，能代表国内业界的最高水平。

第四，工具性。本书脉络清晰，第一章讲人事管理，第二章讲行政管理，这两章又设多节分别讲述其主要的管理内容和职能；第三章讲业务经营管理，结合房地产中介经纪实操业务流程，以10节的篇幅分别讲述各业务操作的管理要点。本书具有模块化、工具化的特点，适合房地产中介经纪机构中负责人事和行政管理职能的管理人员以及负责业务经营管理职能的管理人员在工作中随时按工作内容进行翻阅参考。

第五，全面性。本书以我们的管理经验为基础，并研究总结了近年来全国各地各优秀房地产中介经纪机构的实操管理经验，取其精华，具有全面性和典型性的特点，能反映现今国内房地产中介经纪机构内部管理的最佳水平。

本书特别适合房地产中介经纪机构的人事部（或称人力资源部）和行政部（或称办公室或秘书部）的部门主管领导和职员（秘书）阅读，特别适合房地产中介经纪机构业务部门的管理人士、经纪人员和文职秘书人员阅读，特别适合房地产中介经纪机构的创立者（董事长、董事和总经理）参考借鉴。本书是广大房地产中介经纪机构业务管理人员（如业务主管、店长、分行经理、区域经理、营销经理、营销总监等人士）提升管理水平的重要实操手册。同时，本书也可作为房地产中介经纪机构进行员工培训的辅助教程，是广大房地产中介经纪人员（置业顾问）提升自身管理技能的必备手册和职业晋升的阶梯。

本书是我们编写的“房地产实战营销丛书之房地产经纪人实战系列”中继《房地产中介经纪人实用业务知识两日通》和《三天造就二手房租售冠军》后推出的第三本书。《房地产中介经纪人实用业务知识两日通》主要介绍房地产经纪从业人士需要了解并掌握的入行基础知识和实操业务知识;《三天造就二手房租售冠军》则重在讲述房地产经纪从业人士达到租售冠军所需要具备的“实操性”业务技能。有关房地产经纪行业的其他相关的实战性知识以及有关房地产营销各环节的实战性知识，请读者们参阅我们陆续编写出版的书籍,也请广大读者们对我们所编写的书籍提出宝贵建议和指正意见。对此,编者们将十分感激。本书编写过程中,得到了广州鹏起房地产代理有限公司相关同仁以及业内部分专业人士的支持和帮助,才使得本书能及时与读者见面。另外,为感谢广大读者的长期支持,请购买过余源鹏主编的房地产图书的读者登录盈地网www. eaky. com,在网页右上角的“客户留言”处留下您的邮箱和联系方式,之后我们将每月为您免费发送《盈地网中国房地产情报》一份。

目 录

第一章

房地产中介经纪机构人事管理

房地产中介经纪机构的所有业务流程的执行都离不开“人”的参与。房地产中介经纪机构的人事管理水平直接影响其业务水平和盈利水平。因此，房地产中介经纪机构必须建立起一套适合自身机构规模的科学的人事管理体系，把人事的问题和业务问题综合考虑。人事管理也就是人力资源管理。本章分八节全面阐述房地产中介经纪机构人事管理的所有重点内容。

第一节　房地产中介经纪机构组织结构与岗位职责

一、房地产中介经纪机构的组织结构

组织结构设计是企业为实现其发展战略所进行的一项基础性的工作。企业内部组织结构模式设计是企业发展战略的重要组成部分，是在企业建立初始就必须解决的问题，是企业全体员工为实现企业目标而进行分工协作，在职务范围、责任、权力方面所形成的结构体系，从表现形式上来说，就是企业的部门设置及其相互之间的管理层级关系和联系。虽然不同行业的运作模式和管理思想不尽相同，但是基于权力安排和人力安排的组织结构模式有其共同的基本形式。不同发展阶段的企业组织结构设计的基本模式及其优缺点如下。

1. 直线制

直线制是最早出现的企业组织结构形式。它是以产品为导向，以完成工作任务为目标的一种组织结构。它的结构简单，责任职权明确，每个人有且只有一个直接上级，所有人都明白自己该向谁报告工作。这种形式的特点是权力集中、责任分明、命令统一、控制严密。其缺点是层次较多、灵活性较差，整体运作效率较低。它仅适用于企业组织与外部环境没有更多交流的劳动密集型企业，一般在企业初创时期、业务品种发展单一的情况下较为适用。目前，它更多应用在企业内部管理单元的日常管理中。一般的房地产中介经纪机构其人事和行政职能合并在一个部门中，称为人事行政部，其组织结构如图 1-1 所示。

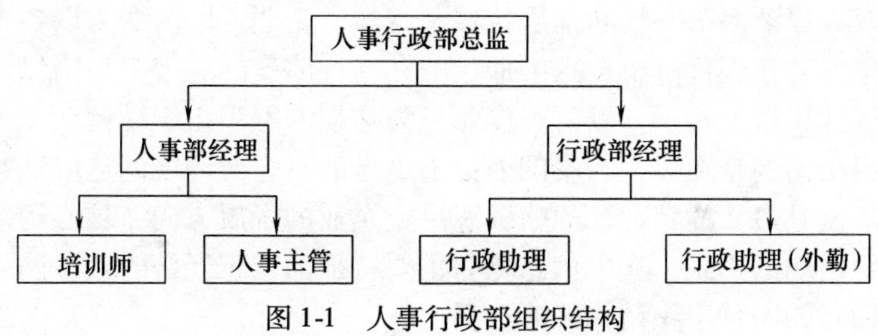

图 1-1　人事行政部组织结构

2. 直线职能制

直线职能制是在直线制的基础上，设立了职能参谋机构。这些职能机构有权在自己的业务范围内向下级单位下达命令和指示。它的优点是在一定程度上提高了企业的运作效率，但是这种结构形式存在的明显缺点就是多头指挥。实行这种组织结构的关键在于职能部门职责权限的明确划分。目前大多数中小型企业都应用此种组织结构。对于规模大，决策时需要考虑因素复杂的组织，则不太适用。

3. 事业部制

事业部制是在总公司的领导下设立多个事业部，各事业部有各自独立的初级产品和市场，实行独立核算。其经营原则是“集中决策、分散经营”。当公司具有一定规模并从事不同行业时可以考虑实行事业部制。它的优点是使组织高层摆脱了具体的日常管理事务，提高了管理的灵活性和适应性，缺点是机构重复、人员臃肿、独立经营、各自为政、重视局部利益而忽视整体利益。实行此种组织模式应注意的问题是尽量避免“本位主义”和机构重叠，适合大型或跨区域的企业。

4. 矩阵制

矩阵制又称“规划-目标结构”，是把按职能划分的部门和按产品（或项目、服务等）划分的部门结合起来，使同一员工既同原来职能部门保持组织与业务上的联系，又参加产品或项目小组的工作。每个项目小组都设负责人，由组织的最高主管直接领导。它的优点是加强了各职能部门的横向联系，具有较大的机动性和适应性，实现了集权和分权的优化组合，有利于发挥专业人员的潜力，有利于各类人才的培养。其缺点是纵向和横向双重领导，极易产生意见分歧，造成工作扯皮和管理矛盾；同时组织关系比较复杂，对项目负责人要求较高。这种组织具有临时性的特点。这种模式适合于企业业务试探性拓展阶段和大规模项目实施。

5. 网络结构

随着市场和技术的进一步发展，企业生产经营中的知识含量逐渐加大，企业的技术权力逐渐向第一线和基层转移。这样，企业逐渐演变为以各个作业点作为决策单元。在现代电子技术的催化下，这种演变的趋势更加明显，从而形成了在电子计算机连接下，以每个作业点为终端的网络组织结构。

网络组织结构是在以人为本的前提下进行的，它对环境的适应性和对战略的充分理解是其最大的特征。战略资源决定企业的发展方向，核心稀缺资源决定企业组织结构的形式。在以信息化为主要特征的知识经济时代，网络结构是企业必须面对的一种组织结构战略选择。

网络组织结构强调协调，它使得职位权威逐渐过渡到知识权威，使得序列活动逐渐过渡到同步活动，使得纵向交流逐渐过渡到横向交流，使得团队成员在严格的等级制度中的不信任和服从过渡到信任和诚实，使得管理边界由精确严格过渡到模糊柔软。网络组织结构强调建立学习型组织、强调团队协作、知识能力、虚拟任务。

6. 虚拟客户式网络组织结构模式

虚拟客户式的网络组织结构模式，即在企业内部将各部门视为对方的客户，这样，部门之间即以服务客户方式服务对方。将部门之间的职能关系发展成互为客户式的服务关系是管理思想的重大突破。

以上六种组织结构模式是企业组织结构设计的基本模型。企业根据自身的实际情况和业务管理需要，可以选择其中适合的一种模式或几种模式所形成的组合模式。其目标一是使企业的所有信息能够尽大程度被企业管理者掌握以尽快作出决策，一是企业管理者所作出的决策能够最大限度的得到执行，也就是使企业管理效率更高，具有较快的市场反应能力。

企业的组织有生命周期，容易老化，只有与市场环境和企业自身业务发展状况相匹配的组织模式才能成为企业发展的催化剂。企业在确定了业务发展方向之后要根据业务发展需要对原有的组织结构模式进行相应的优化和调整。

7. 大型连锁中介公司的企业组织结构

图1-2为大型连锁中介公司的企业组织结构图，也是现今中介公司较常见的组织方式，供读者参考。

（1）分店（包括直营店和加盟店）。分店采用店长负责制的管理方式，每店设一个店长（或称分行经理），其他全部为业务员。店长对店内日常业务及行政事务进行管理，不直接进行业务跟踪而只进行业务的辅助支持和合同洽谈。所有合同必须经店长审核后才能签署。分店业务人员的主要工作将更多地集中在信息的发掘和业务执行上。

（2）区域分中心。区域分中心的管理类似于一个生产车间，除了兼有分店的业务职能外，它的一项重要作用在于对签约过程和现金收支的集中管理。其中设两个主管，一个主管辅助中心经理进行业务管理，一个主管负责信息整理、合同管理和财务管理。

二、房地产中介经纪机构行政部岗位职责

1. 行政部部门职责

（1）编制企业行政管理制度表。

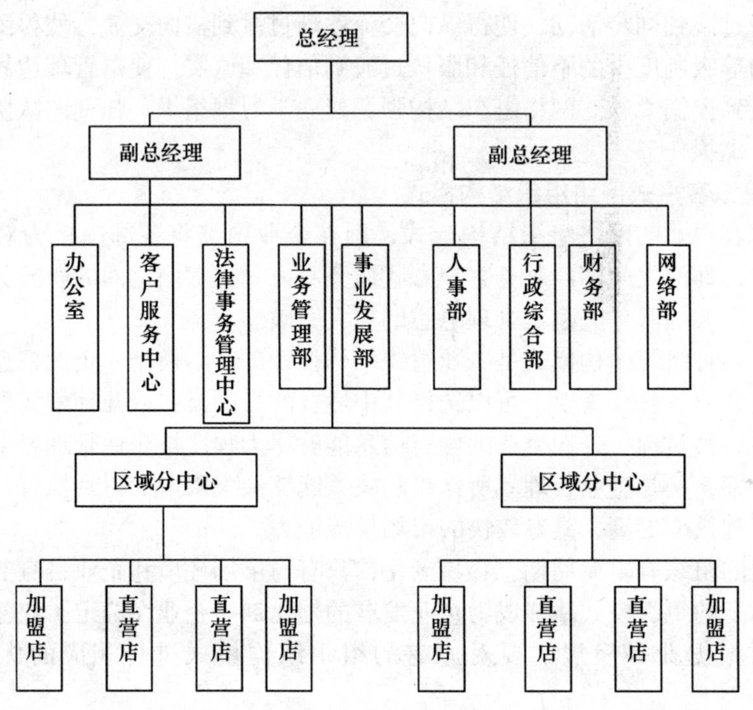

图 1-2　大型连锁中介公司的企业组织结构

（2）管理行政性财产物资，并进行登记、造册及定期盘点。

（3）严格控制企业各项行政费用支出。

（4）与政府有关部门及企业各职能部门、下属沟通。

2. 行政部经理岗位职责

（1）根据公司的经营和发展规划，建立规范化、流程化、制度化的公司行政管理制度，并组织落实、实施。

（2）配合公司的战略拓展，有目的性的进行店面选址，制作《开店计划书》。

（3）宣传企业文化，适时组织员工文娱活动，增强集体凝聚力。

（4）负责协调、平衡各部门间的关系，充分调动员工的工作积极性，创建和谐的工作氛围。

（5）组织制定行政工作发展规划、计划与预算方案，并负责监督、执行。

（6）不断掌握最新法律法规，以公正、公平的态度协调劳资关系，解答员工之疑问。

（7）根据部门的实际情况对本部门下一年度的各类预算使用进行控制管理。

（8）及时宣传、发布公司的相关精神。

（9）与各政府职能部门保持良好的沟通与协作。

3. 办公室主任岗位职责

（1）工作职责。

1）负责督促、检查行政部门对上级的指示、总经理办公室决议及总经理决定的贯彻执行。

2）定期组织收集、分析、综合公司有关生产、行政等方面的情况，主要做好典型经验的调查总结，及时向总经理汇报、请示工作，并定期向上级书面汇报。

3）根据总经理提示，负责组织总经理主持的工作会议，安排并做好会务工作。

4）负责起草总经理授意的综合性工作计划、总结和工作报告。

5）组织起草总经理办公室文件，负责审核各职能部门以总经理办公室名义起草的文件，组织并做好公司文件的编号、打印、发放以及行政文件的立卷、归档、保管工作。

6）组织做好总经理办公室印鉴和介绍信的使用保管、函电收发和报刊收订分发工作，并及时编写公司的大事记。

7）协调、安排涉及多部门主管参加的各种会议。

8）组织并做好来客接待和公车的管理工作。

9）指导并做好电话话务与机线维护工作。

10）根据总经理提出的方针、目标、要求，及时编制本室的方针目标，并组织贯彻落实。

11）负责公司办公用房的分配调整及办公用品、用具标准的制订和管理，并对办公用品、用具标准化及各部门文明办公进行检查督促。

12）负责完成总经理临时交给的各项任务。

13）对得知生产行政工作出现异常情况后未及时向总经理反映，以致造成的重大损失负责。

14）对总经理办公室行文的差错，收集与整理的资料失实而造成的严重的后果负责。

15）对机密文件和文书档案管理不严，发生失密、泄密或丢失、损坏负责。

16）对公文、函件、报刊、电报传递不及时，或发生丢失、误传现象，而影响工作负责。

17）对印鉴、介绍信管理不严或使用不当而造成的不良后果负责。

18）对下属工作质量差造成的不良影响负责。

19）对本室所属岗位发生的设备、人身、交通、火灾事故负责。

20）对未及时根据公司方针目标的有关要求，编制好本室方针目标或未及时检查和落实负责。

（2）工作职权。

1）有权向公司各部门索取必要的资料和情况。

2）有权检查督促对总经理指示的贯彻执行情况。

3）有权催促各部门按要求完成公司下达的工作任务。

4）有权催促各部门及时做好文件与资料的立卷、归档工作。

5）有权按总经理的指示，协调各部门之间的工作关系。

6）有权安排、调度公车的使用。

7）对各部门以总经理办公室名义起草的文件有审核和校正权。

8）对不符合规定或质量不高、效果不大的文件、资料，有权拒绝打印发放。

9）对要求各部门主管参加的会议有综合平衡或精简压缩的权力。

10）有权根据总经理的指示，对办公用房进行分配和调整，并对办公用品、用具标准化进行检查、督促。

4. 行政助理岗位职责

（1）协助部门经理建立规范化、流程化、制度化的公司行政管理制度。

（2）起草本部门文件、备忘录、通知等公文函件，以及公司对内、对外日常事务处理的函件。

（3）派发各部门文件，及时对受控文件进行存档、接收，经本部门人员传阅后，登记存档。

（4）对公司内各部门收、发文件存档。

（5）协调统计、上报各部门办公用品计划、物品采购计划，定期采购、发放；贯彻勤俭节约的原则，合理储备，有计划地及时发放。

（6）负责采购物品请款工作，采购物品到货后，依据采购单核对数量金额，报财务部请款。

（7）负责公司固定资产、办公用品的建账、记录。

（8）每月盘点办公用品数量，做到总账与明细账相符、明细账与实物相

符。

（9）负责指导公司内部其他部门的档案管理工作。

（10）按时汇总本部门工作计划、总结，上报公司领导。

（11）负责办公会议的召集及会议记录的撰写工作，打印修改确认后发送至各部门。

（12）做好公司内部的后勤保障工作（员工餐、工服、名片制作、胸卡等）。

（13）保证公司财产安全及公司的正常工作秩序。

（14）与公司其他部门及相关业务机构建立密切联系，营造和谐的办公氛围。

5. 行政助理（外勤）岗位职责

（1）负责开发分行，进行店面选址。

（2）为新开店办理《营业执照》、《房地产经纪资质证书》、《税务登记证》等手续。

（3）监督新店面的装饰装修。

（4）为分行配备办公设备、办公桌椅。

（5）负责联系各部门复印机、传真机、打印机的维修、保养工作，公司办公家具的维修与维护。

（6）对采购工作认真负责，在保证物品质量的原则下，做到货比多家，寻求合理价格，为各使用部门提供好后勤保障。整理采购供应商资料，为公司采购物品，做到货比多家、物美价廉。

（7）综合采购工作的重要性，需要随时了解商品市场动态，对市场行情做到心中有数。

（8）对使用部门要求限时或通知采购当天到货的物品，经请示后，采取灵活的采购方式，以保证各部门的正常运转。

（9）接办行政部门交办的其他工作。

6. 秘书岗位职责

秘书作为总经理办公室直接管理的职位，具有服务与监督两项职能，为了使秘书的职责更加清晰、完善，充分发挥秘书的作用，最大限度地配合业务工作，现对秘书的管理体系、职责及秘书管理等事项规定如下。

（1）秘书的管理体系（见表1-1）。秘书按层级由总经理办公室秘书主管负责管理，同时业务部门经理作为间接上级对各级秘书有聘用（解聘）建议权、职责建议权、绩效考核权、工作指导权。

（2）秘书的岗位职责（见表1-2）。

表 1-1　秘书的管理体系

<table>
<tr><th rowspan="2">职级</th><th rowspan="2">职位</th><th rowspan="2">所属部门</th><th rowspan="2">直属上级</th><th rowspan="2">间接上级</th><th colspan="2">管理权限划分</th></tr>
<tr><th>直属上级</th><th>间接上级</th></tr>
<tr><td>五级</td><td>秘书主管</td><td rowspan="6">总经理办公室</td><td>总经理</td><td>—</td><td rowspan="6">聘任、解聘决定权
职责确定权
绩效考核权
工作指导权</td><td rowspan="6">聘任、解聘建议权
职责建议权
绩效考核权
工作指导权</td></tr>
<tr><td>四级</td><td>高级秘书主任</td><td>秘书主管</td><td>副总经理</td></tr>
<tr><td>三级</td><td>秘书主任</td><td>高级秘书主任</td><td>营销总监</td></tr>
<tr><td>二级</td><td>高级秘书</td><td>秘书主任</td><td>区域经理</td></tr>
<tr><td rowspan="2">一级</td><td>中级秘书</td><td>高级秘书</td><td>分行经理</td></tr>
<tr><td>秘书</td><td>中级秘书</td><td>分行经理</td></tr>
</table>

表 1-2　秘书的岗位职责

<table>
<tr><th>职级</th><th>职位</th><th>各职位主要工作概述</th></tr>
<tr><td>五级</td><td>秘书主管</td><td>通过对秘书管理，实现公司对三级市场财务、行政、人力资源管理的工作要求，负责对各级秘书进行招聘面试、考核、奖惩、级别评定及秘书活动组织等管理工作，并就秘书管理中发现的问题及时与业务部门进行沟通</td></tr>
<tr><td>四级</td><td>高级秘书主任</td><td>对秘书主管及间接上级负责，通过对秘书主任的管理，实现总部各职能部门—财务、行政、人力资源的工作要求，并负责业务部管理数据的统计分析归档，管理制度的整理、存档，协助副总经理完成日常事务性工作</td></tr>
<tr><td>三级</td><td>秘书主任</td><td>对高级秘书主任及间接上级负责，通过对高级秘书的管理，实现总部各职能部门—财务、行政、人力资源的工作要求，并负责本区域管理数据的统计分析归档，管理制度的整理、存档，就区域管理中出现的问题向直接上级和间接上级沟通</td></tr>
<tr><td>二级</td><td>高级秘书</td><td>对秘书主任及间接上级负责，通过对中级秘书的管理，实现总部各职能部门—财务、行政、人力资源的工作要求</td></tr>
<tr><td rowspan="2">一级</td><td>中级秘书</td><td>对高级秘书及间接上级负责，具体落实总部各职能部门—财务、行政、人力资源的工作要求及公司各项制度，对分行业务工作进行服务并在权限范围内负责财务管理</td></tr>
<tr><td>秘书</td><td>对高级秘书及间接上级负责，具体落实总部各职能部门—财务、行政、人力资源的工作要求及公司各项制度，对分行业务工作进行服务并在权限范围内负责财务管理，负责分行日常性事务业务管理提供支持</td></tr>
</table>

秘书是公司和店面树立于客户面前的形象窗口，是一个枢纽起着承上启下的作用，是店长的左右手。一个优秀的秘书能为主管分担一半以上的事务及管理工作。

三、房地产中介经纪机构人事部岗位职责

1. 人事部部门职责

（1）新入职人员手续的办理。

（2）人员转正、晋升、离职手续的办理。

（3）员工社保的统计与购买。

（4）员工暂住证的统计及办理。

（5）公司人事档案的建立、更新及维护。

（6）汇总考勤情况，并进行记录供财务部核算。

2. 人事部经理岗位职责

（1）协助总经理制定人员成本的统筹规划、根据公司的经营和发展规划，制定人力资源的发展规划和年度计划，加强人力资源的预测和统筹管理。

（2）结合公司实际管理状况制订《管理手册》及《员工手册》，并依据制度指导工作。

（3）根据公司经营思路常年招聘业务人员，力争克服中介行业普遍存在的人员短缺问题。

（4）协助总经理制定公司员工人数和工资成本预算，实现公司人力资源需要和人工成本控制。合理调整部门机构和岗位定员。

（5）根据公司各部门组织机构和人员编制制定用工计划，并根据市场发展需求和公司运营状况，提出工资薪酬计划。

（6）贯彻完善公司统一的招聘、聘任、考核、调动、晋升、奖惩、工资福利、劳动合同、社会保险等人事管理制度和实施办法，协调劳资双方关系。

（7）不断掌握最新法律法规，以公正、公平的态度协调劳资关系，解答员工之疑问。

（8）负责协调、平衡各部门间的关系，充分调动员工的工作积极性。

（9）及时宣传及发布公司及总部的相关精神。

（10）与各政府职能部门保持良好的沟通与协作，与人事劳动政府职能部门保持良好的沟通与协作。

（11）完成公司领导交办的其他工作。

3. 人事助理岗位职责

（1）不断掌握最新法律法规，以公正、公平的态度协调劳资关系，解答员工之疑问。

（2）掌握并熟悉员工基本情况，经公司领导同意后，组织员工招聘、办理员工录用到岗及离职的各种人事手续。

（3）每月汇总各部门考勤，并进行详细记录。

（4）依据各岗位责任、工作标准及奖惩制度，协助部门经理对各部人员定期进行考核，并依据考核成绩，经公司领导批准后，为员工办理奖惩、辞退等工作。

（5）了解各部门员工工作，注意员工思想动态，平衡员工关系，做好沟通及反馈工作。

（6）准确制作员工工资。

（7）建立员工信息数据库，随时提供人力资源状况分析，为公司决策提供依据。

（8）做好人员副档的建档、保管工作。

（9）负责制作部门内人事报表（月报、季报、年报、统计报表、报批等）。

（10）协调部门经理进行部门内部管理及处理日常事物。

4. 人事部培训师岗位职责

（1）依据公司情况，综合制定本公司员工培训方针及课程计划（年/季/月），制定培训管理制度。

（2）编写授课大纲、教学课件，记录工作笔记。

（3）负责组织公司新员工的入职培训，对试用期内的员工工作进行辅导、答疑。

（4）对业务部门的员工按职务、级别、行业经验等设计培训课程，并组织落实。

（5）从实际工作中归纳、整理。

（6）定期对培训结果进行跟踪，评价培训效果。

（7）随时了解房地产经纪行业的市场动态，具备良好的行业管理理念，以保证培训的时效性。

（8）为员工参加外部培训提供信息。

（9）制订员工培训档案，并认真填写。

（10）其他有关本公司教育训练活动事项。

四、房地产中介经纪机构业务部岗位职责

1. 业务部部门职责

（1）遵守公司各项规章制度以及制定分行业务管理规则，规范业务服务标准。

（2）熟悉并不断挖掘所属区域以及分行的优质楼盘，成为片区专家。

（3）与客户保持持续、友好的沟通与交流，深刻体会客户需求，开发客户和房源，提供成交机会。

（4）定期安排对员工的业务知识以及业务技巧培训，更好地服务于客户。

2. 置业顾问（经纪人员）岗位职责

（1）掌握整个市场的销售动态，熟悉本岗位的基本知识，并能熟练的与各类客户沟通。

（2）与客户保持良好关系，树立良好的企业形象。

（3）服从工作安排，工作积极主动，具有开拓精神，不失时机地收集置业信息。

（4）汇总每天的工作情况，将与客户的洽谈记录汇总文秘。定期进行工作总结，并根据第一手资料对下一阶段的工作提出自己的想法和工作安排。

（5）负责客户的资料登记、联系、追踪、看房、签约至售后的一条龙服务。

（6）进修学习销售理论，扩大知识面，提高自己的业务素质和社交能力。

（7）基本工作。

1）日报表、回报管制表、客户联络表，每天1次。

2）案源、客户分享每周1次。精耕楼盘每周2栋，每月8栋。每月派报3000张。

3）每天10组客户回报，10组房东回报；每周50组客户回报，50组房东回报；每月200组客户回报，200组房东回报。

4）委托。每周4个买卖委托，2个租赁委托；每月16个买卖委托，8个租赁委托。

5）带看。每周9组带看，每月40组带看。

6）意向。每月4个意向。

7）签约。每月4个签约。

8）业绩。每月15000元。

9）成功失败案例分析每周2次。

10）未成交客户表，每周1次，协助分行经理填写。

11）成交结案报告每月1次，

协助分行经理填写。

12）每月工作计划及上月总结，每月 1 次。

13）读书推荐文章或信息，每周 1 次。

14）主管反馈表，由人事部随机检查。

表 1-3 是置业顾问一周工作计划表，表 1-4 是置业顾问一月工作计划表。

表 1-3　置业顾问一周工作计划

分店：		姓名：			时间：				
工作内容	周一	周二	周三	周四	周五	周六	周日	一周合计	基本量
楼盘精耕/栋									2
派报/张									700
出售委托/件									3
出租委托/件									2
取钥匙房/套									1
带客看房/组									7
电话追踪/组									100
诚意买方/位									
收意向/个									1
签约/个									1
收业绩/万元									0.25
其他									

表 1-4　置业顾问一月工作计划

分店：		姓名：		时间：		
工作内容	第一周	第二周	第三周	第四周	一月合计	基本量
楼盘精耕/栋						8
派报/张						3000
出售委托/件						12
出租委托/件						8
取钥匙房/套						2
带客看房/组						30
电话追踪/组						400
收意向/个						4
签约/个						2
收业绩/万元						1
其他						

3. 客户陪同岗位职责

（1）掌握整个市场的销售动态，熟悉本岗位的基本知识，并能熟练的与各类客户沟通。

（2）与客户保持良好关系，树立良好的企业形象。

（3）服从工作安排，工作积极主动，具有开拓精神，不失时机地收集置业信息。

（4）汇总每天的工作情况，将与客户的洽谈记录汇总文秘。定期进行工作总结，并根据第一手资料对下一段的工作提出自己的想法和工作安排。

（5）负责客户的资料登记、联系、追踪、看房、签约至售后的一条龙服务。

（6）进修学习销售理论，扩大知识面，提高自己的业务素质和社交能力。

（7）客户陪同人员负责带领客户看房。

4. 分行秘书岗位职责

分行秘书的主要工作职责：店内事务管理，互动管理，与总部沟通管理，紧急事务应对管理。

（1）店内事务管理。

1）客户资料管理。

a. 总客户登记册。用于登记当天值班接待的上门客人和经纪人当天获取的除上门外的客人，秘书负责提醒督促经纪人将当天收集到的所有客人登记在总客户登记册上。及时更换收藏已登记满的总客户登记册，存档一年后作废销毁。

b. 登报客户登记表。用于登记登报来电问询的客户，编号并与当天下午下班前统一分配给经纪人，督促跟进。及时收藏半年后作废销毁。

2）房源资料管理。

a. 原始资料。

（a）原始房源编号。按年份＋当店的代表字母和顺序，如（05E0001）05代表2005年，E代表第五家店，0001代表店内的第一套房源。

（b）当天新房源应存夹在新房源夹中，写上编号。资料详细明确的当天下午17：00～18：00发送给总部，资料不够详细明确的，提醒经纪人落实清楚，第二天发送给总部。

（c）当周新房源备份一份，并制作一张目录表上交总部存档。

（d）原始房源资料根据当店实际情况进行分类存管，做好标识目录便于查询。

（e）定期整理原始房源资料，提醒经纪人精耕房源。根据经纪人反馈的信息（已售、暂不售、价格异常等）及时更新房源信息，确保房源信息准确有效。

(f) 已售原始房源资料做好标识存档保管一年后作废销毁。

b. 供客户查找的房源资料（简称对外房源），每天打印从总部发送到各店邮箱里的各店当天新房源汇总资料，装订成册，供客户查阅。一个星期整理一次，确保房源信息准确有效。

c. 网络房源、新报房源当天录入网站。及时根据经纪人反馈信息更改更新。

3）制度执行。秘书在执行制度过程中应以《公司制度》、《行为规范》及当店管理制度为标准，发现某同事违反规定时，及时给予提醒，或汇报店长，由店长决定是否处罚，店长确定处罚，秘书开罚单，店长签字，秘书执行罚款。

4）人事管理。

a. 分行新人入职人员表格的准备，调动、转正、晋升等资料的上报与公布。

b. 离职人员的通告发布；其他分行离职公告的张贴；并及时将离职人员的盘、客进行转移，及离职人员的物品回收。

5）业务管理。

a. 租佣。收取→开出租佣收据（交客户、业主）→存入指定账户（24 小时内）→备份合同复印件、收据第三联、银行存款回单财务查验。

b. 定金、诚意金。签订委托书或合同（交易员）→收取定金、诚意金→开出收据客户联（交客户）→存入指定账号（24 小时内）→收据第三联同银行回单传真至财务部（同时 MSN 短信通知相关人员款项入账）→到财务部交收据第三联原件及银行回单原件并由财务相关人员在收据明细确认表上签收。

付定。签订购买、租赁委托书→业主收条（加盖指模）→留备身份证复印件（查看原件）→收取房产证原件或银行抵押合同原件（收取订金人民币 5000 元以上的）。

如以上条件无法全部满足，业主收定须总经理签字；如无则分行秘书应及时填写《违规放款反馈表》，为确保无误请先查档。

分行内任何一笔付出的款项，必须由分行经理签字，如有特别放款的还须由总经理签字方可。

c. 收取款项不开收据的按违规处理。

d. 业主与客户直接收付定金的，分行留备业主开给客户的收款收条复印件以备查验。

6）行政管理。

a. 秘书应该熟练掌握考勤管理的详细内容，严格监督打卡情况，每月考勤卡、考勤报表的上报。

（a）考勤卡。按公司规定打卡，签卡要注明原因，并须直属上司签字确认方可。

（b）考勤报表。认真填写表格所需内容，切不可造成漏填少报（填报所有涉及的日期全属当月，当月之前的则无需填写）。

b. 分行人员入职时间以到人事部办理手续的时间为准，需携带相关资料及所需表格到行政人事部面谈，即后办理入职手续。并督促相关人员同时办理担保手续（担保人需提供户口本及身份证原件），担保一年有效。

c. 分行人员离职时间以在分行交接当日时间为准（分行经理级以上人员离职须主任秘书到现场进行财务及物品交接）。

d. 办公用品的申请。每月20~23日为申请时间，大件物品须先申请后购买。

e. 名片的申请。每周星期五12：00提交名片申请，每人每次申请不可超过两盒。

f. 实习报告。实习分行秘书入职前上报主任秘书。

g. 工作报告。入职分行秘书于每月30日上报，内容为上月工作总结与下月工作计划（事前计划、事后总结）。

7）值班管理。秘书于当月的最后一天制定下月的值班表，由分行经理确认签字生效，于晚会告知传阅并张贴告示当店员工，以便于经纪人员提前做计划。

8）卫生管理。当天卫生由值班人员打扫，秘书应监督当店卫生及办公设备的整洁度。发现值班人员没做卫生或马虎对待的，告知分行经理，由分行经理处罚。每月负责组织至少一次的卫生大扫除。

9）表格表单管理。

a. 普通表单格。经纪人用和秘书用的表单格分类存放于固定位置，并标识清楚，一周整理一次，及时备存，确保各类表单格齐全供经纪人使用。

b. 特殊表单格。租赁合同和收据要在租赁专员提出申请时发放，发出24小时内收回租赁佣金，收据本和一份存档合同（一式三份中的其中一份）。作废合同三份都收回并注明“作废”的字样。月底将当月的所有存档合同汇总，制作租赁档案上交财务部。

10）当店办公用品和基金的管理。

a. 办公用品的领用。制作成一份办公用品领用登记表，监督领用登记，

月底统计，供数据分析用。对当店办公设备进行维护，如出现故障先寻找原因，在能力范围内的尽量独立解决，在能力范围外的及时与厂家或其他服务机构联系。

b. 当店基金的管理。根据当店具体情况于月初或月末将当店基金收支明细表张贴告示。

11）数据汇总。

a. 每周。周考勤汇总，客户和房源统计，带看量、签单数汇总。

b. 每月。月考勤汇总，客户和房源汇总，带看量签单明细统计，当店话费及办公用品费用统计。

12）接待。

a. 客户接待。在值班人员外出带看或繁忙时接待上门客户，将客户信息分类登记于登记表中，尽量详细具体，并于当天交接给值班人员。秘书所接待的房源及客人统归当天值班人员所有。

b. 同事接待。来者是客，到当店来的他店经纪人或其他部门的同事都应热情接待，倒水让座，提供恰当的帮助。

（a）秘书是公司的形象代表，是当店的窗口和枢纽，接待礼仪要规范细致到位。

（b）随时保持饱满的精神状态。

（c）切勿不理睬借故推延，不守承诺。

（2）互动。

1）秘书应跟各分店保持密切联系，及时了解他店的新报房源和精选房源，推荐本店的新房源和精选房源，促进各店房源沟通相互合作。

2）跟总部的各部门保持密切联系，了解各部门的最新动态，以最好的姿态作配合。

3）积极主动了解当店员工的情绪状态。

（3）与总部的交流。

1）业务部。每周秘书会议上交业务部的资料，当周新报房源，周报表，周考勤，带看量及被带看，成交量，新人和主管的培训资料，员工去向表。

2）财务部。每月月底提交给财务部的资料，当月业绩的统计表，月考勤表，租赁档案及当月作废的合同（三份），新人的建行账号。

a. 分行收取的定金、诚意金及佣金等存入公司账号后，及时将收据财务联连同银行回单传真至财务部。

b. 每月10日工资发放后及时跟业务员沟通，如工资有问题，请汇总后至电财务出纳处询问，并及时反馈信息至业务员。

c. 分行财务的收支，按公司财务规定执行，诚意金的放款须填写付款申请并经理、总经理签字后方可付款，如发现违规操作须及时填写《违规放款反馈表》上报至主任秘书处，以便及时解决问题。

d. 及时对合同收据进行核销及盘点。

e. 收据、合同自领取日起计三个月未核销的，应退回财务部办理核销及重新领取手续。

f. 对账　时间为每月初（具体时间财务部通知）。

g. 所须上报表格：租佣对账表、考勤表、买卖业绩表、工资卡号统计表。

h. 费用报销　时间安排与财务安排对账时间一样（每张报销单上必须有经理签字确认）。

i. 分行已成交单跟进表　每月5日前上报主任秘书处。

j. 分行未结单明细表　每月5日前上报主任秘书处。

k. 合同收据核销、盘点表　每月5日前上报财务部。

l. 铺位租金、水、电、管理费、广告位租金、空调费等费用的申领与核销。

m. 清洁工工资的支付。

3）法务部。经纪人签订的单子，应在24小时内跟法务部核实业绩，及经办人员。

4）行政部。办公用品的领用集中在每周一个固定的时间，其他时间一般不向总务领取。

5）人事部。及时向培训部了解当月本店的培训计划，并在接到通知后第一时间通知经纪人，并张贴告示。

（4）特殊事务应对。

1）税务工商物委人员到店检查时，秘书应礼貌接待，安排到会议区等候，问清来意后再与总部相关人员联系。切记不得粗鲁无礼。

2）闹情绪的房东或客人来店取闹时，应礼貌热情接待，冷静耐心倾听，并为他们找寻相对应的负责人，或积极协助他们解决力所能及的问题。

5. 区域经理秘书岗位职责

（1）传达事务。

1）接待来访。来访者各有不同，事有大小，秘书要区别对待。对应该会见的人，应直接转达对方的意图，并引其进入会客室或经理办公室，不论对方要求见面还是仅仅预约。对不宜会见的人，在请示经理后以“不在”、“正在开会”或“工作很忙”等为由拒绝对方，或是将个人意见报经理后做出答复。

2）收听电话。收听电话时一定要先声明“这里是××公司”等，然后记下对方的姓名、工作单位、有什么事情，根据对方情况，不妨碍时可明确回答，但一般不说经理是否在。

3）转达。需要转达时要正确听取对方的身份和要转达的内容，并准确、迅速地转达。

4）文件的收发及分送。收到的邮件或送来的文件，首先要区别是需直接送呈经理的，还是需秘书先进行处置和整理的，或者是私用文书，需经理办理的要直接送交经理。经理不在时，如果有与经理直接有关的留言、电报、快递，可用电话告知。

（2）日常运转工作。

1）日程的设计及其安排。对所确定经理应处理的事项，如会见、出席高层职员会、总会等会议的日期和时间进行记录整理，并随时进行调查，协助经理制定出日程表。日程计划应记入每月日程表，必要时在上面记下预定内容和变更情况。

2）准备及安排。有些工作需要特别的准备和安排，而且这些工作通常都有一定的时间限制，因此必须提前做好适当的准备。

（3）用品的整理。

1）在办公室内。平常经常使用的物品及备用品，应在合适的地方放置合适的数量。为此，应设计一张用品及备用品的明细表，在上面记下品种，一月或一周所需数量以及补充的数量和补充日期，此外还必须存有一定量的备用品，以便随时补充。

2）经理外出时。经理外出时需使用的钢笔、铅笔等，每天都应事先准备好一定数量，需要收入包内的物品也要做同样考虑。这些需要准备的物品应在询问过经理后制作一张明细表，事先贴在那里以防遗漏。

3）文件、资料的准备。首先要清楚哪些文件是重要的，如不明白，要详细询问，以便将可能会用的文件材料一并准备齐全。然后画一张文件明细表以方便使用。

（4）文件整理业务。

1）为使经理处理完毕或正在使用的文件不丢失、散乱，并且随时可以提用，需要对这些文件进行整理。整理工作首先要根据经理意见将文件分类，并放入固定的装具和容器内，使用中还要经常整理，以便很容易地查到文件。

2）整理工作的关键是分类项目的确定。保管及整理文件用品的选择和整理、借阅手续的完善。

3）业务用的文件分为正在处理的文件、正在运行的现行文件和已处理完毕的文件，此外还有机密类文件。根据应用情况还可以分为每日必用、常用和

不常用三种。

4）经过这样整理后，有必要对其进行装订，并给每一个文件集合体以一定的户头名称。应在听取经理意见后再制作一张文件分类的明细表，将表张贴在保管场所或保管人的桌子上，便于参照。

（5）整理、清扫工作。

此项工作应由秘书督促事务员和勤杂工来完成。工作中须注意如下几点。

1）清理桌面。台历和墙上的日历要每天调整日期。桌子要擦抹干净。常用品要准备好，并按要求备齐数量。将前一天取出的图书、文件放回原处，有破损和污染的物品要清扫或更换。

2）室内的物品都要放在固定的地方。

3）根据当天的天气情况随时调整空调和窗帘。

（6）代行业务。秘书可以代行的业务主要有以下几项。

1）参加庆典、丧礼等仪式。这种场合要特别留心服装和服饰品及行为仪表，同时还要十分讲究寒暄、应酬的用语。

2）转达经理意见或命令。表达经理意见要完整准确，注意简洁、迅速。有时根据情况，还要将对方的答复向经理汇报。

（7）会议事务。该项事务是指由经理直接使用的几种账目的管理，包括各项物品的购入及发放、资产的调配及运用、现金收入及支出等方面的账目记录及管理。

1）关于资产状态及收支情况要制作明细表，至少一个月要制作一张月报表，在特殊情况下，要随时根据经理、副经理的要求拿出报表。

2）处理资产状况还应注意以下几点。

a. 支出及收入可以根据原始凭证将其发生额记入现金出纳账中。现金出纳账与现金余额的多少应保持一致。票据上要有经手人和秘书的印章以明确责任，每个月应有两三次，将这些收据汇总后让经理过目。

b. 日常的现金支出应限定一定的数量，除此之外，若有特殊项目，应申请特别支出的资金或开出支票。

c. 开具支票需有收据或其他凭证，并在支票上记下用途，由经理盖章。

d. 资产分为土地、建筑物、有价证券、备用品及各种家具杂物的押金等。应设立各种资产的台账及有价证券簿，详细记录各种资产的内容、单价、数量、现有额及出入额等。

e. 银行存款及邮政储蓄要设存款底账。接受款项者应按名称分别立账并明示余额。

3）各种物品的购入和发放应特别注意有无使用申请和手续是否齐备，并及时入账，以免遗忘和推迟记账。

(8) 协助调查。公司的调查通常分为特命调查和一般性调查两类。公司在开展各种调查工作时，办公室秘书须做好协助工作。

1）进行调查工作时，秘书应选择并委托合适的专家、顾问进行或将他们列为调查委员，并与之保持日常联系，需要时提出调查课题请他们完成。

2）有些专业事项的调查，秘书也可以亲自听取专家和当事人的意见，或在调查各方面情况后，将调查情况汇总后报告给经理。

(9) 文书工作。文书工作有书写信函、起草文件以及誊清或印刷文件三个方面。

1）信函的完成。对经理经常会使用的信件种类可事先汇集为“标准通信范例”，需要时选择一种略加增删便可使用，较为方便。

2）文件的誊清及印刷。主要包括将草案以笔记形式誊清、用打字机打印、直接印刷以及辑录图书杂志上的有关内容等四项工作。

(10) 联系业务。联系工作就是要向经理或副经理转达某项事情并向对方转告经理或副经理意图，听取对方的答复，并将答复再次反馈给经理。

(11) 招待事务。招待是指在经理外出、返回或有客人来访时的礼仪性款待，多指派事务员或勤杂工来完成。款待包括向导、收存携带物品、奉送茶点、迎来送往等。

1）为经理服务。主要有以下几项工作。

a. 经理外出时应备好车辆。

b. 回到公司时，要接过脱下的外套、帽子等，然后放到一定的地方，并随时用刷子清洁这些衣物。

c. 从外面回到办公室的时候，夏天要递上湿毛巾、冰水、咖啡或苏打水，冬天应马上递上热茶或咖啡。

d. 还要视天气情况调好空调。

2）为客人服务。秘书还须为客人服务，比如出入公司时参照对经理的服务进行接待。若需要来访者等候时，应递上报纸、画报等。

(12) 业务报表提交工作。

1）每月基本工作。每天11：00前将战报提交秘书主管。

2）每周基本工作。

a. 每周一12：00前将《周工作统计表》汇总好提交秘书主管。

b. 每周（按公司安排广告日期）与广告公司校对好广告稿。

3）每月基本工作。

a. 每半个月（17号、月底）的星期一16：00提醒区域经理会议的时间

及填写好《工作总结及计划》，提交秘书主管。

b. 每月2次分行秘书会议记录提交秘书主管。

c. 每月做好各分行/部门广告的计划安排表传至各分行。

d. 每月25日提交各分行需要印刷宣传单数量给秘书主管。

e. 每月1日11：00前将上月最后一天战报及业绩明细表（存在一个文档里）、成交记录变更表提交秘书主管。

f. 每月1日17：00前汇总好经理人业绩考核表经区域经理审核后提交秘书主管。

g. 每月1日17：30将各分行搜房网客户登记表、区域转介记录统计表、成交客户来源统计表提交秘书主管。

h. 每月2日17：00前汇总好业务人员业绩考核表经区域经理审核后提交秘书主管。

i. 每月1日12：00前收集好各分行《工作总结》及《下月工作计划》提交区域经理。

j. 每月做好本区域近2年业绩分析表、各分行考核人均业绩排名表、各分行佣金收益率对比图、实收与实结对比图提交区域经理。

4）每季度基本工作。

a. 第一、三季度1日17：00将本区域业务人员业绩排名提交秘书主管。

b. 提醒区域经理《季度工作总结》每年4月1日、7月1日、10月1日，次年为1月1日12：00前提交总经办。

c. 汇总好本区域近2年业绩分析表、季度各分行考核人均业绩排名表、季度各分行佣金收益率对比图、季度实收与实结对比图提交区域经理。

5）年度基本工作。

a. 年中、年末1日11：00前汇总本区域业务人员业绩排名提交秘书主管。

b. 汇总本区域全年业绩并附图表分析提交区域经理。

c. 提醒区域经理《年度工作总结》首年1月3日上午12：00前提交总经办。

d. 汇总好本区域近2年业绩分析表、年度各分行考核人均业绩排名表、年度各分行佣金收益率对比图、年度实收与实结对比图提交区域经理。

6. 分行经理岗位职责

（1）按照公司以及区域业务规则规定指导、检查分行业务员日常工作。

（2）分析本行附近同行盘、客情况。

（3）紧跟每张单并促成交易。

（4）市场分析、案例分析及业务技巧培训。

（5）按照规定审核合同，控制风险，并审核填写成交报告、收款通知书。

（6）管理回款和资金沉淀。

（7）管理并按规定使用经理备用金，控制分行成本费用，保护固定资产安全。

（8）制定店内的日常工作计划并贯彻执行。

（9）组织召开早晚会制度。

（10）制定店内的月经营目标，并带领团队去实现经营目标。

（11）自我业绩目标的制定及完成。

（12）协助店内经纪人制定业绩目标并尽力帮助其完成。

（13）负责店内经纪人的沟通工作，努力做到与经纪人的深度了解。

（14）努力建立店内良好的沟通环境，提高团队凝聚力、激发团队工作热情。

（15）检查业务人员的日报表和回报管制表及客户联络表，每天1次，每周5次，每月25次。

（16）制定业务人员和店长每周工作计划、检查上周工作计划达成情况，每周1次。

（17）专业知识培训每周1次，每月5次。

（18）案源分享每天1次，每月25次。

（19）在谈案例分析、成功失败案例分析每周2次、每月9次。

（20）分店员工一对一沟通每周1次，每月5次。

（21）分行业绩统计及应收账款清单每月1次。

（22）分行所有业务员工定性考核每月1次。

（23）分行总结报告——分店情况、周边楼盘、行情动态、主要竞争对手资料收集和分析每月1次。

（24）未成交客户统计表每周1次。

（25）分行经理工作计划相关表格（见表1-5、表1-6和表1-7）。

表1-5 分行经理周工作计划

分店：		姓名：			时间：				
工作内容	周一	周二	周三	周四	周五	周六	周日	一周合计	基本量
检查业务人员报表									5
制定检查工作计划									1
专业知识培训									1

（续）

分店：			姓名：			时间：			
工作内容	周一	周二	周三	周四	周五	周六	周日	一周合计	基本量
案源分享									5
案例分析									2
业务人员谈心									1
经理日记									5
读书会									1
例会									1
未成交客户统计表									1
收意向/个									3
签约/个									2
收业绩/万元									2
其他									

表 1-6　分行经理月工作计划

分店：			姓名：		时间：	
工作内容	第一周	第二周	第三周	第四周	一月合计	基本量
检查业务人员报表						25
制定检查工作计划						4
专业知识培训						4
房源分享						25
案例分析						9
业务人员谈心						4
经理日记						25
读书会						4
例会						4
业绩及账款统计						1
定性考核						1
分店总结报告						1
未成交客户统计						4
收意向/个						12
签约/个						8
收业绩/万元						8
其他						

表 1-7　分行经理自我检查项目

	编号	项　目	日月	打分	答案
每天应做的事	1	每天的工作日记			
	2	每天检查业务人员的回报管制表、日报表及客户联络表			
	3	案源分享和诚意客户分享			
	4	机会点及机会点分析			
	5	对业务人员独立操作能力的现场指导			
每周	6	未成交客户统计和分析			
	7	成功失败案例分析			
	8	检查和分析业务人员的各项目标达成情况和问题分析			
	9	全店专业知识培训			
	10	读书会与交流会			
每月	11	业务人员量化指标完成情况评估			
	12	业务人员定性指标评估			
	13	业绩统计及应收账款清单			
	14	业务人员发展规划修订			
	15	分店月度总结报告			
	16	龙虎榜、Top Sales、最佳新人、最具合作精神奖评定			
	17	分店月度目标和计划的制定			
	18	业务人员月度目标和计划的制定			
	19	业务人员思想动态的了解			
随时	20	周边楼盘资料收集			
	21	周边 5 个主要竞争对手资料收集			
短期	22	客户投诉问题处理			
	23	业务人员的短期成绩评价			
	24	业务人员短期瓶颈问题分析与解决			
年次	25	分店年度总结			
	26	个人总结			
	27	年终租赁冠军个人与分店的评定			
	28	分店年度凝聚力分析			
其他	29	激发部属努力的工作			
	30	使困扰中的业务人员积极地工作			
	31	业务人员自我启发的奖励工作			
	32	提高业务人员申怨处理的能力			
	33	提高业务人员的销售促成能力			
	34	是否公正地制定业务人员的薪酬			

分行：　　　　　　　　分行经理：　　　　　　　　时间：

7. 分行行政主任岗位职责

（1）营销管理。

1）开店的准备，清洁的实施，店铺店容、店貌，激励语的布置，待客应对，办公用品、合同收据的保管工作。

2）负责协助置业顾问及时、正确填写业务单据（成交报告、收付款申请、结算申请等）。

3）按部门要求定期制作、更换橱窗广告（按公司规定的统一版本），并负责部门日常报纸广告出稿的安排、督促与跟进。

4）做好剪报，及时收集行家的信息。

5）总部会议精神的传达和管理。

6）定期地对网络平台盘源进行清理，确保让置业顾问方便快捷地查找盘源。

7）成交单后，准确无误地录入成交报告、分佣进度和款项收支。

8）对每天录入房源的数量进行掌控，确保数量达标。

（2）行政管理。

1）考勤。按分行营业经理要求制定轮班表。负责部门考勤监督并按公司考勤制度要求登记外出登记表，月底汇总考勤表。

2）组织学习公司企业文化，负责各项制度的及时培训。

3）公司文件传达（公司房介通发文管理），保证公司日常文件下达至部门员工，并监督执行。

（3）固定资产与设备的管理。

1）固定资产。定期对固定资产进行清点，如有遗失、损坏及时上报公司行政部，并对责任人做出记录、上报和跟进。

2）办公设备。正确使用各种办公设备，并对设备进行日常维护和保养，对设备产生的简单故障排除。不能解决及时上报行政部。

3）办公用品、易耗品的管理。按公司规定时间领用部门的办公用品和易耗品，做好保管和申领，保证部门的正常办公，按公司要求以旧换新。

（4）人事管理。

1）置业顾问人员状况的掌握和管理。

2）置业顾问的入职、职位变动、调职、离职等手续办理。

3）准确掌握部门的编制，做好招聘计划，储备营销人才。

（5）财务资金管理。

1）业绩管理与部门的工资核算。

2）每月末，按要求对本分行的工资核算，确保数据的准确性。

（6）合同、收据的管理。

负责本部门各种业务合同的领用和登记。从公司领出的合同必须做好书面登记，严格遵守公司关于合同的管理制度。合同遗失，第一时间上报行政部主管，再由行政部主管通知资金监管服务中心备案，并由责任人自费在报纸刊登遗失声明，对相应责任人按公司规定做出处罚。

（7）每日基本工作。

1）检查办公设备与监督考勤。

a. 分行行政主任每天早上提前15分钟到分行，首先检查办公设备的完好情况（电源电器是否关闭、办公设施是否完好），监督员工的考勤工作，及时做出奖惩。

b. 协助经理组织早会，尽可能准备一些趣味性的哲理故事活跃会场气氛。

2）合同、收据的领用及管理。

a. 合同、收据的领用　分行行政主任在例会前两天以书面形式申请，发邮件至业务部邮箱。业务部将准备好各分行申请的合同、收据等在分行行政主任例会时统一发放。没有提前申请的分行，例会时领取不予发放。

合同、收据及其他业务资料的领用及归还必须在“分行领用登记本”上签字，标明所属分行，经手人签名、领用及归还日期等。

客户经理可到分行行政主任处签收领用，同时接受分行行政主任的监督，置业顾问可到分行行政主任或营业经理处签收领用。

（a）客户交来的款项为定金时，收据上选择保证金，切勿选择托管定金；托管定金只针对于卖方。

（b）不能同时给买方、卖方开立同一款项收据。例如，收到买方肖某交来的保证金1万元，卖方将此笔款项托管在公司，公司不允许再给卖方开一张托管定金收据1万元，应将买方收据收回，由卖方开收据给买方，公司开托管定金1万元收据给卖方。一笔款项对应一张收据。

（c）所有开出的收据应全部回收交至资金监管服务中心。

（d）收到客户交来款项时，分行行政主任都必须为之开立收据（从资金监管服务中心领取的三联复写收据），并在经手人处签署全名，将盖有公司财务专用章的第一联客户联交给客户，第二联经纪方联交资金监管服务中心，第三联分行存根。

（e）收据不慎填写错误，应三联一起注明“作废”字样贴在收据上予以保留，以备资金监管服务中心审核，不可将作废收据销毁。

收据全部填写完毕后，分行行政主任（或指定专人）应检查有无缺联、少联现象，方可将整本连号收据交资金监管服务中心注销，换取新的收据。

（f）原则上各分行的收据是不能互相借用的，如有特殊情况，需要相互借用的，应用水珠笔在收据的经纪方联上注明借用的分行名称，并及时将收款收据送到资金监管服务中心核销。

（g）收据上应详细注明付款人姓名，所租、购物业名称，收款金额，款项类型及付款方式，所填写的内容必须清晰、工整、无涂改。

b. 合同、收据的管理。

（a）分行的合同和收据库存量不得超过公司规定数量（买卖合同 30 份，租赁合同 30 份，收款收据 2 本/部），分行行政主任以多退少补形式对分行合同、收据进行严格管理。

（b）分行行政主任将从资金监管服务中心领取的资料在分行合同、收据管理表格中按编号详细登记。

（c）营业经理到分行行政主任处领取部分相关资料并做好登记，置业顾问签单时可到营业经理或分行行政主任处领取并做好登记，分行行政主任应经常跟进，提醒领用人应及时归还并注销。

分行行政主任将每周分行已注销过的业务资料（合同、收据等），例会时交至资金监管服务中心进行注销并回收。

3）人事部事务。

a. 分行要持续不断地进行人才储备，才能满足公司日益壮大的需求，分行行政主任是分行团队建设不可缺少的责任人之一。当分行需要招聘时，首先要填写《招聘申请书》，详细说明申请原因、任职资格，传真到人事部，等待招聘安排。

b. 每次招聘完毕后，需及时总结招聘情况。招聘时尤其要注意语言技巧。

4）行政部事务。

a. 分行行政主任应协助行政部做好分行财产的管理，控制成本的支出。

b. 办公用品的领用要严格按照“定额配给，以旧换新”的制度。

c. 分行行政主任填写《办公用品领用申请表》交至区域主任，由区域主任汇总后提前一周交行政部，于次周例会领取。

（8）每周基本工作。

每周一将每位员工的“每周报告”整理好交分行营业经理。

传达每周区域经理例会精神，并加强学习以融会贯通。

审核分行款项收支，并将收据交资金监管中心核查。

（9）每月基本工作。

1）分行行政主任须至少提前三天申请下个月的分行费用（水电费、管理费以及租赁税等），费用申请、缴纳及报销程序如下。

a 分行行政主任填写《借款单》，并附上缴费清单，传真到行政部。填写《借款单》时需写明费用的金额、付款用途、付款期限、转账还是现金（转账要写明开户行、户名和账号）及预计还款日期。

b. 行政部审核后再交财务部付款。

c. 款项到位后，由分行行政主任及时索要相关发票或收据，再填写《费用报销单》进行报销（要写清楚原借款额，并把相关（票据粘贴在报销单后)。非常规费用报销单（包括分行启动经费，需营业经理签字。因购买物品产生的费用报销应附上所购物品的清单明细。

d. 把报销单原件交给行政部审核，行政部交财务服务中心冲账。

注：以上款项支付需统计到《中介公司××分行费用统计明细表》中，每次例会携带，以备随时抽查。

2）分行行政主任于每月底对分行各员工的转定业绩、调整转定业绩、结单业绩与提成进行核算，并按照要求按时上交核算表格。

3）分行行政主任需于每月 2 日前将上月《考勤汇总表》及考勤卡上交人事部，同时做《离职人员统计表》、《入职人员统计表》及《开单未入职人员统计表》。

（10）日常工作流程表（见表 1-8）

表 1-8 分行行政主任日常工作流程

时　间	工作内容
8：45～9：00	进行店面巡视，查看交接明细本 检查店面卫生，发现脏乱，及时清理 监督考勤，接近九点时给未到的同事打个电话婉转询问，表示关心 （与每一位同事笑脸相迎道“早上好!”）
9：00～9：10	复核清点合同收据库存
9：10～9：40	开早会激励士气
9：50～10：30	清理昨天遗留的工作（例如发签单的合同资料、发账目表等） 安排广告稿出稿工作 录入盘源
10：30～12：00	店面巡视，检查设备的完好情况 收发与回复总部各服务中心的邮件，处理一些日常事务 经办一些款项事宜
12：00～13：30	午餐
13：30～14：30	集会唱盘，业务讨论

（续）

时　间	工作内容
14：30～15：30	察看邮箱，收发与回复总部各服务中心邮件 检查置业顾问的量化工作并详细登记（例如：日志、看房次数、录入房源等）
15：30～17：00	上网络平台更新房源信息 处理一些日常事务
17：00～18：30	察看邮箱，收发与回复总部各服务中心邮件 回顾总结一遍当天的备忘录，看有否遗漏事情 简单列出明天的工作要点

（11）任职资格。

1）学历。中专以上学历。

2）培训经历。实践培训、理论培训。

3）所需技能。

a. 有良好的语言表达沟通能力及说服力。

b. 有指导部属的能力、统御力。

c. 有良好的处理人际关系的能力。

d. 有灵活处理突发事件的能力。

e. 能给予部属信赖感，激发员工工作激情。

f. 有干劲及创造性。

g. 有大局观，对公司忠心和高度的责任感。

h. 熟练应用office办公软件。

i. 具有关于公司的历史、制度、理念的知识。

j. 对数字敏感，略懂财务知识。

k. 熟悉业务，懂得二手楼买卖流程。

8. 区域经理岗位职责

（1）业务管理。

1）根据业务部提出的计划目标和管理要求制定区域内的业务计划及目标。

2）统计、分析每周、每月业绩报表、信息报表，分析业务开展的实时情况，并对当前存在的问题进行分析、制订改进方案。

3）针对市场变化及时调整业务操作模式、方案，报批主管领导同意后实施。

4）加强房源、客源等信息管理力度，提高信息利用率（信息的开发、维护、利用等）。

5）组织店经理收集市场信息，对相关信息进行分析、研究并将意见及时反馈给公司。

6）规范业务操作流程，规避（控制）业务操作过程中的经营风险。

7）负责各业务环节的管理工作（开发、接待、登记、回访、跟进、维护、配对、约看、带看、洽谈、签约、售服）。

8）组织各项业务会议进行业务经验交流，及时指导店经理处理业务和管理过程中的疑难杂症。

9）控制买卖及租赁业务权限范围内的折扣。

10）定期安排门店巡查，在巡查中引导和灌输经纪人公司的经营理念和业务规范，并随时收集各种问题和员工的意见和建议，及时反馈给相关部门。

11）客户投诉的协助处理。

（2）人员培养。

1）对区域内人员进行梯队分类，针对不同的梯队采用不同方法进行培训。

2）负责区域内各门店经理、经纪人的培养和评估，对严重违纪的员工有申请解聘权。

3）定期组织经纪人进行专业知识的学习，不断提高经纪人员的素质。

（3）团队建设。

1）正确传达公司的思想精神，正确引导每位门店经理的思想意识。

2）定期与业务人员、门店经理进行沟通，把握员工思想动态和业务能力，提高员工的工作积极性和业务能力。

3）负责协调区域内各个门店及区域之间的工作关系。

（4）日常管理。

1）对区域所属门店各项日常管理工作负责（劳动纪律、会议组织、礼仪接待、卫生状况、资料提交、钥匙管理等）。

2）相关信息上传下达，并监督各门店严格执行。

3）严格执行公司各项管理制度。

4）配合公司其他部门实施、完成对区域的相关工作要求。

9. 营销经理岗位职责

营销经理主要行使协调、监督管理的权利。

（1）对下属区域的销售管理工作负责。

（2）制定负责区域的月、季、年的销售计划和预算的工作计划。根据公司发展规划和市场预测，拟订推广计划，制定整个区域的营销、策划方案，起草本公司的各种业务文件以及制定相关管理制度。

（3）做好区域之间的协调工作，负责组织区域之间业务经验的总结交流，加强业务素质，不断提高业务水平。

（4）定期或不定期地组织对销售情况的分析和讨论。

10. 营销总监岗位职责

（1）协助房产部门经理推动集团核心价值观、战略的贯彻和执行。

（2）执行集团决议，主持置业公司的全面工作，保证经营目标的实现，及时完成集团和上级领导下达各种任务。

（3）根据公司的要求，调动员工的积极性，营造部门内部团结协作、优质高效良好的工作氛围。

（4）参与前期项目策划思路的确定。

（5）根据公司整体经营目标参与制定销售计划。

（6）做好对销售节奏及进程的控制工作，销售现场的日常管理。

（7）将工作任务分解到每位员工，并进行指导实施。据此建立考核指标体系，并建立薪酬体系。

（8）主持置业公司的日常工作，在集团公司的授权权限内，以法人身份代表公司签署有关合同、协议、和约有关事宜。

（9）负责营销总监上报的各种文件和管理规章制度的确认与修改。决定组织体制和人事编排。

（10）做出每年的工作计划，营业额、总店和分店月、季、年完成计划及公司的发展方向。

五、房地产中介经纪机构财务部岗位职责

1. 财务部部门职责

（1）统一管理各办公地点的财务支出，对各办公地的费用作日、周、月统计，制定财务管理计划，制定出适当的财务管理制度。

（2）负责销售过程中的一切有关的财务手续的办理，对各种业务进行分类归档管理。

（3）制作日报表、周报表、月报表，对每天销售和回款情况作详细记录，

上报置业经理。

（4）税务申报。

（5）负责岗位人员的工资计算。

2. 财务专员岗位职责

（1）正确核计业绩收入。

（2）正确核计各项费用支出。

（3）提醒各分行经理，对已成交客户款项进行催交。

（4）店内定金及佣金的收取并对客户开具收据。

（5）发票的管理及开具工作。

（6）负责客户费用的结算工作。

六、房地产中介经纪机构法律事务部岗位职责

1. 法律事务部部门职责

（1）处理公司相关法律事务，为客户提供必要的法律事务咨询。

（2）为公司临时购房合同（认购书）条款修订和房屋买卖合同（含补充合同）条款修订提供法律咨询。

（3）负责处理公司法律诉讼事务。

（4）负责公司员工法律法规的培训及指导。

（5）对三级市场业务的风险管理工作进行支持。

2. 法律事务部经理岗位职责

（1）为公司的经营、决策提供法律支持。

（2）审核公司对内、对外签订的部分合同、协议。

（3）起草、修订公司法律文件。

3. 法律事务专员岗位职责

（1）协助法律经理为公司的经营和决策提供法律支持。

（2）协助法律经理审核公司对内、对外签订的部分合同、协议。

（3）根据法律经理指示起草和修订有关的公司法律文件。

（4）协调常年法律顾问在公司的正常工作。

（5）协调、处理公司内部的、外部的法律纠纷。

（6）完成上级交办的其他任务。

七、房地产中介经纪机构网络部岗位职责

1. 网络部部门岗位职责

（1）计算机及其设备的购买与维护。

（2）计算机及网络故障的及时处理。

（3）打印机、复印机、传真机等办公用具的购买及维护。

（4）公司网站的建立及更新、维护。

（5）公司内部信息交流平台的建立与维护。

2. 网络信息员岗位职责

（1）组织策划

设计整个网站的框架，构思网站发展的方向，领导整个团队。

（2）文字编辑

收集活动的相关信息，并在网站的适当位置发表。

（3）网站编辑

前台页面的设计、制作，并负责日常维护工作。

（4）平面设计

参与设计页面布局、配色，制作网站所需图片。

（5）技术维护

设计和制作网站的后台动态管理页面和数据库。

（6）协助团队

帮助加盟公司处理网络技术问题。

第二节　房地产中介经纪机构新设分行的程序与制度

以房地产三级市场为主要经营领域，客户定位于广大个体消费者的中介企业，一般要采用店铺式的经营模式。这种经营模式又因其对门店管理方式的不同分为直营式店铺经营模式和特许经营模式。

一、直营式店铺经营模式下新设立分行的程序与制度

直营式店铺经营模式是指中介企业以完全所有人的身份直接经营门店业务的管理模式。

直营经营模式的优势在于它有利于企业对门店的直接控制，可以使门店充分发挥规模效应，使营业收入完全由企业自己掌握，便于进行大规模的资本运作。同时在相同人事管理制度下，企业的服务质量也可以得到相对的保障。它的缺点在于企业的初期投入较大，发展速度慢，发展规模受企业实力和管理水平限制，不利于异地市场和不同业务领域的拓展。

对直营经营模式下的新设分行，为谨慎对待股东投资，最大限度地规避投资风险，中介经纪机构对新设立分行建立严格的审铺程序。

1. 新设分行审铺程序

（1）营销经理以及营销总监（或根据分行经理或其他人员的推荐）提出新设铺位意向。

（2）营销经理或其指定的区域经理进行市场调研，并根据可行性分析报告模版出具设立新分行可行性分析报告。

（3）营销总监初步研究可行性报告，并通知办公室外勤、网络部勘查现场，了解设立铺位相关电、电话等资源情况。

（4）办公室、网络部出具铺位情况报告。

（5）审铺小组成员（总经理、总经办高级经理、财务部经理、营销总监、营销经理、区域经理、分行经理）召开专题会议，审铺小组根据可行性报告（新开街铺可行性分析报告内容包括社区市场、租售情况、主打盘、周边盘情况、客户群体分析；社区同行情况以及业绩情况、优势劣势分析；欲设立店铺位置以及在该社区中的优势、劣势分析；本店铺对于本区域、本公司战略的作用；分行管理人员以及业务人员情况；工作计划和业绩目标）以及铺位情况，提出质询，由营销经理、区域经理、办公室进行解答，根据现场情况，决议是否设立该分行。

（6）否决。若新设分行报告被否决，则将以上资料存档。

（7）可行。若新设分行报告批准，则进行以下事宜。

1）立即召开分行设立会议，参加人员为办公室、法律部、IT 部、人事部、业务部；会议内容为安排合同签订、铺位装修预算、人员招聘等事宜。

2）按照工程进展情况，由负责人联络其他部门人员，并出具备忘录安排彼此衔接工作。

3）每周召开一次业务部相关人员与办公室、人事部的碰头会，沟通铺位装修进展情况。

4）工程竣工验收由办公室、财务部、业务部门相关人员签字确认后生效。

区域经理对于其提供的新设立分行的可行性报告的真实性、可行性承担责任；办公室外勤人员对于其提供的铺位情况的真实性承担责任。

2. 社区店设立的申请

社区店是依附该社区主店而设立的小店铺。

社区店不单独设置经理人和秘书岗位，由区域经理（或分行经理）指定人员担任店长管理，主店经理可选择是否分拆部分管理佣金给该店长，该比例在设立该店时一并报送区域经理审批后，备案于财务部。如有调整亦须及时备案。

社区店不作为一个单独的店铺进行单店业绩考核，只按照公司规定进行人员的业绩考核，其成本列入主店成本指标，统一考核主店单店业绩。

社区店一切款项的收付应凭社区店限额 5000 元收据收取（仅可领取三张），严禁收取大额款项。

社区店由主店经理及秘书按照公司制度规定进行日常行政、人力资源、财务、业务管理，并承担责任。

社区店申请内容：

1）社区分析（楼盘、客户群体、同行情况）。

2）与主店的互动分析。

3）业绩情况预测。

4）设立成本（铺租、面积、押金等）。

5）人员情况和管辖经理情况及工作计划。

该申请经总经办、总经理批准后传递至行政部、财务部、人事部、计算机部，并存档在总经办。

3. 新设分行流程图

新设分行流程图如图 1-3 所示。

4. 新设分行装修流程和相关标准

为提高工作效率，节约公司资源，加快装修进度，将装修流程规范，如图 1-4 所示。

①责任人：业务发展部经理（区域经理协助）。职责：

1）确定免租期。

2）水电清表。

3）协助落实电话、网络安装事宜。

4）确定广告位置及附加费用情况。

5）租赁合同为正式合同（公司有特殊规定除外）。

6）租赁合同由区域经理协助审核。

②责任人：人事部经理。职责：

1）定出分行的装修类型，提供平面图。

2）组织分管副总、区域经理、业务发展部经理研讨装修方案。

3）3 日内提供具体装修方案。

4）落实电话、网络申请安装事宜。

③责任人：人事部经理。职责：

1）家私进场。

2）消防报批和验收。

3）广告牌制作和安装。

4）与管理处协调（由区域经理或所在分行经理负责）。

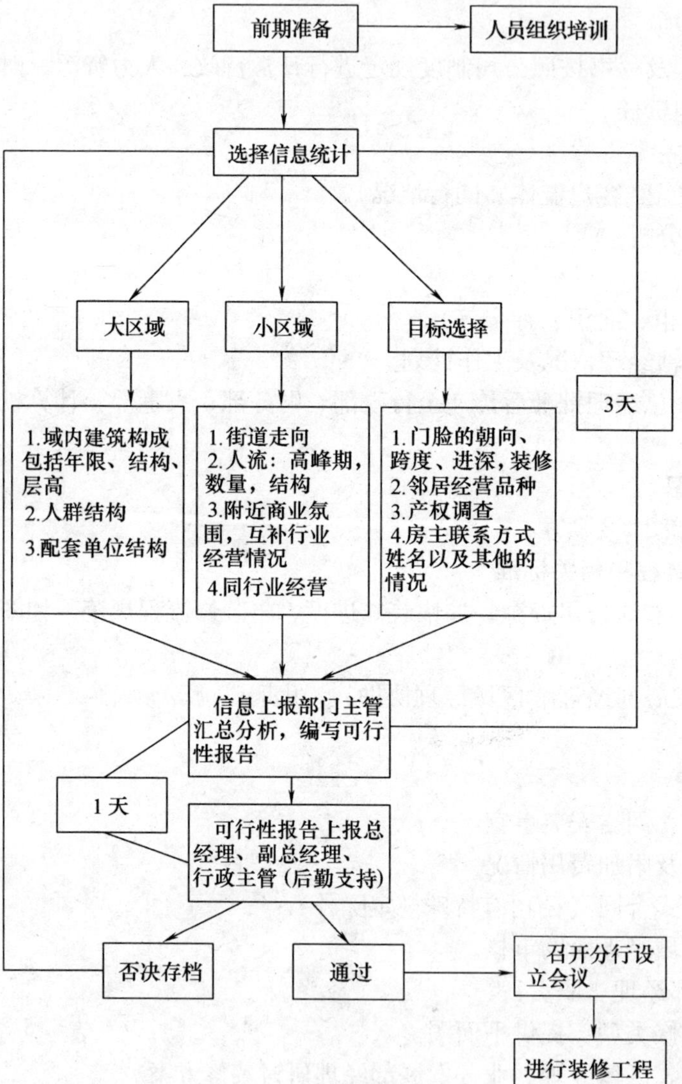

图1-3 新设分行流程图

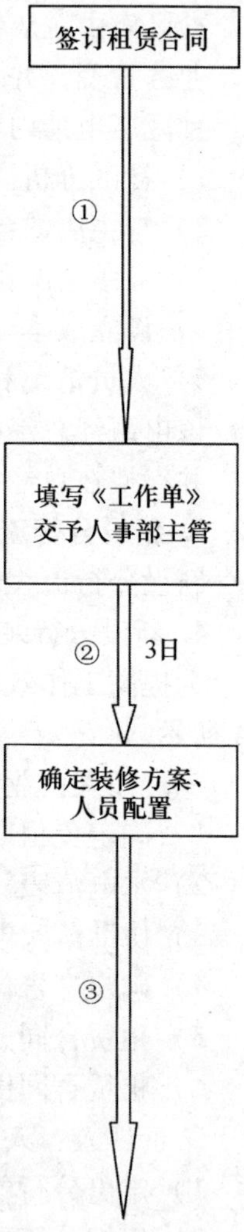

图1-4 装修流程

①—业务发展部经理

②、③—人事部经理

5. 新设分行批核表（见表1-9）

表1-9　新设分行批核表

（1）物业地址：			
（2）每月租金：			
（3）租期：			
（4）面积：			
（5）业主：			（开发商/独立业主）
（6）新设分行原因：			
（7）新设分行目标地区区内楼盘资料			
目标楼盘	楼龄	单位数目	价钱比对
（8）新设分行预算			
主管人选			
营业员人数			
首三个月生意额			
其后每月之生意额			
每月广告支出			
（9）区内中介经纪机构			
	大型行	中型行	小型行
分行数目			
中介经纪机构名称			
（10）主要竞争对手			
中介经纪机构名称	生意表现	优胜之处	营业员数目
申请人：（由营销总监签名）			
________________			
日期：			
批核人（由总经理签名）			
________________			

6. 新设分行保本点测算表（见表1-10）

表1-10 新设分行保本点测算

费用	序号	项目	计算方法	合计/元	开办费月摊销额(2年)
投资明细	1	装修费	$110m^2 \times 330$ 元/m^2	36300	1512.5
	2	计算机系统	2000元/台×15台+3500×2	37000	1542
	3	电话系统	50元/台×22人	1100	46
	4	空调设备	7000	7000	292
	5	报警系统	4200	4200	175
	6	办公设备	打印机、传真机复印机、桌椅	10000	417
	7	招牌、内部装饰等		23000	958
	8	办公用品及耗材		700	29
	9	其他费用		4000	167
	开办费合计/元			123300	5137.5
	投资金额总计/元		123300+2个月押金13200=136500		
日常经营固定费用	序号	项目	计算方法	合计/元	
	1	广告费	按10月份广告计划	6400	
	2	人工	800/月×18+2000+6600	23000	
	3	水电、电话费	5000	5000	
	4	办公费及其他	1200	1200	
	5	租金	6600	6600	
	6	行政摊销	按22人编制考核	16000	
	7	开办费摊销	123300÷24期	5137.5	
	8	宿舍费用	600×2个	1200	
日常经营变动费用	变动费用比率:28%				
	税费比率:5.2%				
	每月盈亏平衡点:		64537.5÷(1-28%-5.2%)	96613	

注：表中所填数据与项目仅作参考。

二、特许经营模式下新设分行的程序与制度

1. 特许经营模式的概念

特许经营模式是指中介企业采用品牌输出的方式进行门店建设，将门店的所有权全部或部分转让给出资人，而只收取固定的加盟费用。这种经营模式从本质上来说已经不再是中介业务本身的经营，而转化为资本运营的模式。企业的品牌资源、管理资源和信息资源都成为企业经营的资本被有效的转让、移植或重组。

2. 特许经营模式的优点与要求

特许经营模式更有利于企业的规模化发展。但它对门店的控制能力受企业实力和品牌形象的限制。此外它的资金流动性较差。

从企业发展客观规律和中介企业的发展趋势来看，特许经营的经营模式将是中介企业长期发展的必由之路。它的实现基础在于企业市场形象的建立和完善的内部管理。一般要在企业业务发展较为成熟的阶段才能推广得开。

特许经营模式对企业文化建设要求较高，要求企业要有一套完善的培训和售后服务体系，以及广泛的客户来源渠道。

3. 特许经营的收费方式

特许经营对加盟店费用的收取有两种基本方式，一种是固定费用；另一种是按营业额分成。这两种方式对于“母体”本身来说，其经营模式会产生较大的差别。固定加盟费用，由于中介企业的收入与加盟店的收入无关，使其本身经营更为简单，主要精力将放在自身的品牌营造上。按营业额分成的中介公司对加盟店本身的经营管理更加深入，管理难度更大，尤其是对业务过程的管理和监控更加严格。

4. 特许经营模式新设分行流程图（如图 1-5 所示）

三、房地产中介经纪机构分行拓展计划书范本

以下是房地产中介经纪机构分行拓展计划书范本。此范本是用于房地产中介经纪机构自身拟定新设分行时所作的计划书，通过市场调查及研究，确立该分行的定位、业务内容、人员配置及对财务收入进行计算，交由业务部、财务部及公司管理层考虑该分行开设的可行性。

1. 分析拓展战略目标

树立“渠道为王”的思想，努力打造一个扎根社区的中介网络，搭建社区渠道，配合关联开发企业的发展战略，做到房地产市场的一、二级市场的联动。

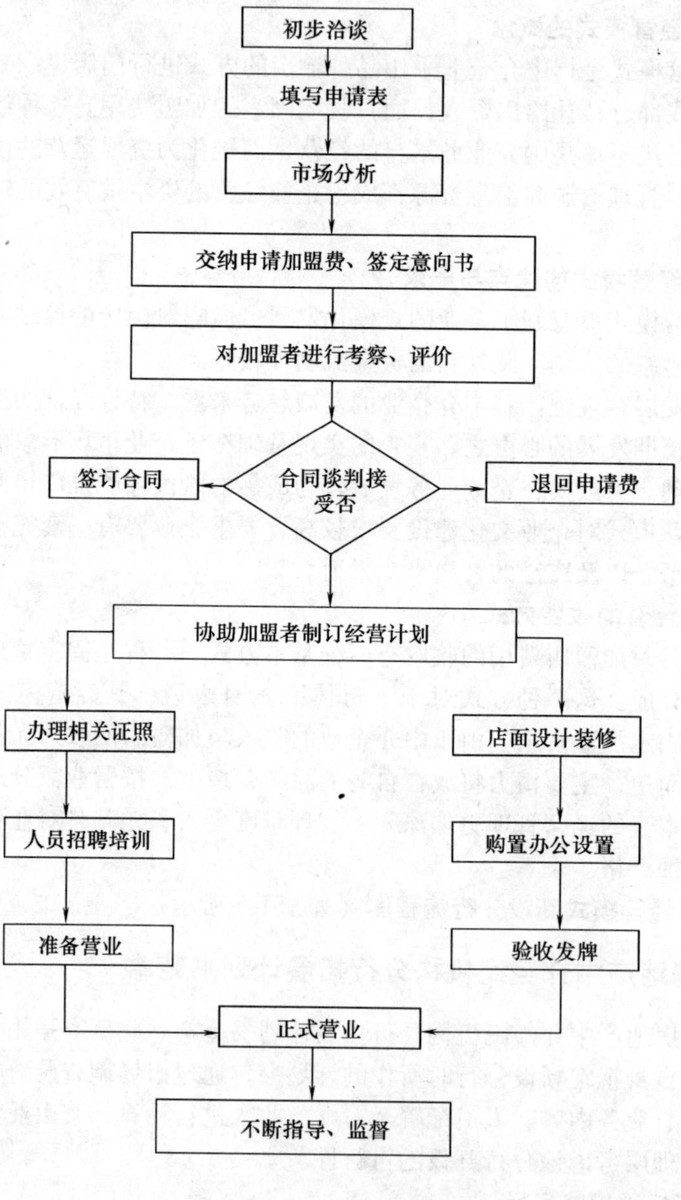

```mermaid
flowchart TD
    A[初步洽谈] --> B[填写申请表]
    B --> C[市场分析]
    C --> D[交纳申请加盟费、签定意向书]
    D --> E[对加盟者进行考察、评价]
    E --> F{合同谈判接受否}
    F --> G[签订合同]
    F --> H[退回申请费]
    F --> I[协助加盟者制订经营计划]
    I --> J[办理相关证照]
    J --> K[人员招聘培训]
    K --> L[准备营业]
    I --> M[店面设计装修]
    M --> N[购置办公设置]
    N --> O[验收发牌]
    L --> P[正式营业]
    O --> P
    P --> Q[不断指导、监督]
```

图 1-5　特许经营式新设分行流程图

核心竞争力是通过网点的合理布局对区域房地产市场的了解，合理配置的房产经纪人对房产资源的掌握和对房产价值的深度挖掘。

中介服务搭建渠道保证费用，自营投资业务作为主要的利润来源，合理利用渠道搭载附加增值业务，关注现金流、周转率和利润率，迅速回笼资金。

2. 分行人员配置计划

将采用年轻人和中年下岗人员的结合方式。房产经纪人多录用 30 ~ 45 岁的中年下岗人员，一方面提供再就业机会为社会减负；另一方面中年下岗人员更有社会经验，更容易与客户沟通；第三方面中年下岗人员因为有养家的压力会更加珍惜来之不易的培训和工作的机会，所以会更加努力工作，对公司发展更有责任心。对公司来说可以得到基层政府和相关组织的认同和扶持，在未来不断扩张的战略布局和增值服务业务上进行配合，更可以按政策直接享受减免税的优惠。

而在如评估投资、计算机网络、金融服务等关键的技术岗位上将多采用年轻人，充分利用其年轻的活力，激情的创意，较高的综合素质，可以将先进的管理理念和技术手段带入传统行业。

3. 分行收入说明

收入主要包括买卖、租赁以及代办权证的收入。买卖中介收入按交易金额的 2% 计算，租赁中介收入按每单 800 元计算，代理新盘分销收入按每单 4000 元计算，代办权证收入按三证代办 600 元计算，个人贷款担保收入按贷款金额的 1%，批量房产吞吐收益每次不少于销售额 20%，期限不多于 6 个月，平均在 4 月内销售完毕实现资金回笼。

4. 分行增值业务收入计划

（1）社区分类广告业务。通过建设完善的社区店网络，让社区店与当地社区居委会和住宅小区的物业管理公司建立起良好的友邻关系，在社区和住宅小区的醒目地段独家租赁广告位，制作大型广告栏划分成等分的小广告位，针对快速消费品业、银行金融业、社区综合服务业的各类商家出租，广告牌由公司统一设计、统一制作，成本包括在发布费中，单个广告栏经济分析见表 1-11。

对于这些商家来说，此种宣传方式能将广告述求直接到达客户的家门口，而且能任意选择想接触的客户群体，任意选择版面大小，做到广告费用的最大经济效应；对于当地居委会和物业管理公司是一种创收的来源，也是为辖区的居民提供便民服务；对于公司来说，社区店只有牢牢扎根社区，赢得周边社区居民的认同，才能真正垄断这个潜力巨大的市场，产生稳定长期的现金流。

表 1-11 单个广告栏经济分析

项目（2.4m×1.8m 的广告栏）	数量	备注
一次性投资制作成本	1200 元	广告栏和遮雨棚一年折旧
上缴租金	2000 元/月	社区居委会和物业管理公司
广告发布费	100 元/月	城管局
标准广告位（0.4m×0.2m）	54	可任意组合
标准广告位月租金	200 元	包括制作安装费提成 50 元
盈亏平衡点	15 块	

（2）装修保洁中介业务。根据调查统计，买二手房的客户 90% 以上都会进行二次装修，即使是长期租赁客户也有 50% 以上要进行简单装修，通过房屋中介的优质服务取得客户的信任，开展后续跟踪服务，推介关联装修公司进行二次装修。社区店牢牢扎根社区，取得社区居民的信任，可以进一步推介关联保洁公司进行家庭日常保洁。

装修推介服务费市场行情是装修金额的 2% ~5%，扣除个人提成按平均 600 元/单计算，专业保洁公司提供的家庭保洁平均收费为 10 元/h，社区店通过合作协议可以从中取得 2 元/h 的佣金，该项业务几乎没有成本。

装修和保洁中介服务是公司给购房客户和所在社区居民的增值便利服务，此项收入不作为公司的主要利润来源，但需要作为各社区店联络社区成效的考核指标。

5. 新设分行财务模型设计

根据企业发展战略，将分行分成标准社区店及标准中心店。

（1）标准社区店。一般开设在大型成熟社区周边，根据营业面积、营业收入、辐射范围，每个门点投入人员 4 ~5 人，面积 20 ~40m^2，平均每个店投入资金 3 万元。主要职能是开展租售等日常中介业务，同时负责收集周边房源信息上报中心店和总部。

（2）标准中心店。位置选择于交通便利的商业区，每门点投入人员 15 人，面积不少于 100m^2，投入资金 10 万元，是公司的形象店。主要职能是：区域办证中心、员工培训中心；指导区域内社区店的日常工作；同时也是特殊房产的集中业务部（如商业、工业及拍卖房产等）。

（3）根据市场调查和中介经纪机构的数据，按照各种经营条件都具备的成熟数据做出以下中介经纪机构分行财务模型。

1）标准社区店主营业务收支表（见表 1-12）。

2）标准中心店主营业务收支表（见表 1-13）。

表 1-12　标准社区店主营业务收支

		项　目		收入说明	总金额	备　注
社区店	收入	买卖佣金	3 宗	买卖中介费 2%	18000 元	买卖成交金额按 30 万元计算
		租赁佣金	3 宗	租赁中介费 800 元/单	2400 元	
		合　计			20400 元	
	支出	项　目		支出说明	总金额	
		房　租		2000 元/月	2000 元	
		工　资		4×500 元 +1×1000 元	3000 元	
		佣金提成		总收入的 20%	5280 元	
		办公费用		1000 元/月	1000 元	
		折旧递延		1000 元/月	1000 元	
		营业税及附加		营业收入的 6%	1224 元	
		合　计			13504 元	
	交易金额	90 万元				
	营业收入	20400 元				
	月利润	6896 元				

说明：该表为成熟的标准社区店的平均经营状态，每月任务完成买卖交易 3 宗，租赁 3 宗，不计其他业务收入。

表 1-13　标准中心店主营业务收支

		项　目		收入说明	总金额	备　注
中心店	收入	买卖佣金	6 宗	买卖中介费 2%	36000 元	
		租赁佣金	6 宗	租赁中介费 800 元/宗	4800 元	
		办证费用	30 宗	代办权证 600 元/宗	18000 元	
		合　计			58800 元	
	支出	项　目		支出说明	总金额	
		房　租		5000 元/月	5000 元	
		工　资		500×10 +1000×3 +2000×2	12000 元	
		佣金提成		总收入的 20%	11760 元	
		办公费用		5000 元/月	5000 元	
		折旧递延		3000 元/月	3000 元	
		营业税及附加		营业收入的 6%	3528 元	
		合　计			40288 元	
	交易金额	180 万元				
	营业收入	58800 元				
	月利润	18512 元				

说明：该表为成熟的标准中心的平均经营状态，每月任务完成买卖交易 6 宗，租赁 6 宗，代办权证 30 宗，不计其他业务收入。

第三节 房地产中介经纪机构员工招聘管理制度

一、房地产中介经纪机构招聘计划的制定

1. 制定招聘计划的原则

由人事部根据企业战略目标制定企业人力资源战略规划。

（1）人事部将根据各部门的实际情况合理制定其组织架构及确定人员编制。

（2）各部门应认真按照组织架构表之隶属关系进行管理，因工作原因而需作调整的，须经人事部核准后报总经理批准。

（3）人事部应严格按照各岗位之人员编制控制人员录用数目，原则上人员编制不得突破，如确实因工作需要而需超出人员编制者，须先申请增加人员编制后再办理人员增补。增加人员编制一般由部门主管提出书面申请，经人事部主管核准后报总经理批准。

（4）业务部门员工常年招聘。

（5）职能部门需要增补员工时，应根据工作需要、岗位设置、人员编制及任职条件等，向人事部提交《人员增补申请表》。

（6）人事部核查后首先在公司内进行内部调配，内部调配不能满足用人需求时再进行对外招聘。

2. 出现招聘需求的情况

（1）公司拓展加快，新开分店急需补充人员。

（2）员工调动，造成岗位空缺的。

（3）公司发展壮大，新设立部门。

（4）公司业务量增加，需补充人员。

（5）企业战略人才储备，形成梯队力量。

3. 招聘计划表

招聘计划表见表1-14。

表1-14 招 聘 计 划

区域/分行	新店储备人数	空缺人数	淘汰预警人数	自然流失	招聘合计
填写区域或分行名称	新店开业前一个月人员到位，前两个月提交招聘需求	新店进场仍空缺的人数	区域/分行业绩、工作状态不佳，主动淘汰的人数	按10%流失率进行人员储备	前几项之总和为本月招聘人数，每月25日上报管理部

二、房地产中介经纪机构的招聘流程

1. 招聘流程图

（1）职能部门招聘流程图（如图1-6所示）。

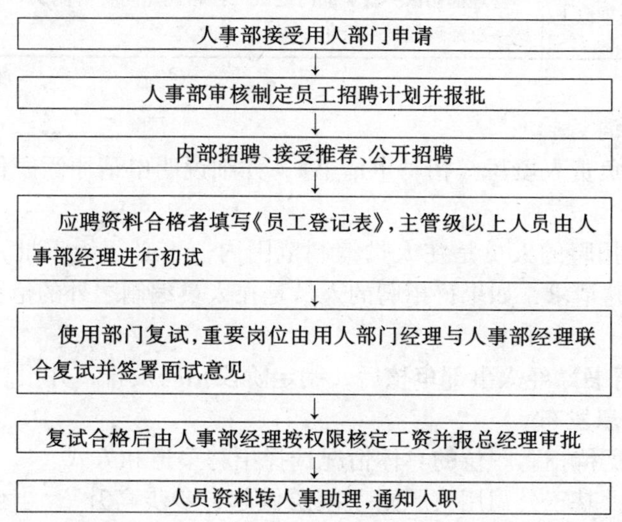

图1-6　职能部门招聘流程图

（2）业务部门招聘流程。

1）销售岗位（见表1-15）。

表1-15　销售岗位招聘流程

岗　位	流　程
置业顾问	现场招聘会→区域经理初试筛选→情景模拟复试→性格测试→主管副总面谈→录用（→跑盘后进行优势测试）
分行经理/助理经理	管理部筛选简历/区域经理推荐→营销经理面试→性格测试→主管副总经理复试→优势测试→总经理面谈→录用
区域经理/高级经理	管理部筛选简历/区域经理推荐→主管副总经理面试→性格测试和优势测试→总经理复试→录用

2）职能岗位（见表1-16）。

表 1-16 职能岗位招聘流程

岗 位	流 程
员工级、项目经理级	管理部初试→专业部门复试→性格测试与优势测试→主管副总经理复试→录用
高级项目经理级别以上	管理部初试→专业部门复试→性格测试与优势测试→主管副总经理复试→总经理复试→录用

2. 招聘申请

（1）部门负责人填写《招聘申请书》，详细说明申请原因、任职资格，及时报送人事部。

（2）如果招聘的人员是在人员编制范围内，不必逐级审批，可以直接向人事部提出招聘请求，如果待招聘的人员是在人员编制之外的范围，必须逐级审批。

《招聘申请书》经人事部审核后，制定阶段招聘安排，并报总经理审批。

3. 招聘信息发布

人事部根据待招聘职位的具体情况选择招聘渠道和方式。

内部招聘　基于公司用人原则“基层做起，步步高升”，当公司岗位出现空缺时，原则上首先在公司内部公布，优先考虑内部员工应聘和推荐，即面向公司内部公开进行招聘、筛选。如，在公司公告、E 网房介通软件、公司网站招聘论坛等发布招聘信息。

外部招聘　若内部没有合适人选，人事部报总经理审批后进行外部招聘，即面向社会公开招聘。如，人才市场招聘、门口广告招聘、各类媒体广告招聘、人才网站招聘、朋友推荐、行业信息网站招聘等各种渠道广纳人才。

招聘信息至少应具备突出的企业标志、能使人过目不忘的广告词、激励性用语，招聘岗位和人数、应聘方法等几个方面。

4. 员工聘用的基本条件

（1）年龄 22 周岁以上，45 周岁以下；特别优秀者可申报业务部门，经批准适当放宽年龄限制。

（2）公司所聘用的职员级必须有大专以上文化程度；管理人员需具备本科以上文化程度，特别优秀者可申报业务部门，经批准适当放宽学历限制。

（3）相貌端正，身体健康，具有良好的学习力、行动力和语言表达能力。

（4）无不良嗜好，无犯罪记录。

（5）因违反公司业务管理有关规定而被解除合同的经纪人一律不得重新聘用；有两次（含）以上离职记录的经纪人不得重新聘用。

(6) 离职经纪人在因个人客观原因离职之后申请重回公司时，报请营销部核准后方可上岗；离职前的各项权益不予恢复，且原推荐人不享受任何推荐利益。

(7) 具备团结协作、艰苦创业、吃苦耐劳的精神，以及认真负责的工作态度。

5. 应聘人员需准备的材料

(1) 个人简历、身份证（原件及复印件）、个人最高学历证明（原件及复印件）。

(2) 近期一寸免冠照两张，二寸照片两张。

(3) 公司认为必要的其他材料，如经纪人执业资格证等。

对提供假学历、假身份证明、隐瞒或伪造个人简历者，一经发现，一律予以解除合同。

6. 招聘人员的选用要求

(1) 招聘人员职责要求。面试人员的言谈举止和涵养代表着公司的形象，在一定程度上，应聘者会根据面试人员的素质涵养对公司产生初步的评价。因此，面试人员的职责要求：是公司形象的代表；是公司企业文化的传播者；是公司行为的示范者；是公司人才政策的演绎者；是岗位潜力的发掘者；是“千里马”的发现者。

(2) 面试人员的基本原则。

1）面试人员在面试过程中应注意保密原则，对涉及详细组织架构、经营状况、人员情况、薪酬体系等详细内容注意保密。

2）面试人员在面试过程中应以亲和式面谈方式为主，在亲和式的基调下，可穿插两、三个压力型问题以考察应聘者在压力下的反应。

3）在面试过程中言谈举止大方，面带微笑，交流以平等为原则，对于应聘者的应答不应有任何过激的反应，不得有歧视或忽视应聘者的表现。

4）进行一对一面试时，面试人员在面试前应先阅读应聘者简历，在面试过程中认真交流；面试结束后认真填写面试评估表，评语将作为复试/录用的重要参考。

(3) 面试人员的形象规范。

1）业务部门面试人员须着工装。

2）职能部门面试人员，男性须穿着深色职业套装、打领带，女性须穿着深色职业套裙或套装。

保持仪表整洁、妆容得体、口气清新，面试过程中不得吸烟，避免在面谈过程中接听电话。

7. 应聘材料初审

人事部接到应聘者所提供的求职资料后，对其基本情况进行初步审查，于2日内与应聘者联系，确定初试时间和地点。下面提供三份应聘人员职位申请表范本供读者参考。

（1）职位申请表范本一（见表1-17）

表1-17 职位申请表（一）

应聘职位： 填表日期： 年 月 日

<table>
<tr><td>姓名</td><td colspan="2"></td><td>性别</td><td></td><td colspan="2">出生年月</td><td colspan="2"></td><td rowspan="5">近期免冠照片</td></tr>
<tr><td>民族</td><td></td><td>籍贯</td><td></td><td>户口所在地</td><td colspan="2"></td><td>婚姻状况</td><td></td></tr>
<tr><td>现通信地址</td><td colspan="4"></td><td colspan="2">电话</td><td colspan="2"></td></tr>
<tr><td>政治面貌</td><td></td><td>最高学历</td><td colspan="2"></td><td>专业</td><td colspan="3"></td></tr>
<tr><td>毕业院校</td><td colspan="4"></td><td>毕业时间</td><td colspan="3"></td></tr>
<tr><td>身体素质</td><td></td><td>身份证号码</td><td colspan="4"></td><td>身高(cm)</td><td colspan="2"></td></tr>
<tr><td>外语水平</td><td colspan="2"></td><td>爱好特长</td><td colspan="6"></td></tr>
<tr><td rowspan="2">计算机技能</td><td colspan="9">培训过□ 熟练使用办公软件□ 熟练使用应用软件□ 计算机专业水平□</td></tr>
<tr><td colspan="9">其他：</td></tr>
<tr><td>其他技能</td><td colspan="9"></td></tr>
<tr><td rowspan="4">个人简历</td><td colspan="9">教育经历(高中起)：</td></tr>
<tr><td colspan="9">工作经历：</td></tr>
<tr><td colspan="9">突出成绩：</td></tr>
<tr><td colspan="9">家庭成员简况：</td></tr>
<tr><td>薪资要求</td><td colspan="2"></td><td>其他要求</td><td colspan="6"></td></tr>
<tr><td>备注</td><td colspan="9"></td></tr>
</table>

本人承诺：以上所填写的内容全部属实，并对内容的真实性负责。

签名： 年 月 日

（2）职位申请表范本二（见表1-18）

表1-18 职位申请表（二）

部门： 申请职位： 填表日期： 年 月 日

姓名		性别		出生年月		民族	
身高		婚否		特长/爱好		职称	
英语水平	□不会	□一般	□熟练	计算机应用	□不会	□一般	□熟练
籍贯				身份证号码			
住址				紧急情况联系人地址、电话			
本人电话				期望月薪			
教育情况（从高到低）	就读时间	就读学校		专业	学历	学习方式	
工作经历	起止时间	工作单位及部门		职务	薪资	证明人	证明人电话
家庭成员	姓名	与本人关系	年龄	工作单位		职务	
主要工作业绩及获得荣誉							
若有亲属/朋友任职本公司请列	姓名		部门		关系		
是否要求提供住房	是		否				

注：请您按实际情况填写此表，未按实际情况填写的，在试用阶段，公司将停止使用；已经聘用的人员，解除聘用并不予以补偿。

（3）职位申请表范本三（见表 1-19）

表 1-19 职位申请表（三）

<table>
<tr><td>应聘职位</td><td colspan="4"></td><td rowspan="6">（照　　片）</td></tr>
<tr><td>姓名</td><td></td><td>性别</td><td colspan="2"></td></tr>
<tr><td>身份证号码</td><td></td><td>婚况状况</td><td colspan="2"></td></tr>
<tr><td>出生日期</td><td></td><td>身高</td><td colspan="2">体重</td></tr>
<tr><td>户籍地址</td><td></td><td>邮政编码</td><td colspan="2"></td></tr>
<tr><td>通信地址</td><td></td><td>邮政编码</td><td colspan="2"></td></tr>
<tr><td>住宅电话</td><td></td><td>手机</td><td></td><td colspan="2">其他联系方式</td></tr>
<tr><td rowspan="5">经历</td><td>起止时间</td><td>任职公司</td><td>担任职务</td><td>待遇</td><td>离职原因</td></tr>
<tr><td></td><td></td><td></td><td></td><td></td></tr>
<tr><td></td><td></td><td></td><td></td><td></td></tr>
<tr><td></td><td></td><td></td><td></td><td></td></tr>
<tr><td></td><td></td><td></td><td></td><td></td></tr>
<tr><td rowspan="5">学历</td><td>起止时间</td><td>学校名称</td><td>攻读系所</td><td colspan="2">毕业与否</td></tr>
<tr><td></td><td></td><td></td><td colspan="2"></td></tr>
<tr><td></td><td></td><td></td><td colspan="2"></td></tr>
<tr><td></td><td></td><td></td><td colspan="2"></td></tr>
<tr><td></td><td></td><td></td><td colspan="2"></td></tr>
<tr><td rowspan="7">专长与资格</td><td rowspan="3">语文</td><td>英文</td><td colspan="3">□极佳　□佳　□尚可　□不熟悉</td></tr>
<tr><td>日文</td><td colspan="3">□极佳　□佳　□尚可　□不熟悉</td></tr>
<tr><td>其他</td><td colspan="3">__________□极佳　□佳　□尚可　□不熟悉</td></tr>
<tr><td colspan="2" rowspan="2">计算机</td><td colspan="3"></td></tr>
<tr><td colspan="3"></td></tr>
<tr><td colspan="2" rowspan="2">其他</td><td colspan="3"></td></tr>
<tr><td colspan="3"></td></tr>
<tr><td>兴趣</td><td colspan="2"></td><td>期望待遇</td><td colspan="2"></td></tr>
</table>

8. 对应聘者进行面试

（1）面试对象范围安排。

1）经纪人员初试由业务部门经理主持，人事部视情况参加。

2）应聘经理级以下（总部人员）、经理级以上（含经理级）、分行经理初试由人事部主持，直属部门主管进行复试，对于分行经理以上人员、总部人员及其他涉及公司机密的员工需由总经理终试并决定是否录用。人事部负责对面

试通过人员发出入职前培训通知，对面试未通过人员发辞谢通知。

（2）初试。初试主要考核应聘者的综合素质（个人品质、个人经历、工作态度、价值观），并向求职者介绍公司业务，回答他们一些简单问题，并在《应聘人员信息记录表》初试评语一栏做好记录。

（3）复试。复试主要考核应聘人员的专业素质及岗位胜任能力，并在《应职人员信息记录表》复试评语一栏做好记录。

（4）面试信息记录表范本。

1）应聘人员安排表范本（见表1-20）。

表1-20　应聘人员安排表

日期：　　　　　　　　面试地点：

联系电话：　　　　　　　　　　地址：

序号	姓名	性别	预约时间	联系方式	应聘职位	初试结果	复试结果	备注
1								
2								
3								
4								
5								
6								
7								
8								
9								
10								
11								
12								
13								
14								
15								
16								
17								
18								

2）面试信息记录表范本一（见表1-21）。

表1-21 面试信息记录表（一）

面试人姓名： 初试日期：

问题：

1. 自我介绍

2. 为何选择房地产业

3. 工作强度是否可以接受

4. 自我优缺点

5. 是否可服从总部统一分发安排

评估项目	极为理想（5分）	理想（4分）	尚可（3分）	不理想（1分）
1. 仪容整齐、清洁程度				
2. 外形予人信赖及好感度				
3. 学习经历吻合程度				
4. 表达能力				
5. 问题理解能力				
6. 服务热诚				
7. 专业知识				
8. 对应挫折的能力				
9. 追求奖金的企图心				
10. 刻苦及对加班的接受度				
11. 自信程度				

初试官意见：

是否进入复试 是__________否__________

面试人员签字：

3）面试信息记录表范本二（见表1-22）。

表1-22　面试信息记录表（二）

复试日期：

应聘职位		复试人		联系电话	
专业知识					
管理工作或看法					
工作积极性及领导能力					
发展能力					
要求待遇			其他		
面试人员意见					

参与面试人员签名：

（4）应聘人员综合信息记录表范本（见表1-23）。

表1-23　应聘人员综合信息记录表

<table>
<tr><td colspan="2">姓名：</td><td colspan="2">应聘部门/岗位：</td><td>应聘来源：</td></tr>
<tr><td colspan="5">应聘人员信息记录</td></tr>
<tr><td colspan="2">心理类型：</td><td>优势</td><td colspan="2"></td></tr>
<tr><td rowspan="3">初试</td><td colspan="4">仪表形象：　□好　□较好　□一般　□欠佳
沟通能力：　□得体　□较好　□一般　□欠佳
专业背景：　□很符合　□符合　□一般　□不对口
工作经验：　□很符合　□符合　□一般　□无相关工作经验
离职原因：</td></tr>
<tr><td colspan="4">评价意见：
综合评价：　□A 优秀　□B 良好　□C 一般　□D 不合格</td></tr>
<tr><td colspan="4">特殊说明（建议推荐部门、工作地点要求、特别工资要求、特殊背景以及技能，以后在工作中需要跟踪的方面等）
考核人：　年　月　日</td></tr>
<tr><td rowspan="3">复试</td><td colspan="4">业务能力（主要相关业务技能及主要工作成果）：</td></tr>
<tr><td colspan="4">评价意见：
总体评价结论：　□A 优秀　□B 良好　□C 一般　□D 不合格</td></tr>
<tr><td colspan="4">特殊说明（工作地点要求、特别工资要求、特殊背景以及技能，以后在工作中需要跟踪的方面等）
录用建议：　□录用　□不录用　□推荐其他部门＿＿＿＿
拟安排的岗位：
拟入职时间：　年　月　日　　考核人：　年　月　日</td></tr>
<tr><td colspan="5">人事部意见（如有必要可第二次复试）</td></tr>
<tr><td colspan="2">录用意见：　□录用　□不录用
特别工资建议：</td><td colspan="3">部门经理：
年　月　日</td></tr>
<tr><td colspan="5">公司意见：
公司总经理：　年　月　日</td></tr>
</table>

9. 面试常用题目及其考察要点

（1）通用类基本问题及其考察要点（见表1-24）。

表1-24　通用类基本问题及其参考要点

类型	序号	问　题	考察要点
基本情况和求职动机	a	请用最简洁的语言描述您从前的工作经历和工作成果	测试应聘者是否能够用几句话概要地介绍其主要的工作信息和重点业绩。在介绍工作成果时,注意应聘者能否正确表述其在原单位所发挥的作用。通过回答考察应聘者的语言表达能力、仪表神态、目光注视程度、肢体语言等方面
	b	您为什么重新求职	测试应聘者的求职动机是否合理。重新求职的原因可能因为应聘者原单位的问题,但通过回答可以考察应聘者是否既能客观、委婉地说明原因
	c	什么样的单位是您求职的第一选择	测试在应聘者心目中是否对自己和单位的定位清晰明确,是否盲目应聘
专业背景	a	您认为此工作岗位应当具备哪些素质	测试应聘者认为的岗位素质与招聘需要的岗位素质的吻合程度
	b	请谈谈你对您所从事专业的理解,在专业方面有哪些成绩	考察应聘者的专业功底
	c	您认为自己应聘的职位在公司里所应当承担的主要职责是什么？您个人有哪些方面的优势能够胜任这一职位？还存在哪些缺陷和不足,准备如何来弥补	考察应聘者个人对工作的理解以及是如何考虑个人与工作之间的匹配性的
	d	您认为自己在这个岗位上的竞争优势是什么	通过回答找到此应聘者与其他应聘人员的优势差异,在复试时可参考员工优势测试结果
工作模式	a	您平时习惯于单独工作还是团队工作	工作习惯与应聘者应征的工作岗位有关。通常需要经常与他人合作或接触的岗位(如秘书、公关等)建议团队工作习惯,而技术、设计类型的岗位则相对独立性较强
	b	在工作中您喜欢用哪种形式沟通？您认为什么是最有效的沟通形式	通常面对面直接沟通的方式最为有效,与书面沟通相比,面对面沟通发生误解的可能性较小,除非两人一见面就剑拔弩张

（续）

类型	序号	问　题	考察要点
工作模式	c	在过去的工作中您学习到了什么	考察应聘者是否能够从专业成就、人际关系、组织、产品、服务等多个角度来回答问题。当谈及其从前的经历时，可测试应聘者是否是个忠诚的、懂得尊重别人的员工
	d	您怎样了解业务上的最新动态、信息	对自己的专业研究得越深入，就越需要获得新的信息来源
	e	请介绍您原来单位的几个主要竞争对手的情况	通过回答测试应聘者的市场竞争意识。对本单位津津乐道，但对市场状况及竞争行情不甚了解的人员不是一名全面的工作人员
	f	您在工作中通常怎样分配时间	测试应聘者对时间的分配和使用习惯
	g	您未来三年的目标是什么？如何实现	考察应聘者是否对自己能够提出明确的目标，并有切实的行动计划；而不是“继续做好现在的工作”、“加强学习”等模糊的概念
	h	您对我们公司以及您所应聘的岗位有什么了解	一名态度认真的求职者往往会在面试之前通过多种渠道去了解应聘单位。如果在应聘的开始已经向应聘者进行介绍，可测试应聘者倾听的关注程度。如果事先没有向应聘者进行有关本单位的情况介绍，应聘者可以会借此机会提出了解单位的情况。主试人员在介绍完毕之后，仍可通过类似问题考察应聘者
价值取向	a	您对原来的单位和上司的看法如何	批判原单位及同事的应聘者绝非一名有修养的员工。考察应聘者是否能够客观委婉地表达其看法，并结合自己放弃原来职位的意图
	b	业余时间您通常用来做什么	考察应聘者是否能够平衡工作与生活之间的关系
	c	描述您上一次在工作中挨批评的情景	测试应聘者在既属于个人隐私，又有很强的专业性的领域里的沟通能力如何，以及应聘者是否经得起批评，并了解他以前的工作环境和沟通状况
	d	您觉得怎样才算是成功	考察应聘者是否能够把受到赏识与做出有意义的贡献联系在一起，而且可以正确地平衡事业与家庭之间的关系
	e	您认为做人的基本原则是什么	考察应聘者个人的行为准则和道德规范意识

（续）

类型	序号	问　　题	考察要点
资质特性	a	您如何描述自己的个性	测试应聘者的个性与公司的文化、行为准则、岗位特点等之间的匹配程度，可参考心理测评和优势测评结果。例如，外向性格在公关、市场等工作岗位更具优势，内向性格在科研、档案等工作岗位更具优势
	b	请列举您的三大优点和三大缺点	应聘者是否能够坦诚相告自身的特性，并考虑其特质是否影响到此岗位的工作及团队工作
	c	您原来的同事通常是如何评价您的	考察应聘者是否了解自己在他人心中的看法，并正视面临的问题
薪资待遇	a	是否方便告诉我您目前的待遇是多少？您所期望的待遇是多少	只做了解，供复试定岗、定薪参考
	b	您要求公司必须的福利有哪些？另外希望公司提供什么样的福利	涉及人力成本及相关法规的问题，同时通过应聘者谈到原单位的福利时可以看出单位实力，以及自身的承受能力
背景调查	c	您是否介意我们通过您原来的单位进行一些调查	重要的职位必须进行调查。通过应聘者回答问题时的态度及调查的材料可以测试其诚实程度

（2）业务部门面试的问题及考察要点（见表1-25）

表1-25　业务部门面试的问题及考察要点

类型	序号	问　　题	考察要点
销售能力	a	请讲讲你遇到的最困难的销售经历，你是怎样劝说客户购买你的产品的	好的销售人员需要掌握的技能：(1)听说能力；(2)产品知识和人的品味；(3)销售策略和市场渗入策略；(4)具有说服力，但又不使用花招的沟通能力；(5)既有取得较好个人业绩的欲望，又有服务客户的强烈意识；(6)富于弹性，又讲原则；(7)做事积极主动，又善于和他人合作
	b	关于我们的客户群体，你了解多少	
	c	关于销售，你最喜欢和最不喜欢的是什么？为什么	
	d	你最典型的一个工作日是怎样安排的	
	e	为取得成功，一个好的销售人员应该具备哪些素质？你为什么认为这些素质是十分重要的	
	f	在你的以前的工作中，你用什么方法来发展并维持已存在的客户	
	g	讲一个这样的经历：给你定的销售任务很大，完成任务的时间又很短，你用什么办法以确保达到销售任务目标的	
	h	你是否有超额完成销售目标的时候，你是怎样取得这样的业绩的	
	i	在打电话和客户沟通时，提前要做哪些准备	

（续）

类型	序号	问 题	考察要点
客服意识	a	请讲一次这样的经历：你使一个非常不满的客户改变了看法。是什么情况？你是怎样使客户回心转意的	好的客户服务人员能够知道并理解他人的需求，努力提供超过客户需求的服务。他们能够认识到：没有客户，就没有生意；没有良好的服务，就没有回头客。他们知道如何处理好提供超级客户服务和保证公司兴旺发达的关系
	b	讲一个你曾经遇到的这样的一个问题：和你打交道的一位客户要求解决问题的方法和公司利益发生冲突。你是怎样解决这个矛盾的	
	c	在客户服务中，公司的政策和规定起着什么样的作用	
	d	如果客户对所发生的事情的判断是完全错误的话，你该如何解决这个问题	
	e	若客户不满，他们能接受的最大的不满程度有多大	
团队意识	a	你认为一个好的团队管理者的最主要特点是什么？为什么	团队工作需要很强的人际交往能力和交际常识。我们需要团队里有这样一种人：既能带动他人完成共同的工作目标，又能团结合作并对公司有着很高的热情
	b	请讲一下你对团队工作最喜欢和最不喜欢的地方？为什么	
	c	管理人员能否不做任何说明就让员工去干某项工作？为什么	
	d	请你讲出你在团队工作背景下遇到的最具有创造性和挑战性的事情。你用什么方法来鼓励他人和你自己来完成这件事的	
	e	你认为做一个好的员工和当一位好的团队管理者有什么区别	
	f	你认为怎样才算一个好的团队管理者	
	g	请说出你作为团队管理者所遇到的最困难的事情，是怎样解决这个困难的？你在解决这个困难中起了什么作用	
	h	请说说你在什么情况下工作最有效率	
沟通能力	a	请讲一个这样的情形：某人说话不清，但是你还必须听他的话，你怎样回答他的问题才好	面试中了解应聘者表达的思想是否具有说服力，概念描述得是否清楚，思路是否有条理，用词是否准确，是否能吸引听者的注意力，以及应聘者是否能保持与对方的视线等
	b	假如你的两个同事的冲突已经影响到整个团队，让你去调节冲突，并使冲突双方能够自己解决问题，你会怎样做	
	c	你认为良好沟通的关键是什么	
	d	你认为难沟通的问题是什么？为什么	
	e	我想知道你曾经遇到的最有挑战性的沟通方面的问题。你为什么认为那次经历对你最富有挑战性，你是怎样应对的	
	f	请你讲一下和一个有非常糟糕习惯的人在一起工作的经历。你是怎样使对方改变他的不良行为的	

（续）

类型	序号	问　　题	考察要点
信心	a	请讲一下去年你承担的最具有挑战性的任务之一。你为什么认为那件事很具有挑战性	信心是应聘者在面试者面前是否具有吸引力的一个非常重要的因素。有信心的人往往在办事、说话和判断中，以及在对自己的能力方面表现出强烈的自信。有信心的人善于对他们自己的决定和行为的后果承担责任。此外，他们往往把冲突视为是发展的机会
	b	你是怎样获得新观点和新资讯的	
	c	过去三年里，你对自己有了怎样的认识	
	d	分享这样一个情况：你做出了一个决定，但事情的发展事与愿违。你怎样弥补这种局面	
	e	我想知道，工作中什么环境和事情对你的影响最大	
	f	请说出你和你的上司在工作重点上发生冲突的一次经历，你是怎样解决你们之间的冲突的	
	g	解决冲突的能力会使你在管理中做得更好，在这方面，你有什么经验	
培养人的能力（管理岗位可参考）	a	说说你曾经鼓励并奖励员工积极主动的一些做法。你是怎样鼓励员工的，怎样奖励他们的	若一个公司想要生存和发展，处在领导岗位上的管理人员必须愿意并能够把普通员工培养到领导岗位上。这就意味着，得给每位员工以最大的发展空间。这需要激励每位员工奋发向上，并发挥出各自最大的潜能。这还包括鼓励员工有敢于冒险的精神，善于承担责任的精神。下面一些问题能问出应聘者在培养人才方面的能力
	b	如果你的某位职员对所有的发展都不感兴趣，你该采取什么措施或办法来改变他的态度	
	c	管理者在多长时间、什么情况下该让员工参加培训	
	d	请讲一个你不得不鼓励员工做出决定的情形。你究竟是怎样做的	
	e	在评估你的员工的工作表现时，你怎样才能确保评估的客观公正	
	f	请描述某位员工有工作表现问题的情形。你给他提供了什么样的帮助	
	g	你是怎样评估你的每位下属的工作发展的需要的	
	h	你用什么方法来监督你负责项目的工作进程的	
	i	你怎样决定工作中的分工负责情况的	
	j	你采取什么办法来鼓励你的下属培养他们的能力	
	k	就工作表现而言，你不得不向员工反馈的最困难的信息是什么	

（3）新毕业学生面试题目及考察要点（见表1-26）。

表 1-26　新毕业学生面试题目及考察要点

序号	问　　题	考察要点
a	大学时,你为什么选择……专业	当面试刚刚走出校门的毕业生时(就是那些几乎没有工作经验的应聘者),我们希望录用那些要么学习很快,要么有领导(管理)潜力的毕业生。希望对方有决定能力、毅力(时间加努力等于成功),或是能够看清人的能力
b	如果你在大学(学院)做过兼职工作的话,你认为哪种兼职工作对你最有意思?为什么	
c	介绍一下你的课外活动。你为什么愿意从事那些课外活动?通过那些课外活动,你都学了些什么	
d	你在大学时遇到的最有挑战性的事情是什么?为什么你认为那件事对你最具有挑战性	
e	你的专业课程中,哪些课程最让你感兴趣了	
f	你认为学校的分数重要吗?学校的评分制度有什么意义,它能体现出什么来	
g	你认为你所受的教育对你生活的最大意义是什么	
h	你最喜欢的课程是什么?为什么?你最不喜欢的课程是什么	

(4) 职能岗位专业技能面试问题(见表 1-27)。

表 1-27　职能岗位专业技能面试问题

序号	岗　位	要　　求
a	经营分析师	1. 提供近三个月成交均价,要求整合成市场分析报告 2. 由应聘者提出,如形成完整的市场分析报告尚需哪些方面数据,通常采用何种方法和渠道收集
b	市场营销	1. 由应聘者根据提供的资料整合成市场营销策划方案 2. 考察方案的创意性、完整性、统筹思路 3. 考察应聘者过往工作经验及相关资源
c	培训部	整合入职一个月的新员工培训方案 以新员工培训方案中的一个课题进行试讲
d	人事部	人力资源管理的系统思路 人力资源任一模块的实际操作方案(招聘、绩效、发展)
e	秘书 行政助理	测试打字速度 45 字/min 以上 测试 OFFICE 软件操作,WORD、EXCEL、PPT 测试文件撰写、会议记录
f	财务文员	1. 测试打字速度 45 字/min 以上 2. 测试 OFFICE 软件操作,WORD、EXCEL 制表及公式应用

10. 面试过程谈话要点

面试过程应分为两个阶段，前一阶段为信息收集阶段，从应聘者处获得信息；后一阶段，要让应聘者了解工作与公司的有关信息。遵循两阶段的规划将节省更多的时间。如果在面试的第一阶段发现应聘者不适合，就没有必要进行第二阶段。

（1）缓和气氛。应聘者到来后，态度应友好，有条理地安排面试，使其放松。如果你能够驾轻就熟并自信可以远离可能导致歧视的私人问题，你可以从兴趣爱好之类的寒暄开始你的面试。或者只简单地询问下列问题中的一个：

“你是如何了解我公司并对其感兴趣的？”

“你如何获知我公司的空缺职位？”

根据对方的答复，你可以正式开始你准备的议程。

“在我们开始之前，请先了解一下今天我们的谈话内容。我想了解你的背景与经验，从而决定这份工作是否适合你。我很高兴能听你讲述你的工作、教育、兴趣、各种活动，与你乐意告诉我的任何事情。在我对你的背景有所了解后，我将向你提供我公司与工作的有关信息，并回答所有你可能提出的问题。”

（2）询问工作经验。工作经验的讨论将因应聘者的工作时间长短而明显不同。对刚刚走出高中或大学校门的毕业生提出的问题不可能适用于一个有15年经验的专业人员。对于拥有实际经验的应聘者，最近工作职位的谈论是一个合理的开端。除了了解工作本身，这也有助于了解应聘者更换工作的原因，每份工作的持续时间，及随着时间的推移对工作要求的不同。下面提供的样本尤其适用于对刚刚参加工作的应聘者的面试。

“好的工作环境对你今后的工作影响很大。”

“请你描述一下你的工作及职能；你喜欢哪些工作？不喜欢哪些？你认为你在工作中有何收获？”

“我们先简要地回顾一下你最初的工作经历，只是一些在校期间或假期的兼职工作。然后，我们再详细了解一下你近来的工作情况。”

“你对最初的工作还有多少印象？”

对每一份工作都提一些详细的问题。整个过程要按照时间的顺序进行，这会使谈话显得很自然，而且能够进行比较。

应对具体行为提问，以避免得到的回答过于笼统或假想性太强。不要问：你可靠吗？因为你只会得到一种答案：是。

应聘者常常被问道：“你的纪律性强吗？你的纪律性是如何使你受益的？你是如何安排你的工作的？你是如何处理那些意外情况的？”与之相比，“请

你讲述一下：稍加努力，你就能准时到达公司。”这样的提问更贴近实际情况，更有效。

问题要明确，且一次只提一个问题，这样不会对应聘者产生干扰。尽量避免谈话过程中出现冷场，如果是由应聘者引起的，应稍等片刻。

始终保持中立的态度，不要从语言或行为上暗示应聘者你对他们的回答的看法。

应鼓励应聘者发表自己的观点，并尽量使用他们的字眼，以避免表现出你的想法。如果应聘者说：“我喜欢独立工作。”你可以会应道：“独立工作吗?”当然，你还可以借机让应聘者举出相应的事例。

在了解其工作背景之后，可以交流一下教育状况。

（3）询问教育背景。与工作经历方面的面试相比，关于教育背景的交流则应更贴近应聘者的受教育程度。下文中的面试谈话主要针对那些从中学毕业不久的年轻人。对于专业性较强的应聘者的面试，则应更侧重于专业教育。

“我们已经十分了解你的工作经历……现在，让我们看一下你的教育背景。先简单地从中学开始，然后以此类推，最后谈谈你受过何种培训。你对哪些专业比较感兴趣？成绩如何？课外活动有哪些？还有其他你认为重要的事情。”

“你的中学时代是如何度过的?”

整个过程要按照时间的顺序进行，问题要具体。不要根据回答做出判断，这只是表面现象；前后对比才能透出本质。在得到回答后，要对其行为表现进行分析，确定哪些是工作需要的。

（4）询问活动及兴趣。“现在，我想了解一下你工作之余的兴趣爱好。平时，你会参加哪些活动？团体活动或者协会交流?”

问题要具体详细。

对应聘者应表示关注及尊重。不应对其言语讽刺或使用不良字眼。

（5）进行自我评价。“让我们总结一下，你认为自己的优点是什么？品格和业务方面都可以。”

应根据具体需要进行提问，问题要清晰。

“你已经向我们提供了许多个人情况，但每个人都有所不足，你希望今后对哪些方面进行完善?”

应根据具体需要进行提问，问题要清晰。

（6）介绍公司情况。如果你认为该应聘者十分适合这份工作，就可以向其介绍公司的情况。反之，你对该应聘者不满意，应尽量避免提及应聘者无法胜任的工作内容。

"你的介绍十分详尽，我非常高兴与你交流。在我对公司情况及工作职责进行介绍以前，你还有什么补充的吗?"

"你还有什么问题吗?"

"好吧，现在我来介绍一下情况。"

对公司、工作、福利、办公地点等做简单介绍。

应根据面试情况进行相应的介绍。

(7) 结尾。"你对公司或工作还有什么要了解的吗?"

自然地结束面试。如果你并不打算录用或进一步了解该应聘者，这时可以告诉其结果。态度要诚恳，无须特别指出原因。

"今天，很高兴能与你谈话。但是我们认为你与公司要求不符。"

如果你认为应聘者更适合另一职位，且公司会给予考虑，可以将真实想法告诉应聘者。

如果应聘者希望知道未被选中的原因，可以告诉他/她你没有这种权力。反之，你可解释为已有更优秀的人选。仅仅告知应聘者"不合格"或"经验不足"，尴尬的状况可想而知。态度要诚实，不要让人觉得反感。

如果你对某应聘者十分满意，可以继续交谈。

"你对公司有何想法?"

消除应聘者的疑惑。

"我会考虑下一步的工作。"

让应聘者感到会发生什么事情，是否还会进行面试，需要多久才能做出决定。

"非常感谢你能来……"

11. 复核和审批

(1) 审批。人事部经复核后，将确定的聘用人选的《应聘人员信息记录表》及附加材料及复印件报总经理审批。

(2) 所有招聘或直接引进的人员均须报请总经理批准。

(3) 总经理同意入职，人事助理口头通知尽快入职。

三、房地产中介经纪机构劳动合同的签订

为规范用工、保护劳动双方合法权益，凡被正式聘用的员工应与公司签订《劳动合同》或《岗位聘用协议》。

1. 劳动合同的签订与续订

(1) 新入职的职员，公司将在职员试用考核通过后与其签订劳动合同。

(2) 对于有固定期限的劳动合同，公司与职员双方同意在劳动合同期满

后续签劳动合同的，应在原合同期满前30日内重新订立劳动合同。

（3）合同期限初签为一年，合同起始日为新员工入职当天，合同终止日为合同到期日，其中含试用期三个月。

（4）应届毕业生在毕业前到公司实习并试用的，签订劳动合同的时间按毕业后（按派遣证时间为起始）计算。

2. 劳动合同的终止

（1）合同期满，公司与员工任何一方无意愿续签，劳动合同或岗位聘用协议即告终止。但需提前一个月书面形式通知对方。

（2）试用期内被证明不符合录用条件的和本人要求终止合同的可终止《劳动合同》或《岗位聘用协议》。

（3）员工因严重违反公司劳动纪律、规定，泄漏公司、岗位机密；或在外从事与公司有竞业禁止之行为，公司有权解除《劳动合同》或《岗位聘用协议》，并追究其对公司造成的损失。泄漏重大机密者，将被追究法律责任。

（4）员工提供的个人情况或资料不完整、虚假或与事实不符，已严重影响公司与其劳动合同关系（或岗位聘用关系）之确立或存续，公司与其订立的劳动合同或岗位聘用协议自始无效，且不支付任何补偿金。

（5）员工调往公司内部其他加盟公司时，与原公司《劳动合同》或《岗位聘用协议》自然终止。

（6）有下列情形之一的，在征得人事部同意和征询总经理意见后，公司可以解除劳动合同，但应当提前30日以书面形式通知职员本人。

1）职员患病或非因工负伤，医疗期满后不能从事原工作，也不能从事由公司另行安排的工作的。

2）职员不能胜任工作，经过培训或者调整工作岗位，仍不能胜任工作的。

3）劳动合同订立所依据的客观情况发生重大变化，致使原劳动合同无法履行，经当事人协商不能就变更劳动合同达成一致协议的。

4）公司经营困难发生经济性裁员的。

5）劳动合同期限届满的。

6）合同终止。

7）职员解除劳动合同，应当提前30日提出离职申请。如未能提前通知公司，给公司造成经济损失的，应根据国家有关劳动法规定承担违约责任。

3. 劳动合同范本

本合同由××房地产经纪有限公司（以下简称“本公司”）人事部门受总经理委托，根据《××市劳动合同条例》、《中华人民共和国劳动法》和本公

司的《公司管理制度》以及其他相关法律、法规、公司其他规章制度而规定。

本合同共十二条，内容包括：本合同期、工作岗位及工作职责、劳动报酬、劳动保险及福利待遇、工作时间、劳动纪律、商业秘密、解除和不得解除本合同的规定、本合同终止的条件、违反本合同的责任、劳动争议和其他事项。

凡在本公司就职的员工均须签订本合同，本合同一经双方签章生效，本公司即与签约者（本合同中称“乙方”）发生本合同所约定的各项权利和义务关系。

签订本合同的乙方必须是乙方本人，乙方不得委托任何第三人代为签订本合同；签订本合同的甲方代表为总经理或由总经理委托的人。

本合同文本报××市××劳动局备案。

××房地产经纪有限公司（以下简称“甲方”）系在中华人民共和国本市注册的国内合资企业。现聘用__________（以下简称“乙方”），合法、有效证件号码：______________为甲方全日制劳动合同制员工，乙方愿意接受甲方的聘用。乙方性别：______，出生日期：_______年_______月_______日，联系地址：________________________________，联系电话（固定电话）：___________________。乙方近亲属或关系密切之社会关系的称谓：__________________，姓名：__________________，联系地址：___________________________，联系电话：_________________。

甲，乙双方根据《中华人民共和国劳动法》、《××市劳动合同条例》和本公司的《公司管理制度》以及其他相关法律、法规、公司其他规章制度，本着自愿、平等和诚实信用的原则，经协商一致签订本合同。

第一条　本合同期限

（1）本合同期限自________年_______月_______日起至________年_____月______日止。其中自________年______月______日起至________年______月______日止为试用期。

（2）本合同期限届满，本合同即行终止，甲，乙双方的劳动关系即行解除；甲、乙双方可以另行协商延长本合同期限，并办理本合同续签手续。任何一方在本合同期限届满前提出终止劳动关系的，均应提前一个月以书面形式通知对方，否则将以一方一个月的底薪代替提前通知期，本合同另有约定的除外。

（3）在本合同期限内，乙方如主动向甲方提出同一部门内或不同部门之间的职务调动，经甲方批准后，乙方需针对该调动后的职务增加三个月的试用期并重新约定相应的劳动报酬及福利待遇；在本合同期限内，乙方如根据甲方的需要发生同一部门内或不同部门之间的职务调动，则乙方无需针对该调动后的职务增加试用期，但需针对该调动后的职务重新约定相应的劳动报酬及福利待遇。

第二条 工作岗位及工作职责

（1）甲方安排乙方从事____________部门的____________职位（岗位）的相关工作。乙方应按照其岗位职责的要求，按时按质量完成甲方制定的合理的工作任务。根据甲方一岗多职的工作原则，本款所确定的岗位是乙方的主要岗位，其他由甲方安排的工作是乙方的次要岗位。双方均确认，本款所述主要岗位和次要岗位构成乙方全部工作范围。

（2）甲方根据工作的需要及乙方的能力和工作表现，可以调动乙方的工作职位（职务），并调整其相应的劳动报酬及福利待遇，无特殊情况乙方应服从甲方的调动，并办理相应的职位（职务）变动手续。

乙方受雇于甲方期间内应保证始终按照甲方的要求完成甲方交付的工作职责。乙方应在本合同第五条所述工作期间内以其全部时间、精力和技能致力于完成甲方布置的及乙方岗位职责要求的工作事项，并执行甲方的指示和命令而不得从事其他工作和业务。

第三条 劳动报酬

（1）甲方按照本公司制定的《公司管理制度》确定乙方的劳动报酬。乙方劳动报酬包括底薪、各种津贴、佣金、奖金或花红。

（2）双方确定的甲方支付给乙方的每月底薪为人民币____________元整。每月底薪发放日期为次月的 8 日（如逢法定假日则相应顺延或提前，甲方有权根据具体情况选择适用），佣金提成的发放日期为甲方因乙方完成相关工作而取得的营业收入（佣金）进入甲方账户后的次月 15 日（如逢法定假日则相应顺延或提前，甲方有权根据具体情况选择适用）。

（3）对于因乙方为甲方工作，而由甲方取得之营业收入中的乙方提成部分（以下称“提成”），由甲方按照规定的提成比例提取，并采取如下方式发放：中介住宅部、中介办公楼部、项目部 5 级或以上员工营业额提成的 70% 作为佣金，30% 作为奖金。

（4）员工在职期间，公司将于营业额到账之次月按公司规定比例全额发放佣金和奖金。员工离职后，其所有未到账营业额之佣金部分，公司仍将于营业额到账之次月按公司规定比例发放；而其所有未到账营业额之奖金部分，公司将根据不同部门有下列规定：

置业顾问 公司将根据中介部制度以结案程度为标准决定是否发放。

客户经理（含）级别以下 待营业额到账后 6 个月内公司在确认该笔业

务无任何投诉或有任何不良现象后，公司才予以发放。

客户经理级别以上　员工在职期间，公司将于营业额到账之次月按公司规定比例全额发放佣金和奖金。员工离职后，其所有未到账营业额之奖金部分，待营业额到账后3个月内公司在确认该笔业务无任何投诉或有任何不良现象后，公司才予以发放。

(5) 甲方对乙方实行变岗变薪制度，乙方应予以充分配合。

(6) 乙方按照国家法律、法规规定，应当缴纳个人所得税，由甲方在每月发放劳动报酬时代扣代缴。

第四条　劳动保险及福利待遇

(1) 甲方按照国家法律、法规规定为乙方缴纳养老保险金、失业保险金、医疗保险金（以下称“三金”），并按照《公司管理制度》和本市有关规定办理职工医疗费用报销。

甲方和乙方都必须依法参加社会保险，按时缴纳“三金”，其中乙方承担部分由甲方在乙方的月劳动报酬中代扣代缴。

(2) 甲方须为乙方提供符合国家规定的安全卫生的工作环境，保障乙方在工作过程中的安全和健康。

(3) 甲方根据工作实际需要，按照国家有关规定向乙方提供必要的劳动保护用品。

(4) 甲方可以根据乙方工作的需要，对乙方进行专业知识、规章制度、职业道德等方面的教育和培训，提高乙方的综合劳动技能。乙方应当积极参与，并主动接受甲方的相关考核。

第五条　工作时间

(1) 乙方每日工作时间为8小时，平均每周工作时间为40小时。因甲方所经营的业务的特点，对于乙方实行弹性工作时间制，甲方有权因业务经营需要，在与乙方协商后延长乙方工作时间。

(2) 乙方应服从甲方《公司管理制度》规定的加班工作制度，并享有补休或取得加班报酬的权利，但项目销售部、终结部5级或以上员工及其他部门7级或以上员工不享有加班报酬。

(3) 乙方享有国家规定的休息日、法定休假日、婚假、丧假、计划生育等假期。

第六条　劳动纪律

(1) 甲方应依法制定公司各项规章制度和劳动纪律。

(2) 乙方在本合同期限内，必须严格遵守甲方制定的各项规章制度和劳动纪律。

（3）乙方必须遵守国家法律和法规，保守国家机密及甲方有关秘密。

（4）在本合同期限内，无论何种原因公司与员工终止或解除劳动关系，员工在离职后，不得自行为在公司工作期间曾服务过的相关客户工作或以其他机构之任何身份为该相关客户提供与公司经营范围相同或相近的服务，否则，员工应当向公司支付违约金；若本款所述违约金仍不足以补偿公司的损失，公司有权按照《中华人民共和国反不正当竞争法》第二十条的规定，向员工另行主张损害赔偿。具体规定如下：

业部经理以下员工　在离职后3个月内不得违反以上约定，否则员工应当向公司支付违约金3万元整。

业务部经理　在离职后6个月内不得违反以上约定，否则员工应当向公司支付违约金6万元整。

业务部经理以上员工（除项目部总监/副总监、拓展部员工外）　在离职后6个月内不得违反以上约定，否则员工应当向公司支付违约金10万元整。

业务部总监/副总监（含）以上员工　在离职后6个月内不得违反以上约定，否则员工应当向公司支付违约金15万元整。

（5）在本合同期限内，无论何种原因中介住宅部、项目部员工与公司终止或解除劳动关系，员工在离职后的12个月内，不得自行或以其他机构之任何身份在公司工作期间所属的区域内从事与公司经营范围相同或相近的工作，否则，视作员工违反本合同，员工应当向甲方支付违约金计人民币5万元整；若本款所述违约金仍不足以补偿公司的损失，公司有权按照《中华人民共和国反不正当竞争法》第二十条的规定，向员工另行主张损害赔偿。

（6）本条所述“区域”的定义

业务部　员工在为公司工作期间，曾任职过的分支机构（分公司）所在的本市行政区。

项目部　员工在为公司工作期间，曾参与工作过的营销代理项目的房地产开发商。

第七条　商业秘密及相关事宜

（1）乙方在为甲方工作期间（包含甲方向乙方提供培训的期间），或从甲方处离职后，乙方均应严格保守对于因工作原因所掌握的甲方的商业秘密，未经甲方同意，不得向任何单位或个人提供、泄漏或公开发表，也不得在甲方以外的任何单位使用这些商业秘密。

（2）乙方在为甲方工作期间（包含甲方向乙方提供培训的期间），或从甲方处离职后，乙方均不得利用甲方的商业秘密自营或为他人经营与甲方同类的营业，不得利用甲方的商业秘密实施其他损害甲方利益的行为。

（3）乙方在为甲方工作期间（包含甲方向乙方提供培训的期间）不得从事任何同甲方竞争或同甲方利益相抵触的工作。

（4）本合同终止或解除，乙方应将涉及甲方商业秘密的所有文件、资料、图纸、磁带、磁盘、笔记等及时归还给甲方，不得自行转让他人或销毁、带出。

（5）若乙方违反本条上列各款所述禁止性规定之一项或几项，除其行为对甲方所产生的明确损失由乙方全部赔偿外，乙方另需向甲方支付违约金计人民币 10 万元整。若本款所述赔偿金、违约金等仍不足以补偿甲方的损失，甲方有权按照《中华人民共和国反不正当竞争法》第二十条的规定，向乙方另行主张损害赔偿。

（6）本条所述“商业秘密”的定义

不为公众所知悉、能为甲方带来经济利益、具有实用性并经甲方采取保密措施的技术信息和经营信息，包括但不限于乙方在为甲方工作期间所获得、知晓、掌握或制作的房源信息、客户信息、市场调研文件、研究咨询文件、楼盘策划文件、广告、财会档案和财会数据、计算机程序和软件等。

第八条　解除和不得解除本合同的规定

（1）经甲乙双方协商一致，可以解除本合同。

（2）乙方有下列情形之一的，甲方有权不提前通知乙方，即行单方面解除本合同，立即辞退乙方，并不向乙方支付任何形式的补偿金：

在试用期间不符合甲方录用条件的；

严重违反劳动纪律或者甲方规章制度的；

严重失职，徇私舞弊，对甲方利益造成重大损害的；

被依法追究刑事责任的；

在应聘时向甲方提供的个人资料，如身份证件、学历证明等与实际情况不符，有违诚信原则的；

未经甲方同意，向任何单位或个人提供、泄露或公开发表甲方之商业秘密的；

未经甲方同意，在任何其他机构以任何身份兼职的；

未经甲方同意，自营公司、合伙组织或其他类似之盈利性机构的；

连续矿工 3 日或 3 日以上，或在 1 年内累计矿工 10 日或 10 日以上的。

（3）有下列情形之一的，甲方有权解除本合同，但须提前 30 日书面通知乙方：

乙方患病或非因工负伤，在规定的医疗期满后，不能从事原工作也不能从事由甲方另行安排的工作的；

乙方未完成甲方考核标准的，经过培训或调整后，仍不能达标的；

本合同订立时所依据的客观情况发生重大变化，致使本合同无法履行，经甲乙双方协商不能就变更本合同达成协议的；

甲方因经营状况、管理体制等发生变化，致使乙方无工作任务的，而甲方又确实无法为乙方另行安排工作岗位的；

甲方因经营状况发生严重困难，或进入法定的整顿期间，确需裁减人员的；

甲方规章制度所规定的其他情形发生的。

（4）乙方在试用期届满后提出辞职从而解除本合同，需提前 30 日书面通知甲方。

（5）有下列情形之一的；乙方可以不提前通知甲方，即行单方面解除本合同：

在试用期内的；

甲方不按本合同约定支付劳动报酬或提供劳动条件的；

甲方以暴力、威胁或者非法限制人身自由的手段强迫劳动的。

（6）有下列情形之一的，甲方不得解除本合同：

乙方因患职业病或因工负伤并被确认丧失或部分丧失劳动能力的；

乙方因患病或负伤，在规定的医疗期内的；

乙方在孕期、产期和哺乳内的。

第九条　本合同终止的条件

（1）本合同期满的。

（2）甲方经营期满、破产、解散或被撤销的。

（3）乙方退休、退职、死亡的。

（4）本合同期满或甲、乙双方约定的劳动合同终止条件出现，乙方有下列情形之一的，且不属于本合同第八条第（2）款规定的，本合同期限顺延至下列情形中所述期限届满时止。

（5）患病或负伤，在规定的医疗期内的。

（6）乙方在孕期、产期、哺乳期内的。

第十条　违反本合同的责任

（1）本合同一经双方签章生效即具有法律效力，双方均应严格履行，任何一方违反本合同的，均应承担违约责任，违约金具体数额由非违约方根据违约方的责任大小和给非违约方造成的经济损失情况确定。

（2）若乙方在接受公司规定的个人培训津贴以外（超额）的出资培训后 1 年内（以公司实际出资之日为本款 1 年期限的起算点）从公司处离职的，则

乙方应于离职当时全额返还公司出资的培训费用；若就某一项或某一系列的公司出资培训另立补充协议的，则乙方应当按照该补充协议的约定享有权利、履行义务或承担责任。

（3）若乙方接受公司担保办理户籍迁移后1年内（以乙方户籍迁移办理完毕之日为本款1年期限的起算点）从公司离职的，则乙方应于离职当时向公司支付赔偿金计人民币1000元整。

（4）如乙方利用甲方的商业秘密或甲方其他资源、财产自营或为他人经营与甲方同类的营业，而产生营业收入。此营业收入应全部视作甲方的营业收入，由乙方全额赔偿予甲方。

（5）甲方按本合同第八条第（3）款、乙方按本合同第八条第（4）款解除本合同，未按规定的程序提前通知对方的或通知对方时间不足的，将按实际不足天数以乙方当月底薪计算，补偿给对方。

（6）乙方如违反甲方有关保守商业秘密的规定的，应立刻停止违约行为，给甲方造成经济损失的，应按照《中华人民共和国反不正当竞争法》的规定承担相应的赔偿责任。

（7）有下列情形之一的，均视作乙方自愿放弃向甲方索要劳动报酬、补偿金、赔偿金等的权利：

乙方未办理离职申请手续擅自从甲方处离职的；乙方辞职申请被甲方批准后未在甲方规定期限内办理完离职移交手续而擅自从甲方处离职的；乙方为甲方实际工作未满5个工作日的；乙方有本合同第八条第（2）款所述情形之一的；乙方从甲方处离职后2个月内未向甲方主张底薪、补偿金、赔偿金的；乙方在离职前为甲方工作，而由甲方取得了营业收入，经甲方通知乙方领取应得之提成中的佣金部分后6个月内，乙方未至甲方处领取的。

第十一条　劳动争议

甲、乙双方在履行本合同过程中所发生的劳动争议的解决程序为：可由甲、乙双方协商解决或由有争议的一方或双方在规定的时效内向××市_______________区人民法院提起诉讼。

第十二条　其他事项

本合同一式两份，甲、乙双方各执一份，经甲、乙双方签章后即为生效，两份合同具有同等法律效力。

甲方以下规章制度作为本合同附件一并执行，与本合同具有同等法律效力：

如甲、乙双方在本合同期限届满后经协商一致延长本合同期限的，并对本合同所约定的权利、义务均表示完全同意的，则双方可签署劳动合同续签协议。该续签协议将以书面形式经双方签署后附于本合同之后。

本合同内容如与国家法律、法规相驳的，则以国家法律、法规为准。

乙方在签订本合同时已经阅读过甲方的《员工手册》，并对该手册所规定的内容清楚、明了，没有任何异议并愿意遵照执行。

甲　方：	乙　方：
代 表 人：	证件号码：
联系地址：	联系地址：
联系电话/传真：	联系电话/传真：
日期：______年____月____日	日期：______年____月____日

第四节　房地产中介经纪机构员工培训指导管理制度

一、房地产中介经纪机构经纪人员培训管理制度

1. 经纪人员的培训目的

（1）为适应公司不断拓展的需要，贯彻公司的管理理念和经营观念，公司将对各级员工进行各种培训。

公司管理层以为职员提供可持续发展的机会和空间为己任。在公司，职员勤奋的工作除可以获得薪金、享有福利以外，更可以得到公司适时提供的大量训练和发展机会。重点是经纪人的居间业务实际操作能力。

（2）培训为公司完成经营目标、提高绩效、实现事业发展提供人力资源的保证。培训是职员胜任职责、提升自我、开发潜力、拓展职业的途径。

2. 经纪人员的培训体系

（1）公司总部培训。培训的举办由总部一级培训和部门二级培训共同运作。总部一级培训由公司培训班负责整体培训工作，制定培训计划，考核培训结果，主要负责新员工职前公共培训、业务培训等，同时负责公司整体的培训管理工作。部门二级培训由部门主办，针对实际需求开展岗位培训及业务培训。

（2）经理培训。

1）区域经理每月按照公司指定教材对所辖区域经理人、储备干部进行管理和业务培训。

2）分行经理应利用每日例会对所辖分行业务人员进行系统培训。

（3）内部讲师制度。

1）从事房地产行业两年以上，熟悉公司内部实际情况的经理人或业务精

英或参加外训人员，有义务服从公司安排，讲授特定课程。

2）各级别所有经理人均有义务对下一级人员进行培训，并应服从公司安排担任课程的讲师和助教工作。

3. 经纪人员的培训种类

（1）公司内部课程。为进一步了解公司，适应岗位职责要求，职员可申请或被指定参加公司内部举办的各种培训课程。

1）入职培训。

a. 由人事部举办，内容包括企业文化、公司历史、变化和发展、公司的经营理念、服务宗旨。

b. 公司的组织机构、管理体制；房地产经纪行业介绍、公司的主要规章制度、工作程序。

c. 对员工的基本要求。

2）岗前培训。由人事部协同业务部门进行，内容包括岗位工作内容、房地产专业知识、工作实操讲解、谈判技巧、员工职业生涯规划等课程培训。

3）企业内部培训。由人事部不定期举办各种业务操作知识讲解、房地产法律知识、服务知识、人员管理方法与技巧、网络知识、财务信息等专题培训。

（2）公司外部课程。作为表现突出的骨干人员，为开拓思维、触发灵感，进一步提高管理水平和业务能力，职员可申请或被选送到外部专业培训机构参加短期课程，包括各种外部教育机构、培训中心所举办的短期培训课程、交流会/房地产经纪执业资格类考试等。

（3）双向交流。职员若是总部职员，为增强工作实感，有可能被指定到一线经营单店学习锻炼 3 个月；职员若是一线骨干人员，也有可能被指定到总部或其他对口业务部门联合办公 1 个月，使职员有时间、精力来总结提炼其丰富的实际操作经验，以促进双向交流，实现资源共享。

（4）个人进修。公司鼓励职员到大专院校或专业培训机构进修学习。职员参加各种形式的学习后，须将结业（毕业）证书及成绩单报公司综合发展部备案，作为调配、选拔以及任免的参考依据。

（5）外出考察。为拓展视野、丰富学习经验，公司将组织管理人员、专业人士以及荣获嘉奖的职员到外地考察。考察单位包括境内外优秀企业或机构。

4. 经纪人员的培训计划

每年 12 月由人事部培训专员根据公司的实际情况及行业发展，拟定下年度培训计划，送人事部备案、审批。人事部汇总各部门递交的培训计划，按照

公司的实际情况和对员工的素质要求制定统一的培训计划，呈报项目总经理核准后实施。

（1）经纪人员入职培训计划范本一（见表1-28）。此培训计划主要用于说明各项主题的培训时间。

表1-28　经纪人员入职培训计划（一）

时　间	主　题	内　容
入职当天	新员工入职沟通	部门介绍、日常管理制度(1.5小时)
	跑盘沟通与安排	跑盘要求及内容讲解(2小时)
1天 (跑盘期)	企业战略 工作指引(必修课)	1. 行业介绍
		2. 竞争环境分析
		3. 销售技巧
		4. 日常销售工作指引
0.5天 (入职第2个月内)	法律法规及财务制度(必修课)	1. 三级市场相关法律法规(5小时)
		2. 三级市场风险控制(4小时)
		3. 三级市场财务制度(2小时)
1天 (入职前2个月内)	工作环境	1. 人力资源策略
		2. 行业环境
		3. 公司团队文化
		4. 管理体系~ESS
		5. 沟通与交流
0.5天 (入职第3个月内)	按揭业务知识(必修课)	办证流程、税费、按揭等专业知识
0.5天/期	业务能手案例分享(必修课)	销售心态及技巧案例分享
0.5天	法律法规财务及风险管理沟通会	风险管理专业知识答疑
3天 (入职2个月内)	人事部新员工培训(必修课)	公司企业文化
		行业概况
		企业发展史
		业务基础

（2）经纪人员入职培训计划范本二（见表1-29）。该培训计划主要针对新入职经纪人员初入职15日之内的工作日程与培训内容，帮助新入职员工尽快

熟悉工作环境与工作方式。

表 1-29　经纪人员入职培训计划（二）

事　项	负责人	完成时间(周/月)	备注
工作日 1			
(1) 介绍同事	分行秘书		
(2) 安排座位,电话,工作用具发放	分行秘书		
(3) 介绍岗位描述和基本工作安排	客户经理		
(4) 签订上岗协议	客户经理		
(5) 介绍房地产基本概念	指导人		
(6) 参加业务会议	经纪人		
工作日 2			
(1) 店情况介绍			
(2) 介绍“哈克”状况			
(3) 介绍经纪人文件夹	指导人		
(4) 介绍买(卖)方服务保证书	指导人		
(5) 自学以上内容	经纪人		
(6) 向指导人汇报上一天内容	经纪人		
工作日 3			
(1) 工作流程介绍(一)	指导人		
(2) 介绍市调目的和操作方式	指导人		
(3) 介绍市场整体房源状况	指导人		
(4) 查询商用物业 1/居住物业 1	经纪人		
(5) 向指导人汇报上一天内容	经纪人		
工作日 4			
(1) 查询商用物业 2/居住物业 2	经纪人		
(2) 介绍电话跟进方式	指导人		
(3) 电话跟进已联络的朋友(一)	经纪人		
(4) 向指导人汇报上一天内容	经纪人		
(5) 与店长沟通	经纪人		

（续）

事　项	负责人	完成时间(周/月)	备注
工作日5			
(1) 参加业务会议	经纪人		
(2) 店营业规范手册介绍(公司制度)	指导人		
(3) 自行外出看商用物业2/居住物业2	经纪人		
(4) 向指导人汇报上一天内容	经纪人		
工作日6			
(1) 查询商用物业3/居住物业3	经纪人		
(2) 向指导人汇报上一天内容	经纪人		
(3) 联络10个朋友或以往同事(一)	经纪人		
(4) 经纪人职业道德规范简介	指导人		
工作日7			
(1) 自行外出看商用物业3/居住物业3	经纪人		
(2) 电话跟进已联络的朋友(二)	经纪人		
(3) 工作流程介绍(二)	指导人		
(4) 向指导人汇报上一天内容	经纪人		
工作日8			
(1) 经纪人使用表格介绍	指导人		
(2) 房地产法律法规简介	指导人		
(3) 自修以上两项内容	经纪人		
(4) 向指导人汇报上一天内容	经纪人		
(5) 联络10个朋友或以往同事(二)	经纪人		
工作日9			
(1) 查询商用物业4/居住物业4	经纪人		
(2) 向指导人汇报上一天内容	经纪人		
(3) 与店长沟通	经纪人		
(4) 电话跟进已联络的朋友(三)	经纪人		

（续）

事　　项	负责人	完成时间(周/月)	备注
工作日 10			
(1) 查询商用物业 5/居住物业 5	经纪人		
(2) 向指导人汇报上一天内容	经纪人		
(3) 介绍陌生电话拜访技巧	指导人		
(4) 电话跟进已联络的朋友(四)	经纪人		
工作日 11			
(1) 观察资深经纪人打陌生电话(一)	经纪人		
(2) 自行外出看商用物业 5/居住物业 5	经纪人		
(3) 向指导人汇报上一天内容	经纪人		
(4) 联络 10 个朋友或以往同事(三)	经纪人		
工作日 12			
(1) 查询商用物业 6/居住物业 6	经纪人		
(2) 向指导人汇报上一天内容	经纪人		
(3) 观察资深经纪人打陌生电话(二)	经纪人		
(4) 电话跟进已联络的朋友(五)	经纪人		
工作日 13			
(1) 自行外出看商用物业 6/居住物业 6	经纪人		
(2) 打陌生电话辅导	指导人		
(3) 打有效陌生电话 5 个(一)	经纪人		
(4) 向指导人汇报上一天内容	经纪人		
(5) 与店长沟通	经纪人		
工作日 14			
(1) 查询商用物业 7/居住物业 7	经纪人		
(2) 向指导人汇报上一天内容	经纪人		
(3) 联络 10 个朋友或以往同事(四)	经纪人		
(4) 打有效陌生电话 5 个(二)	经纪人		
(5) 与店长沟通	经纪人		

（续）

事　项	负责人	完成时间(周/月)	备注
工作日 15			
(1) 参加业务会议	经纪人		
(2) 电话跟进已联络的朋友(六)	经纪人		
(3) 跟随客户见客户(一)	经纪人		
(4) 向指导人汇报上一天内容	经纪人		

（3）经纪人员入职培训计划范本三。该范本是针对经纪人员入职后 3 个月内，即转正前的培训计划。

1）理论课程。

a. 企业介绍（入职后 2 天内完成）。

（a）公司渊源及介绍。

（b）公司经营与企业文化。

（c）公司业务资源网络介绍。

（d）人力资源体系（公司组织现况及个人职业发展方向）。

（e）公司规章制度。

（f）公司财务制度。

b. 业务素质（入职后 15 天内完成）。

（a）业务道德规范。

（b）仪容和礼节。

（c）生涯规划。

c. 作业流程说明（入职后 1 个月完成）。

（a）中介基本知识及行业规范。

（b）中介流程与作业原则。

（c）各项表格使用说明。

（d）法律文书内容介绍及应用精髓。

（e）网络平台系统。

（f）规划与商圈经营规范。

（g）买卖注意事项。

2）管理课程（入职后 1 个月内完成）。

a. 实际店头业务运作。

b. 出席早会、案源分享。

c. 参加晚会、问题剖析。

d. 与前辈沟通交流。

3）实践实习（入职后 2 周内完成）。

a. 商圈调查。

b. 开发。

c. 踩线与反踩线。

d. 经纪人实习期训练。

4）将训练进行到底（入职后 1 ~ 3 个月内完成）。

a. 扫楼魔鬼训练——体力、压力大比拼。

b. 如何处理来电、来店客户。

c. 如何接电话以及礼貌用语。

d. 规范分店接待要求。

e. 如何抓住上门客户以及留住其联系方式。

f. 客户流失。

g. 开发技巧与商圈经营。

h. 掌握客户需求。

i. 销售技巧。

j. 如何经营物件（如拿钥匙、拿产权证）。

k. 价格斡旋与谈判（如跟踪、促销）。

l. 收意向及相关技巧。

5）房产金融实务（入职后2个月内完成）。

a. 房产财务基础知识。

b. 不动产贷款业务。

c. 不动产税费实务与概算。

6）法务规章简介（入职后3个月内完成）。

a. 合同法简介　买卖合同的签署及风险控制。

b. 房产经纪法规。

c. 房屋买卖、租赁之相关法务。

（4）经纪人员在职培训计划范本四。该范本针对经纪人员转正后，即入职3个月至1年内的在职培训计划。

1）基础课程（3~6个月）。

a. 客户心理谈判与销售促成技巧。

b. 不动产相关法务研讨——中介实务法律常识、经济合同法研读、交易签约应注意事项等。

c. 金融变化与不动产走势分析。

d. 客户开发与客户管理。

e. 不动产估价实务简介。

f. 优质售后服务简介。

g. 自我成长课程　自我行程管理、个案行销等。

2）中阶课程（6~9个月）。

a. 都市计划分区使用规则。

b. 不动产税务与节税策略。

c. 民法概要——债权篇。

d. 房地产相关法律知识票据法、不动产强制执行、中介刑事责任等。

e. 建筑风格、装饰鉴赏与营造施工作业流程。

f. 特殊个案买卖销售技巧。

g. 顾客满意相关课程　客户满意的经营、服务品质政策，客户抱怨纠纷处理等。

3）进阶课程（9 个月至 1 年完成）。

a. 整批个案销售开发技巧。

b. 市场行情与投资分析。

c. 不动产估价实力与实例介绍。

d. 自我成长课程　优势谈判、风水与中介、个人绩效分析与改善等。

二、房地产中介经纪机构分行经理培训管理制度

分行经理在房地产中介经纪机构中负责管理分行的行政、业务、人事等事务。

1. 分行经理的培训体系

（1）工作理念培训内容。

1）勇于承担工作责任，有进取意识。

2）集体利益至上，具有全局观念。

3）以积极的态度和角度对待困难和遗留问题。

4）接纳差异，用人所长的领导心胸。

5）善待客户，一切从市场出发。

6）尊重规范，不断改进。

7）具开放心态，善用综合资源，善于创新突破，有能力找到解决问题的办法。

8）不回避矛盾，大胆管理。

9）思维严谨，工作计划性强。

10）客观敏感把握，控制到位。

（2）管理技能培训内容。

1）善于激励，有号召力。

2）能营造有效沟通的氛围，让沟通成为习惯。

3）有效授权控制得当。

4）培训智才下属，鼓励别人学习。

5）科学决策。

6）压力管理。

7）组织管理。

8）时间和会议管理。

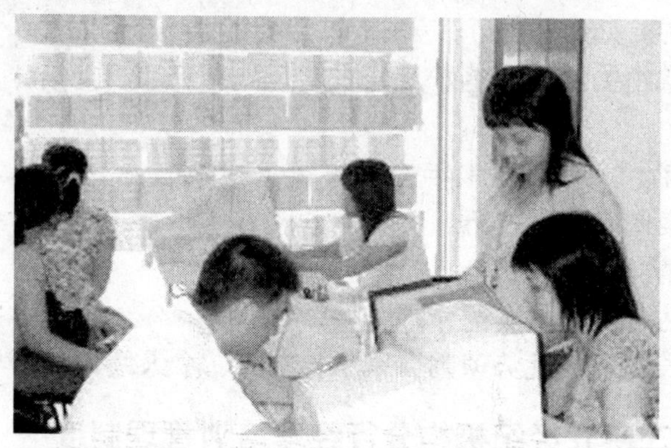

（3）专业技能培训内容。

1）精通本行业的专业技能。

2）实操能力。

3）有系统的理解能力。

4）专业创造力。

2. 分行经理的培训资料范本

（1）分行经理的基本要求。

1）良好的自身素质。

a. 朝气蓬勃要从店长自身做起，并有大将之风。

b. 丰富的专业知识及实战经验，并能给员工以恰到好处的指导。

c. 熟练的商业谈判技巧和协调能力。

d. 良好的工作及生活作息榜样。

2）优质的工作环境。

a. 窗明洁净，店内环境整齐整洁，桌上的各种办公资料整齐。

b. 服装仪容一致，从业人员要处于精神饱满的状态。

c. 行政工作流畅而有效率，时刻检讨自己跟进和改良的地方。

3）关心员工与培养。

a. 了解员工背景并与其家庭，互动友善。

b. 针对人员个性、学历、经历等做好其职涯规划、人尽其才。

c. 协助提升目前工作能力，培训储备干部。

d. 培养员工对工作的积极度，对公司的荣誉感和团队精神。

4）以身作则带动下属共同发展。

a. 时刻“跟”着员工出去跑，“催”进员工的进度。

b. 协助员工在成单中的议价、调价。

c. 签订成交合同时在现场指导。

d. 以自身活力激情带动员工冲业绩。

5）目标计划执行。

a. 要敢于要求，但合乎情理。

b. 用会议做计划约定，做目标引导。

c. 针对计划目标严格执行，始终贯彻落实。

d. 晓之利害，恩威并重，手段方法适中。

6）制度奖赏合理。

a. 落实公司制度，确实遵守员工守则。

b. 拟定业绩比赛，激发员工斗志、推陈出新。

c. 赏罚分明，赏多于罚。

d. 奖赏要注意时效。

e. 严格要求，追求进步。

7）目标绩效考核。

a. 协助店东，贯彻指示，达成业绩目标。

b. 创造竞争环境，激励员工士气，肯定业绩才是士气之母。

c. 有业绩才更好要求，才更应要求。

d. 业绩不佳才会动摇信心及目标。

（2）分行经理的工作指引。

1）入职任务指引。

a. 要尽快了解公司对于分行经理的要求，要非常明确地知晓该职位的职责和权限（哪些是分行经理签字确认、审核的事项，以及由此而承担的责任），非常了解业务管理制度要求，各相关部门的办事流程。因为只有充分理解和掌握这些，才会指导部门员工按照这样的要求去做，才会保证你的管理不会偏离正常运行的轨道，才会很好地开展工作，与各部门顺畅衔接（质地比较好的职业装，注意言行、举止及对制度和规则的严格遵守）。

b. 要尽快了解分行所有的员工，汇总分析本店所有员工的业绩情况，用战报、通过网络平台提供的信息，用你的观察以及频繁与员工接触得到的资讯，把他们归类。他们哪些是分行目前的业务骨干，他的优势和弱点；哪些是目前分行的有潜力培养对象，他的优势和弱点，如何培养、指导、关心。必须注意评价、归类是客观的，不要带有太多主观因素，这会影响你的判断力，错误的判断是会令你付出代价的。要接纳差异，用人所长，以探讨和学习的心态与业务人员交流，把他们当成你的伙伴，而不是下属。确保同每个人单独谈话讲解你任职后的目标和你对他的期望和信任。

c. 了解所在分行的市场情况，分析市场环境，研究同行的人员、战术情况，进行 SWOT 分析，制定行动计划。

d. 进行准备并召开分行全体人员会议再次告诉他们你的目标，并引导大家讨论提升业绩、强化管理的办法，并就业务管理制度达成共识。

e. 激励你的员工，记住永远成为激励他们进步、激发他们工作热情、为他们的成绩摇旗呐喊的热情经理人。每天留意你的分行，问自己对于营造分行竞争氛围、成就氛围、积极向上氛围的工作中自己做得怎么样：自己的环境是否足以刺激他们的热情、激发他们的斗志、体现他们的成就；对于分行秘书店务助理是否同样有效激励，令他也成为业务人员的好帮手。

2）分行的日常管理指引。

a. 详细了解分行现有的归档文件，以及根据你管理需要告知秘书还需整理哪些资料，这些资料对你工作的帮助。

b. 加强自身的成本意识，知晓本部门一切日常经营费用开支情况，并采取措施控制分行成本开支，要鲜明表明自己对无谓浪费的坚决反对态度，对成本细节投入关注，并以身作则。

c. 如果分行内部出现了前任留下的纠纷和问题，要积极地寻求解决的方法。

d. 对部门员工的评价和奖罚是建立在他们实际的表现和业绩上，而不是看员工与你个性相投的程度上。保证奖罚的一贯性原则，绝不凭心情。

e. 当员工对你有意见时，要有自我判断的能力，平心静气地想一下自己的一些做法是否给人这样的感觉，自己是否有问题。如果得到的答案是否定的，应该找个适当的机会与之沟通，倾听他对你的真实想法，谦虚真诚的请他说明原因，并感谢他给你的建议。深入的沟通才能发现真相，才会令你采取正确的方法。

f. 要经常与本区域内部经理人沟通、同行沟通，了解他们的动态，并与本部门员工分享你的发现，分析同行做法的优劣，达成自身改善或保持的共识。务必形成一种探讨的会议氛围，不要一味地自我表达，即使你已经有明确的想法和措施，也要尽可能引导员工自己得出这样的结论，这样会激发他们工作的主动性和积极性，并会更彻底贯彻执行。

g. 解决内部矛盾时，一定要做到客观，公正，并且在处理类似问题上不能自相矛盾，让员工清晰你的立场和原则，这样有利于创造和谐的团队氛围、树立你的威信。

h. 要具有职业敏感，对员工的思想、动向以及行为将造成的影响和损害

要有很强的敏感度，思维严谨控制到位。

i. 通过不断沟通，使员工知道永远可以提建议和意见，但不能用抱怨的方式。告知企业的处境、客观分析利弊。

j. 妥善处理好离职人员的工作，监交清楚，考虑周全，并做好被辞退员工的思想工作，坦率告知他的问题在哪里，并建议改进措施。

3）工作心态调整指引。

a. 如果前期业绩持续不佳，一定要有心理承受能力，不要抱怨，以开放的心态对待人们的建议。如果确认感到力不从心，请求公司调任其他岗位。

b. 如果业绩比较突出，不要骄傲自大，要意识到你的成绩是上司、同事、下属努力的结果，要时时真诚地表示感谢，毫不松懈地使好业绩持续下去。在其他经理人向你取经时，要毫不保留地与他分享你的经验，这样有利于帮助你总结成功的原因，更加进步。你应成为团队最冷静地看待暂时领先的人，并时时提醒你的团队不要松懈，要保持工作的热情和冲劲，时时确立一种危机意识，时时与团队探讨持续增长业绩办法，激发更大的潜能。

4）对待客户工作指引。客户永远是对的。如果你认为客户错了，请重复前一句话，时时告诉自己换位思考，时时告诉你的下属，并快速为客户解决问题，纠纷一定要在最短时间内解决，否则，矛盾会越来越尖锐、问题会更加难以解决。

5）对内沟通工作指引。

a. 即使认为自己部门百分之百没有问题，也要用平和的语言同其他部门沟通，并坦率告诉他们问题与建议。如果遇到本部门员工抱怨或者有不妥当的激烈言辞要善于引导，直到他们有个好的心态对待遇到的问题；如果认为自己部门的人员存在问题，就要勇敢地承认并给予合理、公正地处理，敢于得罪人，遇到经济损失的承担也要做出表率，乐于承担责任，树立自己的威信。

b. 对于区域或公司组织的活动热烈相应并号召分行全体人员将之作为团队精神的体现，积极主动协助活动组织部门工作，并随时做好召集部门人员为活动服务的准备。

c. 在公司与分行、区域与分行利益发生冲突时，以集团利益为重，并做好部门相关人员的思想工作，自己勇于承担工作责任，赢得上司和下属的尊敬。

d. 会议前准备充分，发言踊跃，倾听认真，并坦率真诚地发表不同意见和见解。对待会议中错误的言辞或行为要具有是非观念，勇敢地提出批评或坦诚地说出自己的意见。

e. 只与当事人本人交流对他为人或处事的意见和建议，不对其他人谈论或传递是非信息，对待牢骚和抱怨要与对方讲“换个角度来思考这个问题”或“我建议你与他面对面谈谈”。

f. 尊重规范，严格遵守制度，如果有异议，在未修改前亦要遵守，同时通过书面或口头提出你的意见和建议，在征求意见时知无不言、言无不尽。

g. 最重要的工作是尽全力留住最优秀的经纪人。因为绝大部分分行一半的销售业绩基本上由少数几位顶尖的经纪人所创造。

h. 认同与接纳个别经纪人的独特风格与方法。在合乎情、理、法之下，提供他们足够的弹性、自主权，充分授权，让他们的方法能满足客户的需求。

i. 根据经纪人的不同才华，分派机会与资源。记住，你的工作分配不是绝对公平、均等的，分配机会与资源是以达到目标、创造最大的效果。

j. 在公司与经纪人之间，能扮演缓冲与协调、融洽的角色。即使是非常卓越的公司，都可能做出难以理解的决策，身为主管的你必须扮演的角色是支持公司，缓解员工不满的情绪。

k. 遇有空缺时，要提拔最具能力及忠诚度高的优秀经纪人。才能是最重要的要素，千万不要妄想你能透过训练来培养先天性素质。有效的管理者的人事决策不在于尽量减少人的弱点，而是在于发挥其长处。

三、房地产中介经纪机构部门经理培训管理制度

在传统的认识中，经理就是一个管理者、一个部门的领导，领导的职责就是监督与监管下属，以保证下属能够正确地做事，实际上是不正确的。

一个好的部门经理必须认同公司的文化，带领部下保护企业，维护企业的利益，必须要有精力、激情、激励和授权等诸多能力和因素结合在一起，才有可能成为一个好的部门经理。

1. 部门经理的责任

（1）对公司的职责。公司的总体目标经过层层分解，制定部门的工作目标。部门经理作为部门的负责人，要对完成目标负责。完成部门目标，认同并传播公司文化，把文化转变为行为与习惯，这样就是对公司的贡献。

（2）对部门的职责。部门经理是部门的直接负责人，当目标确定后，部门经理的任务就是承上启下，带领员工完成目标。

（3）对员工的职责。作为直接与员工接触的管理者，经理需要为员工提供工作指导和训练机会，使他们免受不公正的待遇。给员工提供发挥自我、提升自我的机会，确保员工的工作环境安全、舒适、清洁等。

（4）对其他部门的职责。

1）企业内各部门之间的相互依赖，是应该通力合作的，一个部门目标和行为要与其他部门协调一致。

2）当为了组织的整体利益而不得不牺牲本部门的某些利益时，部门经理应从全局出发进行系统思考。

（5）对顾客的职责。提供给顾客（包括内部客户和外部客户）更好的产品和服务，是企业中每一个部门存在的理由，经理的存在就是为了让这一点做得更好。

（6）对社会的职责。任何部门都有责任维护生态环境和社会道德，经理有责任去发现、减少或阻止自己部门可能出现的此方面行为。

2. 部门经理的关键素质

（1）活力。作为部门经理首先要富有活力、充满激情，只有这样才能带领下属完成工作。

（2）激励。部门经理要善于调动下属的积极性，鼓励下属发挥能力，充分挖掘团队的力量及潜能。

（3）敏锐的感觉。部门经理要善于具备竞争精神，对“速度”要有敏锐的感觉，即使激烈的竞争中，也始终能够以企业效益和客户利益为中心。

（4）执行力。再好的目标，也要通过执行才能实现，部门经理要善于思考，更要善于行动，既要有迫切行动的愿望，且必须不断积累自身执行的能力。

（5）积极的心态。具备积极的心态，才能有积极的人生，才能使产品充满活力。

3. 部门经理必备的能力

任何一个经理要扮演好自己的角色，履行好自己的职能，都必须以一定的能力为基础，例如：进行计划、确定目标、确立重点、决策、组织……与他人共处，且促使整个团队协同作业的技能。

（1）理解上级指令并分解工作任务的能力。

1）在接到上司指令时要有应答。

2）对指令有相应的记录。

3）接受指令要复述上司所讲的重点（如本部门的目标、问题的关键点等）。

4）听到有疑点和模糊不清的内容时，应马上询问。

（2）关注下属的能力。

1）公平。员工特别需要知道某一种安排似乎偏向某些人的原因。

2）明白。必须将某些安排所希望达到的目的给予说明，让下属知道为什么要这样做。

3）联系。尽可能把工作的安排和下属本身的条件予以联系，不同的员工有不同的能力和条件，适合做不同的工作，工作的安排要尽量考虑与员工的自身条件相适应。

4）远虑。员工大部分都关心今天的工作，关心我今天的工作是什么，经理则必须对明天和今后的工作进行长远考虑。

(3) 发掘与解决问题的能力。通常情况下，判断一个部门经理是否优秀及合格，首先看他解决问题的能力。遇到问题时，不能只等上司来解决。

有些经理看起来很敬业，事必躬亲、亲力亲为，从管理的角度来看这是错误的。因为一个人的精力是有限的，凡事都要亲自解决，个人辛苦是小事，延误时间得不偿失。在自己的职权范围内可以解决的问题，应该调动下属的积极性，共同解决问题。在自己的职权范围外的问题，应把问题整理后呈报上司，请求上级给予处理和帮助。

应当注意解决问题只是救火，火已经烧起来，救火仅仅是弥补、扑灭，损失已经造成。解决问题的最好办法是问题还没有发生时，就有问题的意识发掘问题，事先做好预防问题发生的准备工作，让问题根本不会发生。但管理中存在太多不确定性、太多意外情况，一旦发生问题，经理必须及时采取有效的措施解决问题，所以经理应具备发掘问题及解决问题的能力。

(4) 指导他人活动的能力。管理者是通过别人来完成任务的，为了保证员工能够有效地完成各自任务，经理有责任和义务对员工进行培训和指导。

要记住，员工的工作效率低下、工作方法不科学、责任心不强、缺乏工作的热情和积极性、缺乏创新的精神和创新的能力，这些都不是员工的错，是经理没有对他们进行有效的指导和培训。经理必须承担起教练的任务，指导团队获得胜利，这就是经理必须具备指导他人活动的能力。

(5) 专业的技术能力。作为管理者，工作上要有很高的技术要求，具备专业技术，能够熟识本管辖部门内的各种专业知识、方法、过程、程序，使用各种工具，特别是必须具备对专业性问题的分析能力。

(6) 良好的沟通协调能力。经理主要是从事管理工作，通过下属来完成工作。管理的核心是对人的管理，是创造并维持一种环境及标准，使下属在这种环境中能够较高效率地完成任务，圆满完成目标。所以经理必须具备良好的沟通和协调能力，才能保证目标的实现。有效沟通主要是尊重下属，仔细倾听下属的心声。协调的关键在于能否站在对方的立场上看问题，只有通过换位思

考，才能有效地与别人及其他部门协调，共同把事情做好。

4. 部门经理的培训种类

（1）就职前培训。公司提倡内部提升，在晋升员工为见习经理之前，符合基本业绩要求并具有培养潜力的人员首先由区域经理组织进行管理能力培训，合格后参加由公司培训发展部组织的管理能力系列培训。

（2）就职指引培训。就职当月参加由总经办和人事部、财务部组织的经理人手册、财务知识的培训并接受考核。

（3）晋升培训。每晋升一个级别，均须参加一定课程的管理技能以及技巧培训，通过考核后方可晋升。

（4）每月培训（1次/月）。每月5日前的一个下午1：30～6：30时，进行一次5个小时的培训。内容包括：

1）新入职经理人介绍。

2）业绩总结和颁奖。

3）存在问题讨论分析以及解决方案。

4）下月工作计划。

5）财务问题、客服问题、法律案例讲解分析。

6）职能部门与业务部门沟通、业务部门之间沟通。

7）业务案例分享。

（5）每半年封闭式培训。每半年全体经理人进行3天全封闭的关于经理人管理技能及相关知识的学习及研讨。

（6）优秀经理人外训。对于业绩优异且有极大发展潜力的经理人送专门机构培训。

5. 部门经理的培训资料范本

（1）管理的五大功能。

1）计划。计划是管理的首要职能，如果没有计划，不是人在推动工作，而是工作推着人走，工作就被动。没有目标，没有步骤，工作不分主次，往往拣了芝麻丢了西瓜，工作混乱，人、财、物不能有机结合，工作就无法高效。计划的内容包括：

a. 何故　制定计划的原因、目的及目标。

b. 何事　为实现目标该做什么，哪些事情最重要。

c. 何处　在哪里做，由哪个小组做。

d. 何时　什么时候开始做，什么时候完成，分为几个阶段。哪个阶段要完成哪些事情，达到什么目标。

e. 何人　确定谁来承担主要责任，谁来进行指导，谁来协助，谁来检查进度。

2）组织实施。制定计划的目的是要实现目标，实现目标不是一句空话，需要相关的资源，包括人力、物力、财力、设备、信息、知识、技巧等。

3）控制。控制是要设立标准，以衡量实际表现，发现并分析偏差。

a. 设立标准　进行控制首先要有标准。

b. 衡量实际表现　通过观察、测量、评估等方法，对实际的执行情况进行衡量，了解工作现状。

c. 发现并分析偏差　通过执行情况与标准进行比较，找出偏差，并分析偏差的原因，为纠正偏差，提供依据。

4）协调，协调是指经理为顺利执行岗位工作，针对问题与相关人员的沟通，彼此交换意见，借此保持双方的和谐均衡。协调包括与上级人员、跨部门的协调等，协调的基础就是充分沟通。

5）评估。评估实际表现是否符合标准，如存在差异及时发现偏差，采取行动纠正偏差，防止问题扩散和严重化。

（2）用人的八项原则。人才是企业首要和根本的要素。就经营而言，无论从哪个角度，人都是第一重要的。企业之间的差距从根本上说是人的差距。关于用人，从来就不存在什么一贯的准则，但优秀的团队领导者大都会遵循以下一些共同的原则，其中有些原则可能有老旧之嫌，但仍有必要经常老调重提。

1）用人唯才。现代企业经营日益复杂，对人才的要求也日益提高，只有用人唯才，才能维持企业的长期可持续发展。与人才的亲疏关系不应是用人的标准。现代管理区别于传统管理的特征之一就在于能否领导一群原本并无联系的人，朝着一个共同的目标挺进。现代企业应该依靠共同的价值观来维系，而不是依靠亲情来维系。

2）能力重于学历。现在许多企业招聘大多要求学士、硕士学位，应该说这本身是一个巨大的社会进步。但是必须清楚的是，看重学历，并不是看重学历本身，而是其背后的学识和涵养。领导者必须综合运用分析、经验判断、面试考核等多种手段来对人才的能力、品质、性情、学识等诸多方面做出全面而深刻的评价。

3）高级人才选拔内部优先原则。外部人员能为公司带来新思想，能为公司注入新的活力。但事实上，公司招聘人才主要是因为他能满足职位的需要，而不是因为他能带来新观念，或者这只在其次。支持高级人才内部选拔有以下三个原因：其一，从公司内部选拔人才是对人才的一个基本激励措施，如果公司经常把提升的机会让给公司外的人，对公司员工的积极性无疑将是一个极大

的打击；其二，优先考虑从内部选拔人才，将促使公司重视人才的内部培养；另外一点更重要，由于人才是公司内部培养造就的，因而他更能深刻理解领会公司的核心价值观，同时因为他长期受公司文化的熏陶，也更能坚持公司的核心价值观不变。如果公司要依靠新人才能带来新思想，那么公司就应该反省的是“为什么公司内部人员就不能吸收外面的新思想?”也许是因为通路少了，也许是因为思想封闭，也许是因为文化保守，但无论如何这都是一个警兆。

4）注重发挥人才的长处。企业聘请人才是因为他能做什么，而不是不能做什么，要重视的是员工能出什么成果，而不是他有什么特点。优秀的领导者总是以“他能干什么”为出发点，注重发挥人才的长处，而不是克服其短处、个人缺点，可以通过有效的人员搭配，相对完满起来。一个科技人员，可能很不善于人际应酬，只要安排适当，就可以发挥他的科技之长，而让其他擅长交际的人来补其之短，这样就能同时拥有科技与交际两项优点了。成功之道，不在于克服了多少缺点，而在于多大程度地把优点发挥出来。

5）适才原则。把适当的人安排在适当的位置上是用人的最高标准。就如管理理论无论先进只论适用一样，适才比优秀的人才更重要。

6）不要给不熟悉的人安排新的重要工作。良好的人事任命建立在两个基础之上，一是对员工的了解；二是对职位要求的了解。对于新的重要的职位，由于你无从知道其职位要求，最好是把它交给那些你对他们的能力、品质都有相当了解，已经建立了广泛信任的人，领导者的责任就是集中精力把这职位的要求告诉他，然后看着他施展自己的才能，在他困难的时候给予适当的帮助。而对那些你不甚了解的新来者，首先把他们安排在一个既有职位上，在这个职位上，工作要求已经一目了然。

7）招最出色的人才安排在对公司未来最重要的工作职位上。在今天这个剧变的时代，产品生命周期大大缩短，大量产品转瞬即逝，公司今天的利润源可能很快就会枯竭，而同时，产业的交汇与转型正方兴未艾，越来越多的行业从本质上难以确切界定。这对大多数公司是挑战，也是机遇。公司不仅要在现有产业范围内竞争，而且还要及早塑造未来产业结构、制定未来产业规则方面竞争。无论今天公司控制着什么市场，它都有可能在未来发生巨变。保卫今天的领先地位，代替不了创建明天的领先地位。公司不仅要立足现有业务，同时还要考虑明天何以为继。公司今天不能保证最出色的人才始终配置到最有前途的新兴发展领域，不能保证他们总是忙于真正具有挑战性的项目，不能保证他们能够去捕捉最具潜力的商机，不能保证他们正在开创公司未来的利润源，那么，未来就不是决定公司是否可以争金夺银的问题了，而是公司是不是有资格

参赛的问题了。

8）正确看待失败。如果一项人事任命，最终证明是失败的，那么作为领导者首先应该承认这是自己的过错，责任不在部下，而在其自身。领导者在任免的失误中，至少应该更清楚地看到这个职位的具体要求，对员工的能力和品质也应该有更清楚地认识。如果领导者不能从中学习，以提高自己人事能力的话，他将注定面临更大的失败。

（3）激励员工的策略。

1）建立一个动机明确的团队。没有努力工作的动机，经理们实际上就无法去做任何事，不可能有效地去开展自己的工作。作为经理人，必须不断找到切实有效的办法去团结你的员工，引导员工认识到公司的利益和他们自己的福利是一体的，这样，员工自然会有努力工作的动力。

2）员工为他们自己工作。作为一名经理人，必须明了员工做事的理由，必须审视他们做事的目的和原因，促使他们把这种动机和公司的目标及行动结合起来。

3）明了是什么在驱动着员工。必须深入思考每个员工的个性，或者说深入考虑他们的本性，肯定其个性，并帮助他们实现个人的需求。这要从关注员工开始，首先对他们的工作情况予以关注，欣赏每位员工的独特之处，听到他们不是很合适的意见和建议时，应该向他们解释为什么他们的建议不合适，并申明你会留待以后认真考虑。让你的员工说出他们心目中理想的工作，坦诚他们工作中喜欢什么，不喜欢什么，这样，你就可以利用你听到的这些意见促使工作更有成效。

4）让员工觉得自己是股东。鼓励员工像企业家一样思考，向员工解释公司是怎样运作的，帮助员工更好地了解整个公司的运作情况，让员工觉得自己是公司的股东。一旦员工明了自己的位置和自己可以为企业做出多大的贡献之后，他们就会更富于创造性地开展自己的工作，当员工了解企业的历史可以帮助他们建立更强烈的自豪感和认同感，公开一些信息帮助员工明确公司的目标、任务、前景以及进程，鼓励员工想出一些可以为实现组织的战略目标做出直接贡献的点子，然后让他们按自己所想的去做。

5）让员工通晓公司的运作。当员工通晓组织的运作状况，知道了组织是如何花钱、如何赚钱时，他们就会更有动力为公司做出更大的贡献。帮助员工更好地理解他们的工作和所承担的具体职责是如何同整个企业、相关部门以及整个共同体协调一致的，帮助员工认识到个人的态度和行为可能给企业的整体利益带来怎样直接的影响，帮助员工认识到企业的宏伟蓝图以及他们在未来成功中所处的位置。

6）正视面临的竞争。让员工齐心协力共同参与市场角逐时，让他们知道他们是在同谁、同什么进行竞争，他们的竞争能力就会因竞争者不同而相应地提升。管理者通过调查和分析你的竞争者正在做什么，你可以对面临的竞争有一个明确的认识，然后相应地利用这些信息去提高自己的团队。

7）强化动机与绩效间的关联。对员工的期望越具体明确，员工实现和超越这些预期的可能性就越大。

8）帮助员工取得更大的业绩。让员工找到正确的途径将动机转化为更富有成效的行动方面。

a. 让员工突破自身的局限。通过协助他们树立超过现有工作要求的、更高的个人目标，来实现他们对自身局限的突破。更进一步说，当你向他们说明他们的工作是如何增进公司的价值的以及是如何触动其他人的，他们就会自己主动去想一些方法来激发和提升自己的才干。

b. 建立明确的标准。涉及每一项具体的工作，对工作的目标，什么是突出的表现，什么是不可以接受的行为等，都要有明确的标准和相应的规定，你的员工可以参与到这些标准的制定当中，会更理解这些标准和制定这些标准的原因。

c. 确定员工的职责范围：确保每个员工都明白每项工作都应该由谁来负责。当员工明了自己的位置时，就会减少混乱，并更清楚地认识到，为了实现其个人目标，他们应如何与自己的手下协力工作，这将帮助员工承担更多的责任，也让他们获得更多的机会。

9）让员工认同你的观点。员工对分配给他们的工作投入越多，他们就越有可能赞同你关于如何将此工作做好的观点。当他们知道你确实关注他们的表现并愿意倾听他们提出的改进意见时，他们会很乐于接受你的建议。

让员工参与提高工作条件和绩效的工作，并且与你就工作绩效考核标准达成共识，以及考虑每个人工作中的具体任务，根据每个员工的经验和竞争能力分派任务，要记住花时间观察并不断跟踪改进以加强效果。

10）赞扬并鼓励员工。当你的员工实现了目标，达到了你为他们预先设定的要求时，你应该立即奖励他们，永远不要迟疑地宣扬他的成功。另外，不要把承诺的奖励变成员工去完成任务的根本原因，你要让员工明白，奖励是对他们出色工作的承认，而不是做这项工作的目标。

11）永远对员工抱有最高期望。如果你对员工的期望越高，你将越有可能得到这些期望，人们的表现往往与别人对他们的期望相一致。要将其作为能够有出众表现的员工对待，而且向他们传递出这一信息。创造出一个这样的环境，每个人都很清楚公司的目标并致力于实现这些目标，每一个人都感觉到受

赏识和受尊敬，每个人都有他所需要的资源，每个人都不需要他人要求就主动去帮助和支持他人。

12）激发最佳表现。你应该竭尽全力向员工表明你为了他们能把工作做到最好而采取的行动是有意义的、是真诚的。

a. 向每个员工征求关于目前的工作条件及如何改善的意见和建议，然后制定出计划让你的员工自己去实施。

b. 强调你自己对团队所负的责任，换句话说，你必须把你自己的工作热情激发出来，要经常对员工所承担的责任予以称赞。

c. 把你的团队的成功与公司的成功挂起钩来。

d. 没有哪一种方式比培训更能激发员工的出色表现，给员工们一些特别的学习机会，经常鼓励他们个人和专业方面的成长。

12）采取奖赏措施激励员工。经常赞赏那些克服困难、取得成绩的员工。在士气低落的时候，将你的乐观精神和对整个团队的信任表现出来，要注意到那些虽然微小、意义却很重大的进步和成功，而不是只注意那些大的成绩。让工作充满乐趣，而且要经常大张旗鼓地庆祝。

13）激发责任感。促使员工对工作产生责任感的最好方式是帮助他们理解和赏识他们自己在公司的宏伟蓝图中所扮演的角色和起到的作用。

a. 帮助员工正视恐惧，鼓励员工公开讨论那些让他们感到恐惧和害怕的事情，帮助他们抛开这些恐惧而勇敢地采取行动。

b. 帮助员工关注结果，引导员工去构想成功将会是什么样子，从而不断鞭策他们向成功冲刺。

c. 强调员工应负的责任。制定一个双方都能接受的执行标准，把预定目标与对员工的评价联系起来，并事先把预定的目标落实成文字，建立健全奖优罚劣的激励和惩罚机制，使追求卓越成为员工的唯一选择，并且确定对平庸的容忍线。

14）鼓舞士气。士气与每天投入的工作激情和责任密切相关，每一个团队都依赖于人与人之间各种各样的相互关系，士气高昂的工作环境需要建立在信任和正直的基石上。但是光是你信任员工还不够，你的员工也必须对你报以信任，员工们愿意相信经理在努力为员工创造最大的利益，只要在每天的工作中，都让他们确实感受到这一点，他们就会真的深信不疑了。

15）相互信任。慢慢在员工中建立彼此的信任感时，建立一个士气高昂的工作环境，员工也就越有动力。

16）消除削弱动力的因素。一旦发现了削弱动力的因素的踪迹，必须立即采取反击措施让这些因素彻底消失。

17）雇佣最适合的员工。你应该花时间认真筛选应聘者，不要雇佣那些看上去可能会有动力障碍的人。创造一个能够提供大量反馈信息和建立信心的环境来留住你最优秀的员工，给他们准确、诚实的反馈和表扬。

18）任何时候都不忘维护员工的尊严和自尊。永远不要当着他人的面批评员工；只在私下里向员工提出纠正错误的反馈；永远不要用手指指向某人，这种举止不合你的身份，也很不职业；永远不要用高人一等的语调；永远不要进行人身攻击；永远只关注职业行为和表现。最后，如果你期望别人能够尊重你的尊严，那么，你应该给予他们同样的尊重。

19）留住你的员工。一个真正成功的企业的基础是雇佣具有正常的精神状态、正确的价值取向和态度的员工，而不仅仅只注意他们是否有经验。

a. 弄清楚是什么让那些对你的企业至关重要的员工留了下来。

b. 弄清楚员工留下来的理由。

c. 价值和态度是你选择员工时的两个标准。

20）全身心投入到团队中去。你是团队的核心，你的行为和态度会直接影响到你的团队的士气。走到一起是开始，融入到一起是进步，工作到一起是成功。

21）言出必行。让正直成为团队中才智的最高表现形式——真诚待人，袒露你的个性。

四、房地产中介经纪机构员工指导人培训制度

每一个新员工都会有一名指导人，通常是该员工的经理或经理指定的同事。指导人是新员工身边的活字典，帮助员工接受在职培训，熟悉与工作有关的各项事务。

1. 新员工指导人的职责

（1）帮助新员工在入职 3 个月内顺利完成文化融入、业务融入和团队融入。

（2）依照《新员工指导人手册》，负责各个时期新员工计划目标的制定、评估、沟通和反馈。

（3）负责对新员工进行业务指导，培养其独立工作能力，帮助新员工绩效达成。

（4）保持与被指导人日常工作、生活中的沟通，以及在公司价值观、行为准则方面的言传身教。

2. 员工指导具体流程

表 1-30 是员工指导具体流程。

表 1-30 员工指导具体流程

<table>
<tr><th>阶段</th><th>人事部/业务部门</th><th>新员工</th><th>指导人</th></tr>
<tr><td>入职前</td><td>分行与营销总监共同指定指导人
管理部发放《新员工工作手册》</td><td></td><td>制定指导计划</td></tr>
<tr><td>入职当天</td><td>入职沟通
发放《员工手册》</td><td></td><td></td></tr>
<tr><td>分行/部门报到当天</td><td></td><td>主动与指导人沟通</td><td>与被指导人初次沟通，填写《新员工指导沟通表》(初次版)</td></tr>
<tr><td rowspan="2">入职第 1 个月(跑盘期)</td><td rowspan="2">1. 改善指导工作意见问卷(月度)
2. 跑盘期访谈</td><td>每周自我总结一次，填写《试用期员工工作总结及计划》提交给指导人</td><td>1. 每周与被指导人沟通一次，填写《指导沟通表》(周报版)/月末填写(月报版)
2. 将沟通结果向分行经理反馈</td></tr>
<tr><td colspan="2">沟通内容：跑盘意义、要求与重点、跑盘技巧、跑盘考核</td></tr>
<tr><td rowspan="2">入职第 2 个月(上岗首月)</td><td rowspan="2">1. 改善指导工作意见问卷(月度)
2. 试用期访谈</td><td>每两周自我总结一次，填写《试用期员工工作总结及计划》提交给指导人</td><td>1. 每两周与被指导人沟通一次，填写《指导人沟通表》(周报版)/月末填写(月报版)
2. 将沟通结果向分行经理反馈</td></tr>
<tr><td colspan="2">沟通内容：岗位职责、基础工作要求、管理制度、业务操作流程、团队合作</td></tr>
<tr><td rowspan="2">入职第 3 ~ 6 个月</td><td>1. 改善指导工作意见问卷(月度)
2. 转正访谈
3. 转正考核</td><td colspan="2">沟通内容：业务技能的强化，根据被指导人的不同特质，引导其发挥优势。找出工作难点，扫除成单障碍，实现转正目标</td></tr>
<tr><td colspan="3">3 个月转正：从第 3 个月开始考核新员工的各项转正指标(详见《新员工成长手册》)，当达到转正条件时，由指导人填写《新员工指导期报告》经分行经理签字确认后，提交管理部作为新员工的转正申请，进入转正流程。管理部统筹转正考核；对于转正了的员工，指导人视情况加强对其业务指导即可，员工和指导人不需再填写相关表格
延期转正：未能转正的员工，仍需与指导人每月沟通一次，分别填写《试用期员工工作总结及计划》和《指导沟通表》(月报版)
劝退：6 个月指导期满仍未能达到转正条件者，经指导人、分行经理、业务总监及管理部充分沟通并确认后，劝退处理</td></tr>
</table>

注：1. 周一为每周沟通日，每月沟通日定在当月最后一周的周一，如有特殊情况，可适当调整。

2. 以上所有表格由新员工存档，管理部进行不定期抽查。

3. 员工指导工作相关表格

（1）新员工指导沟通表（初次版）（见表1-31）。

表1-31　新员工指导沟通表（初次版）

<table>
<tr><td colspan="2">新员工入职沟通清单：
分行人员介绍
办公环境的熟悉、办公用品领用安排
公司组织架构的讲解，尤其要介绍与置业顾问工作有接触的岗位及人员姓名
岗位职责、该岗位绩效考核要求及体系
公司管理制度、行为规范，分行内的特殊规定等
试用期的工作安排（何时跑盘、何时上岗，试用期考核要求如何等）
跑盘目的和要求的讲解</td></tr>
<tr><td colspan="2">员工的自评与期望：（由被指导人填写）</td></tr>
<tr><td colspan="2">指导建议：（由指导人填写）</td></tr>
<tr><td>被指导人签字、日期：</td><td>指导人签字、日期：</td></tr>
</table>

（2）试用期员工工作总结及计划表（见表1-32）。

表1-32　试用期员工工作总结及计划

<table>
<tr><td>员工姓名：</td><td colspan="2">填写日期：　　　　（第1个月第1周）</td></tr>
<tr><td colspan="3">本期期间　　______年____月____日至______年____月____日</td></tr>
<tr><td colspan="2">本阶段接受的工作任务</td><td>相应完成情况</td></tr>
<tr><td colspan="2"></td><td></td></tr>
<tr><td colspan="2"></td><td></td></tr>
<tr><td colspan="2"></td><td></td></tr>
<tr><td colspan="2"></td><td></td></tr>
<tr><td colspan="2"></td><td></td></tr>
<tr><td colspan="2">本阶段工作学习计划</td><td>目标成果评估</td></tr>
<tr><td colspan="2"></td><td></td></tr>
<tr><td colspan="2"></td><td></td></tr>
<tr><td colspan="2"></td><td></td></tr>
<tr><td colspan="2"></td><td></td></tr>
<tr><td colspan="2"></td><td></td></tr>
<tr><td>工作心得</td><td colspan="2">可从这几方面去写：1. 不适应的地方；2. 困难；3. 对指导人的需求等</td></tr>
</table>

（3）指导沟通表（周报版）。

表 1-33　指导沟通表（周报版）

本期期间	____年___月___日至_____年___月___日
指导人意见：1. 被指导人的评价；2. 建议 指导人填写	
下期工作\学习计划：	员工与指导人沟通后填写
员工签字、日期：	指导人签字、日期：

备注：首月每周填写一次，次月每两周填写一次，第三个月以后每月填写一次。

（4）指导沟通表（月报版）（见表 1-34）。

表 1-34　指导沟通表（月报版）

本期期间（第　个月）	____年___月___日至____年___月___日
对被指导人的评价	指导人填写
学习及工作态度（责任心、合作性、主动性、纪律性、工作热情等） 评语：	
能力素质（思维能力、学习能力、创新能力、沟通协调能力、岗位所需知识面等） 评语：	
工作绩效（工作量、工作难度、完成情况、完成时间、改进及创新） 评语：	
月度评价：□A 优秀　□B 良好　□C 中等　□D 合格　□E 不合格	
下月工作计划：	员工与指导人沟通后共同确定
员工签字、日期：	指导人签字、日期：

备注：首月每周填写一次，次月每两周填写一次，第 3 个月以后每月填写一次。

（5）指导期总报告（见表1-35）。

表1-35　指导期总报告

指导人：　　　　　　　　　　　　被指导人：　　　　填表日期：

<table>
<tr><td rowspan="2">指导报告</td><td>以下由指导人填写，报告可从以下方面进行总结：
1. 指导内容
2. 指导方式
3. 所达到的指导效果
4. 新员工在指导及工作过程中表现的鉴定（包括优点和不足）
1）工作完成情况（数量、质量及对工作的适应情况）
2）工作态度和对公司文化的认同
3）工作能力</td></tr>
<tr><td>指导人：　　　　　　　　日期：
分行经理：</td></tr>
</table>

备注：1. 本表是在试用期员工达到转正条件时，或管理储备人员培训指导期满时，由指导人填写。

2. 达到转正条件的员工，填写公司《新员工转正考核表》（人事部另外发放）。

3. 不达转正条件的员工，仍填写指导期相关表格，每月一次。

第五节　房地产中介经纪机构员工职位变动管理制度

一、房地产中介经纪机构员工入职管理制度

1. 入职员工报到

接到录用通知后，入职员工需在指定日期到公司人事部报到，如因故不能按期前往，应与人事部取得联系，另行确定报到日期，报到的次日起进入正式工作状态，人事部将开始计薪，薪资核算将以员工的考勤记录为准。

2. 提供个人资料

报到后，入职员工向人事部提供以下资料。

1）身份证（原件及复印件）。

2）学历证明（原件及复印件）。

3）体检证明自报到日期起，向前两月内的体检证明为有效。

4）婚姻状况证明（结婚证原件及复印件）（如欲享受相关福利待遇，须提供）。

5）计划生育证明（独生子女证或流动人口计划生育证明）原件（如欲办暂住证，须提供）。

6）免冠彩色近照（红底1寸照片3张）。

7）与原单位解除劳动关系的证明文件。

8）公司人事部门要求提供的其他资料。如实填写《员工履历表》，日后个人资料有变动应及时通知人事部。报到日提供本人身份证、学历及专业技术水平等有关证明资料，并附1寸证件照2张；报到日起一个月内提交劳动手册和退工单、特种工作上岗证、健康证等，否则公司保留解除劳动合同及岗位聘用协议的权利。

3. 办理入职手续

1）领取工作牌及其他相关资料，熟悉办公环境、办公区、公司同事（部门主管及文员）。

2）与试用部门负责人见面，接受工作安排，并与负责人指定的入职引导人见面。

3）与人事部确认工资数额及构成。

4）签订《保守公司商业机密承诺书》。

5）确认工位、签收各类办公用品、办公设备等（部门文员）。

6）确认本岗职责、工作规范，了解部门职能和规范（部门主管或文员）。

7）申请上网账号、邮箱、考勤卡、名片等事宜（部门文员）。

4. 入职推荐

置业顾问入职。分行经理以上业务管理人员可推荐员工入职，有区域经理及人事部面试评价后决定是否聘用。以下为置业顾问入职推荐信范本。

人事部：

兹有__________（先生/女士），年龄________，原就职于________公司，担任__________职位，同行业工作经验为________年（后附简历），此前六个月的业绩如下：

月份	月	月	月	月	月	月	合计	平均/月
业绩								

其于＿＿＿＿年＿＿＿月＿＿＿日到我公司跑盘，期间：

在我公司培训情况：□有，参加过＿＿＿＿＿年＿＿＿＿＿月培训，□无

业绩情况：□有，战报业绩＿＿＿＿＿＿＿＿＿元；□无业绩，说明：＿＿＿＿。

入职测试成绩：＿＿＿＿＿＿＿＿＿＿＿＿＿。

经本人调查其从业经历，且无违反职业道德的行为，本人确认上资料属实，故推荐其为公司1部门＿＿＿＿＿＿＿＿＿＿＿职位。

该部门编制人数＿＿＿＿＿＿人，目前实际在职人数＿＿＿＿＿＿人。

推荐人的评价：＿＿

请人事部面试。

推荐人：　　　　　　　　　　　　　　　　　日期：

人事部意见：　　　　　　　　　　　　　　　日期：

总经理面试意见：

□建议暂不入职，原因：＿＿＿＿＿＿＿＿＿＿＿＿＿＿＿＿＿＿。

□同意入职，请于＿＿＿＿＿＿月＿＿＿＿＿＿日到人事部办理入职手续。

签名：　　　　　　　　　　　　日期：

二、房地产中介经纪机构员工转正管理制度

1. 员工试用期考核制度

（1）关于员工试用期的有关规定。

1）员工试用期以合同（或聘用协议）为准，一般为3个月，但总计不超过6个月。

2）3个月未转正，经分行经理参考工作量达标情况审批进入试用延长期，延长期最长不超过3个月。延长期薪酬同试用期薪酬。

3）公司在试用期内对员工工作进行考评，考评内容为绩效成绩、敬业精神、业务能力、遵纪守法、健康状况、团队协作等。

4）经试用期考核合格者，公司即通知员工予以转正（试用期内工作业绩显著、称职的员工，经总经理批准可提前转正，但试用期不少于1个月，有违纪情况员工不能提前转正）。

5）如员工对本行业、企业认知度强，工作积极，团队意识强，但个人能力暂未发挥出来，可考虑延长试用期。人事部须在充分考量的情况下做出决定。延长试用期的员工只领取基本工资。如员工不同意延长试用期，则终止聘用。

6）录用的职能部门新员工试用期分两步考核：第一步是前20天为初步

考察，主要对员工自身素质考察及工作、业务水平的初步了解，如符合公司岗位要求则进入下一步考核；第二步是对员工试用以来的整体表现做综合评价。合格者即转为正式员工。新员工在试用期内其工作表现未达到公司要求者，公司将与员工协商辞退。

7）录用的业务部门新员工试用期分两步考核：第一步是前一个月为初步考察，主要对员工自身素质考察及工作、业务水平的初步了解，如符合公司岗位要求则进入下一步考核；第二步是对员工试用以来的整体表现做综合评价，重点考察独立工作能力，合格者即转为正式员工。新员工在试用期内其工作表现未达到公司要求者，公司予以辞退。

（2）员工试用期表现考核标准。职员如在试用期内请假，职员的转正时间将会被顺延；若请假超过一个月，则作自动离职处理。从公司离职后，重新再进入公司时，职员的工龄将从最近一次进入公司起计。具体考核指标见表1-36。

表 1-36　员工试用期考核指标

阶段	岗位名称	岗位指标
试用期	置业顾问	每月须独立或合作开单(0.5 单以上) 试用期首月不考核
	客户经理(原高级置业顾问)	每月不低于0.5 单 试用期内不开单,降级为置业顾问,降级在岗期不超过3 个月,达到置业顾问标准转正为置业顾问,达到客户经理标准转正为客户经理,或直接离职
试用延长期	置业顾问	每月开单不低于0.5 单 每月工作量得分不低于80 分 延长期间连续2 个月不开单,作离职处理
	客户经理(原高级置业顾问)	每月开单不低于0.5 单 延长期内连续2 个月不开单,作离职处理 延长期内达到置业顾问转正标准转正为置业顾问,达到客户经理转正标准转正为客户经理,均不达标作离职处理

（续）

阶段	岗位名称	岗位指标
转正	置业顾问	每月业绩不低于0.5万元 入职起2个月内必须开单 试用期内累计业绩达3万或开2单(独立或至少是合作开单);进入试用延长期,需在延长期内达到试用期同等指标 完成所有新员工必修课程及通过考试 其他考评:分行经理、指导人评定、管理部沟通评定
	外聘客户经理(原高级置业顾问)	3个月累计业绩达到10万元(含)以上 完成所有新员工必修课程及通过考试 其他考评:分行经理、指导人评定、管理部沟通评定

2. 员工转正流程（见表1-37）

表1-37　员工转正流程

阶段	可转正	不能转正
满3个月	1. 员工填写转正考核表 2. 经理评价 3. 区域经理审批 4. 经理与员工沟通,双方签字确认 5. 交到人事部	1. 员工填写转正考核表 2. 经理评价 3. 区域经理审批 4. 经理与员工沟通,双方签字确认 5. 文员存档
满6个月	1. 文员取出满3个月时的转正表,如现在情况变化很大,原表已不适用,则再填新表,否则可用原表 2. 同满3个月的步骤	两种情况 1. 不再适合继续留职,劝退,在满6个月之日前办理离职手续 2. 可再观察,填写延长试用期申请表,在满6个月之日前交到人事部
延长期满	同满6个月转正的操作步骤	劝退
备注		

3. 员工转正资格审批制度

（1）后勤职能部门员工试用期满前10天员工填写《员工转正审批表》，做个人总结，内容包括工作总结、计划、建议及个人发展规划等。由部门经理对其试用期工作做出鉴定后，在试用期满前5天交人事行政部。

（2）人事部在员工试用期满前3天提出考评意见及转正与否的建议。

（3）人事部签署意见当天将《员工转正审批表》报主管领导审批。如转正批准，人事部通知员工本人。对不能转正者人事部应及时向员工反馈转正考核意见，说明员工需改进方面或不能转正原因。

（4）人事部对员工的转正考核及领导的审批在员工转正前完成。

（5）员工转正审批表范本。

1）员工转正审批表范本一（见表1-38）。

表1-38 员工转正审批表（一）

身份证姓名		曾用名		性别	
籍贯		年龄		学历	
职称		职位		民族	
入职时间			所在部门		
连续三个月业绩	月	月	月	合计	人事部业绩审核
主要工作内容/成绩					
自我总结	另附页 本人试用期内的工作业绩 对本职工作的认识 工作中实际案例分析(自己亲身处理的案例说明) 对企业文化的了解和认同 公司管理等各方面的意见和建议				
部门经理签定	是否转正:是□ 否□ 鉴定人:				
人事部 意见					
总经理意见					
备注					

2）员工转正审批表范本二（见表1-39）。

表1-39　员工转正审批表（二）

姓名		工号		部门		主管	
入职时间				考核期间			
注意：转正面谈务必于员工转正之日前一周内完成，其他参加考核评估的相关上司请在员工转正之日前填写考核意见，最后在转正之日前一天将评估结果返回人力部；因相关主管原因未能及时给员工进行转正评估的，由该主管人员负完全责任							
以下由员工本人填写							
述职报告							
一、请列明考核期间的主要工作业绩及工作感想							
二、请列出工作失误并做出分析							
三、请列出需要公司给予的支持与帮助							
四、未来3年内在本公司发展方向与期望							

（续）

五、其他需补充内容	
转正考核程序：个人自评——直接主管评价——相关主管评价——主管/员工双方沟通——转正表交部门秘书	
以下由员工的直接主管填写，相关主管视需要也可填写一份	被考核人姓名：
一、工作评价（请评价试用期间员工的基本情况：员工的优点、不足及改进建议和指导方向；其中，销售代表的考核还需填报业绩情况：正定多少套，创收额多少元）	
二、考核结论 项目经理意见： 签名：________ 日期：________ 部门/销售总监/相关主管意见： 拟定职务：________ 生效日期：________ 签名：________ 日期：________	
三、考核面谈记录 考核人意见： 签名：________ 被考核人意见： 签名：________ 日期：________	

注：1. 若考核结论同意员工转正，请明确注明拟定职务及生效日期。

2. 若该员工未达到转正要求，请给予明确处理建议，如辞退或顺延至×月×日等。

3）员工转正审批表范本三（见表1-40）

表1-40　员工转正审批表（三）

编号：____________

<table>
<tr><td>申请人</td><td></td><td>所属部门</td><td></td><td>职位</td><td></td></tr>
<tr><td>入公司时间</td><td colspan="2"></td><td>申请时间</td><td></td><td></td></tr>
<tr><td>自我阐述</td><td colspan="5">申请人：
年　　月　　日</td></tr>
<tr><td>部门经理意见</td><td colspan="5">申请人：
年　　月　　日</td></tr>
<tr><td>公司领导意见</td><td colspan="5">申请人：
年　　月　　日</td></tr>
</table>

4）员工转正同意书范本。

致：人事及行政部

由：________________分行/部门

兹有我分部____

____

试用期间表现良好，现批准转正，请贵部代表公司与以上人员签订劳动合同，并办理社会保险及暂住证等手续。

多谢！

部门负责人：____________

日期：　　　年　　月　　日

5）经理级员工转正审批表范本（见表1-41）。

表 1-41　经理级员工转正审批表

<table>
<tr><td>身份证姓名</td><td></td><td>曾用名</td><td></td><td>性别</td><td></td></tr>
<tr><td>籍贯</td><td></td><td>年龄</td><td></td><td>学历</td><td></td></tr>
<tr><td>婚否</td><td></td><td>职位</td><td></td><td>民族</td><td></td></tr>
<tr><td>入职时间</td><td colspan="2"></td><td colspan="2">所在部门</td><td></td></tr>
<tr><td rowspan="6">连续 3 个月业绩</td><td>月</td><td>月</td><td>月</td><td>合计</td><td>人事部业绩审核</td></tr>
<tr><td></td><td></td><td></td><td></td><td rowspan="5"></td></tr>
<tr><td>考核人数</td><td>考核人数</td><td>考核人数</td><td>考核人数</td></tr>
<tr><td></td><td></td><td></td><td></td></tr>
<tr><td>平均业绩</td><td>平均业绩</td><td>平均业绩</td><td>平均业绩</td></tr>
<tr><td></td><td></td><td></td><td></td></tr>
<tr><td>主要工作内容/成绩</td><td colspan="5"></td></tr>
<tr><td>自我总结</td><td colspan="5">另附页
本人试用期内的工作业绩
对本职工作的认识
工作中实际案例分析（自己亲身处理的案例说明）
对企业文化的了解和认同
公司管理等各方面的意见和建议</td></tr>
<tr><td>人事部意见</td><td colspan="5">是否转正：是□　　否□　　　　鉴定人：</td></tr>
<tr><td>总经理意见</td><td colspan="5"></td></tr>
<tr><td>备注</td><td colspan="5"></td></tr>
</table>

三、房地产中介经纪机构员工晋升管理制度

企业管理经常会陷入这样两难的困境，即能够提供给员工晋升的位置过少，而希望晋升的人数过多导致的管理矛盾。因此，管理要承担由晋升期望和晋升实际不均衡而产生内耗的风险。常规管理对员工业绩的肯定除了提高薪金外，大多采用升职的办法，这种做法可能会使大量技术人才在升到管理岗位以后无法胜任工作，造成人力资源的极大浪费，形成“升职黑洞”。房地产中介企业管理中这样的矛盾更为突出，业务强手不一定不具备相应的管理能力，提职有时反而会降低这些人员的工作热情，造成企业资源的浪费。

为了解决业务能力与管理能力不对等的矛盾，现在在业务部一般采用资深职位制度。资深职位制度是一种职位升迁制度，这里的职位并不单指行政职位，还包括以专业技能为评定标准的技术职位——“专业资深职位”。专业资深职位的设定使业务人才在自己的专业领域有职能权（例如对业务的建议权和业务决策的否决权），而不是进行业务能手不擅长的常规的人事管理，有利于提升工作业绩。

这一制度的建立基础是企业具有完善的岗位职责考核体系。

岗位职责考核体系包括如下四部分内容：

一是职务说明书，是对工作岗位的具体描述，包括岗位描述、工作内容、行政关系、人员素质要求等项内容。它会让企业管理者轻松完成人员的招聘和培训等工作。

二是岗位职责标准，是对每一岗位人员执行状况的评价标准，即工作完成的程度。

三是岗位考证标准，是企业在一定期间内对各个岗位的员工工作成果及过程的评价和信息反馈办法。它是对企业员工进行考核的直接依据，其制定基础是职务说明书和岗位职责标准的建立。

四是利益分享标准，即企业的奖惩标准。

1. 员工申请晋升的基本要求

公司鼓励职员努力工作，在出现职位空缺的前提下，工作勤奋、表现出色、能力出众的职员将获得优先的晋升和发展机会；公司并在一定程度上执行竞争上岗制度。如果符合下列条件，职员将有机会获得职务晋升，薪金亦会相应增加。

（1）主动积极、敬业诚信，并有意向担任晋升职位，具备良好的职业道德。

（2）工作绩效显著，个人工作能力优秀。

（3）获得同事的高度信任，团队意识良好。

（4）年度考核成绩处于部门中上水平。

（5）对有关职务工作内容充分了解，并体现出职务兴趣。

（6）具备其他与职务要求相关的综合能力。

（7）已参加过拟晋升职务须接受的系列培训，成绩合格。

（8）达到拟晋升职务所规定的工作阅历要求。

2. 员工申请晋升的业务要求

（1）置业顾问。置业顾问连续3个月完成月度任务，各方面表现良好，经分行主任申请、分行经理核定，报公司批准后，可以晋升。

（2）分行秘书（初级文秘）。分行秘书连续3个月协助分行主任或经理完成月度任务的100%，各方面表现良好，所属部门申请，公司批准后，可以晋升为中级文秘。

（3）高级文秘。中级文秘连续3个月协助分行主任或经理完成月度任务的100%，各方面表现良好，所属部门申请，公司批准后，可以晋升为高级文秘。

（4）分行主任。高级置业顾问连续3个月完成月度任务，各方面表现良好，经分行经理申请及核定，报公司批准后，参加公司组织的管理培训，培训合格后，待有合适岗位时优先晋升。

（5）分行经理。分行主任连续6个月完成月度任务，所在团队中，高级置业顾问人数超过70%，分行经理申请，报公司批准后，待有合适岗位时优先晋升。

（6）区域经理。分行经理连续6个月完成月度任务，所在团队中，所辖负责部门的职位全部为分行经理级别，业务部申请，报公司批准后，可以晋升。

3. 员工内部晋升推荐信范本

员工达到业绩晋升标准应由主管上级填写推荐信，经人事部面试审核晋升。以下为晋升推荐信样本，以供参考。

人事部：

兹有__________（先生/女士），年龄______，学历__________，专业__________，就职于（区域/分行）______年，担任__________职位，行业工作经验______年，在公司前6个月业绩如下：

月份	月	月	月	月	月	月	合计	平均/月
业绩								

经本人调查其以往从业经历及其在公司的工作表现，无违反职业道德的行为，在工作

中遵守公司制度，维护公司声誉及利益，勤奋敬业，故推荐其为公司__________部门__________职位候选人。

后附其晋升资料：

（1）市场分析（片区分析、竞争对手及自我分析）。

（2）工作计划及业绩目标。

推荐人的评价：____

____

以上，特此推荐！

推荐人： 日期：

____

人事部意见： 日期：

总经理意见：

□建议暂不晋升，原因：____________________。

□同意晋升，于________月________日起晋升。

签名： 日期：

四、房地产中介经纪机构员工调动管理制度

1. 员工调动的目的

为了优化配置，有效发挥人力资源作用，公司根据员工的工作表现和工作需要，有权在必要时候调动员工工作岗位。员工接到变更部门、职别的通知后，必须于规定时间内办理交接手续，并按时报到。

2. 员工调动的审核权限

（1）人事部负责主管（含）级以下级别人员调动的考核、手续办理工作。

（2）部门经理负责本部门主管（含）级以下级别人员调动的审核；副总经理负责区域经理（含）以上人员调动的审核。

（3）总经理负责所有人员调动的审批。

3. 员工调动审批程序

（1）职能部门员工调动。因工作需要，拟对员工在职能部门内或部门间进行岗位调整，由员工所在部门经理或欲调往部门经理提出调动申请，经人事部核准后报总经理批准执行，员工如认为现任工作不适合，也可向人事部提出调动申请，经总经理批准后可以调换岗位或职务。

（2）业务部门员工调动。

1）分行内调整。

a. 因工作需要，拟对员工在分行内部进行岗位调整的，由分行经理提出书面申请，报副总经理签署意见，交人事部出具审核意见，上报总经理审批。

b. 员工本人有意在分行内部进行岗位调整的，由员工本人提交书面申请，经分行经理同意，报副总经理签署意见，交人事行政部出具审核意见，上报总经理审批。

2）跨行调整。

a. 因工作需要，拟对员工进行跨行或跨区域进行岗位调整的，由副总经理通知员工本人及调入、调出分行经理，签署意见后交人事行政部出具审核意见，上报总经理审批。

b. 员工本人有意需跨分行进行岗位调整的，由员工本人提交书面申请，经调出分行同意，征求调入分行的意见，双方通达初步意见后，报副总经理签署意见，交人事部出具审核意见，上报总经理审批。

（3）员工调动流程（如图 1-7 所示）。

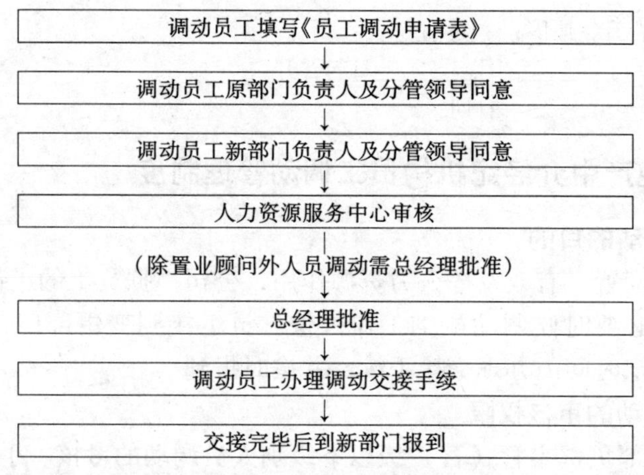

图 1-7　员工调动流程

4. 员工调动的种类

（1）调职

因工作需要，公司对员工进行调整，在征求所在部门负责人意见后并征得本人同意由人事行政部办理调职手续。

（2）申请调职

根据员工本人意愿，由本人提出调动申请，经所在部门负责人、区域负责人签署意见后交欲调往部门负责人、区域负责人签署意见后交人事行政部批准，人事行政部批准日期为调职生效日期。

5. 员工调动的规定

（1）公司因工作需要可变动员工的职务、岗位或工作地点，员工不得借故拖延或抗命。调动必须事先获得人事部审批，并完备调离手续，交接好工作。任何公司内私人协议调动是不允许的，违者将作自动离职处理。

（2）各部门主管就所属人员的思想品德、学识、能力及其他方面，可在部门内部适当调配工作，务使人尽其才，才尽其用，但如调配工作涉及职务变动、薪级变动或作跨部门调整的需报人事部核准后报总经理批准方能执行。

（3）公司如对员工做出工作变动，一般由人事部发出《调动通知》，员工在接到《调动通知》后，应于指定日期之内办妥移交手续，按调动后之新职位就职。

（4）调动员工在接任者未到职前，其职务应由原直属主管负责或指定适当人员代理。

（5）公司不主张员工过于频繁地调换工作岗位。

1）若员工入职不满一年，或在一个岗位上工作不满一年，原则上公司不接受其调动申请 。

2）公司录用的高校应届毕业生，原则上入职两年内不能申请内部调动。

3）在申请调动成功一年之内，公司不再接受员工的调动申请。

6. 员工调动的相关表格

（1）员工调动审批表（见表1-42）。

表1-42 员工调动审批表

填表日期： 年 月 日

姓 名		调动原因	本人申请□ 公司调配□
现在部门		调动部门	
现任职位		调动职位	
对现任工作的总结：		对调动职位的认识：	
原部门负责人意见			
欲调动部门负责人意见			
人事部意见			
总经理意见			
备 注			

（2）分行员工整体调动表（见表1-43）。

表1-43　分行员工整体调动表

说明：

本表由区域经理在本区域有分行撤、并时填写，经区域负责人签字后交至人事部。

调动时间：　　年　　月　　日

调动种类：

□撤销分行　撤销分行名称：________ 共____人

□合并分行　由________分行合并到________分行　共____人

□整体调动　由________分行整体调动到________分行　共____人

姓名	原部门	原职位	现部门	现职位	离职
原部门负责人意见					
现部门负责人意见					
人事部意见					
总经理意见					

（3）员工跨行或跨区域调动申请审批表（见表1-44）。

表1-44　员工跨行或跨区域调动申请审批表

甲部：此栏由申请人填写

申请人姓名：________　职员编号：________

职　　位：________　现职部门：________

申请调动理由：________

____

____

申请者签名：　　日　　期

（续）

乙部:此栏供人事部专用

1）服 务 年 资:____________________

2）有关工作经验:____________________

3）在 职 表 现:____________________

4）住　　　区:____________________

5）理　　　由:____________________

丙部:此栏供下列批核者使用

申请调动(批核/不获批核):

____________________　　________

姓名(所属区域经理):　　日　期

新分行(接纳/不获接纳):

____________________　　________

姓名(调动新分行主管):　　日　期

丁部:此栏供人事部专用

补　　　充:____________________

____

经营销经理批核及签署:____________________

(姓名:　　　)

(日期:　　　)

总经理批核及签:____________________

(姓名:　　　)

(日期:　　　)

（4）停薪留职协议书。

甲方：分行名称：________姓名：________

乙方：××房地产经纪有限公司

因甲方自愿申请停薪留职，经甲乙双方友好协商，特签订协议如下。

第一条 停薪留职期限：从______年______月______日起到______年______月______日止。

第二条 停薪留职期间，乙方保留甲方作为乙方员工的工籍，乙方有义务应甲方请求为其出具停薪留职证明。

第三条 停薪留职期间，甲方有权随时向乙方提出复职申请，乙方应当于收到复职申请之日起10个工作日内为甲方安排工作，具体职位由乙方根据公司需要决定。

第四条 乙方根据前条规定为甲方安排工作的，甲方一切待遇按新入职员工对待，但双方另有约定的除外。

第五条 停薪留职期满，甲方未提出复职申请的，按甲方自动离职处理，但双方另有约定的除外。

第六条 停薪留职期间，甲方不享受乙方为在岗员工提供的一切待遇，包括但不限于工资、奖金、培训、福利、各项法定或约定社会保险。

第七条 停薪留职期间，甲方不得有有损乙方利益的行为；若因甲方原因给乙方造成损害的，甲方应承担乙方因此造成的一切损失。

第八条 停薪留职期间，甲方遭受人身、财产及其他一切损害的，乙方无须向甲方承担任何责任和费用。

第九条 停薪留职期间，甲方从事违法活动被有关机关处罚的，双方签署本协议的行为视为自协议签署之日起双方解除劳动关系，乙方无须向甲方承担任何责任和费用，但双方另有约定的除外。

第十条 本协议未尽事宜，双方另行协商解决；协商不成的，任何一方都有权向相关机构申请劳动仲裁。

第十一条 本协议自双方签字或盖章之日起生效。

第十二条 本协议一式二份，甲乙双方各执一份，具有同等法律效力。

甲方（签字/盖章）：

乙方（签字/盖章）：

五、房地产中介经纪机构员工离职管理制度

1. 员工离职的种类

公司员工离职分辞退、自动离职、辞职。

（1）辞退。凡严重违反公司规章制度或劳动纪律，公司了解实际情况后有权辞退该员工，而不需提前通知。辞退的员工于接到辞退通知当日即停止工作，并按要求办理交接手续，不得在公司营业场所逗留。若对公司营业造成损失或不良影响的，公司将视情节轻重扣发全部或部分工资、提成。

（2）自动离职。员工连续旷工 3 天以上或未办理完毕离职交接手续就离开工作岗位者，视为自动离职。自动离职扣发未发放薪资、提成。

（3）员工辞职。员工因个人理由提出辞职，试用期间必须提前 3 天填写《员工离职申请书》；转正后应提前一个月填写《员工离职申请表》。

2. 员工离职的审批权限

（1）业务部门员工离职的审批权限。业务人员离职必须层级汇报上级部门，各上级主管应在和离职人员面谈后方可签署意见。

1）区域经理必须与所辖分行各级离职人员面谈。

2）试用经纪人离职批准权限归属经理。

3）正式经纪人离职批准权限归区域经理。

4）客户经理以上（含）人员离职批准权限归地区营销经理、营销总监或总公司分管副总经理。

（2）职能部门员工离职的审批权限。

1）各职能部门负责人必须与部门内离职员工进行面谈。

2）职能部门各级员工离职批准权归属该部门经理。

3）职能部门经理以上（含）人员离职批准权归总经理或总公司分管副总经理。

3. 员工离职的审批程序

（1）辞退。

1）部门负责人需填写《员工离职申请表》，列明对员工的辞退原因，签字确认后，与主管领导取得沟通后交人事部审批。

2）人事部就申请提供意见，将意见填于表上，部门经理以上岗位人员辞退须报总经理审批。

3）审批通过后，由人事部经理向被解聘员工说明情况，并告知最终离开公司的日期以及办理相关离职手续。

4）人事部负责将该员工相关资料归入《离职人员档案》。

（2）自动离职。自动离职人员所在部门负责人须及时通知人事部，并填写《员工离职申请书》，签字后交至人事部。

（3）员工辞职。

1）试用期业务人员。

a. 员工当日离职的，请分行秘书通知人事部后即可到总部办理离职手续。

b. 员工离职当日如不能及时到总部办理离职手续的，应由分行秘书提报，待日后补办。

c. 离职员工须亲自办理结清账务，交回合同、名片、业务资料、培训资

料、客户本（行政文员按照登记的编号及内页序号检查无误后方可在《移交清单》上签字）、工牌等资料、物品，经分行行政文员、财务部、人事部确认后方可离职，否则，按自动离职处理，公司有权不发放其工资、提成并发行业通报。

d. 离职后应遵守承诺，不得在距离所服务分行800m同行内就职，否则，将承担相应责任。

2）基层员工和业务部一线员工。

a. 员工提出辞职申请，填写《员工离职申请表》，部门负责人应与其面谈了解员工辞职原因。《员工离职申请表》经部门负责人及相关领导签字同意后，交人事部。

b. 人事部将《员工辞职申请表》归入该员工个人档案，及时将审批结果反馈至申请人。

3）分行经理以上员工。

a. 经理人离职需提前申请，并在5日内亲自办理结清账务、合同、名片等资料，经财务部、人事部确认后方可离职。否则，按自动离职处理，公司有权不发放其工资、提成并发行业通报。

b. 经理人办理完毕财务、资料、合同交接手续并无纠纷产生时，如有单未结清，可在该单提成中抽出20%～30%给予负责跟进经理人。如根据公司指令转岗时，亦应在提成中抽出20%给予跟进经理人。

c. 经理人离职后应遵守承诺，不得在距离所服务分行800m同行内就职，否则，将承担相应责任。

d. 离职人员直属上级应在其离职后2日内出具对离职人员的评价报告，送人事部存档，且须将该评价转递给接任经理人借鉴。

4）员工离职流程表（见表1-45）。

表1-45 员工离职流程

辞职程序	辞退程序
离职申请表	解聘书
接收离职申请表	商讨/审批
审批	签发解聘书
离职移交	离职移交
准备资料/结账	准备资料/结账
签发离职移交清单	签发离职移交清单
离职	解聘

4. 员工离职的工作交接

（1）离职交接手续适用于员工跨部门调动或离开本公司。

（2）员工离职必须填写"员工离职交接明细表"，并经各相关负责人签字，工作交接最多不超过3天。

（3）交接内容包括。

1）公司财产交接。

2）工作交流与交接。向继任者或其他同事交接好所有工作，交接工作未清者，公司有权在该员工工资中扣除公司所受的损失，并保留追究权。

3）账目结算。如分行备用金、分行预支款。

4）工资清算。

5）物品交接。包括在公司领用的物品，如书籍、计算机、办公用品等，还包括证件、合同、单据凭证、工作手册、钥匙、业务联系资料等。物品如有损失者，应按公司规定罚款。各种合同书、工作证及单据遗失者，按公司规定交纳罚款，并按公司规定登报申明作废。

（4）员工手续办结5个工作日内，人事关系转出（人事部负责）。

（5）员工离职手续应尽可能在一个工作日内办结，办理手续当天计出勤。

（6）员工在任何情况下离职，必须完成以上手续后，方可领取最后一次工资。

5. 员工离职的薪酬结算与发放

根据行业特性，离职员工的薪酬结算与发放按以下办法执行。

（1）没有按离职程序办理离职手续就离职的视为擅自离职，公司将扣发其薪酬。

（2）离职员工离职前成交单的业务提成按10%～30%计发给岗位接替人。

（3）离职员工离职后2个月内不可在相同区域从事相同性质的工作，否则，按信息泄露处理，扣发其未发放薪酬。

（4）遗失公司配发的办公用品须按此物的原价赔偿。

（5）离职员工在没有损害公司利益的情况下，除提成外的薪酬在离职手续办理完毕后于次月正常发薪日予以发放，提成在结单后于正常发薪日予以发放。发放形式为直接转入员工账户中。

（6）部门第一负责人或重要岗位管理人员离职，公司将安排离职审计。

6. 员工离职的相关表格范本

1）员工离职申请表范本（见表1-46）。

表 1-46 员工离职申请表

部门： 填表日期： 年 月 日

姓 名		电 话				
入职时间		入职岗位				
离职日期		离职岗位				
离职原因（可多选）	1	未达业绩标准	□	15	没有机会参与公司事务，没有归属感	□
	2	状态不好，已经努力调整，仍然业绩不佳	□	16	上司很少聆听下属意见	□
	3	收入达不到期望值	□	17	工作氛围过于严肃	□
	4	在一个环境里时间长了，有些疲倦	□	18	工作氛围过于轻松	□
	5	公司管理制度严格，不能适应	□	19	领导更换频繁使管理多变	□
	6	公司管理制度不完善，不能理解	□	20	自己的价值观与企业不同	□
	7	人际关系复杂	□	21	自己不适合这类工作	□
	8	工作压力太大	□	22	工作目标不明确，比较迷茫	□
	9	工作需要投入的时间较长	□	23	工作地点太远，路途时间过长	□
	10	缺少与工作适应的培训	□	24	家人生病需要照料	□
	11	想换个行业，学习更多东西	□	25	回家结婚	□
	12	认为自己达晋升标准，没有相应的发展空间	□	26	身体不适，需长时间休息	□
	13	工作缺少挑战性	□	27	自己创业	□
	14	团队沟通不畅，合作存在障碍	□	28	家人对工作不理解和支持	□

对公司的建议					
经理意见					
人事部意见					
出纳确认		会计确认		财务经理确认	
总经理意见					

2）员工自动离职确认书范本（见表 1-47）。

表 1-47 员工自动离职确认书

姓 名		部 门		职位	
入职时间		离职时间	年 月 日		

旷工日期： 年 月 日—— 年 月 日

备注：旷工 3 天以上，按自动离职处理，不予计发当月工资（未经部门领导批准私自离岗视为旷工）

情况说明：

确认人：

物品清单确认：

秘书签名：

确认人	部门经理	秘 书	人事部	总经理

3）业务人员移交清单范本（见表1-48）。

表1-48　业务人员移交清单

移交人____部门______移交日期______

a. 合同移交

名称	领用编号\数量	使用编号\数量	剩余编号\数量	接收人
	（一）	（二）	（三）	（四）
委托代理购楼合同				
委托代理售楼合同				
买卖合同				
房屋租赁合同				
临时租赁合同				
其他				

注：表中第（一）、（二）栏由秘书填写，（三）栏由移交人填写，秘书核对无误，由接收人签字。

b. 未结单移交

未结单名称	本人	跟进人	本人确认	跟进人确认	直属经理确认
	70% □ 80% □	30% □ 20% □			
	70% □ 80% □	30% □ 20% □			
	70% □ 80% □	30% □ 20% □			
	70% □ 80% □	30% □ 20% □			
	70% □ 80% □	30% □ 20% □			
	70% □ 80% □	30% □ 20% □			
	70% □ 80% □	30% □ 20% □			
	70% □ 80% □	30% □ 20% □			
	70% □ 80% □	30% □ 20% □			
	70% □ 80% □	30% □ 20% □			

c. 未结算内容

名称	起至时间		金额	本人确认
工资	年　月　日	年　月　日		
福利基金				
其他				

4）秘书（经理）移交清单范本（见表1-49）。

表1-49　秘书（经理）移交清单

移交人____部门______移交日期______

a. 合同移交

名称	领用编号\数量（一）	使用编号\数量（二）	剩余编号\数量（三）	接收人（四）
委托代理购楼合同				
委托代理售楼合同				
买卖合同				
房屋租赁合同				
临时租赁合同				
其他				

注:表中第一、二栏由秘书填写,三栏由移交人填写,秘书核对无误,由接收人签字。

b. 用品移交

名称	领用数量	返还数量	接收人	名称	领用数量	返还数量	接收人
计算器				资料册(60页)			
直尺(30mm)				资料册(40页)			
剪刀				打孔器			
订书机(大)				票据袋			
起钉器				拉杆夹			
磁盘				拉链袋(大)			
文件篮				拉链袋(小)			
签字笔				透明格子袋			

c. 未结单移交

未结单名称	本人	跟进人	本人确认	跟进人确认	直属经理确认
	70% □ 80% □	30% □ 20% □			
	70% □ 80% □	30% □ 20% □			
	70% □ 80% □	30% □ 20% □			
	70% □ 80% □	30% □ 20% □			
	70% □ 80% □	30% □ 20% □			
	70% □ 80% □	30% □ 20% □			
	70% □ 80% □	30% □ 20% □			
	70% □ 80% □	30% □ 20% □			
	70% □ 80% □	30% □ 20% □			

d. 未结算内容

名称	起至时间		金额	本人确认
工资	年　月　日	年　月　日		
福利基金	______			
其他				

5）分行秘书工作交接清单范本（见表1-50）。

表1-50　分行秘书工作交接清单

姓名			分行/部门			移交日期	
部门		交接事项	领用编号	已用	未用	移交人	接交人
文本交接	合同收据	①买卖经纪合同					
		②房屋租赁合约					
		③收据					
		④业主委托书					
		⑤客户委托书					
		⑥客户登记本					
		⑦盘源登记表					
		⑧看楼书					
款项交接		类别	金额	用途	备注	移交人	接交人
		银行存折					
		现金					
密码		计算机密码（　）	房友密码（　）	门锁密码（　）		保险柜（　）	电话卡（　）
其他相关事项		交接事项	处理方案			移交人	接交人
		部门档案资料□					
		常用联系电话□					
		设备使用注意事项□					
		近期业务注意事项□					
		计算机资料存放处□					
		软件使用说明事项□					
		未完成工作□					
物品交接		交接事项	备注			移交人	接交人
		锁匙					
		办公用品					
		工卡					
		其他					
其他		出勤天数					

补充说明：

分行经理		秘书主管	
财务部		人事部	

移交人：　　　　　　　　　　接交人：　　　　　　　　监交人：

第六节 房地产中介经纪机构员工绩效考核管理制度

一、房地产中介经纪机构员工绩效考核的目的与原则

1. 建立绩效考核管理制度的目的

（1）有利于公司推动建立高效、公平、奖罚分明的绩效文化。

（2）有利于重视提升员工的绩效，并给予公正的评价和公平的回报。

（3）有利于公司坚持公平、公正、公开的原则。

（4）有利于奖优惩劣，建立并保持健康向上的企业风气。

2. 绩效考核管理制度的原则

（1）个人的绩效目标应与组织目标保持一致。公司目标会层层分解到个人，因此你的绩效目标和公司目标是一致的。你需要理解企业价值观和企业战略目标对个人工作的要求，制定与公司目标相一致的工作计划并加以落实。

（2）绩效管理也是对过程的管理。公司会不断地检查计划的执行并进行调整，因此也会不断地对你个人的绩效进行评价和反馈，通过对目标实现过程的管理帮助你改善个人绩效。

（3）绩效标准与岗位有关。绩效标准与岗位职责密切相关。个人绩效包括成果和行为。你的个人工作绩效包括你在工作岗位上的行为表现与工作结果，这体现了你对公司的贡献和价值。养成良好的工作习惯，建立个人绩效的自我管理，将有助于你更好地适应公司的发展。

（4）绩效与回报有关。个人绩效优秀，在加薪、奖金、晋升方面都会得到优先考虑。凡年度考核成绩不佳者，将被取消本年度加薪、晋升和评奖资格，同时必须在下次考核中有所改进；亦可能面临降职、降薪或解除劳动合同的处理。

（5）绩效需要不断地改善。你需要不断提高个人的绩效水平，以适应公司对个人日益提高的要求，在公司内充分展示个人价值，并获得职业发展的基本保障。

二、房地产中介经纪机构员工绩效考核的具体制度

1. 员工绩效考核的种类

公司员工绩效考核主要分为试用考核、日常考核及年终考核等。

（1）试用考核。依本公司人事规定任聘人员均应试用 3 个月。试用 3 个

月后应参加试用人员考核，由直接主管负责考核。如认为有必要延长试用时间或改派其他部门试用或解雇，应附试用考核表，注明具体事实情节，呈报上级主管核准。延长试用，不得超过3个月。考核人员应督导被考核人员提交试用期间心得报告。

（2）日常考核。各级主管对于所属员工应就其工作效率、操行、态度、学识随时严正考核，其有特殊功过者，应随时报请奖惩；主管人事行政人员，对于员工考勤、奖惩等应统计详细记载，以提供考核的参考。

（3）年终考核。于每年年底进行年度考核，年度标准为1月1日起至12月31日止。考核结果将作为职员薪金调整和职务调整的必要性条件。凡年度考核成绩处于部门（单位）低下水平者，将丧失本年度加薪、晋升和评奖资格，同时必须在下次考核中有所改进；经岗位调整或培训，仍连续两次处于较低水平者，公司可能会与职员终止劳动合同；当年度考核成绩低下者，亦可能面临降职、降薪或终止劳动合同的处理。

2. 员工绩效考核的业绩及分行平均人数计算标准

（1）每月业绩以实际签订的合同为准，置换业绩以复核合同生效为准，租赁业绩以业务部销售内勤收件复核生效为准（特殊情况如外地签约或月末晚上签约的可顺延至下一个工作日）。

（2）每月考核分行平均人数以考核单位全部在职人员的实际出勤天数为基数（分行秘书不计在内），除以当月应出勤天数，经公司批准的事假、病假、婚假、丧假、产假等不计算在内，无行业经验的新人（同行经验不足3个月的）自入职当日起12个工作日不计算在基数中。

3. 员工绩效考核的相关考核指标

（1）置业顾问的绩效考核指标。

1）考核期为3个月，季度进行一次综合考评，根据考评结果决定其级别升降及处罚；其主客有建议权。

2）每月完成应计业绩8000元，累计3个月完成应计业绩24000元。

3）成交量不少于2套。

4）未满季考核者按实际时间参与考核月数以1/3或2/3乘以6000元计算。

5）降为试用的经纪人于本考核季内未达到转正标准则直接予以辞退。

（2）高级置业顾问的绩效考核指标。

1）考核期为3个月，季度进行一次综合考评，根据考评结果决定其级制升降及处罚。

2）每月完成应计业绩15000元，累计上个月完成应计业绩45000元。

3）成交量不少于3套。

4）高级经纪人于最近一季考核期未达到条件，自次季起降级为置业顾问。

（3）客户经理的绩效考核指标。

客户经理于最近一季考核期内达到下列条件，予以维持，否则，降为高级置业顾问。

1）个人累计业绩30000元。

2）所辖营业组累计业绩100000元。

3）通过工作考评及素质考评。

（4）高级客户经理的绩效考核指标。

高级业务经理于最近一季考核期内达到下列条件，予以维持，否则，降为业务经理。

1）个人累计业绩40000元。

2）所辖营业组累计业绩120000元。

3）通过工作考评及素质考评。

（5）分行经理的绩效考核指标。

1）新设分行之经理人就职前两个月不进行业绩考核，只就人员的招聘和培训以及盘客资源情况进行考核。

2）每3个月进行一次考核，考核人均业绩排名后20%且人均业绩不足考核指标之经理人将接受降级、降薪，总经办致鼓励信给降级、降薪经理。

3）当月15日之前任见习分行经理（或转正）从该月计考核；当月15日之后任见习分行经理（或转正）从次月计考核；该考核期为滚动式进行。

（6）分行秘书的绩效考核指标。

1）秘书岗位职责。

a. 房源更新　每周周五分店之间房源资料交互更新。

b. 公司文件收发　每日对公司下发的文件通知进行通报。

c. 看房卡更新　每周二、四、六分行店面更新。

d. 杀毒软件更新　每周周一9:00分店杀毒软件进行更新。

e. 签章管理　分行业务合同专用章由分行秘书保管、分行经理使用，签章使用情况秘书记录备案。

f. 分行储备金管理　每月分行储备金4000元，每月月初、月中各发放一半。月底分行秘书出一份分行储备金使用流水账。

g. 账款计账管理、成交结案报告审查管理　分行所有中介费用收入由分行秘书开具有效收据给房东、客户，收据第二联入账，由分行秘书统一收集、管理。业务人员每月月初将自己的成交报告提交给分行秘书，分行秘书依据入账的收据第二联审查业务员的成交报告的准确性，审查正确后由分行秘书整理提交给分行经理签字。

h. 考勤管理。

i. 店面清洁卫生管理。

j. 日常店务管理。

2）秘书的考核指标。参照秘书岗位职责，秘书每年七月和一月进行半年度考核和年度考核，考核方式为笔试考核 + 上级评价 + 培训学分累计 + 日常奖惩。其中笔试考核和培训学分累计所占的权重比例各为 20%，上级评价和日常奖惩所占权重比例各为 30%。按照“1:2:4:2:1”的强制分布比例评出优秀及不及格。

表 1-51　秘书考核等级

考核等级	人数比例	考核等级	人数比例
A	10%	D	20%
B	20%	E	10%
C	40%		

考核结果为 A 的秘书，占参加考核秘书人数的 10%，在考核成绩记核完毕的次月工资中加 200 元；考核结果为 E 的秘书，占参加考核秘书人数的 10%，在考核成绩记核完毕的次月工资中减 200 元（见表 1-51）。

以上考核由秘书主管及人事部负责组织实施。

（6）区域经理绩效考核管理指标。

1）考核基本规定：

a. 区域经理转正后每半年考核评定一次，达到晋升要求给予晋升一级。

b. 维持考核标准时，达不到现任职级的维持考核标准，予以降级，原则上每次降一级，但业绩特别低下者可连降数级直至淘汰。

c. 当在考核期内，出现区域调动时，调动前的业绩累计调动后的业绩进行考核。

2）具体考核：

a. 区域经理绩效考核内容（见表 1-52）。

表 1-52　区域经理绩效考核内容

考评指标	所占分值	计 分 标 准
目标达成率	50	季度业绩目标完成率 70% 以下，得 0 分；季度业绩目标完成率 70% 以上不到 80% 的，按实际比例计算后乘以 80%；季度业绩目标完成率 80% 以上不到 100% 的，按实际比例计算；完成率 100% 以上的，每超额 10 个百分点分值加 1 分 注：超额部分不足 10 个百分点的按比例计算
人均业绩	30	人均业绩（考核季度内达成业绩/区域季度总人数）达 × 的，以 × =6000 时得分 15 分为基准，每增加或减少 500，相应的增加或减少 1 分（ × 以整数为准，小数采取四舍五入计算），减少直到 0 分为止，增加不限 注：区域季度总人数为区域人员考勤天数总和 ÷ 应出勤天数
管理指标	20	扣分 1. 自己因违反公司规定受通报批评、罚款、降级等处分的，每次扣 2 分 2. 区域内人员违反信息管理及业务管理办法，受公司内部通报或点名批评，每人次扣 0.5 分 3. 公司组织的店经理及区域经理活动或培训，未获请假批准未准时参加的，扣 1 分 4. 因工作失误产生重大投诉（曝光、受上级或外部管理机构处罚等）的，每次扣 5 分 奖励 1. 本人或区域内成员有具体事例或言行树立公司形象、维护公司品牌，如接到客户表扬信的加 2 分、媒体正面报道等加 5 分 2. 为公司发展提出合理化建议，且对提升公司经营绩效有突出贡献，每次被采纳加 1 ~ 3 分，公司根据实际情况酌情加分 3. 经常协助推动公司各项训练活动，对业务同仁的工作绩效有长期助益，参与公司组织的培训授课 1 次加 1 分；被公司评为优秀讲师的加 2 分 4. 培养人才，下属季度评定晋升的加 2 分（转正不计晋升范围），如出现晋升为区域经理的加 5 分 注：本项以 15 分为基准，增加或减少，上不封顶下不保底

注：除试用区域经理晋升为区域经理为每季考核外，其余每半年考核一次，合格后再晋升、调整，每月度考核作为预警。

b. 试用区域经理晋升区域经理（转正）条件。

（a）考核期 3 个月。

（b）绩效考核分达 70 分以上，公司综合评估合格。

c. 区域经理晋升高级区域经理的条件。绩效考核分达 90 分以上，公司综合评估合格。

d. 区域经理、高级区域经理的维持、降级、淘汰的条件。

（a）维持　绩效考核分达75～85分。

（b）降级　一季度考核分低于75分或连续两季度考核累计成绩低于160分，且经综合评估不合格。

（c）淘汰　一季度考核分低于65分或连续两季度考核累计成绩低于140分，且经综合评估不合格。

e. 高级区域经理晋升区域营销总监的条件。

（a）晋升前的最近一次绩效考核达90分。

（b）所辖门店达7个以上。

（c）管辖至少2个区域。

4. 员工考核结果的执行与跟踪

人事部设专人负责统计考核结果，结果以电子版格式发布在房友平台，并发送至业务经理、区域经理、各职能部门及总经理。

（1）办公室对业务部考核结果失分情况进行总结分析，并及时反馈至相关区域经理。若解决成效不明显或无作为时，应及时反馈至营运部经理给予协助解决。

（2）每次考核结果出来后，由业务部负责在一周内在部门会议上对考核结果进行宣布、报导与鼓励，人事部将在当期会议纪要和日常巡店中了解宣布、报导情况。

（3）业务部经理在最后考核月第一周考核结果发布后一周内对考核对象（有降级或淘汰、晋升机会的对象）进行沟通与鼓励。

（4）每季度末次月2～3日针对业绩达到晋升要求的员工进行测试（由人事部组织其他部门制作考核测试卷，测试过程由人事部监察，并批卷，批卷结果4日前由被考核部门复核确认），测试结果作为员工是否能晋升的第二要求，不符合第二要求的取消晋升资格。

（5）针对考核及测试结果，自4日起两个工作日内对确定晋、降人员由人事部分别组织座谈会等沟通方式进行鼓励与激励，并于7日前发布季度考核结果，同时由人事部在5个工作日内对晋、降人员的名片进行调整制作完毕。

5. 员工绩效考核的相关表格

以下表格是针对一线业务人员的绩效考核表格，以供参考。

（1）员工绩效考核表格范本一（见表1-53）。

公司人事部将对每位员工进行绩效考核，一线人员的绩效考核为综合记分卡，具体如下。

表 1-53　员工绩效考核表（一）

职位	评分标准
新入职置业顾问	1份委托计1分,带看1次计1分,收意向金/定金3分,签约5分,合同完成1分,总分100分,及格60分,良好80分
置业顾问	1份委托计1分,带看1次计1分,收意向金/定金3分,签约5分,合同完成1分,总分120分,及格70分,良好90分
高级置业顾问	1份委托计1分,带看1次计1分,收意向金/定金3分,签约5分,合同完成1分,总分150分,及格90分,良好120分
客户经理	1份委托计1分,带看1次计1分,收意向金/定金3分,签约5分,合同完成1分,总分200分,及格120分,良好160分
高级客户经理	1份委托计1分,带看1次计1分,收意向金/定金3分,签约5分,合同完成1分,总分200分,及格120分,良好160分
分行经理	考察整个店的业绩,3个月考察一次,新店盈亏平衡,老店平均10万元以上

（2）员工绩效考核表格范本二（见表1-54）。

表 1-54　员工绩效考核表（二）

项目	考核内容	分值			得分
		优	中	差	
工作态度25%	1. 遵守制度准时上下班,不迟到,不早退,无中途外出现象	4.5~5	3.5~4.5	3~3.5	
	2. 严于职守,坚守岗位,上班时不串岗,不聊天	4.5~5	3.5~4.5	3~3.5	
	3. 按编班当值,不擅离职守,无个人私自调班、换岗现象	4.5~5	3.5~4.5	3~3.5	
	4. 服从上司安排调配,依时保质完成工作任务	4.5~5	3.5~4.5	3~3.5	
	5. 工作积极主动,踏实肯干,认真负责,能承担突发性、超水准工作量	4.5~5	3.5~4.5	3~3.5	
业务能力30%	1. 能够快速、准确地回答出客户提出的业务问题	4.5~5	3.5~4.5	3~3.5	
	2. 熟练、准确地计算出客户意向楼房价格并能熟练地同客户签约	4.5~5	3.5~4.5	3~3.5	
	3. 能够较好协助业务人员开展业务工作,如按揭、办证等工作	4.5~5	3.5~4.5	3~3.5	
	4. 对已经有过初步接触的客户,能够马上记起对方姓名和特点,并做出反应	4.5~5	3.5~4.5	3~3.5	
	5. 能够恰到好处地进行业务推介,通过适当的引导,吸引客户,稳定潜在客户	4.5~5	3.5~4.5	3~3.5	
	6. 做好接待工作记录,事后对客户及接待情况进行研究分析,协助做好潜在客户的跟进工作	4.5~5	3.5~4.5	3~3.5	

（续）

项目	考核内容	分值			得分
		优	中	差	
服务态度15%	1. 友善，以微笑接待客人，和同事能够和睦相处	4.5～5	3.5～4.5	3～3.5	
	2. 礼貌、热情，任何时候都能使用礼貌语言，工作中能主动为客人着想和服务	4.5～5	3.5～4.5	3～3.5	
	3. 耐心，对客人的要求能认真聆听，不厌其烦地、认真细致地为客人做解释介绍	4.5～5	3.5～4.5	3～3.5	
姿态仪表15%	1. 上班前做好情绪调整，精神饱满地投入工作	4.5～5	3.5～4.5	3～3.5	
	2. 着装得体、头发整齐干净，精神好	4.5～5	3.5～4.5	3～3.5	
	3. 上班时站姿挺直，坐姿端正，面露自然微笑，无论站、坐、与客人谈话无东张西望、心不在焉现象	4.5～5	3.5～4.5	3～3.5	
沟通协调5%	善于并乐于上下沟通，能排解纠纷，诱导合作，能协助他人完成任务	4.5～5	3.5～4.5	3～3.5	
勤勉5%	工作勤奋，有始有终，能积极主动求改进，能提出一些合理化实用性建议	4.5～5	3.5～4.5	3～3.5	
成本意识5%	爱护公司公物财物，注意节约，成本意识强，能想方设法降低成本，避免浪费	4.5～5	3.5～4.5	3～3.5	
合计					

（3）员工综合能力评估指标表（见表1-55）。

表1-55 员工综合能力评估指标

项目	特性意义	评价等级
积极性	面临新事物、难题时能够进取地加以处理	
协调性	为加强团体默契，加强士气，不以自我为中心，能与人合作	
慎重性	有计划地进行工作，思虑深远，态度沉着	
责任感	认识自己在团体中所扮演的角色，表里如一，热诚地完成工作	
自我信赖性	在人群中不胆小，能保持自信以应付工作	
领导性	能领导别人，影响别人，令人相随，待人不消极，不屈从	
共感性	能体谅别人心情，且在心意上和对方契合	
活跃感	有充沛的体力，积极、活泼、热衷于工作	
持久性	有持续工作的倾向，不中途而废，有骨气及韧性	
思考性	对事能深思熟虑	

（续）

项目	特 性 意 义	评价等级
感情稳定性	心情豁达，处事冷静，不立即把喜怒哀乐显露于言表	
顺从性	能以谦虚的态度赞扬、接纳优越者、权威者	
自主性	能独立地判断，有计划地处理工作	
领悟性	迅速领会内涵并自如运用的能力	
亲和性	能够在第一时间取得他人信任的能力	
学习能力	发现不足，寻找机会充实自己的能力	
模仿能力	对好的业务操作模式有模仿的能力	
创新能力	勇于改变旧的业务操作流程，探索更有效的拓展途径	
敬业精神	对工作非常执着，不达目标誓不罢休的精神	

说明：本评估表格各分店每月评估一次，店长评估占50%，组长/主管评估占30%，自我评估占20%。

评估办法：按优、中、差三个级别计算。优为5分，中为3分，差为1分。

分行：　　　　姓名：　　　　总计分数：

第七节　房地产中介经纪机构员工薪酬管理制度

一、房地产中介经纪机构员工薪酬管理的目的与内容

1. 房地产中介经纪机构员工薪酬管理的目的

规范公司员工工资、福利待遇及有关费用的管理。

公司按照市场化原则，提供业内富有竞争力的薪酬，吸纳和保有优秀人才。

（1）市场化。在行业内保持富有竞争力的薪酬水平，与公司在各地的市场地位相一致。

（2）因岗而异。薪酬体现不同岗位在决策责任、影响范围、资格要求等方面的特性。

（3）成果分享。公司获得的每一个进步都和广大员工的努力密切相关，公司发展的同时要让员工分享成功的果实。

（4）均衡内外部报酬。关注薪酬等外部报酬的同时，亦不能忽略对工作的胜任感、成就感、责任感、个人成长等内部报酬。

（5）为卓越加薪。薪金和服务时间长短、学历高低没有必然关系，但是和业绩、能力密切相关。

（6）薪酬保密。薪酬属于个人隐私，任何员工不得公开或私下询问、议论其他员工的薪酬。

2. 房地产中介经纪机构员工薪酬的构成

员工薪酬包括固定薪酬和浮动薪酬两部分，固定收入包括基本工资、岗责工资以及津贴补助；浮动收入包括业务奖金、定额加班工资、绩效奖金等。构成如下（均以税前数值计算，个人所得应缴纳所得税，由公司代扣代缴）：

职能部门员工工资＝基本工资＋岗责工资＋津贴补助＋绩效奖金＋社会保险

业务人员工资＝基本工资＋提成＋定额加班费＋绩效奖金＋社会保险

（1）基本工资。企业给员工提供的最低生活保障金，是社会对每一位在职员工应承担的责任。

当月度中途离职，基本工资按实际上班天数计算。薪资＝（基本工资÷当月应出勤天数）×实际出勤天数（前提是必须按照公司流程在离职后3天内办理离职手续，特殊情况需经公司办公室同意）。

（2）岗责工资。员工所担任的职务及从事的技术工作岗位上的定义工资。

（3）津贴补助。包括误餐费、交通补助、通信费补助等。由公司根据职位需要而定。

（4）业务奖金。业务人员完成一定的业务收入而拿取的奖励，包括业务奖金、团队奖金等。

以当月结单业绩为计算依据，确定当月提成比例及金额。

客户经理（含）以上营销管理人员的管理提成以当月结单总业绩为计算依据，确定当月提成比例及金额。

1）结算方式。每月一小结，月底为截止日期，即每月1号至当月最后一日的24时止。

2）售单结算标准：

一次性付款——买方领到房产证的日期为结算日。

按揭付款——按揭付款的以买方抵押合同送到国土局的登记日期为结算日。

融资——以公司融资款项及利润全部收回之日期为结算日。

3）租单结算标准。以佣金全部收回之日期为结算日。

4）吃定单的结算标准。按合同规定确认可吃定之日起3个月后予以结算。

5）客户与公司就合同各项款项的理解和结算有分歧的单，暂不结算。待纠纷处理完毕时再按照处理结果进行结算。

6）未按照公司制度规定签订和审核合同而造成公司在此后两年内存在可

能的法律风险的单，待该单签订之日起满两年方予以结算业绩。

(5) 定额加班费。法定节日加班按公司规定计发定额加班费。

(6) 绩效奖金。依据转正员工表现，根据绩效评估结果，发放月度奖金和年终奖金。

(7) 公司为转正员工购买社会保险，个人应承担的部分从每月薪金中扣除。

(8) 薪酬架构及具体组成（如图1-8所示）。

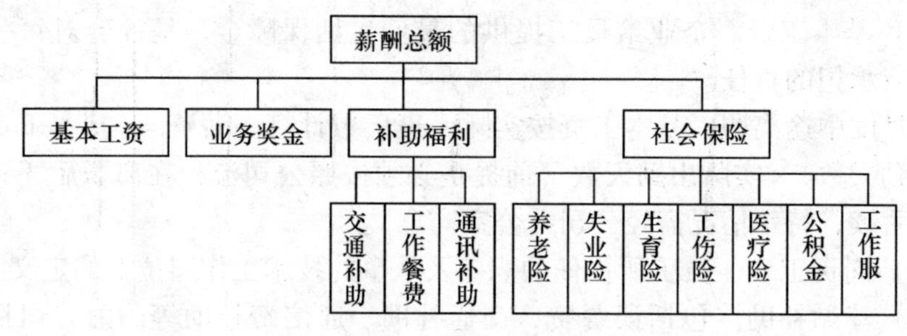

图1-8　薪酬架构

3. 房地产中介经纪机构员工薪酬的发放管理

(1) 发放时间。基本工资及绩效发放时间为次月的5~10日，业绩工资发放时间为次月的15~20日。其他福利与基本工资一起发放（遇节假日顺延）。

(2) 发放形式。员工入职3个月内，以现金方式发放。

员工入职3个月后，公司将为其办理个人银行账户，工资及奖金公司代为存入个人银行账户，公司在为每位员工发放工资的同时发给每位员工工资条以便核对。

(3) 计薪天数。计薪天数按照自然月计算，日薪金为月薪金（基本工资）/当月天数。

(4) 试用期及转正后薪金。职员试用期薪金按照预定招聘岗的试用工资发放。试用期满转为正式员工，根据其表现重新确定转正后的薪级水平，薪差不另补发。

(5) 按照比例支付薪金。凡员工入职的第一个月或离职的最后一个月，工作时间不足一月者所得薪金按照比例支付。计算方法：所得薪金＝薪金总额/计薪天数×实际工作天数。

(6) 年终奖金。年终奖金为工资的一种，根据公司一年的经营状况及员

工个人一年内的业绩完成情况、工作态度、职务等级等情况确定年终奖金金额。

4. 房地产中介经纪机构员工薪酬的调整管理

（1）薪金调整的情况。

1）岗位薪金常规调整，即指公司有可能根据经营业绩情况、社会综合物价水平的较大幅度变动相应调整职员岗位薪金。

2）公司将根据职员的工作业绩和工作能力进行奖励性薪金晋级，其对象为经营活动中为公司创利成绩显著者；促进企业经营管理，提高经济效益方面成绩突出者；总经理认为应奖励的其他人员。

3）职员职务发生变动，其岗位薪金相应进行调整，其薪金必须在该职务级别薪金范围之内。

4）职员在年终考核中，被所在单位认为工作绩效低于平均水平，将可能被降低岗位薪金。

5）整体调整。如遇公司战略调整或经营战略调整，公司有权对现有公司薪金结构及标准进行调整。

（2）员工薪酬调整的有关规定。

1）公司员工如遇降职、平调、晋升情况，请接到调任命令后 3 日内将《公司员工人事调动表》交至人事部。15 日之前调动的人员，当月工资按照新任职位薪金标准发放，15 日之后调动的人员当月工资按照原职位薪金标准发放。

2）公司可根据职员即期表现上浮或下调其岗位薪金，以及时激励优秀、督促后进。

3）除此以外公司原则上不再设置其他的岗位薪金调整形式。

4）对非业务人员进行年终奖金，公司依年度经营状况于每一年终了提取一定基数作为个人年终奖金。任职未满一年者，其年终奖金按其服务月数比例发给。

（3）业务部人员薪酬下调的业绩规定范本（见表 1-56）。

表 1-56　业务部门人员薪酬下调的业绩规定

职务	下浮因素	底薪	备注
初级置业顾问	当月个人业绩达不到 3000 元	降 100 元	
	次月如再达不到	再降 100 元	
	连续 3 个月个人业绩达不到 3000 元	无（抽成等同于考核期经纪人，达到 3000 元当月恢复待遇）	

（续）

职务	下浮因素	底薪	备注
中级置业顾问	当月个人业绩达不到3000元	降100元	
	次月如再达不到	再降100元	
	连续3个月个人业绩达不到3000元	降为初级经纪人（达到要求当月恢复待遇）	
高级置业顾问	当月个人业绩达不到3000元	降100元	
	次月如再达不到	再降100元	
	连续3个月个人业绩达不到3000元	降为中级经纪人（达到要求当月恢复待遇）	

二、房地产中介经纪机构员工薪酬管理体系范本

下面针对员工薪酬不同组成部分的管理体系进行详细论述，由于各地各公司薪酬标准有所区别，以下范本所涉及的具体金额仅供参考。

1. 房地产中介经纪机构员工基本工资管理体系范本

（1）职能部门员工基本工资管理体系。职能部门员工的基本工资即岗责工资，工资金额的定义涉及员工所担任职务或技术等级，如文秘职位的工资等级：初级文秘约为1000元/月，中级文秘约为1500元/月，高级文秘约为2000元/月。

（2）业务部门员工基本工资管理体系范本。业务部门员工基本工资是企业给员工的最低生活保障，与业绩无关，基本工资随职位上升而上升，以下给出业务部门员工的基本工资体系，以供参考：

试用期置业顾问　600元/月；

置业顾问　800元/月；

中级置业顾问　1000元/月；

高级置业顾问　1200元/月；

客户经理　1500元/月；

分行经理　3000元/月；

区域经理　5000元/月；

营销经理　8000元/月。

2. 房地产中级经纪机构员工业绩奖金管理体系范本

房地产中介公司报酬体系之中的另一项内容重要就是业务提成制度。同薪资标准一样，业务提成制度也必须明确，并且相对固定，使之有利于业务管理

的连续性和业务人员的稳定性。与薪资标准不同的地方在于它实际上体现了一种企业激励机制，与员工实际工作业绩紧密联系。

提成的计算方式一般有如下三种。

1）定额提成。即只按业务量计算提成而即不涉及成交额。此种提成办法适合于难度小且发生较为频繁的业务，比如单纯的信息提供、简单的代办行为等。

2）定比例提成。即按业务发生额固定的比例计算提成，提成比例不变而绝对数额增加。

3）变动比例提成。即提成比例随着业务发生额度的不同也相应变化的提成办法。

目前大多数中介企业都采用变动比例提成的办法，借此刺激业务增长，提高成本效益，平衡业务关系。这种提成方式的缺点是可能增加管理成本。它的心理暗示作用可能会使业务人员过于忽视比例较低的业务而影响企业的整体收益。

企业可以根据不同业务的发生特点采取不同的提成计算办法。提成比例制定的依据是业务难度及参与人的贡献（这里的参与人指的是企业本身及所有参与业务过程的人员），而不因部门或人员的变动而改变。提成制度要相对稳定，具有公平性和公开性，要协调集体协作与个人英雄主义的关系，使之即能发挥企业的团队效应和规模效应，又不会滋养业务人员的怠惰心理，产生吃大锅饭的现象。

（1）房地产中介经纪机构业务部一线员工业绩奖金管理体系。

1）房地产中介经纪机构业务部一线员工业绩奖金提议管理体系范本（见表1-57）。

表1-57　业务部一线员工业绩奖金提议管理体系

职务	评定标准	底薪	符合业绩达标条件	抽成
试用期置业顾问	试用期为两个月	600元	0～2999元	3%
			3000～7999元	5%
			8000元以上	7%
初级置业顾问		800元	0～2999元	5%
			3000～7999元	6%
			8000～12999元	7%
			13000～19999元	8%
			20000元以上	9%

（续）

<table>
<tr><th>职务</th><th>评定标准</th><th>底薪</th><th>符合业绩达标条件</th><th>抽成</th></tr>
<tr><td rowspan="5">中级置业顾问</td><td rowspan="5">当月个人业绩达 15000 元以上，或连续 4 个月业绩达到 10000 元以上</td><td rowspan="5">1000 元</td><td>0～2999 元</td><td>6%</td></tr>
<tr><td>3000～7999 元</td><td>7%</td></tr>
<tr><td>8000～12999 元</td><td>8%</td></tr>
<tr><td>13000～19999 元</td><td>9%</td></tr>
<tr><td>20000 元以上</td><td>10%</td></tr>
<tr><td rowspan="5">高级置业顾问</td><td rowspan="5">当月个人业绩达 20000 元以上，或连续 6 个月达到 15000 以上</td><td rowspan="5">1200 元</td><td>0～2999 元</td><td>7%</td></tr>
<tr><td>3000～7999 元</td><td>8%</td></tr>
<tr><td>8000～12999 元</td><td>9%</td></tr>
<tr><td>13000～19999 元</td><td>10%</td></tr>
<tr><td>20000 元以上</td><td>11%</td></tr>
</table>

2）房地产中介经纪机构业务部一线员工具体业务奖励管理体系范本。

每单业务的完成需要持盘和持客方业务人员的通力协作才能完成，对持盘和持客方业务人员的业绩分配明确如下。

a. 开盘——10%。凡于公司以内或以外所接的楼盘，业务人员应以第一时间开盘，开盘之业务人员可将该楼盘成交后公司应收佣金的 10% 作为业绩。

b. 钥匙——5%。业主放盘时，业务人员能成功向业主争取得到钥匙者，得公司应收佣金的 5% 作为业绩。

c. 独家代理——5%。当业主放盘时，业务人员能同业主签署《独家代理委托书》，得公司应收佣金的 5% 作为业绩。

d. 转介楼盘——10%。

(a) 凡业务人员接到客人委托外区或其他部门（商业部的工、商、铺组）负责之楼盘，必须尽快将该楼盘资料转介到负责该盘之分行或分公司，若该楼盘成功为本公司售出或租出，则首位接到该楼盘之同事可得公司应收佣金之 10% 作业绩。

(b) 业务人员上交“员工业务转接申请”，经分行经理签字确认，递交或传真至转介的接受分行，并经接受转介的分行经理确认（确认件传真给转介分行留存），由接受分行开盘。开盘表上的跟进记录第一条注明盘源人。

e. 转介客人——20%。如业务人员接到商业部或外区负责之楼盘的客人时，可将客人转介到负责该楼盘之部门，成功交易时，可得公司应收佣金之 20% 作业绩（业务人员不需陪同客人一起看楼，只需对业务转接保留记录，

并交由分行经理）。

f. 带客合作——50%。如业务人员接到其他区域或部门（工商铺部）负责之楼盘的客户时，且与客人沟通良好，在征得自己所在部门和盘方所在部门经理同意的情况下，可采取合作的方式，而盘方的业务人员不能以该楼盘已有同事跟进而拒绝合作，至成功交易时，可得公司应收佣金的50%作业绩。

注：以上第a、b、c、d项，凡业务人员辞职则失去取得该业绩的权利；盘源作为开盘分行的公盘。以上第e、f项，业务人员辞职则失去取得该业绩的权利，客人转介或合作业绩作为原有之分行业绩。员工业务转接申请需经分行经理签字方可转介，接到转介楼盘或客户的同事，需及时用计算机录入楼盘、客户来源、分配比例。否则，成交后取消持盘人、持客人的业绩。

3）房地产中介经纪机构业务部一线员工未结算单之跟进及业绩分配管理。

a. 如业务人员离职时，仍有单未结清，需要其他业务人员协助完成，离职之业务人员需在该单提成中抽出10% ~30%给予负责跟进业务人员。

b. 抽出之提成数按跟进之工作量而定，最低10%至最高30%，并于《离职通知书》上填上跟进人姓名及分成比例。

c. 跟进人员及分成比例可由业务人员双方协商或由分行经理指定。

d. 负责跟进业务人员，所收提成不予计算在其本人业绩内。提成于该单结算后次月提成发放日发放。

4）尾盘业绩分配制度（针对开发商）。鉴于业务拓展的需要，公司针对三级市场运作的尾盘在承接与销售中的业绩分配制度做出规定，凡公司指派业务人员进驻尾盘现场之情形，其业绩分配制度如下。

a. 盘方业务人员分取总业绩的20%作业绩。现场业务人员自己接待的客户，分取总业绩的80%作业绩。

b. 凡由其他同事转介的客户，转介方分取总业绩的20%作业绩，现场人员分取总业绩的60% 作业绩。凡由其他同事自己带客看房，一旦成交，属合作行为，双方业务人员分取总业绩的40%作业绩。

5）公司批量盘业绩分配制度做如下补充。

a. 批量盘定义　凡同一业主（非开发商）拥有6套以上同名花园的楼盘，且签署独家委托的称为批量盘。

b. 批量盘提成比例如下。

（a）派驻现场　盘方拥有40%业绩，现场人员自己的客户拥有60%业绩；如他人转介客户，转介方拥有20%业绩，现场人员占40%业绩；他人客户与现场人员合作（未转介）各占30%业绩。

（b）不需派驻现场　盘方拥有40%业绩，客方拥有60%业绩。

6）提携奖金。各级经理所直接引进的试用经纪人且培育成为高级经纪人得到公司正式任命为业务经理，一次性奖励提携奖金2000元。

7）团体奖金。为了加强团队的凝聚力和合作精神特设立团体奖金。团体奖为分店月业绩的3%，按照分店所有员工人数平分。

8）年终奖金。业务人员在本公司工作一年以上者，年终公司根据业务能力给业绩年累积满10万元奖励1000元，满20万元奖励2000元，满30万元奖励3000元。

（2）房地产中介经纪机构业务部管理人员业绩奖金管理体系范本。

1）以人均业绩计算业绩奖金（见表1-58）。

表1-58　以人均业绩计算业绩奖金

职位	管辖数量	人均营业额≤9000元/月	9000元/月≤人均营业≤16000元/月	16000元/月≤人均营业≤33000元/月	33000元/月≤人均营业≤66000元/月	66000元/月≤人均营业
客户经理	3~5名置业顾问	5.0%	6.5%	8.0%	9.5%	11%
分行经理	2~3名客户经理	5%	6%	7%	8%	10%
区域经理	2~3名分行经理	2%	2.20%	2.40%	2.70%	3%
营销经理	2~3名区域经理	1.20%	1.40%	1.60%	1.80%	2%
营销总监	2~3名营销经理	0.8%	0.9%	1.0%	1.1%	1.2%

2）以业绩盈余计算业绩奖金（见表1-59）。

表1-59　以业绩盈余计算业绩奖金

职位	管理限额	完成业绩/元	业务定额/元	提成比例/元	保底工资/元	总工资/元
		1	2	3	4	(1－2)×3＋4
客户经理	3~5名置业顾问	30000	20000	8%	1500	2300
分行经理	3~6名客户经理	200000	150000	3%	3000	4500
区域经理	3~6名分行经理	800000	500000	2%	5000	11000
营销经理	2~3名区域经理	2000000	1500000	1%	6000	13000
营销总监	2名副总	5000000	3500000	0.7%	10000	20500

3）房地产中介经纪机构业务部分行秘书业绩奖金管理体系范本。

a. 未完成月度任务，按照当月分行业绩总额的2%计提。

b. 完成月度任务，按照当月分行业绩总额的4%计提。

3. 房地产中介经纪机构员工津贴补助、福利与社会保险管理体系范本

（1）房地产中介经纪机构员工津贴补助管理范本。

1）固定金额的津贴补助范本。置业顾问试用期享受800元底薪，如试用期内每月完成10000元业绩，则享受200元补贴（见表1-60）。

表1-60 固定金额的津贴补助

职位	电话补助/元	交通补助/元	住房补助/元	餐费补助/元
营销总监	400	300	600	100
营销经理	300	200	600	100
区域经理	200	200	600	100
分行经理	200	200	600	100
客户经理	100	100	200	100
高级置业顾问	100	100	200	100
中级置业顾问	100	100	200	100
置业顾问	100	100	200	100

2）报销式津贴补助管理范本。

a. 享受日常餐补3元/日，按当月实际出勤天数计算。

b. 交通补贴标准享受每月最高额度150元/月，据实报销，当月未使用完额度不转结至下月。

c. 转正后通信补贴标准享受每月基数300元的70%额度，据实报销，当月未使用完额度不转结至下月。

d. 因业务工作需要，晚上上班超过公司规定的时间且签单，当事人向所在部门上级说明情况得到允许后，公司可按照交通实际发生额、餐费按20元/人。次标准给予补贴。

3）其他津贴补助管理范本。

a. 旅游费。对在岗一年以上员工每年发放旅游费，每年5月份发放，额度为在岗一年为100元/人，发放当时如不符合规定条件者不予补发。

b. 中秋/过年。以一定实物或货币形式发放福利。

c. 其他补贴。工作一年以上职员因本人需要居住购内部房产的，经上级批准后可免中介费；如购买方是职员配偶、三代内直系亲属，由上级批准后可减半收取中介费。

d. 书报津贴。经理级别人员每月享有50元书报津贴，次月请持书与《读后心得》及购书发票至人事部审核到财务部报销；总监级别以上人员每月享

有 100 元书报津贴，次月请持书与《读后心得》及购书发票至人事部审核到财务部报销。

e. 私人汽车津贴。总监级别以上（含总监）人员如私人购车，可享受每月 1000 元的汽车津贴；经理级别以上（含经理）人员如私人购车，可享受每月 500 元的汽车津贴。津贴按实际工作天数进行核算，即津贴金额 = 额定津贴 ÷ 额定工作日 ×（额定工作日 – 请假工作日）

（2）房地产中介经纪机构员工福利管理范本。

1）结婚贺仪。员工办理结婚登记手续后，公司将致新婚贺仪人民币 300 元整。

2）生育子女贺仪。员工在子女出生后 6 个月内向人事部门出示《独生子女证》（初生双胞胎凭出生证明），公司将致贺仪人民币 300 元整。

3）子女入学贺仪。员工如在子女入学后 1 个月内向人事部门出示入学通知，人事部将为员工子女入读小学、初中、高中、中专致贺仪人民币 300 元整，为员工子女入读全日制普通高等院校致贺仪人民币 1000 元整。

4）奠仪。员工如在直系亲属（指配偶、子女、父母）不幸去世后一个月内知会人事部，人事部将致奠仪人民币 1000 元整。

5）调户。公司将为当年度评出的优秀经理人和优秀员工办理调户手续，作为奖励。

6）暂住证。公司可以为员工办理暂住证（每季度一次）。

7）配偶生日假期。根据人事部备案的员工情况表以及结婚证资料，已婚转正人员可在配偶生日享受有薪假期 1 天（对工作没有重大影响，经领导批准）。

8）六一子女假期。根据人事部备案的员工情况表以及独生子女资料，转正员工有 14 岁以下婚生子女者，可享受有薪假期 1 天。

9）体检。经理级别任职 1 年以上者，每年公司组织体检一次；员工转正后 3 年以上，每 3 年公司组织体检一次。

10）公司在重要节假日将安排一些相关活动和节假日福利。

11）公司根据每位员工的特点为每位员工设计职业发展规划和提供相关培训活动。

12）公司统一提供服装制作，费用由个人出资 30%、单位出资 70%。试用期间离职则全额由个人承担；服装领用 6 个月内离职的，则个人出资 70%、单位出资 30%；若服装领用 6 个月以上、1 年以内离职的，则个人与单位各出资 50%；若服装领用 1 年以上离职的，则个人出资 30%、单位出资 70%。

4. 房地产中介经纪机构员工社会保险管理体系范本

保险是指公司按照国家规定为正式员工缴纳的各类社会保险，保险计入员工个人工资总额。按照国家规定，公司为正式员工缴纳养老保险、失业保险、生育保险、医疗保险和工伤保险。试用期届满并经正式录用者，公司购买社会保险。

（1）员工社会保险类型范本（见表1-61）。

表1-61 员工社会保险类型

保险类型		本市户籍	非本市户籍
养老保险	公司	9%	8%
	个人	5%	5%
医疗保险	公司	7%	上年度市城镇职工月平均工资的2%
	个人	2%	0
工伤保险	公司	0.5%	0.5%
失业保险	公司	0.5%	0.5%
公司合计		17%	9% + 上年度市城镇职工月平均工资2%
个人合计		7%	5%
总计		24%	14% + 上年度市城镇职工月平均工资2%

说明：

社会保险包括：养老保险、医疗保险、工伤保险、失业保险

员工入职转正后第二个月，公司按规定为员工办理社会保险

员工缴付的保险费用从员工月工资中扣除（由公司代缴代扣）

（2）办理社保及挂失手续流程范本。

1）公司人事部每月10日之前，将通知各部门符合办理社保人员的名单，由各参保人员确认姓名、身份证号码的准确性。

2）已在本市参加社保者向公司人事部提供本人的社保计算机号。

3）公司人事部将向员工收取一寸红底免冠彩照一张以及人民币10元为上缴社保局的医疗卡工本费，为其办理本市社保卡。

4）60个工作日取社保卡，交员工保存。

5）社保卡如丢失，应打社保局服务热线电话挂失，冻结个人账户金额，以防被人盗用，并立即通知人事部补办。

（3）员工退保手续范本。

员工离职后，由本人持公司开具的《离职证明》原件、本人身份证原件、本人社保卡原件，亲自到社保退转保中心办理，任何人不可代办。

（4）办理参保员工患病住院费报销手续的流程范本。

1）公司正式聘用的参保员工如住院，应立即报告公司人事部。

2）参保员工如在本市住院，办理住院手续时，需将社保卡交医院。

3）住院费用报销时需提供以下材料给人事部（社保局要求提供）。

a. 医院的出院证明原件或复印件。

b. 住院病历原件或复印件。

c. 住院期间每天所发生的费用明细清单原件或复印件（医院提供）。

d. 有效医疗费用凭据原件。

e. 本人社保卡。

第八节　房地产中介经纪机构员工奖惩管理制度

公司为调动员工的积极性，真实地反映员工的工作能力、工作表现，切实地把工作表现和福利待遇结合起来，实行正常、合理的员工考核制度。

公司的奖惩以奖惩分明、有功必奖、有过必惩为原则，以思想教育为主、行政奖惩及经济奖惩为副的方针，充分发挥人员的积极性、创造性，具体方案奖惩条例。

考核奖惩制度的关键不在于的制度而在于制度的推行过程。企业管理者必须做到令出必行、令行则止的领导风格，以引起员工充分重视，使之自觉遵守。

一、房地产中介经纪机构员工奖惩制度

1. 员工奖励的形式

（1）通报表扬。由直属上级或部门主要执行，以书面形式上报人事部记录，月度例会时内部通报表扬。

（2）评优。由直属上级或部门主管执行，以书面形式上报人事部记录，送总经理审核批准。

（3）晋升加薪。由部门主管以书面形式上报人事部，送人事部经理及总经理审核批准。

（4）其他形式。包括奖金、奖品等形式，由公司制定相关行为细则，由员工作出的贡献进行奖励。

员工有上述表现符合有关规定的，给予晋升提级。

2. 员工奖励的程序

（1）员工推荐、本人自荐或单位提名。

（2）总经理或有关部门审核。

（3）总经理或有关部门批准。其中，属总经理聘任的员工，其获奖由有关部门审核，总经理批准。

3. 员工奖励的条件与标准

本节的员工奖励主要针对评优及奖金奖励的规定与标准，涉及的奖励金额及奖品仅供参考。晋升加薪奖励请参见员工职位调动章节。各公司根据自身情况进修改补充。另外根据当月、当季、当年的具体情况，所设奖项会有所相应增加或减少，公司应保留解释权。

（1）职能管理类。

1）员工关心公司企业文化建设，积极投稿公司内刊或外刊，一经选中，奖励20元/稿。

2）年度全勤奖。无迟到、早退、旷工、请假（包括各类会议）者奖励200元。

3）员工能够乐于助人、扶老携幼、拾金不昧、见义勇为，为公司赢得良好社会声誉者，公司将酌情给予500元以上的奖励。

4）在经济活动中，为公司创造巨大价值或避免巨大损失者，公司将酌情给予500元以上的奖励。

5）年度优秀员工（1名）。入职满半年及以上，出满勤，全年无迟到、早退、请假（包括各类会议）等现象；爱岗敬业、有积极进取的工作态度，对领导交办的工作能保质保量完成；不满足现状，爱学习，熟练掌握专业知识和技巧、业绩突出，并能举一反三，提出改进意见；讲团结、懂礼貌，与同事能友好配合工作。

奖励：500元。

6）优秀秘书（2名）。

a. 由上级秘书提名，经秘书主管审核，由人事部发布通告。

条件：主动改进工作方法提高工作效率，节约成本达到1000元的；应对突发事件沉着处理，为公司避免损失；主动承担职责外工作有出色表现。

奖励：被记小功的当月起，可连续3个月享有绩效工资100元/月。

b. 由上级秘书或秘书主管提名，经人事部审核，经总经理批准，由人事部发布通告。

条件：对公司业务、服务部门的工作流程提出改善建议且行之有效的；提高效率、节约成本达到5000元；提供优质服务令客户满意并提高公司美誉度的（媒体报道）。

奖励：被记大功的当月起，可连续6个月享有绩效工资100元/月。

7）年度优秀经理（1名）。

条件：入职满1年，担任经理满3个月。

德：遵纪守法，遵守公司各项制度，以身作则，以业为重，廉洁自律，公私分明，处事公正，谦虚谨慎，有强烈的事业心和责任感，综合素质好。

能：有较强的组织管理能力，敢于承担责任，善于指导下属发挥作用，能与其他部门友好沟通、协调，能有效带领团队达到公司目标。

勤：出满勤，全年无迟到、早退、请假（包括各类会议）等现象。

绩：能胜任本职工作，敢于创新，成绩显著，能运用各种思维及管理方式提高工作效率，能按时完成公司下达的各项工作，追求完美，精益求精。

奖励：1000元。

8）最佳职能部门奖（1个）。

条件：年度内很好地完成后勤保障工作，为一线员工提供优质的服务。

奖励：300元。

9）年度“金点子”奖（不限）。由员工所在部门提出申请，上级主管部门或公司特邀专业人员审核。

a. 条件：一是被采纳取得效果的合理化建议；二是取得成果的办公软件开发项目。合理化建议和办公软件开发项目应该在如下诸方面发挥效用：

（a）挖掘计算机设备能力，改善公司网络，增强办公自动化能力，取得明显的经济效益。

（b）改善设备维护、业务操作方式方法，提高劳动生产率。

（c）节约能源及其他费用开支，降低成本。

（d）降低工程造价，节约基建投资。

（e）解决了公司重大技术难题。

（f）改善经营管理，提高经济效益。

（g）开拓新的业务、增加企业收入。

b. 奖励。

（a）对符合奖励条件的合理化建议或改善项目，按其产生经济效益的大小参照表1-62所列数额一次性奖励。

表1-62　合理化建议或改善项目产生经济效益的奖励数额

年节约或创造经济效益	奖金数额	年节约或创造经济效益	奖金数额
10万元以下	1000~5000元	100~500万元	30000~50000元
10~50万元	5000~20000元	500~1000万元	50000~100000元
50~100万元	20000~30000元	超过1000万元	100000元以上

（b）对于经济效益不容易估算的项目，总经办可按其作用大小、技术难易、创新程度、推广价值，给予科学、客观、公正的评判，确定相应的奖励等级（见表1-63）。

表1-63 年度“金点子”奖励等级

奖励等级	奖金数额	奖励等级	奖金数额
特等	50000元	四等	2000元
一等	10000元	五等	1000元
二等	6000元	六等	500元
三等	4000元		

（2）业务类。

1）月度业绩奖项。

a. 月度头炮奖（1名）。

条件：当月第一单、业务形式不限。

奖励：奖金100元，以示鼓励。

b. 最佳新人奖（3名）。

条件：加入公司1个月内，在所有新入司员工中业绩排名前三名。

奖励：奖金100元，以示鼓励。

c. 最佳租赁业绩单项奖（1名）。

条件：租赁业绩全公司排名第一，考勤记录良好，无违反公司规章制度的情况。

奖励：奖金100元，以示鼓励。

d. 最佳买卖业绩单项奖（1名）。

条件：买卖业绩全公司排名第一，考勤记录良好，无违反公司规章制度的行为。

奖励：奖金100元，以示鼓励。

e. 优胜组（1个）。

条件：每月业绩收入最高的小组，评为优胜组。

奖励：由公司其他各组共同出资请优胜组成员看电影一次。

f. 集体奖（1个）。

条件：如全体员工共同完成公司每

月业绩任务时。

奖励：公司出资组织集体聚餐或看电影一次。

g. 人均业绩第一区域（1个）。

条件：月度人均业绩最高。

奖励：颁发奖杯、总经理奖状、奖品。

h. 人均业绩第一分行（1个）。

条件：月度人均业绩最高。

奖励：颁发奖杯和奖状以及奖品。

i. 突破奖（1名）。

条件：每月突破公司分行月业绩历史新高。

奖励：本月营业额的1%作为分行奖励基金，发放时间为上报业绩全部结算完毕之日。

2）季度业绩奖项。每年分为四个季度，1~3月为第一季度，4~6月为第二季度，7~9月为第三季度，10~12月为第四季度。

a. 季度最佳业绩奖（3名）。

条件：季度内全公司销售业绩前三名；考勤记录良好；无违反公司规章制度的行为。

奖励：冠军奖金500元；亚军奖金400元；季军奖金300元。

b. 季度最佳分行（1个）。

条件：完成季度任务，在所有分行中业绩最好；团队能够团结协作，共同努力，有良好的团队工作氛围。能够为公司培养贡献人才。

奖励：500元。

3）年度业绩奖项。

a. 年度最佳业绩奖（3名）。

条件：年度内以个人业绩累积计算，且业绩累积必须超过10万元。

按业绩设立个人业绩冠军、个人业绩亚军、个人业绩季军、个人业绩第4~10名。

奖励标准。年冠军奖现金1200元+奖杯+名片加印金杯（半年奖现金600元，其余同年度）；年亚军奖现金800元+奖杯+名片加印银杯（半年奖现金400元，其余同年度）；年季军奖现金600元+奖杯+名片加印铜杯（半年奖现金300元，其余同年度）；4~10名奖现金300元+奖状（半年奖现金150元，其余同镀）。

备注：见习置业顾问、置业顾问、高级置业顾问、客户经理每半年评选一次（即每年1月1日~6月30日，7月1日~12月31日），全年年度评选一

次（由每年1月1日~12月31日为标准）。

各级人员每年实收业绩累积达20万元（含20万元）以上［半年实收业绩累积达10万元（含10万元）］具有评选第1~3名资格，依实收业绩高低排名，名片加印奖杯徽号。第4~10名各级人员每年实收业绩累积达18万元（含18万元，即月均1.5万元）［半年实收业绩累积达9万元，（含9万元）］，具有评选资格，依实收业绩高低排名。各项奖励于半年会以及年度总结会上一并发放。

b. 年度个人最多单数奖（1名）。

条件：以个人业绩累积计算，不分买卖单、租赁单或证件代办，成功单数最多获此奖。

奖励：年度奖现金600元+奖杯+名片加印金杯（半年奖现金300元，其余同年度奖）

备注：见习置业顾问、置业顾问、高级置业顾问、客户经理每半年评选一次、年度评选一次。各级人员每年以个人单数累积计算，由最多单数的业务人员获得。各项奖励于半年以及年度总结会上一并发放。

c. 年度最佳租赁业绩奖（1名）。

条件：年度内租赁业绩全公司最高，并且考勤记录良好，无违反公司规章制度的行为。

奖励：300元。

d. 年度最佳客户服务奖（1名）。

条件：根据公司客户服务所抽查的客户意见，评选客户服务表扬最多的员工。

奖励：300元。

e. 最佳团队合作奖。

条件：有一个小组以上的分行，人均业绩第一名之经理。

奖励：600元+奖杯。

f. 最佳分行经理奖（1名）。

条件：带领团队完成公司交给的业绩任务，能够为公司培养管理人才，能够创造和谐的团队氛围。

奖励：300元。

g. 年度优秀区域经理奖（1名）。

条件：带领团队完成公司交给的业绩任务，能为公司培养管理人才，能够创造和谐的团队氛围，对公司在该区域的拓展起积极作用，平均单店业绩为区域业绩排名第一；平均佣金收益率90%以上；区域投诉最少。

奖励：奖现金 800 元 + 奖杯 + 名片加印年度优秀区域经理。各项奖励于年度总结会上一并发放。

4. 员工奖励制度的范本

（1）个人奖项。

1）月奖。

a. 头炮奖。

奖励标准：奖金 100 元。

计发标准：

（a）每个分行试用期置业顾问、置业顾问、高级置业顾问、客户经理每月评选一名。

（b）各分行各级人员每月 5 日前（含 5 日）第一位收到客户订金并转交业主最先为准，且实收佣金为 51% 或以上者。

b. 快炮奖。

奖励标准：奖金 200 元。

计发标准：

（a）每个分行见习置业顾问、置业顾问、高级置业顾问、客户经理每月评选一名。

（b）各分各级人员每月 15 日前第一位佣金收入达 1.5 万元或以上者，且以收到客户订金并转交业主为准。

注：以上两项奖金，由部门内部颁发。

2）季度奖。

a. 季度业绩奖。公司每季度按实收业绩设立个人业绩冠军、个人业绩亚军、个人业绩季军。

奖励标准：冠军 500 元 + 奖杯；亚军 300 元 + 奖杯；季军 200 元 + 奖杯；4 ~ 10 名 100 元 + 奖状。

计发标准：

（a）试用期置业顾问、置业顾问、高级置业顾问、客户经理每季度评选一次。

（b）各级人员每季度实收业绩累积达 6 万元以上（含 6 万元）具评选资格，依实收业绩高低排名。

（c）奖金额于每季度评选会发放。

b. 季度个人最多单数奖。

奖励标准：奖金 300 元 + 奖杯。

计发标准：

(a) 试用期见习置业顾问、置业顾问、高级置业顾问、客户经理每季度评选一次。

(b) 各级人员每季度以个人单数累积计算，由最多单数的业务人员获得。客方算一单，盘方不算单，违约金不算单（单数相同者以业绩计算)。

(c) 奖金额于每季度评选会发放。

3) 年度奖。公司每年度按业绩设立个人业绩冠军、个人业绩亚军、个人业绩季军、个人业绩第4~10名。

a. 年度个人业绩奖。

奖励标准：冠军奖现金1200元+奖杯+名片加印年度金杯；亚军奖现金800元+奖杯+名片加印年度银杯；季军奖现金600元+奖杯+名片加印年度铜杯；4~10名奖现金300元+奖状。

计发标准：

(a) 试用期置业顾问、置业顾问、高级置业顾问、客户经理每年度评选一次（由每年1月1日~12月31日为标准)。

(b) 各级人员每年实收业绩累积达18万元（含18万元）以上具评选第1~3名资格，依实收业绩高低排名，名片加印奖杯徽号。

(c) 第4~10名各级人员每年实收业绩累积达14.4万元（含14.4万元，即月均1.2万元）以上，具评选第4~7名资格，依实收业绩高低排名。

(d) 奖金额于年度评选会发放。

b. 年度个人最多单数奖。

奖励标准：奖现金600元以上+奖杯+名片加印年度金杯。

计发标准：

(a) 试用期置业顾问、置业顾问、高级置业顾问、客户经理每年度评选一次。

(b) 各级人员每年以个人单数累积计算，由最多单数的业务人员获得。客方算一单，盘方不算单，违约金不算单（单数相同者以业绩计算)，名片 加印奖杯徽号。

(c) 奖金额于年度评选会发放。

c. 年度优秀区域经理人奖（作为下一年度高级区域经理)。

奖励标准：奖现金600元+奖杯+名片加印年度优秀区域经理。

计发标准：

（a）平均单店业绩为区域间业绩排名第一。

（b）投诉为区域间投诉最少。

d. 年度优秀分行经理人奖（作为下一年度高级分行经理）。

奖励标准：奖现金500元+奖杯+名片加印年度优秀分行经理。

计发标准：

（a）业绩。分行排名前3名以内。

（b）投诉为分行范围内最少者。

（2）集体奖项

1）季度奖。季度分行最高业绩奖。

奖励标准：业务部评选一名，奖励金额600元+季度金杯。

计发标准：

（a）业务部各分行每季度实收业绩达各分行季度成本指标×150%（含成本指标×150%）以上具评选资格，依业绩高低排名，业绩最高之分行获得。

（b）奖励金额随每季度评选会发放。

2）年度奖。年度分行最高业绩奖。

奖励标准：业务部只评选1名，奖励金额1500元。

计发标准：

（a）业务部各分行每年实收业绩累积达各分行年度成本指标×150%（含成本基数×150%）以上具评选资格，依业绩高低排名，业绩最高之分行获得。

（b）奖励金额于年度评选会发放。

3）分行业绩奖（3名）。

条件：业务部各分行每半年、全年实收业绩累积达各分行年度成本指标×150%（含成本基数×150%）以上具评选资格，依业绩高低排名，业绩前3名分行获得。

奖励：业务部评选3名，年度奖励金额1200元、1000元、500元（半年奖励金额600元、500元、300元）+奖杯+名片加印半年、年度业绩冠、亚、季军。

4）引进奖（不限）。

条件：正式置业顾问（含）以上各职级人员有资格直接向公司推荐人才，在公司面试合格且上岗后，推荐人可享受如下引进奖金。

奖励：

a. 推荐试用置业顾问。被推荐人上岗首月全勤且签约房源数量不少于5套，奖励推荐人100元；被推荐人转正后，奖励推荐人300元。

b. 推荐业务经理。被推荐人获得公司任命，且所辖置业顾问不少于2人，奖励推荐人300元；被推荐分行经理在最近一个考核季达到业务经理维持条件，奖励推荐人600元。

二、房地产中介经纪机构员工处罚制度

1. 员工处罚的形式

（1）口头警告。由直属上级或部门主管执行，报人事部备案，并根据实际情况发给过失者《警告通知》。

（2）书面警告。由直属上级或部门主管执行，报人事部备案，月度例会时内部通报批评，并发给过失者《警告通知》。

警告通知范本：

1）员工数据。

2）警告内容（请在下列适当空格『×』）。

□缺席例会，没有知会部门主管

□工作表现欠佳

□工作态度散慢

□不听从上司合理的要求

□经常迟到，屡劝不改

□违反公司规例

□违反职业操守

□其他（须详述内容）

详述内容如下：______________________________

____

部门主管签署：

（姓名：　　　　　　　）

（3）降职或记过。由部门主管以书面形式上报人事部，送总经理批准，并给过失者发降职或记过通知。

（4）扣除奖金或工资。由部门主管以书面形式上报人事部，送总经理批准后汇总至财务部，并给过失者发扣除奖金或工资的通知。

（5）辞退。由部门主管以书面形式上报人事部，送总经理批准。并给过

失者发放辞退通知与说明。

2. 员工处罚的规定与标准

（1）口头警告的行为规定。员工有以下行为之一的，公司将对其进行口头警告。

1）办公室内大声喧哗。

2）不按规定佩戴工作卡。

3）占用公司电话长时间谈私事（10分钟以上）。

4）工作时间内看与公司业务无关的书、报等资料；或有瞌睡、玩计算机游戏、听音乐、闲谈、吃零食等行为。

5）下班后忘记关计算机。

6）因疏忽弄污地毯或损坏电器、计算机等。

7）经常迟到或早退（每周迟到或早退二次以上）。

8）在办公室内污言秽语。

9）对上司或客户讲话态度欠佳，轻视对方。

10）办公时间私自外出。

11）办公室内或会议中吸烟。

12）不能完成所分配的工作且无合理解释。

13）未按规定办理请假手续或虚报病假。

14）随地吐痰，或乱丢垃圾，或浪费公司资源。

15）仪表不端庄不整洁，影响公司形象。

16）因其不适当行为被客户或其他机构人员投诉，情节尚不严重。

17）疏忽过失致公物损坏造成财物损失价值100～200元的。

（2）书面警告。员工有以下行为之一的，公司将对其做出书面警告。

1）工作态度恶劣，粗暴对待上司、客户或同事。

2）私藏房源、客源者。

3）不服从公司领导安排或反复违反规章制度。

4）遇到超越权限或有损公司品牌的问题不上报，私自做主处理。

5）由于疏忽导致恶劣后果。

6）未经许可进入客户及同事等私人区域。

7）上司对下属提出的工作问题不能及时给予合理的答复。

8）唆使挑拨，发表虚假或诽谤言论，从而影响公司、客户或同事声誉。

9）旷工1天。

10）将人事档案、工资等资料外泄。

11）未经公司批准，利用公司财产办私事，如车辆等。

12）犯有其他与以上或相类似的过失。

13）在跟客户接触过程中不留公司电话，而留私人电话。

（3）降职。员工有以下行为之一的，公司将对其做出降职措施。

1）1个月内重犯书面警告3次。

2）恐吓、威胁、危害同事。

3）违抗命令或有威胁、侮辱上级的行为，情节较轻者。

4）工作时间（除工作需要外）饮用任何酒类或服食麻醉药物。

5）偷窃。

6）严重损坏公司形象。

7）故意浪费公司财物或办事疏忽使公司受损。

8）泄露公司商业机密/违反保密纪律。

9）利用公司资料及资源而促成交易之所得利益据为己有（即“做私单”）。

10）旷工3天以上者，从第四天起视作自动离职处理，不予结算任何福利工资。

11）工作中故意拖延或不协调，欺上瞒下，造成工作混乱及管理困难。

12）提供假身份证或假文凭等骗取公司职位。

13）直属主管对所属人员明知舞弊有据，而予以隐瞒庇护或不为举报者。

14）骗取公司有薪假期和各种补助。

15）私配公司或客户钥匙，有盗窃嫌疑。

16）篡改文件，欺骗公司及同事或客户。

17）其他违反公司原则性过失行为。

18）员工私自收受他人的财物，不及时向部门主管汇报。

19）失实陈述对待客户。

（4）扣除奖金或扣除工资。

1）扣除奖金或工资的规定。有如下行为者，给予警告、扣发部分至全部工资或奖金，处罚所得款均自动划入公司员工活动基金，供员工活动时使用。

a. 无正当理由拒绝执行上司的指令。

b. 未经允许擅离工作岗位，影响工作。

c. 因工作责任心不强造成工作重大失误。

d. 对上司有不礼貌的言行举止。

e. 工作时间不专心本职工作，随便串岗聊天说笑。

f. 一个月迟到多次者。

g. 一个月旷工两天者。

h. 人为造成公司意外损失者。

2）扣除奖金或工资的标准。下列标准所写的金额为行业内一般标准，仅供参考。各公司可根据自身情况进行调整补充。

a. 考勤类

（a）迟到、早退类。试用期员工、实习生扣罚 200 元；转正员工扣罚 500 元；分行经理扣罚 1000 元；中层经理及中层以上扣罚 2000 元。

（b）旷工类。旷工半天，扣罚当月全部绩效；旷工 1 天，扣罚当月全部绩效，并转为试用期或延长试用期 1 个月；旷工 1 天以上，直接予以辞退。会议、培训无故不到首次按半天计，重复发生扣罚当月全部绩效且转为试用期或延长试用期 1 个月。

b. 仪表类。包括发型、发色、工装或着装不规范、领带、胸卡、指甲、装饰。试用期员工、实习生扣罚 200 元；转正员工扣罚 400 元；分行经理未转正 200 元，转正 600 元；经理及以上未转正 400 元，转正 1000 元。

c. 接待礼仪类。

（a）办公环境要求。违纪的当事人及店长（或职能部门经理）一律扣罚 500 元。

（b）仪态要求。违纪员工视情节轻重给予批评警告或 500 元以下处罚；违纪店长及店长以上视情节轻重给予批评警告或扣罚 1000 元以下处罚。

（c）客户接待要求。违纪员工视情节轻重给予扣罚 500 元以上直至辞退的处罚；违纪店长及店长以上视情节轻重给予扣罚 1000 元以上直至辞退的处罚。

d. 行为规范类。针对接待区吃早点现象、吸烟现象、聊天现象。

（a）试用期员工、实习生扣罚 200 元。

（b）转正员工扣罚500元。

（c）店长、体系负责人扣罚1000元。

e. 业务类。

（a）当月完不成基本业绩者，基本工资300元/月。

（b）连续3个月完不成基本业绩者停止见客户。

（c）被客户投诉一次扣发工资20元。

（d）当月被客户投诉三次以上者，公司劝退。

（e）违反公司的员工守则、出勤制度、房源或财务等公司管理制度员工，公司将视情节轻重进行处罚。

（f）违反操作流程（承诺不当、结件不规范、责任心不强、交接不清等）未转正员工扣除工资300元；转正扣罚当月绩效500元；若经纪人员私收客户回扣、代办费或瞒报金额、按私收金额的3倍进行处罚。

（g）服务意识不强（服务态度、服务意识）扣罚未转正（适用）员工500元，职员/店员1000元，部门经理、分行经理、体系负责人2000元；情节恶劣和重复犯错转为试用或视情节予以辞退。

（h）对资金、网络的不重视。对资金不重视，由于分行自身原因造成公司资金流受损，对于未转正员工扣罚500元；对于责任人扣罚绩效1000元；分行经理承担连带责任扣罚1000元；情节严重直接予以辞退。

对网络推广及共享的不重视，对于网络模块推动培训因分行不学习、不传达等主观原因造成网络推动受阻或不能够充分发挥我们的网络优势的，对扣罚直接责任人未转正员工工资500元；转正员工绩效1000元；情节严重直接予以辞退。

恶意（不正当）竞争直接予以辞退。

f. 刑事类。员工触犯刑律造成公司经济损失的，提交司法部门依法处理责任人除按规定承担应负的责任外，按以下规定赔偿公司损失。

（a）造成经济损失5万元以下（含5万元），责任人赔偿10%～50%。

（b）造成经济损失5万元以上的，由有关部门报总经理决定责任人应赔偿的金额。

（5）辞退。员工具有下列行为之一者，公司将予以“解雇或免职”处分。

1）盗窃公司财物，挪用公款，故意毁损公物者。

2）携带违禁品进入工作场所者。

3）在工作场所聚赌斗殴者。

4）不服从主管的指挥调遣，且有威胁行为者。

5）利用工作时间，在公司外自营或帮助他人经营与公司相竞争的行业。

6）泄漏公司机密、捏造谣言或酿成意外灾害，致公司受重大损失者。

7）品行不端，严重损害公司信誉与形象。

8）仿效上级主管人员签字，盗用印信者或擅用公司名义者。

9）因触犯国家法律而被当地公安、司法机关拘审者。

10）蓄意破坏公司财产。

11）一个月内无故旷工三次以上。

12）泄露公司商业情报，以公司名义私自拓展业务，进行私下交易。

13）违反劳动法规，经常迟到、早退、旷工、消极怠工，没完成生产任务或工作任务的。

14）不服从工作安排和调动、指挥，或无理取闹，影响生产秩序、工作秩序的。

15）拒不执行总经理、经理或部门领导决定的，干扰工作的。

16）工作不负责，损坏设备、工具，浪费原材料、能源，造成经济损失的。

17）玩忽职守，违章操作或违章指挥，造成事故或经济损失的。

18）滥用职权，违反财经纪律，挥霍浪费公司资财，损公肥私，造成经济损失的。

19）财务人员不坚持财经制度，丧失原则，造成经济损失的。

20）贪污、盗窃、行贿受贿、敲诈勒索、赌博、流氓、斗殴，尚未达到刑事处分的。

21）挑动是非，破坏团结，损害他人名誉或领导威信，影响恶劣的。

22）泄露公司秘密，把公司客户介绍给他人或向客索取回扣、介绍费的。

23）散布谣言，损害公司声誉或影响股价稳定的。

24）利用职权对员工打击报复或包庇员工违法乱纪行为的。

（6）有关员工处罚在其他规定。

1）各企业领导发现本企业员工违规行为时，应及时向有关部门报告；员工也可向上述部门检举、揭发任何人的违纪违章行为，要求处理。

2）有关部门接到报告、检举、揭发，应即报经总经理批准后进行调查处理。调查完毕，有关部门提出意见呈报总经理或董事会批准，交付执行并通知受处分人。

3）给予员工行政处分和经济处罚，应当慎重决定。必须弄清事实，取得证据，经过一定会议讨论，征求有关部门意见，并允许受处分人进行申辩。

4）调查、审批员工处分的时间，从证实员工犯错误之日起，开除处分不得超过 2 个月，其他处分不得超过 1 个月。

5）对员工进行处分，应书面通知本人，并记入档案。

6）员工对处分决定不服的，允许按监察制度规定提请复议；对复议决定不服的，允许向上级主管部门申诉。

7）受处分的员工，在处罚事项未了结之前，不得调离公司（公司宣布辞退、开除的除外）。

8）受处分的员工，能改正错误，积极工作，在1年内弥补经济损失或完成利润指标的，经所在单位提议或本人要求，有关部门审核后呈报总经理批准，可酌情减轻或免除处分。

3. 员工处罚制度的范本

（1）处罚种类。

员工处罚种类包括：通报批评；一次性罚金；降级、撤职（减薪）；留用察看；辞退。

（2）处罚行为规定。

1）A类错误。由于疏忽或非故意的粗心等而造成的过错，若不及时改正，可能对公司造成损害。

a. 在上班时间做与工作无关的事情，如读小说、玩游戏、听音乐或电话聊天等。

b. 上班时间无故离开工作岗位。

c. 在会议、培训或公司集体活动中迟到。

d. 在公司电子邮件系统上传播与工作无关的信息、图片。

e. 上班不穿工装或不遵守公司规定的着装要求，不佩戴或不按要求佩戴员工证和徽标。

f. 未经主管领导同意私自会见与工作无关的客人，或未经允许私自带外来人员到公司参观。

g. 办公场所环境卫生差，办公物品长期杂乱无章，摆放私人用品，屡次不清扫。

h. 工作时间喧哗、打闹，影响正常工作秩序。

i. 工作时间不按照公司《员工礼仪礼节管理制度》中的员工仪容仪表的要求执行。

j. 工作时间随意看书报、吃零食、打瞌睡，四处游荡，找人聊天。

k. 不按照《员工礼仪礼节管理制度》中的要求接打电话，不使用文明礼貌用语。

l. 办公场所的电话长时间无人接听，或非工作原因长时间占线。

m. 不按时打扫办公环境卫生或清扫不彻底。

n. 在公司的培训考核和业务考核中成绩不合格。

o. 任何其他由于疏忽或非故意的粗心等造成的过错，若不及时改正可能对公司礼仪造成损害的。

p. 损害公司利益的其他行为。

2）B类错误。员工的行为可能对公司的利益造成损害，属有意行为，并可能危害公司产品、财产、个人财产、员工个人或其他员工。

a. 上班时间喝酒，睡觉。

b. 在6个月内旷工1天以上3天以下。

c. 不按照公司的规定使用计算机、复印机、传真机，造成故障或损害。

d. 在公司计算机上使用与工作无关的光盘或程序。

e. 未经授权或上级领导的同意，在公司公告栏上随意张贴。

f. 在公司内制造是非、分歧，造谣生事，影响团结。

g. 未经许可擅自使用权限之外的物品、设备。

h. 无故不参加公司重要活动。

i. 因玩忽职守或督导不力而损害公司利益。

j. 浪费公司财物，损坏公司物品。

k. 多次发生迟到早退现象，不按规定请假或不请假。

l. 在会议、培训或公司集体活动中多次迟到，或无故不参加，不积极配合。

m. 在公司的培训考核和业务考核中3次及3次以上成绩不合格

n. 任何其他可能对公司利益造成损害，属有意的，并可能危害公司财产、个人财产、员工个人或其他员工，与以上行为性质、后果相似的行为。

3）C类错误。员工的行为属故意行为，可能或已对公司财产、个人财产、社会造成严重伤害或损害。

a. 偷窃公司或其他员工的财物。

b. 欺骗同事、弄虚作假骗取公司或他人财物（如假发票）。

c. 伪造数据或材料。

d. 故意破坏公司或其他员工财产。

e. 在公司内外无理取闹，聚众闹事，打架斗殴，影响工作秩序和社会秩序。

f. 威胁、骚扰、辱骂或人身攻击其他同事。

g. 泄漏公司机密信息，使公司利益受到损害。

h. 未经有关领导批示，从事占有大量时间精力的兼职工作从而影响对本公司的责任、义务或对本公司造成损害。

i. 私自接受请客或礼物，而影响履行公司义务和维护公司利益者。

j. 在一个月内旷工 3 天及以上。

k. 在公司内部制造矛盾、分裂，影响公司团队凝聚力。

l. 违反公司经济合同管理办法，擅自签订合同造成经济损失的。

m. 各下属执行分行、部门负责人发现所属人员违反公司规章制度造成经济损失和不良影响行为，不及时向公司总部报告或有意隐瞒者。

n. 服务态度恶劣，影响公司声誉。

o. 在公司的培训考核和业务考核中多次成绩不合格。

p. 任何其他属故意行为的，可能或已对公司财产、个人财产、员工个人、其他员工、社会造成严重伤害或损害的，与以上行为性质，后果相似的行为。

q. 任何触犯中华人民共和国刑法的行为。

（3）处罚标准。

1）犯 A 类错误，一次通报批评，二次经济处罚，三次以上视情况减薪、降职或开除（见表 1-64）。

表 1-64　犯 A 类错误处罚标准

级　别	一次触犯 罚款金额	二次触犯 罚款金额	三次触犯 罚款金额	三次以上 处分措施
置业顾问及职能部的职员	10 元人民币	30 元人民币	50 元人民币	100 元人民币或减薪、开除
客户经理	20 元人民币	50 元人民币	80 元人民币	150 元人民币或减薪、降职、开除
秘书	20 元人民币	50 元人民币	80 元人民币	150 元人民币或减薪、降职、开除
分行经理	50 元人民币	100 元人民币	150 元人民币	200 元人民币或减薪、降职、开除
中层或以上管理人员	80 元人民币	120 元人民币	180 元人民币	220 元人民币或减薪、降职、开除

2）犯 B 类错误，一次处经济处罚，二次减薪，三次以上触犯者视情况降职或开除（见表 1-65）。

表 1-65 犯 B 类错误处罚标准

级　　别	一次触犯 罚款金额	二次触犯 罚款金额	三次触犯 罚款金额	三次以上 处分措施
置业顾问及职能部门职员	20 元人民币	50 元人民币	100 元人民币	150 元人民币或减薪、开除
客户经理	30 元人民币	70 元人民币	120 元人民币	180 元人民币或减薪、降职、开除
秘书	30 元人民币	70 元人民币	120 元人民币	200 元人民币或减薪、降职、开除
分行经理	80 元人民币	120 元人民币	180 元人民币	220 元人民币或减薪、降职、开除
中层或以上管理人员	120 元人民币	160 元人民币	260 元人民币	300 元人民币或减薪、降职、开除

3）犯 C 类错误，视情况停薪留职查看或直接开除。

三、房地产中介经纪机构员工奖惩制度范本

下面是一份比较完整的房地产中介经纪机构员工奖惩制度范本。该范本前面提到奖惩的原则，后面又提供了员工申诉及复议的方法，中间的奖励和惩罚制度规定全面细致，值得读者参考借鉴。

1. 目的

为明确奖惩的依据、标准和程序，使奖惩公开、公平、公正，更好地规范员工的行为，鼓励和鞭策广大员工奋发向上，创造更好的工作业绩，特制定本制度。

2. 范围

本制度适用于公司全体员工。

3. 原则

（1）基本原则。

1）奖惩有据的原则。奖惩的依据是公司的各项规章制度，员工的岗位描述及工作目标（承包指标）等。

2）奖惩及时的原则。为及时的鼓励员工对公司的贡献和正确行为以及纠正员工的错误行为，使奖惩机制发挥应有的作用，奖惩必须及时。

3）奖惩公开的原则。为了使奖惩公正、公平，并达到应有的效果，奖惩

结果必须公开。

4）有功必奖，有过必惩的原则。严防公司员工特权的产生，在制度面前公司所有员工应人人平等，一视同仁。

（2）员工的表现只有较大地超过公司对员工的基本要求，才能够给予奖励，达到或稍稍超出公司对员工的基本要求，应视为员工应尽的责任，不应得到正常待遇之外的奖励。

（3）员工的表现应达到公司对员工的基本要求，当员工的表现达不到公司对员工的基本要求，应给予相应惩戒。处罚的原则是从轻不从重，目的是：防微杜渐、惩前毖后。

（4）对于不合理、不公平的惩罚，员工有申诉的权利。

（5）对员工奖惩采取拖延、推诿或不办等方式的管理人员，人事行政部应及时提出处罚建议。

4. 奖励

（1）奖励的目的在于既要使员工得到心理及物质上的满足，又要达到激励员工勤恳工作、奋发向上、争取更好业绩的目的。

（2）奖励的方式分经济奖励、行政奖励和公司特别贡献奖。

1）经济奖励包括奖金、奖品。

2）行政奖励包括嘉奖、记功、记大功。

3）公司特别贡献奖包括荣誉及其他物质奖励，由董事会视具体情况确定奖励内容。

4）以上三种奖励可分别施行，也可合并执行。

（3）员工有下列事件之一者给予嘉奖，并颁发奖金（200 元）。奖金随当月工资发放，嘉奖通报全公司。

1）品行端正，恪尽职守，工作认真努力、业务纯熟，能适时完成重大或特殊交办任务者，足为同仁楷模者。

2）服务客户认真积极，有特殊优良事迹者。

3）积极协助推动公司各项活动，工作任务完成圆满，具有显著行动与绩效者。

4）尽力维护公司声誉及形象，并有显著成效者。

5）代表公司参加政府机关或公私社团举办的竞赛项目，表现卓越者。

6）其他对公司或社会有益的行为，具有事实证明者。

7）依公司其他规定给予嘉奖奖励者。

（4）员工有下列事件之一者予以记功，并颁发奖金（500 元）。奖金随当月工资发放，记功通报全公司。

1）遇灾变或意外、非常事故，临机应变措施得当，通过自身努力，避免了安全事故和设备设施事故，使公司减免损失者。

2）检举造谣、预谋滋事或其他危害公司利益的行为，因而使公司减免损失者。

3）遇有重大意外事故、灾害，能够奋不顾身，不避危难，极力抢救并维护公司财产设备有力者。

4）检举揭发违反公司规章制度或侵害公司利益的行为，为公司挽回形象或财产损失者。

5）对维护公司荣誉、塑造企业形象方面有较大贡献的，因个人行为受到社会赞同和舆论表扬者。

6）全年累计获嘉奖三次者。

7）依公司其他规定给予小功奖励者。

（5）员工有下列事件之一者予以记大功，并颁发奖金（1000 元）。奖金随当月工资发放，记大功在全体员工大会上宣布。

1）作业方法创新与改进，大幅降低作业成本，并维持相当品质与水准者。

2）对公司之发展提出卓越建议，经采纳并实行成绩显著者。

3）对维护公司荣誉、塑造企业形象方面有重大贡献者。

4）通过自身的努力，避免了重大安全事故和设备设施事故者。

5）承担巨大风险，挽救公司财产者。

6）全年累计获记功三次以上且未受到惩戒处理者。

7）其他应行奖励的重大事项者。

（6）对为公司建设与发展做出巨大贡献者，经公司董事会研究另行给予“公司特别贡献奖”。奖励内容和奖金额度由董事会一事一人一议，公开通报奖励。

（7）任用与提升员工时，同等条件下，优先选择受过奖励的员工，对德、才兼备者还可破格提升。

（8）凡与本职工作有关的奖励，由其直接上级提出，凡与本职工作无关的，由见证人提出，均需填写奖励专项签呈。奖励的核实由人事行政部负责。

5. 惩戒

（1）惩戒的目的在于促使员工必须和应该达到并保持应有的工作水准，惩前毖后，从而保障公司及员工共同利益和长远利益。

（2）惩戒的权限。

1）任何员工和部门都有举报违规违纪行为的权利和义务。

2）无行政处罚权的部门或虽然有行政处罚权但行政处罚超过本部门处罚权限的，有处罚建议权，可以向有相应行政处罚权的行政处罚机构提出处罚建议，出具行政处罚建议报告。行政处罚建议报告应包括违规违纪当事人的姓名、年龄、工作部门、工作年限、违规违纪的事实、处罚建议的理由，由建议部门负责人签字。

3）行政处罚机构（人事部、总经办）接到举报后，应进行调查了解，核实有关情况。对于有明显线索的，应由相应的行政处罚机构立案调查；对于无明显线索或违规违纪事实明显不存在的，不做处理；接到处罚建议的部门应认真分析行政处罚建议，建议合理的应予以采纳；不采纳的，应向提出建议的部门说明理由。

（3）惩戒的标准及实施。

1）惩戒的标准。

a. 国家的法律、法规及规章。

b. 公司的规章制度（人事行政管理制度；财务管理制度；各职能管理部门的管理制度）及书面解释意见、员工手册。

c. 董事会决议、总经理的讲话精神和公司的文件、通知等。

d. 岗位描述、工作目标、工作计划等。

2）公司根据以上标准检查员工的表现，对达不到标准的员工，视情节轻重给予相应的处罚。

3）检查员工遵守公司的各项工作纪律、规章制度的情况，一切违反有关纪律、规章制度的行为构成违纪过失，填写违纪过失处罚专项签呈。

4）考查员工岗位描述以及工作目标、工作计划的完成情况，凡对本人负有直接责任或领导责任的工作造成损失的情节视为责任过失，填写责任过失专项签呈。

（4）惩戒的方式有经济处罚与行政处分两种。

1）经济处罚分为赔偿损失、罚款。

2）行政处分分为警告、记过、

记大过、辞退、开除。

3）以上两种惩戒可分别施行，也可合并施行。

（5）员工有下列行为之一者，视为违纪，罚款（50元）。

1）接听电话不使用规范用语者。

2）上班时间串岗聊天者。

3）说脏话、粗话者。

4）工作时间和工作场所，穿着休闲服者。

5）公司重大会议参会迟到者。

6）未按公司指定位置，随意摆放车辆或堆放杂物者。

7）办公桌椅不整洁、整齐，文件文具随意乱放者。

8）乱扔杂物，破坏环境卫生者。

9）工作时间做与工作无关事情者。

（6）各部门第一负责人有下列行为之一者，视为违纪，并罚款（50元）。

1）未能及时传达、执行公司下发的文件者。

2）下班后所辖门店或办公室窗户未关，所用电器（空调等）电源未切断者。

3）本部门及所辖区域环境卫生脏乱差者。

4）部门内发生重大事情，如物品丢失等，未能及时上报有关部室或主管领导者。

5）对本部门员工进行行政检查不力者。

6）一周内本部门员工有10人次（含）违纪者。

（7）员工有下列事件之一者给以警告处分，同时给予（200元）经济处罚，如造成损失并负赔偿责任，警告通报全公司。

1）品行不良或谎报事实，情节较轻者。

2）未经批准擅离工作岗位、或怠慢工作，情节较轻者。

3）工作不力，缺乏合作精神，致整体工作受阻者。

4）培训旷课者或公司重大会议无故缺席者。

5）对上级态度傲慢，不服从主管领导与工作指派，妨害现场工作秩序经劝告不改正者。

6）不能按时完成重大事务，又不及时复命，但未造成损失者。

7）因监督不力造成事故，情节较轻者。

8）因操作不当，造成设施、设备损坏者。

9）销售公司物件，未查清现况，造成公司损失情节较轻者。

10）遗失公司重要文件、契据内部账务处理不清，造成公司损失情节较

轻者。

11）违反操作规定致使作业受影响，或使客户权益受损，情节轻微者。

12）服务客户态度欠佳，招致客户抱怨情节较轻者。

13）私自移动消防设施者。

14）一个月内违纪三次（含）以上者。

15）其他违反公司规定，应予以警告处分者。

（8）员工有下列事件之一者给予记过处分，同时给予（500 元）经济处罚，如造成损失并负赔偿责任，记过通报全公司。

1）遇非常事故，故意规避或推诿责任者。

2）委托他人打卡或代他人打卡者。

3）于工作场所嬉戏、争吵或打架，扰乱秩序或妨碍他人之工作或在工作期间聚众赌博者。

4）在工作场所喧哗、嬉戏、吵闹、各种漫骂和相互漫骂者，妨碍他人工作而不听劝告者。

5）不服从上级领导工作安排及工作调动者或不服从主管人员合理指导，屡劝不听三次以上者。

6）对上级指示或有期限命令，无故未能如期完成致影响公司权益者。

7）服务客户态度欠佳，招致客户抱怨情节一般者。

8）疏于督导部署，导致部署有不当行为，渎职、失职情节可谅者。

9）不顾及交易安全，再次违反规定进行销售委托案件者。

10）内部账务处理不清或财务保管不当，造成公司财务损失情节重大者。

11）无故旷职者，得由该同仁主管依情节重大者提报处分。

12）品行不良或谎报事实，致使客户抱怨情节一般者。

13）对外言行失检，有损公司形象者。

14）培训考试作弊者及为作弊提供方便者。

15）培训无故旷考者。

16）对能够预防的事故不积极采取措施，致使公司利益受到 1000 元以内经济损失者。

17）泄露公司秘密事项，已对公司利益造成损害但情节较轻者。

18）年度内累计警告三次者。

19）其他违反公司规定，应予小过处分者。

（9）员工有下列事件之一者给予记大过处分，同时给予（1000 元）经济处罚，如造成损失并负赔偿责任，记大过通报全公司。

1）服务客户态度恶劣，或与客户发生严重冲突者。

2）造谣生事，扰乱同仁情绪或损毁公司声誉者。

3）擅离职守，致贻误公务情节严重者。

4）疏于督导部署，导致部署有不当行为、渎职、失职的情形，事态严重者。

5）品行不良或谎报事实，严重贻误公务者。

6）图利他人，导致公司损失，情节可谅者。

7）无故旷职2日者。

8）对下属正常申诉打击报复经查属实，但情节轻微者。

9）故意损坏公司重要文件或公物者。

10）携带管制刀具或易燃、易爆、危险品入公司者。

11）在职期间受治安拘留，经查确有违法行为者。

12）伪造病假单证明或无病谎开病假证明者。

13）殴打同事或相互斗殴者。

14）虚报业绩、瞒报事故而蓄意妄取成绩、荣誉和个人私利者。

15）故意造成同事失和或造成领导失察责任或致使他人工作受阻，公司利益直接或间接受到损害者。

16）对能够预防的事故不与和不积极采取措施，致使公司受到1000元以上经济损失者。

17）对同事恶意攻击或诬害、伪证、制造事端者。

18）年度内累计记过三次者。

19）其他过失事实应行大过处分者。

（10）员工有下列条件之一者，予以辞退或开除，同时通报全公司，并视情节移交司法机关处理。

1）订立劳动合同时使用虚假证件，或用虚伪意思表示，使公司遭受损失者。

2）连续旷职3日（含）以上，或全年内累计旷职5日（含）以上者。

3）玩忽职守致公司蒙受经济损失者，并负赔偿责任（同时移交司法机关处理）。

4）泄漏公司机密或图利他人，致使公司蒙受重大损失者（同时移交司法机关处理）。

5）有舞弊行为或教唆纵容他人舞弊者（同时移交司法机关处理）。

6）在执行公务和对外交往中索贿，收受于本身业务有关人员之金钱馈赠，或向往来厂商或客户挪借款项者（同时移交司法机关处理）。

7）挪用公款，侵占公司财务，损公肥私、舞弊营私或虚报费用者（同时

移交司法机关处理)。

8）在外从事与公司有竞业竞职的行为并利用公司房源、客源私下成交者（同时移交司法机关处理)。

9）有故意犯罪行为或因刑事犯罪已被公安机关立案侦查者（同时移交司法机关处理)。

10）欺瞒客户，使客户蒙受重大损失，致公司形象严重受损者（同时移交司法机关处理)。

11）品行不良，谎报事实或虚伪造假，情节严重致公司形象严重受损者（同时移交司法机关处理)。

12）其他严重损失事实，造成公司重大损失应予免职者。

13）对下属正常申诉打击报复经查事实情节严重者。

14）对同事暴力威胁、恐吓、妨害团体秩序者（同时移交司法机关处理)。

15）滥用职权，恣意挥霍公司财产造成较大经济损失者（同时移交司法机关处理)。

16）偷盗、侵占同事或公司财物经查事实者（同时移交司法机关处理)。

17）在公司内煽动怠工或罢工者。

18）造谣惑众诋毁公司形象者。

19）未经许可兼任其他职务或兼营与本公司同类业务者。

20）伪造或变造或盗用公司印信严重损害公司权益者（同时移交司法机关处理)。

21）参加非法组织，经劝告不改者。

22）年度内累计记大过两次者。

(11）行政处罚机构及其权限。

1）行政处罚机构为营业部、客户服务处、人事行政部或人事评议委员会。

2）行政处罚机构在履行职责时，有权采取以下措施。

a. 在相关的部门召开管理人员会议或全体员工会议，也可以在宣传栏内张贴，进行相关情况通报或相关行动部署。

b. 责令违规违纪嫌疑人写出书面材料，对相关问题进行解释和说明。

c. 责令违规违纪嫌疑人停止违反法律、法规、规章制度的违规违纪行为。

d. 对涉嫌严重违规违纪的员工，有权建议所属部门或各加盟店暂停其履行职务，暂缓发放工资。

e. 查阅、摘录、复印与违规违纪事实相关的文件、资料、财务账目及其

他相关材料。

f. 有权走访知情或相关的客户或进行市场调查。

g. 对已经涉嫌违法犯罪的，有权建议公司向司法机关或相关机关举报或采取其他法律救济措施。

h. 被处罚事件全部抄送人事行政部备案，视情况由人事行政部决定在公司公告。

3）违规违纪嫌疑人进行解释或做出说明，应当采用书面形式。必要的时候，行政处罚机构工作人员可以制作谈话笔录，违规违纪嫌疑人应当在笔录上签字。

4）行政处罚机构工作人员查阅、摘录、复印与违规违纪事实相关的文件、资料、财务账目及其他相关材料，应当要求经办人或原件保管人在文件上签字，对于涉及公司商业秘密的相关材料进行摘录、复印时应经行政处罚机构负责人同意后才能进行。

（12）行政处罚的程序。

1）行政处罚机构做出行政处罚必须查清事实，做到事实清楚，证据确凿、充分。事实不清的，不得进行行政处罚。

2）行政处罚机构在做出处罚前，违规违纪嫌疑人有陈述、申辩的权利，行政处罚机构应当认真听取，不能因申辩而以态度不好为由加重处罚。

3）对于事实清楚，证据确凿、充分，违规违纪当事人承认的，行政处罚机构可以直接做出处罚决定。

4）不能直接做出行政处罚决定的，行政处罚机构必须全面收集证据，调查终结时，根据不同的情况做出行政处罚。

a. 事实清楚，证据确凿，根椐性质和情节做出行政处罚。

b. 事实不清或证据不足的，不得给予行政处罚。

c. 违规违纪情节轻微，危害影响小，当事人认识深刻，能及改正错误的，或主动配合行政处罚机构查处违规违纪行为有立功表现的，可以减轻或免予行政处罚。

d. 对于拒不交代问题的，阻碍行政处罚机构进行调查的，毁灭相关证据的，对于证人进行恐吓、威胁、打击报复的，继续进行违规违纪行为、情节恶劣的，未采取有效措施导致损失进一步扩大的，行政处罚机构应加重处罚，直至追究相应的法律责任。

5）对员工做出处罚要开具处罚单，写明违规违纪事实、处罚理由、处罚执行期限、不服处罚的申诉期限，并加盖行政处罚机构的印章。对于受到降职以上行政处分或经济处罚（罚款 200 元以上）的重大违规违纪案件应以文件

形式通报。

6）各部门第一负责人负有监督执行行政处罚的义务，经济处罚赔偿损失按财务有关规定执行。

7）罚款的执行。

a. 加盟店的执行。对加盟店员工做出的处罚，由行政处罚机构开具处罚单，一式四联，第一联存根，第二联交受处罚人，第三联交加盟店财务部作为罚款依据，第四联交加盟店人事部门作为备案，受处罚人在收到处罚单的3个工作日内将罚款交至加盟店财务处。

b. 对总部和直营店员工的行政处罚。由行政处罚机构开具处罚单，一式四联，第一联存根，第二联交受处罚人，第三联交财务部作为罚款依据，第四联交人事行政部作为备案。

c. 违规违纪当事人逾期拒不缴纳罚款的，公司授权人事行政部在发放薪资时代为扣除。

8）行政处罚罚没、罚项由公司统一管理，处罚依据存根由人事行政部管理，处罚金由财务部管理，全部用于公司优秀员工的奖励和员工活动基金。

（13）员工申诉及复议。

1）当事人对行政处罚有异议的，有申诉的权利，并于行政处罚做出之日起7日内提出。对于营业部做出的行政处罚，向人事行政部提出申诉；对于人事行政部、财务部做出的行政处罚，向总经理提出申诉。

2）提出申诉必须以书面形式提出，并附相关证据。申诉应以传真方式交复议部门，按收到传真日期为准。在一个办公楼内的，可以送交复议部门。

3）复议部门接到申诉材料后，应当依据调查的证据、相关的材料、申诉书、申诉书附带的相关证据进行复核，并征求相关部门的意见，做出如下处理。

a. 违规违纪事实清楚，证据确凿，处罚适当的，维持原处罚决定。

b. 违规违纪事实清楚，证据确凿，处罚不适当的，重新做出行政处罚。

c. 违规违纪事不清楚，证据不足，要求原行政处罚机构重新调查后，做出行政处罚。

d. 违规违纪事实不存在，撤销原行政处罚。

4）复议部门接到申诉后，应当在10日内向申诉人答复，可以口头答复，也可以书面答复。

5）复议部门的复核决定为最终裁定，不得再次申诉。

（14）员工被处罚时，根据其直接上级领导责任大小，给予该直接上级连带责任处罚。

（15）管理人员年度被记大过者，将并处以降职或撤职处分，由人事行政部重新考核定岗。

6. 附则

（1）员工奖惩的核实及手续办理由人事行政部负责。

（2）员工考勤的奖惩规定另见《考勤、请假、休假制度》。

（3）本制度由公司人事行政部制订、解释，由人事行政部监督检查。

（4）本制度试行6个月，试行期满未另行变更的，则自动转为正式制度。

第二章

房地产中介经纪机构行政管理

房地产中介经纪机构为了保障其中介经纪业务的顺利开展，必须制定各种行政制度以规范员工的工作行为并且保障业务部门的正常业务开展，这就是行政管理工作。本章分六节内容，全面阐述房地产中介经纪机构的各项行政管理行为和制度的建立。

第一节　房地产中介经纪机构发展战略与企业文化

随着我国市场经济的不断发展，我国房地产中介企业作为房地产商品流通过程的重要环节，对于促进房地产市场的发展，提高专业水平，加速流通过程起着越来越重要的作用。

我国房地产中介行业的发展，从20世纪80年代后期到现在，已经从最初不被人们认可的小规模机构、个人行为占主要地位的模式，逐步发展为规范的市场运作，以品牌效应和规模效应为企业生存根本的市场竞争时代。

一、房地产中介经纪机构的经营管理新要求

现在房地产市场一片景气，房价节节攀升，市场需求旺盛，为房地产中介企业带来了巨大的发展空间，但同时也对房地产企业的经营和管理提出了更高的要求。主要表现在以下几方面：

第一，新技术、新观念不断涌现，要求房地产中介企业开辟全方位的信息渠道，对信息全面、快速把握，并能及时进行信息处理，以对市场形势作出快速反应，引领时尚、把握商机。

第二，消费者素质不断提高，消费心理越来越成熟，加之信息通道较以往已大大改变，人们对中介经纪服务质量要求越来越高，已不仅仅满足于信息的提供，而要求更多的专业化服务和增值服务。这使一些原始的中介服务手段无法奏效，某些规模小、靠钻法律空子为生的中介公司已无生存空间，而一些资金、品牌为背景支持的新型中介企业开始迅速占领市场。

第三，市场规模的扩大要求中介企业不断扩大规模，增加门店数量，保持市场占有率，而公司规模的扩大与原始的管理手段和信息传递方式之间存在着严重冲突，管理模式和信息技术应用成为制约企业扩大规模的重要因素。

第四，房地产中介目前的经营方式使企业的发展过分依赖销售人员的个人能力。人员的流动经常会造成的客户流失，而由工作性质决定的大部分从业人员个人素质不高的状况也影响了企业在消费者心中的形象。因此，如何规范和管理销售过程、监督销售人员行为就成为企业的重要工作内容。

第五，房地产二级市场持续升温，而三级市场由于国家相关政策法规不够健全，政府相关部门的管理手段落后，严重影响了市场供给量，使得二手房市场一直处在蓄势待发的状态；巨大的市场潜力是人所共见的，随着国家房改制度进一步贯彻执行，中介企业必将面临巨大的商机。在这种情况下，房地产中介企业面临着行业调整、重新洗牌的形势，谁能在大潮来临之前做好充分准备，谁就成为新一轮市场竞争的赢家，不合格的企业必将被市场淘汰，而有实力的企业将走向规模化、集团化。

二、房地产中介经纪机构经营管理存在的问题

我国房地产中介经纪结构在经历了多年的发展后，经营管理模式主要存在有以下几种问题：

第一，由于自身信息化程度低，信息系统建设滞后而使企业在信息处理、传递和管理等方面不能满足业务需要，严重制约了企业的发展。

第二，一些新创立的或者规模较小的中介经纪机构管理层从业务经验和管理经验上准备不够充分，企业管理没有整体思路，管理制度建设极不完善，使企业管理者成为“救火者”，穷于应付日常的管理问题而无法自拔。

第三，由于信息不畅和细节管理不当使企业市场反应速度减慢，工作效率降低；由于机构的重复设置使企业内耗增加，员工之间、部门之间矛盾增加。

企业内部管理严重制约着企业自身的发展。

三、房地产中介经纪机构的企业发展战略

1. 企业发展战略的制定

战略是面对现实的分析，对各种理论和实践的综合，是包括直觉、悟性、智慧、洞察力和创造性的思考。战略决定公司的方向和希望，决定公司做什么不做什么，决定事情的轻重缓急，决定公司的资源配置。

制定企业的发展战略应该在深刻理解自己的企业、深刻理解行业、深刻理解宏观形势和周围环境的基础上，并不断根据形势变化修正我们的战略，使战略成为一个持续的过程。

企业发展战略是从全局的角度，以发展的观点对企业未来所进行的全面规划，它具有全局性、长远性、对搞性和纲领性等特征，企业发展战略目标的制定是企业长期、稳定发展的起点和根本保证。

企业发展战略目标就像一幅设计蓝图，要把一张图纸真正变成摩天大厦还是需要一砖一瓦的累积。这就需要企业根据不同阶段的战略目标制定相应的分策略，并采取有效的行动措施，使各项策略得到贯彻。

（1）企业发展战略目标的制定原则。企业发展战略目标的制定应该遵循

从实际出发的原则、系统性的原则、阶段性的原则和开放性的原则。

1）从实际出发的原则。企业制定战略目标应该首先对自身竞争优、劣势有清晰的了解和把握，同时透彻分析企业所处的宏观经济环境和微观市场环境。

2）系统性的原则。战略目标应该站在企业全面发展的角度，对企业管理中涉及的各个方面进行系统的规划。伴随着企业整个发展过程的是企业管理模式的不断改进，而企业管理本身就是一个完整的系统，牵一发而动全身。因此，在制定战略目标的时候，除了要考虑业务模式的改进，同时必须考虑与之相适应的管理制度和人力安排，使整个系统协调发展。

3）阶段性的原则。企业发展战略应该是分阶段进行的，应该是长远目标与近期目标的协调和统一。市场发展程度不同、企业成熟度不同，与之相应的战略也应该是不同的。阶段性战略应该具有阶段适应性和一定程度的前瞻性，使企业在适宜的目标驱动下，稳步提升。

4）开放性的原则。企业发展战略目标应该能充分适应环境变化、具有较强的扩展性，并应根据实际情况进行及时修正。

（2）企业发展战略的最终目标。股东价值最大化是战略的终极目标，也是企业存在发展的终极目标。要实现股东价值最大化就必须要有满意的客户、高效的流程、满意的员工。企业战略应该以追求股东满意、客户满意、高效的流程、员工满意，如图 2-1 所示。企业战略应该以追求共赢和共同的成功为终极目标。

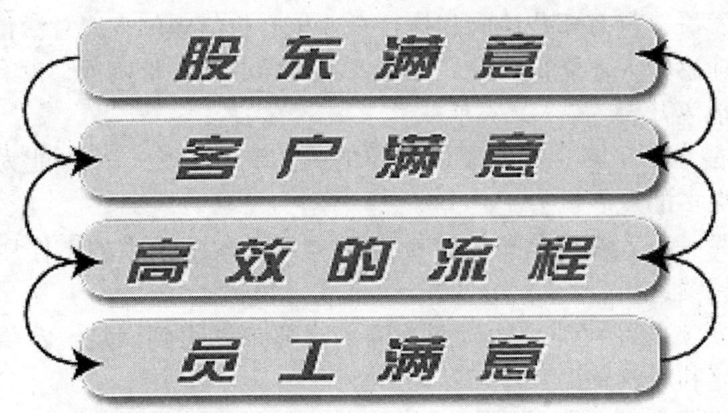

图 2-1　企业发展战略的终极目标

1）合作共赢。

a. 知道企业每一个员工，每一个员工所在的团队，每一个企业，企业与合作者之间，大家的利益是一致的，大家的利益是捆绑在一起的，大家休戚相

关、荣辱与共，所以企业应该追求多赢和共同的成功。

b. 精诚合作、互相支持、互相学习的感觉氛围，使团队能达成一个人或部分人不能达成的事业，让团队每一个人能感觉和体会到团队比自我强大。

c. 只有通过团队精神和合作才可能达成高目标，创造奇迹。

d. 最好的实践共享使团队互相学习，共同进步。

e. 虚拟组织是跨部门合作、交流、学习的好办法，它能促进资源共享，促进最好的实践共享。

f. 尽可能使公司架构扁平，尽可能减少管理层级，尽可能让团队发挥作用。

g. 尽可能地奖励团队，通过奖励团队鼓励团队合作和团队精神。

h. 团队精神、合作共赢需要有开放的心态，站得高、看得远。

2）员工发展。

a. 满意的员工是企业发展的出发点和源动力。

b. 希望员工感觉到理解和关怀，希望员工满意，知道每一个人其实更在乎发展，即能力的提高、收入的增长、机会的增多。只有员工发展了，公司才会发展，所以企业要重视员工发展的文化。

c. 重视员工发展，不是仅仅培训他，教他怎么做，告诉他怎么做，更是要给他提供机会让他尝试，提供舞台让他施展，提供沃土让他成长，让他有机会努力，有机会学习，在努力和学习的过程中发展。

d. 让员工满意，不是让所有的员工满意，我们重视员工的发展，不是所有的人都能发展，只有那些认同和执行企业核心价值观的人愿意激情投入，有责任心和使命感的人才能得到发展，那些不认同业核心价值观、没有责任心的人一定要让他离开。

e. 尽可能自己培养企业发展所需要的人才和领导人，尽可能为企业内部的员工提供更多的发展机会。

f. 希望每一个人都有危机感，都能感觉到非人际关系的工作压力，都能快速行动、持续进步。

g. 希望员工能在精神和物质两方面的需要都能得到满足，希望员工在这里能有自豪感和成就感。

（3）企业发展长期战略目标。任何企业都应把发展成为国际型、多元化经营的跨国企业集团作为企业发展的最终目标，房地产企业也不例外。以房地产中介业务为主营业务内容的房地产经纪公司应把发展成为国际知名品牌的房地产经纪公司作为企业发展的长期目标。在如今中介经纪市场如此发达的企业竞争中，房地产中介经纪机构应该制定以“企业差异性服务”特色经营的总

体发展战略。“差异性”并非指业务范围和品种上的差异，而是带有企业自身文化特色增值性服务内容，是竞争对手无法效仿和实现的人性化服务创新，以此为核心思想来设计企业不同阶段、不同侧面的阶段性战略和专项战略。

（4）企业发展阶段性战略目标。企业的长远目标只能是企业发展的最高理想，企业要实现理想目标就必须制定现实可行的阶段性发展目标。以下是根据企业发展战略目标的制定原则以及对房地产市场的分析，为企业设计的阶段性发展战略。

1）巩固地方市场，逐步提高地方市场占有率，力争达到地方性垄断经营。

2）巩固强势业务，逐步拓展相关业务领域，大力发展高利润率区业务。

3）逐步进行企业多元化发展，将业务领域扩大到贸易、文化以及金融等其他领域。

这里对企业阶段性发展战略进行定性的描述，企业可以根据自身的情况进行进一步的定量目标设计。战略目标的量化设计有利于企业对自身发展做出清晰、科学的评价和改进。

2. 企业发展战略的执行

战略执行比战略制定更重要，大多数公司的失败不是因为战略制定不好，而是因为战略执行的不好；战略制定比战略执行更困难，是因为快速变化的形势和环境。

（1）企业发展战略实施原则。企业发展战略的实施应当遵循先整体后局部、先计划后行动、先制度后推广，自上而下，贯彻坚决，及时检验、及时调整的原则。

（2）企业发展战略实施步骤。分析战略要素—制定战略目标—明确战略重点—分解战略环节—设计战略过程—完善基本管理体系—选聘合适人才—计划执行—行动检验—信息反馈。

（3）企业发展战略内容。企业发展战略包括业务拓展战略、内部组织结构模式设计、人才战略、市场战略和资本运营战略等。

（4）业务拓展战略。企业的业务拓展战略是企业发展战略规划的起点。企业必须根据市场情况作出正确的市场定位，发现企业的竞争优势和盈利点。业务创新是企业生存和发展的基础，没有市场前景的企业战略只能是空谈，同时，业务战略需要相应各方面的战略作为保障，才能真正实现。

企业需要将当前的主营业务流程设计的更加严密、科学，使其具有较强的适应市场变化能力和开放性特点；需要建立健全相关的业务管理制度，使其具有较强的可移植性，便于企业的规模化发展和提高市场占有率。

中介经纪机构涉及的业务范围众多，从资产评估、项目投资策划、营销策划、代理销售、权证代办、置业担保……直至贸易代理、文化传播等不同业务领域，以及不同领域中因不同产品对象和客户群体而产生的企业定位的不同层次，即有专门以办公用物业为主要服务对象或以居住用物业为主要服务对象的不同档次的服务内容。

中介企业有两大基本生存基础，一是掌握大量信息资源，二是专业性。任何一个中介企业都不可能覆盖全部业务领域。企业必须根据自身情况确定一个相对比较擅长的、专业的经营领域，并以此为核心向外逐渐拓展。

在常规业务步入正常发展轨道之后，中介经纪机构应当逐步拓展新的业务领域，比如更多地涉猎商品房项目代理、投资项目策划及整盘的代租、代售，甚至可以考虑涉足物业管理领域和文化传播领域。需要机构领导者积极拓展社会关系，并且具有足够的商业眼光，能够捕捉一切商业机会。另外，还需要注意的问题是机构的人才储备和资金储备问题。业务领域的拓展需要大量具有不同专业素质的人才将商业计划付诸现实，而且在非专业业务领域开拓的初期往往需要足够的资金来支持市场导入过程。

（5）人才战略。人才是企业发展的灵魂。企业发展战略的制定和实施都需要有相应的人才来执行，如何吸引人才、选拔人才、留住人才，如何正确使用人才，使人力资本发挥最大的效应是企业必须不断研究的课题。以服务为核心产品的房地产中介企业，其管理的核心内容就是对经纪人的管理。

1）企业人才战略的基本原则是尊重人性、换位思考和利益共享。

2）尊重人性是企业管理的基本前提，换位思考可以使管理者设计的管理模式可易推行，可以使管理制度更易接受，利益共享则是对前两项原则的一个具体体现，是人的物质性的根本体现。

3）利益共享不单指财务的分享，它还包括财富分享和福利分享。

a. 财富分享　员工从工资、奖金、股份分红获得企业创造的财富。

b. 福利分享　为员工办理医疗、养老等保险；提供免费午餐、住宿补贴、私车补贴、通信补贴等多项福利，使员工获得企业创造的财富。

（6）聚焦式企业发展战略管理体系（如图 2-2 所示）。聚焦战略的管理体系是把战略翻译成考核指标体系，使员工有共同的语言、共同的理解、共同的重点、共同的思考体系、共同的行动指南。

聚焦战略的管理体系强调整合，强调沟通，强调参与，强调员工创新，强调主动变革，强调奖励与战略相联系，强调核心价值观相一致。

聚焦战略管理体系把所有的资源整合聚焦于战略，取得整体大于部分相加之和的效果，取得整体最优化的效果，取得突破性的业绩。

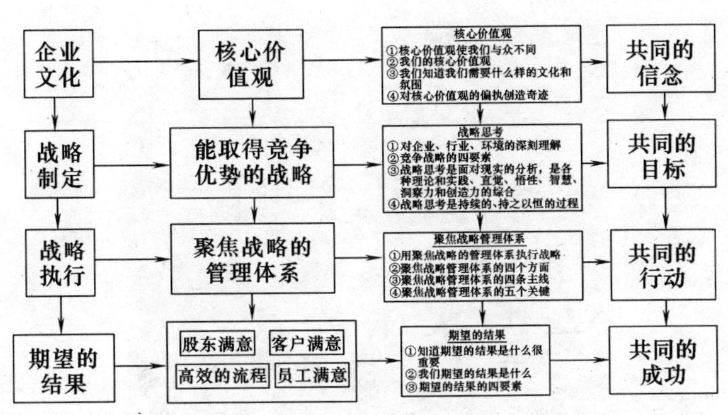

图 2-2　聚焦式企业发展战略管理体系

四、房地产中介经纪机构的文化建设

面对日益成熟的房地产市场，房地产中介经纪机构的企业文化建设无疑是中介经纪机构企业品牌推广的一个重要手段，企业文化建设将有力地推动企业自我营销过程。企业领导层对于企业文化建设的重视和规范化的企业文化倡导是企业文化建设的有力保障。统一的企业形象设计体现在企业的各个方面，包括统一的色彩、统一的标识、统一的店面布置，以及统一的业务用语、统一的公文形式等。

但是应该看到的是企业文化建设并非只是体现在形象方面，形象的统一只是企业文化表现的一个方面，真正的企业文化是渗透在企业管理的每一个毛孔中的，是企业内在品质和企业作风的综合体现。深入人心、形成习惯的企业文化将被企业成员传播到各个角落，会使企业的发展过程变得更加顺畅和自然。

企业文化建设一般包括企业标识、核心价值观、使命、愿景、人才理念、服务理念等。深层次的企业文化建设是一个长期的过程，需要精心的设计和逐步导入。

1. 企业文化中的核心价值观

（1）核心价值观是企业文化的灵魂与性格，是做一切事情的出发点和根本，是企业员工共同的信念，共同认可的深信不疑的原则。

核心价值观使员工有了信任尊重的文化氛围、有了创新变革的勇气、有了挑战性的激情文化、有了合作共赢的文化；使企业有了重视员工发展的文化。

对核心价值观的坚定信仰，对核心价值观的偏执和执行，对违反核心价值观的人和事的零容忍，使企业把核心价值观贯彻在每一个人的一言一行、一举一动中，溶化在每一个人的血液里，体现在战略思考、战略执行和期望的结果中。

(2) 房地产中介经纪机构核心价值观范本。

1) 房地产中介经纪机构核心价值观范本一。

使命般的激情

信任并尊重每一个人

永不满足的挑战精神

鼓励创新，主动变革

创造奇迹的团队精神

共同发展，分享成功

2) 房地产中介经纪机构核心价值观范本二。

与时俱进，服务为本，诚信共享，资产相生。

a. 与时俱进　知变则胜，守常必败，基于时代的需要，我们确认投资行为，并使每一次选择“领先半步”，致力于成为同行业的领导者。

b. 服务为本　投资是一种择时而退的行为，意味着我们随时与社会分享成果，我们将认清市场需求，把投资作为服务纳入规范的数据体系中，使产品因我们的服务提高附加值，从而为社会提供优质产品。

c. 诚信共享　以诚恳积极的态度，承担责任，注重信誉；尊重合作伙伴，并因肯定合作伙伴的利益实现共赢；在互助激励中，实现共享。

d. 资产相生　追求平均利润率，把每一种投资纳入产业的链条中，使资本和产业良性互动，获得稳定收益；向公众展示稳定、长期作业的经济团体形

象。

2. 企业文化中的使命与愿景

企业文化中的使命与愿景是企业发展目标的表达，使员工有追求的动力，通过营造工作使命感提升工作理念的层次，并让员工与企业能共同努力为愿景而奋斗。以下是一些房地产中介经纪机构的企业使命与愿景以供参考。

1）某国内连锁房地产中介经纪机构的企业使命与愿景。

使命　在社会转型期，选择具有时代特征的产业方向，集中整合，以投资的立场，创造财富；谋求员工、股东、合作伙伴、公众的共同发展。

愿景　以国际视野定位，将资本和产业有机融合，建设品质优异的投资集团。

2）某区域连锁房地产中介经纪机构的使命与愿景。

使命　为股东、为社会、为员工创造财富、为客户提供值得信赖的增值服务。

愿景　成为中国企业的先锋、行业第一、行业学习的楷模。

3. 企业文化建设案例

以下是几家不同规模的中介企业的企业文化手册的精华摘取，供读者借鉴。

（1）某国际连锁房地产中介经纪机构的企业文化范本。该中介经纪机构为国际企业旗下的中介业务公司，云集众多资深的房地产行业精英，结合国外资金及专业人才，打造中介行业的国际知名品牌，其企业文化非常重视人才战略，用语较为正式，内涵深远，经营理念创新，使命感强。

1）经营理念。追求卓越，止于至善。

2）立业宗旨。吾等愿藉优质服务、专业知识、群体力量以服务广大群众，促进房地产交易之安全、迅速、合理；并营造良好环境，使同仁获得事业成长与安全；得以适当之利润，维持企业之永续经营与生成发展。

3）经营使命。每一位员工都必须从“对自己负责”开始，进而“对公司”、“对产业”、“对社会负责”，并发挥自己的影响力、“手心向下”，由内而外通过努力分享美德与观念来影响身边每一个人，使员工能影响到其他社会大众，让更多的人成为负责任的人，进而促使整个行业以及社会的和谐、健康发展，构建和谐工作环境。

每一位员工必须有强烈的使命感，不仅把事情做对，更要做对的事情；维护公平、公正的交易秩序，禁止不良的交易手法及习气，进而影响更多的同业也能够成为负责任的公司。

建立一流的企业，拥有一流的人才并组成一个大家庭，每一个人都可以朝

着自己的理想迈进；每个人都拥有内部创业的机会，学习并成功复制成功的管理经验成为行业的典范，进而对社会对国家做出一份贡献。

4）管理信念。在公司内部的管理过程中，一直以下面的序列考虑问题、评判是非：

理念——公司（制度）——主管——责任——荣誉（前后有序，前比后重）。

5）管理方法。在管理上，本着“民主”、“法治”、“高效能”的精神，倡导以“全员参与”的方式进行自主管理，决策时强调由上而下，管理上强调自下而上；提倡“决策前集思广益，决策后贯彻执行”；凡决策产生的规范及准则，上至总经理，下至基层员工都同样遵守，使每位同仁的价值与公司规范臻于一致，进而使整个公司成为一个高贯彻、高执行力且有效能的组织体系及团队。

6）品质政策。“服务无限贴心”（以交易安全为前提，以客户满意为导向）。

没有交易安全，就不可能会有真正的客户满意，因此公司坚持且坚信在交易安全的前提下，才能致力于客户满意的服务方式及内容；在安全的前提下才能致力于最优质的服务品质，而所追求的就是“服务无限贴心”。

任何服务性的行业，其真正的产品就只有服务。公司的核心产品就是服务。既然是为社会大众服务，就一定要服务得彻底、服务得周全、服务得到位；无论是对待买卖双方，还是加盟合作伙伴，或是对内部同仁的照顾，公司都积极秉承这一信条，真正做到“服务无限贴心”。

7）发展策略。以“合作”、“双赢”策略为指导。公司热情欢迎广大有志于共同成就大业的伙伴加盟，并根据不同的情况及需求，推出了委托加盟、特许加盟、区域授权经销三种方式供加盟商选择。

8）加盟理念。分享（人才、信息、平台、品牌、创造）、公平（不分大小、不分新旧、不分阶段、不分区域）、愿景（加盟、区域、品牌）。

公司在房地产中介经纪行业开创新的加盟拓展连锁经营模式，与以往任何一家中介机构不同，公司所有门店一律一视同仁、平等对待，各店利益相关、荣辱与共，彻底颠覆了传统的给加盟店直营店区别待遇的观念。

此外，公司在一个营业区设一个总店，负责管理及支持所属营业店的经营活动，并做好人才的集中培养工作，为各店人才的继续教育、晋阶培训服务，以求人员的知识化和服务的标准化，最终实现树立良好品牌形象的目的，大树底下好乘凉，公司与各门店共同成长。

9）人才理念。现代企业最大的资源是人力资源，房地产业尤其如此；在

用人方面，公司始终秉承“以人为本”、“适合的才是最好的”原则，坚持“教育与训练并重”、“同质化人才”、“开班不开除、用人不留人”的理念，让每个人主动地去自我管理、自我提升；在符合公司要求的情况下，提供给个人内部创业的环境。

（2）某国家连锁房地产中介经纪机构的企业文化范本。该中介经纪机构为全国连锁的大型中介公司，其企业文化突出公司的管理以及公司与员工的共赢理念，追求稳健发展。

1）使命和愿景。

使命：在社会转型期，选择具有时代特征的产业方向，集中整合，以投资的立场，创造财富；谋求员工、股东、合作伙伴、公众的共同发展。

愿景：以国际视野定位，将资本和产业有机融合，建设品质优异的投资集团。

2）核心价值观。与时俱进，服务为本，诚心共享，资产相生。

a. 与时俱进。知变则胜，守常必败，基于时代的需要，我们确认投资行为，并使每一次选择“领先半步”，致力于成为同业的领导者。

b. 服务为本。投资是一种择时而退的行为，意味着我们随时与社会分享成果。我们将认清市场需求，把投资作为服务纳入规范的数据体系中，使产品因我们的服务提高附加值，从而为社会提供优质的产品。

c. 诚信共享。以诚恳积极的态度，承担责任，注重信誉，尊重合作伙伴，并因肯定合作伙伴的利益实现共盈，在互助激励中，实现共享。

d. 资产相生。追求平均利润率，把每一次投资纳入产业整合的链条中，使资本和产业良性互动，获得稳定收益；向公众展示稳定、负责任、长期作业的经济团体形象。

3）服务理念。专业服务、诚信共享、团队协作、稳健发展。

4）信条。

a. 无论何时何地都推崇对工作的持续激情。

b. 偏执是我们热爱事业的唯一选择。

c. 尊重那些视创新与变革为生命的员工，并为他们提供健康的工作环境，有助于成长的培训机会。

d. 保障员工在充分、公正、合理的条件下。

e. 实现就业、晋升和发展，承担员工的家庭义务与社会责任。

f. 坚持年轻化、专业化、制度化、标准化的道路。

g. 坚持领先半步的策略，以保障企业的可持续运营。

h. 信守承诺，管理好我们能够掌握的资源。

i. 合理开发，从而达成员工、合作伙伴、股东、公众的共赢共享。

j. 置身于商业社会的空间，在东方文明的历史中。

k. 实践企业的使命；在友爱、和谐、互动、激励的氛围里，分享财富。

5）经营管理原则。年轻化、专业化、制度化、标准化。

（3）某区域连锁房地产中介经纪机构的企业文化范本。该中介经纪机构为区域型中介公司，其企业文化简朴平白却充满激情，有效地激发员工的工作热情与冲劲。

人生因梦想而伟大，因学习而改变，因行动而成功；学习的速度，决定发展的速度；思想的高度，决定人生的高度。

1）提倡的企业精神。快速高效、令行禁止、以人为本、高度集中、励精图治、自强不息、善抓机遇、居安思危、精诚合作、义利并举。

2）服务宣言

我们秉持“团结，实效，诚信，创新，责任，激情”的经营理念；

我们坚持“真诚、热情，安全、周到，方便，快捷”的服务标准；

我们追求专业化的品质，以客户的高度满意为使命；

我们提供规范化的管理，与员工携手共创人生辉煌；

我们相信沟通的魅力，随时倾听您的建议，了解您的需求；

我们完善每一个细节，让您放心，省心是我们的承诺！为您！真诚到永远！

3）入职誓言。今天我选择挑战，道路充满艰辛，更有无限机遇，我要全力以赴，创造人生奇迹。让我们从现在开始，对人感恩，对己克制，对事尽力，对物珍惜。

4）企业文化口号。我们是一个学习型组织，我们是一个创业型团队；我们有全新的市场概念，我们有创新的服务理念；我们自尊自重，人格完善，我们自立自强，追求卓越。

5）企业文化核心。学习型组织，创业型团队。

6）企业的服务水准。“高品质、高实效”。

7）企业经营理念。团结，实效，诚信，创新，责任，激情。

8）企业发展理念。为客户创新服务，与员工共创辉煌（核心价值观）。

9）企业人才观。以发展来吸引人，以事业来凝聚人，以工作来培养人，以业绩来考核人。

10）企业工作作风。快速，强势。

11）企业的用人原则。用人不疑，疑人不用；不拘一格选拔人才；从基层做起，步步高升；逐级管理，越级检查；逐级汇报，越级投诉；制度面前人

人平等。

12）品牌承诺。我们的客户理应获得房地产经纪机构所能提供的最好的服务，其核心价值是放心，省心。

13）使命和宗旨。客户高度满意，公司稳健成长，从业人员自我价值的实现；与事业伙伴相互提携。

第二节　房地产中介经纪机构考勤管理制度

为了完善公司的管理机制，建立规范化的行政管理，提高行政管理水平和工作效率，使公司各项工作有章可循、照章办事，制度完善严格的考勤管理制度至关紧要。对于房地产中介经纪机构，管理以分店为单位，管理单位多而分散，业务人员较多，外出业务活动也多，严格规范的考勤制度显得尤为重要。

1. 作息时间

（1）总部人员作息时间。

1）总部人员上班时间为9:00～18:00（12:30～13:30为午餐时间，18:30～19:30为晚餐时间）。

2）总部人员周一至周五工作，周六或周日轮休一天。

（2）分行人员作息时间。

1）工作时间。每周工作日为7天，工作时间为9:00～21:00，实行轮值轮休工作制。早班时间09:00～17:00，秋冬季节晚班时间12:00～20:00，春夏季节晚班时间调整为13:00～21:00。对各区域分行实行人员轮休制度，但必须保证区域分行正常营业。

2）分行员工休息时间安排：

a. 置业顾问正常休息时间为每周一至周五选择休息一天（节假日除外）。

b. 秘书正常休息时间为每周除广告日及双休日外可选择一天休息（节假日除外）。

c. 经理正常休息时间为每周除广告日及双休日外选择一天休息（节假日除外）。

2. 考勤设置

（1）全勤。按公司规定的标准作息时间出满勤。

（2）迟到、早退规定：

1）工作时间开始至30分钟以内到达工作地点或提前离开工作地点的行为视为迟到、早退。

2）超过30分钟到达工作地点或提前离开工作地点的视为严重迟到、早退。

3）午、晚餐时间为 1 小时，1 小时未归视为迟到。

（3）旷工规定：旷工最小计量单位为半天。迟到或早退 30 分钟以上、半天以内，视为旷工半天。

1）未经请假或请假未被批准的，或假期已满未经续假而擅自不到岗者以旷工论。

2）伪造出勤记录、提交虚假证明者，一经查明属实，均以旷工论。

3）对未经上级主管批准擅自离岗的行为按旷工论处，业务人员外出处理业务需填写外出登记表，否则视为旷工。

3. 考勤执行

（1）员工上班、下班均需要亲自打卡，不得请人代打卡，不得代他人打卡。

（2）员工迟到仍须打卡，总部由前台文员负责监督，分行由分行秘书和分行经理负责监督；公司总部随机抽查。

（3）考勤管理由行政部负责，各部门经理配合执行；每月考勤以自然月计算，次月 1 日，各分行文秘及总部考勤负责人仔细核对打卡情况，填写《考勤汇总表》，并将原始打卡记录、《考勤汇总表》、《员工请假单》一起交至公司行政部。

（4）考勤须按时统计，迟报、错报、不报按照《工资核算管理细则》处理。

（5）考勤由行政部实施监督检查，发现弄虚作假者加重处罚。

（6）行政人员应于每日检视考勤表，遇异常状况或违规事情，应立即主动签办。职员出勤情况，行政人员每月编制统计表各两份，一份送财务部门核计薪资加扣，一份公布，限 1 日内接受更正申请。

4. 请假制度

（1）请假规程。员工请假均应填写《员工请假单》说明理由并严格执行审批手续。根据员工请假期限，需各上级主管批准生效，同时报人事部备案，具体如下。

高级经理以上（含高级经理）人员请假，须报上管领导批准；请假超过 3 天，应呈请总经理批准。其余人员请假须按以下要求批准：请假 1 天的，需报请店长或直接主管批准；请假 2 ~ 3 天的，需报请主管高级经理批准；请假 3 天以上需报请公司副总经理批准。

（2）事假。员工因处理私事不能出勤可休事假；试用期内通常不可请事假，特殊情况需要请事假，填写《员工请假单》经部门经理批准后，报人事

部（记录后假单转行政部）延长试用期。

1）员工休事假应事先填写《员工请假单》，注明请假类别，经主管经理同意批准并把工作交代清楚后可休事假。

2）遇特殊情况，无法事先填写《员工请假单》的，应事先电话向主管经理请假，并由主管经理向人事部说明，由请假人于事后一天内补填《员工请假单》，否则将按旷工处理。

3）请假的最小单位为2小时，不足2小时的按2小时计，超过2小时不足4小时的按半天计，超过4小时的按1天计。事假不带薪。员工全年累计事假不得超过15天，超过15天的作待岗处理。

4）员工请事假2天以内（含2天）需经部门经理批准；3天以上5天以内（含5天）需经区域经理批准；5天以上为长假，经部门经理、区域批准后，提交人事部审批。业务人员长假最长时间为30天（含周六日连续计算），非业务人员长假最长为15天（含周六日连续计算）。

5）经理人请事假2天以内（含2天）需经上级主管经理批准；3天以上5天以内（含5天）需经总经办批准；5天以上为长假，需要总经理特批。

6）员工请事假期间不计发薪资，事假期间的薪资＝请假天数×（薪资总额÷月额定工作日数）。

7）因公参加社会活动、赴外地出差，依所在单位相关规定履行审批程序并报人事部门备案，视为正常出勤。

（3）病假。员工因病不能正常工作可休病假。

1）正式员工每月可有一天（次）有薪病假，超过一天（次）不享有薪资。

2）病假须由区级或以上医院出具病假证明，连同填好的请假单在月末考勤申报时交行政事务审核；无请假单或病假证明的，不予确认病假。

3）如突发疾病应当电话向部门经理说明情况，并于病愈后第二天持区级或以上医院病假证明连同填好的请假单办理补假手续。

4）病假一般不可预支及累积，若员工大病（住院等），可凭住院证明享受本人以前未休之有薪病假，但最高不超过12天；超期病假可从年假中扣除，不足的天数不计发薪资。

5）请病（伤）假须于上班前或不迟于上班时间后15分钟内，致电所在部门负责人及人事部门，且应于病（伤）假后上班第一天内，向单位提供规定医疗机构出具的建议休息的有效证明。

（4）婚假。达到法定婚龄的正式员工因结婚不能出勤可休婚假。

1）员工休婚假需出示《结婚证书》，并填写《员工请假单》，经部门经理

同意并安排好工作，由人事部审核后方可休假。

2）员工户口不在本市而不能出示《结婚证书》时，需提前一周申请并填写《员工请假单》，经主管经理同意并把工作安排好后再休假，事后出示《结婚证》的按婚假处理，否则按事假处理。

3）员工延迟休婚假的时间最迟不得超过《结婚证》所记载时间的两个月。

4）员工休婚假给假3天，符合国家晚婚规定（男25周岁，女23周岁）增加假期10天。

5）员工休婚假期间计发薪酬。员工休婚假超假时间按事假处理。

（5）丧假。员工因直系亲属（父母、配偶、子女）死亡不能出勤，可休丧假。

1）员工休丧假需填写《员工请假单》经主管经理同意并将工作安排好由人事部审核后可休假。

2）员工休丧假事先未能办理请假手续的应在事后上班第一天内凭亲属死亡证明复印件补填《员工请假单》，否则按事假处理。

3）员工休丧假给假3天。

4）员工休丧假期间计发薪酬。

5）员工休丧假超假时间按事假处理。

（6）产假。符合国家计划生育政策且被正式聘用的女员工因生育子女不能出勤可休产假。

1）员工休产假需提前一个星期凭生育指标和结婚证填写《员工请假单》，经部门经理同意，并将工作安排好由人事部审核并报总经理同意后方可休假。

2）怀孕期间，每月可享受1天孕期检查假，该假为有薪假。

3）员工休产假事先未能办理请假手续的，应在生子女后3天内委托他人补填《员工请假单》，否则按事假处理。

4）员工休产假享受90天产假，产假期间按本市社会保障标准计发薪资。

5）员工休产假超假时间按事假处理。

（7）休假制度。员工无论申请哪类休假，都须填写休假申请单，经总经理批准报店务登记后方可休假。

1）双休日。因公司经营特点，每周公休日只有一天，员工可根据分组情况在星期六或星期日休息，也可在正常工作日内调休，员工经总经理批准后每次集中调休最多可连休两天。

2）节假日。国家规定休息的节假日根据店内情况适当休息（采用值班制）。

（8）加班。如因工作需要，可于办公时间以外指示员工加班，被指示员工除因特殊情况经主管领导批准以外，不得以任何理由拒绝。

1）员工在标准作息时间以外，为完成超出本职工作以外的工作任务而延长的工作时间计为员工在标准作息时间以外，因完不成正常工作业务而延长的工作时间不计加班。

2）基本原则。公司不提倡加班，员工在上班时间内应高效率工作，按时完成当天的工作任务。确有需要加班的，原则上以补休为主，待工作条件允许情况下由部门安排补休，确因工作需要不能调休的计发加班费。

3）确认加班手续。由加班员工填写加班申请单，经部门经理确认，由人事部批准后报交行政部在考勤统计列明，以此作为调休或计发加班费的依据；不填写《加班申请单》或未经批准的加班一律不计发加班费；前台文员中午加班按照其打卡记录由行政部确认。

4）加班时间核算。员工加班时间均按实际加班时间计算，一般情况下，一个月最高不超过36小时。一般加班按小时工资计算加班工资，节假日加班给假日工资，但假日加班时间未满8小时，按一般加班处理。

（9）请假注意事项。

1）凡未经准假而擅离职守或未经批准续假而缺勤者（除有特殊事件发生如意外伤害、突发急病等事件，并于事后3天内依规定办理请假手续者之外），其他一律以旷工处理。

2）员工请假如发现有虚伪事情者，除以旷工论处外，并依情节轻重予以惩处。

3）请假理由不充分或有碍工作时，其主管可视情况不予准假，或缩短假期或延期请假。

4）员工请假时应由部门主管和本人安排好其负责工作，因请假而耽误工作时，请假人、接手人和其主管均负有责任，公司将视情况予以追究。

5）事假须提前一天申请，病假须于请假当天上班时间之前申请方为有效，工伤假及病假超过3天者，应附医院医师诊断证明。

（10）其他。

1）非因工重病且在短期内不能恢复经医师证明属实者，可视其病况，报请总经理批准延长其病假，最多3个月。

2）非因工受伤或意外事故经逾期提出有力证明者可请总经理批准，最多15天。

（11）考勤处罚。

1）考勤处罚按表2-1执行。

表 2-1 考勤处罚

<table>
<tr><th colspan="3">迟到或早退</th><th>旷工(含计为旷工的迟到)</th></tr>
<tr><td>第一次</td><td>第二次</td><td>第三次</td><td rowspan="2">按旷工时间(最小半日)工资×3</td></tr>
<tr><td>30 元</td><td>60 元</td><td>按旷工计</td></tr>
</table>

另外，会议培训迟到或早退处罚 20 元/次，会议培训活动缺勤处罚 80 元/次。业务经理及以上职级按双倍执行，差勤扣款由公司统一执行、统一管理，使用方向以业务激励费用为主，返还区域分部自行处理为辅。

2）上、下班忘记打卡（公事外出不在此限），签卡次数达到三次及以上，每次罚款 20 元。

3）无故没有打卡但又欺骗领导为其签卡，罚款 100 元。

4）代他人打卡或由他人代打卡，当事人双方均罚款 100 元。

5）秘书代他人打卡罚款 100 元；经理人代他人打卡罚款 200 元。

6）上班后在分行吃任何东西或打卡后、过吃饭时间（中午 12:30～13:30 点；下午 18:30～19:30 点）后又出去吃早餐、正餐罚款 20 元；上班时间在岗位上睡觉罚款 100 元，并按自动离职处理；在分行室内抽烟的罚款 500 元。

7）外出不进行登记罚款 10 元；登记不具体、详细或返回 10 分钟后无记录罚款 10 元。

5. 考勤管理制度范本

以下是房地产中介企业的整套考勤管理制度范本，供读者借鉴。

（1）考勤记录。

1）考勤记录以刷卡记录为主，以考勤员统计为辅。

2）公司除总经理、副总经理以外，其余员工上、下班必须亲自刷卡以记录上、下班时间，不得代他人和委托他人刷卡。

3）因公外出不能按上、下班时间刷卡的员工，须根据计划安排提前一个工作日填写《员工外出登记表》，由直属主管批准、监督。临时性工作或突发性事件导致不能按时履行手续者，则须于正式回到公司当日补齐手续。

4）《员工外出登记表》是考勤登记表的有效组成部分，员工外出必须认真填写时间、事由等内容，以备检查。

（2）监督与管理。

1）分行秘书是各店的考勤管理员。

2）考勤员应按时整理出勤资料，按月统计缺勤次数及其累计时间，如有连续旷职 2 日或请假手续不全或违反打卡规定者，应即呈请人事助理核办，不得留至月终再处理。

3）每月27日前，人事助理负责汇总当月的考勤记录以及核准各种假条，以保证工资如期发放。

（3）工作时间及加班。

1）考勤记录周期为每月26日至次月25日。

2）人事部、行政部、财务部、网督部、业务部员工每天办公时间为9:00~17:30（午餐时间12:00~13:30）。每周休息实行轮休制。

3）分行上班时间为冬季周一至周日9:00~20:00；夏季9:00~21:00。午餐时间由分行自行安排。员工实行轮休制。

4）具备下列情况之一者，可组织加班。

a. 在法定节假日，为保证公司业务不中断而安排的值班。

b. 公司发生重大事件或进行重大活动时。

c. 为应付公司发生的其他意外事件时。

5）公司在节假日组织的文体活动不计为加班。

（4）迟到、早退、旷工。

1）迟到。在规定上班时间后30分钟以内刷卡到岗者视为迟到。

2）早退。在规定下班时间前30分钟以内刷卡离岗者视为早退。

3）旷工。

a. 不经请假或请假未准而不到岗位者。

b. 请假期限已满，未续假或续假未准而不到岗位者。

c. 不服从工作调动、分配，不按时到工作岗位者。

d. 迟到、早退超过30分钟，且无充分理由办理补假手续者（迟到、早退30分钟至1小时为旷工半天，1小时以上为旷工1天）。

e. 请假原因不属实者。

（5）休假申请。

1）员工请病、事假必须提前一个工作日，其他休假须提前3天（丧假例外）。

2）员工休假应填写《请（休）假申请单》，亲自递交本部门直属主管，经批准后方为准假；因特殊情况（如生病）来不及事先请假时，须于当日上班1小时内电话或用其他有效方式向直属主管领导请假，并于两个工作日内到公司办理请假手续，经有关手续批准后方为准假，否则按旷工处理。

3）审核权限（见表2-2）。

表2-2 休假审核权限

职别	请假日数	核决主管				备注
		分行经理	部门经理（区域经理）	副总	总经理	
置业顾问、客户经理	1天(含)以内	决				
	2~5天(含)	审	决			
	5天以上	审	审	决		
分行经理、主管级(含)以下人员	1天(含)以内			决		
	2~5天(含)			决		
	5天以上				决	
经理级以上人员	1天(含)以上				决	

（现阶段公司未设区域经理一职时，该职位权限转至副总经理行使职权。）

4）病、事假以外的假期，员工休假须经人事部经理审核批准，总经理批准后方可休假。

5）所有员工请假，在获得批准的当日均需由直属主管上报人事部备案。未在人事部备案的员工休假，人事部一律按旷工计。

6）人事部一旦获知员工休假，逾期未归，将做电话跟踪了解实际情况，经与主管商议，公司有权选择辞退或续假处理。

7）各级主管对所属人员之考勤应严格督查执行。如有不照规定手续办理或其他隐瞒蒙混事情，一经查明应受连带处分。

（6）各种假期规定。

1）法定假。员工每年享受国家规定的10天法定节日。

元旦 全体放假1天（1月1日）。

春节 全体放假3天（正月初一、初二、初三）。

劳动节 全体放假3天（5月1、2、3日）。

国庆节 全体放假3天（10月1、2、3日）。

2）年假。

a. 在公司工作满一年的正式员工，每年可享受带薪年假。年假可冲抵当

年病、事假。年假当年有效。

b. 工作1年以上的，每年7天；工作3年以上的，每年10天；工作5年以上的，每满1年加1日，但休假总数不得超过20日。

3）病假。

a. 员工请病假必须持区级以上医院诊断证明或急诊证明。员工病假期满尚未痊愈，须及时上交有效病休证明申请续假，否则按事假处理。

b. 扣薪标准　基本工资/当月应出勤天数×病假天数×50%+日岗责工资/当月应出勤天数×病假天数×50%+饭补6元/日。

4）事假。

a. 员工因有要事需本人处理时，可申请请事假。

b. 扣薪标准　基本工资/当月应出勤天数×事假天数×150%+日岗责工资/当月应出勤天数×事假天数+饭补6元/日。

c. 拿取定额工资人员，当月累计事假超过10个工作日以上者，只发放基本工资。

5）旷工。

a. 扣薪标准　基本工资/当月应出勤天数×旷工天数×200%+日岗责工资/当月应出勤天数×旷工天数×200%+饭补6元/日。

b. 月累计旷工3天（含）以上，公司予以开除处理。

6）公假。

a. 凡因下列情况需占用工作时间者视为公假：

（a）在公司工作满1年的女员工怀孕定期检查，须持医院证明。

（b）开家长会，须持有学校或幼儿园开会通知函。

（c）出庭作证，须持有法院传票。

b. 公假视同出勤，每次准假半天。

7）婚、丧假。

a. 婚假。

（a）正式员工在公司工作期间领取结婚证的正式员工有权享受婚假。本人须持《结婚证》向主管领导申请婚假，经批准方可休假。

（b）达到国家规定结婚年龄者婚假为3天，达到晚婚年龄者（男25周岁，女23周岁）婚假为10天；

（c）婚假须于《结婚证》登记之日起12个月内申请有效。婚假须一次性连续休完，遇节假日、公休日不顺延。

（d）婚假扣薪标准　当月基本工资的10%+饭补6元/日。

b. 丧假。

（a）直系亲属亡故（父母、岳父母、公婆、配偶、兄弟姐妹、子女）准丧假3天。

（b）社会关系亡故（祖父母、外祖父母）准丧假1天。

（c）核销丧假需持死亡证明。

（d）丧假扣薪标准。当月基本工资的5% +饭补6元/日。

8）怀孕期检查假、产假、哺乳假。

a. 孕期检查假。

（a）在公司工作满1年的员工怀孕期间到医院定期检查时，须持医院证明主管领导批准。每次检查准假半天，视为公假。

（b）在本公司工作未满1年的员工怀孕期间到医院定期检查，不享受此公假，按事假计。

b. 产假。

（a）在公司工作的怀孕员工可享受90天产假。

（b）在公司工作满1年的怀孕员工，产假期间发放基本工资。

（c）在公司工作未满1年的怀孕员工，假期内仅发基本工资。

c. 哺乳假。

（a）在公司工作满1年的怀孕员工生育后，每天工作8小时者可享受每天1小时的带薪哺乳假。

（b）在本公司工作未满1年及每天工作不满8小时的怀孕员工生育后不享受哺乳假，如需请假，按事假计。

6. 考勤管理表格范本

（1）请假条范本（见表2-3）。

表2-3 请 假 条

姓　　名		部　　门		职　　位	
转正时间		请假时间			
请假事由					
前3个月业绩（请长假提供）	月		月		月
请假天数(请假单位为小时的则需以请假小时数除以8,单位转换为天)：　天					
以上包括	□病假　天	□事假　天	□婚假　天	□丧假　天	
			□年假　天	□调休　天	
审批	部门经理		人事部	总经理	

（2）业务人员外出登记表范本（见表2-4）。

表2-4　业务人员外出登记表

日期	姓名	分行				____分行				备注
		到达时间	分行经理确认	离开时间	营业经理确认	到达时间	营业经理确认	离开时间	营业经理确认	

第三节　房地产中介经济机构员工礼仪管理制度

礼仪礼节是塑造个人形象、企业形象的重要手段，既体现员工对企业的基本态度，又反映了一个企业的水准和层次。学习礼仪礼节已经成为提高企业形象的必要条件，成为现代企业竞争的附加值。为了提高员工综合素质，完善形象，创造亲和力，增加美誉度，增加企业市场竞争力，良好的礼仪礼节是公司每一位员工应该遵守的规范。

一、房地产中介经济机构员工仪容仪表管理制度

仪容仪表整体要求大方得体，精神饱满，充满活力，整齐清洁，符合工作需要。

1. 男员工仪容仪表规定

（1）头发。干净无异味，不漂染异色，不留怪发型，不许留长头发或光头，要求前不过眉，侧不过耳，后不过领，梳理整齐，不要使用过多定型产品。

（2）手。不许留长指甲，保持指甲清洁，适当擦护手霜，保持手的湿润与柔软。

（3）面容。胡须每天修剪，不得留胡须，保持脸部清洁，男员工应涂护肤用品，不得使脸上皮肤干涩或油亮。

（4）体味。保持个人卫生，上班前及上班期间不喝酒，不能有烟味、异味、口臭、不吃带有异味的食品，抽烟或有口臭者要常用口香糖保持口气清新。身体不能有异味或过于浓烈的古龙水香味。

（5）着装。

1）上装。白色或浅色衬衣，衣服袖口不能卷起，衬衣袖口必须扣起，领子与袖口不得污秽；保持整洁平整无皱折，无掉扣开线处，冬季西装外套扣紧不敞怀；上衣与裤子，领带应相配，衬合时节；冬天可穿大衣，但在室内或正式场合不宜穿过分臃肿的服装。

2）领带或领结。公司可统一领带或结。外出或要在众人面前出现前，应注意检查，领带要长度适中，长度盖过皮带扣；扎结规范、美观，不得歪斜松弛，更不得肮脏或破损不堪；领带夹应在衬衣自上而下第四个扣子处。

3）下装。深色西裤，裤子烫直，折痕清晰；口袋整理服帖，不放过多的东西，以免破坏整体形象。

4）鞋袜。黑色、深蓝色不透明的短中筒袜，一律穿黑色皮鞋，要亮泽且洁净，如有破损应及时修补，不得穿休闲鞋、旅游鞋、运动鞋或带钉子的鞋，夏天不得穿露趾凉鞋。

5）配饰。上班期间统一按规范佩戴工作牌在左胸显眼处，保持不歪不反。

2. 女员工仪容仪表规定

（1）头发。头发要经常清洗，保持整齐、干净、无头屑；有自然光泽，不许烫怪异发型或挑染红、绿、黄等特殊颜色；遮眼遮脸，发型大方得体，不戴夸张头饰。

（2）手。无过多饰物，指甲不得过长，须经常修剪，保持干净，没有多余的手指死皮，适当擦护手霜，保持手的湿润与柔软；女性职员涂指甲油必须是无色或淡色的。

（3）面容。每天保持面部清洁，女性员工上班着淡妆，施薄粉、描轻眉，唇浅红，不得浓妆艳抹，保持自然肤色，给人清洁健康的形象。

（4）体味。注意个人卫生，身体、手部保持清洁，勤洗澡，无体味。上班前不吃异味食物，保持口腔清洁。上班时不在工作场所内吸烟、不饮酒，以免散发烟味和酒气，不宜用香味浓烈的香水。

（5）着装。

1）上衣。白色或浅色衬衣，衣服袖口不能卷起，衬衫袖口扣起，领子与袖口不得污秽；保持整洁平整无皱折，无掉扣开线处，西装外套扣紧不敞怀，上装与下装相配，符合时节；冬天可穿外衣，但在室内或正式场合不宜穿过分臃肿的服装。

2）下装。夏季深色西装裙，冬季为深色西装裤。不可擅自改变制服大小或形式，裙子不能过短，长度适中保持在膝盖以下；裤子烫直，口袋整理服帖，不放过多物品以免破坏整体形象。

3）鞋袜。根据服装颜色搭配朴素色调皮鞋，鞋底、鞋面、鞋侧保持清洁，鞋面要擦亮，以黑色为宜，无破损，勿钉金属掌，禁止着露趾凉鞋上班。着裙装须着肉色丝袜，禁止穿着带花边、通花的袜子，无破洞，袜筒跟不可露在外。

4）配饰。上班时间需将工作牌统一按规范佩戴，一般佩戴在左胸显眼处，挂绳式应正面向上挂在胸前，保持清洁、端正。可佩戴精致和谐的小饰品，如点状耳环、细项链等，不得戴过于夸张和耀眼、怪异的首饰，不得佩戴三件以上的首饰或过于华丽的饰物。

二、房地产中介经纪机构员工办公活动礼仪管理制度

1. 办公场所环境标准

（1）所有办公场所必须保持干净整洁，禁止摆放与工作无关的个人用品（如餐具、玩具、装饰品等），每天至少做一次保洁，做到窗明几净，地面无污物，桌面无灰尘。

（2）办公用品摆放整齐，桌面不得堆放与手头无关的办公用品，个人办公桌及文件柜至少一个月清理一次，无价值或价值不大的东西一律丢弃。

（3）接待桌所应为客户准备好笔、涂改液、印台等必要用品。

（4）所有办公场所月末最后一天（遇假日顺延）进行一次大扫除。

（5）办公场所的电话应保持通畅，个人私事用线路一次不得超过 3 分钟。

（6）办公室用品摆放规范。

1）办公桌。桌面除公司购置案头用品及计算机外无其他物品。

2）辅桌。放置文件盒、笔筒、书籍外，不准放其他物品。

3）坐椅。靠背、坐椅一律不能放任何物品，人离开时将椅子放于桌下。

4）计算机。桌前呈 45°角贴墙放置，主机置桌面下。

5）拖柜。置办公桌下左角或辅桌后部，面朝办公椅。

6）垃圾篓。置辅桌后。

7）饮水机。放指定地点，不得随意移动。

8）报刊。必须上报架，或阅完后放入办公桌内。

9）外衣手袋。请置挂于是衣帽间或柜子内，严禁随意放在办公桌椅及地柜上。

2. 公共区域礼仪

（1）非工作原因不得在公共区域停留，行走时快捷、右行、姿态挺拔、目视前方。上下楼梯时，不抢上抢下、不打闹说笑。外出时工作时要告知上一级主管领导。

（2）乘坐电梯时不拥挤在近门处，堵塞路口，不争先恐后；应面朝门的方向站立，依序进出；与客人一起搭乘电梯时，应为客人按键，并请其先进出电梯，即使电梯中的人都互不认识，站在开关处者，也应做开关的服务工作，等待即将快步到达者；禁止在电梯内吸烟。

（3）走通道、走廊时要放轻脚步。无论在自己的公司，还是在被访问的公司，在通道和走廊里不得一边走一边大声说话，更不得唱歌或吹口哨等；遇到上司或客户要礼让，不能抢行。

（4）出入房间要礼貌。进入房间，要先轻轻敲门，听到应答再进；进入后，回手轻轻关门，不得用力粗暴；进入房间后，如对方正在讲话，要稍等静候，不要中途插话，如有急事需打断说话，也要等待机会，而且歉意地说声：“对不起，打扰一下你们的谈话”。

3. 使用公共设备礼仪

（1）借阅公司资料和文件，填写借阅登记表；使用资料、文件时，必须保护资料和文件完好，不批划、涂改、污损，不对其进行撕扯、割页；使用完毕后，应立即归还，以免丢失。

（2）使用传真机、复印机，应按先后顺序。当有一份很长的传真需要发时，而轮候在你之后的同事只需传真一两页时，应让他先用；在公司里不得发私人传真稿件。如果遇到传真纸用完时，应及时更换新传真纸；遇到传真机出故障，应及时找出原因，处理好再离开，如不懂修理，就请别人帮忙，不要把问题留给下一个同事；使用完毕后，不要忘记将原件拿走，以免丢失原稿造成工作不便。

（3）使用计算机前，应学会正确的操作方法，如不会使用及时请求别人帮助；注意保养计算机，计算机硬件部分要保持整洁，键盘、屏幕要擦拭干净，确保正常运转；不准在计算机上安装与工作无关的软件、系统，桌面（屏幕）须保留原系统设置，经常杀毒，维护计算机的安全操作和使用环境；不得在工作时间内玩计算机游戏或用计算机做与工作无关的事。

（4）办公用品设置一定要做到整齐、美观、舒适、大方，各种物品要分门别类，与工作无关的物品，一律清除。桌面定置要求（仅供参考）中上侧摆放台历或水杯、电话等，右侧摆放文件筐（盒）、等待处理的管理资料，中下侧摆放需马上处理的业务资料，左侧摆放有关业务资料。

（5）公司的物品须爱惜，不能随意损坏，挪为私用；及时清理、整理账簿和文件、对墨水瓶、印章盒等盖子使用后及时关闭；借用他人或公司的东西，须事先征得对方同意，使用后及时送还或归放原处；未经同意不得随意翻看同事的文件、资料或接听他人手机。

（6）工作椅定置标准：人离开办公室（人仍在办公楼内），座位原位放置；人离开办公室短时，座位半推进；超过4小时或休息，座位完全推进。

4. 办公室交往礼仪

（1）业务形象礼仪。在办公室员工应保持优雅的姿势，具体要求如下。

1）站姿。以立姿工作的员工，应时刻保持标准的站立姿势，两腿直立、两脚自然分开与肩同宽、两眼平视前方、两手自然下垂，挺胸、收腹。禁止双手交叉抱胸或双手插兜、歪头驼背、依壁靠墙、东倒西歪等不良行为。

2）坐姿。以坐姿工作的员工，应时刻保持端正的姿势，大腿与上身成90°、小腿与大腿成70°～90°、两腿自然并拢，不盘腿、不脱鞋，头不上扬下垂、背不前俯后仰、腿不搭座椅扶手。

3）走姿。员工在工作中行走的正确姿势，平衡、协调、精神，忌低头、手臂不摆或摆幅过大、手脚不协调、步子过大、过小或声响过大。

4）行走。员工在工作中行走一般须靠右行，勿走中间；与客人相遇时要稍稍停步侧身立于右侧，点头微笑，主动让路。

5）眼神。员工眼神在与客户交流时，要用诚信的目光注视对方，不要长时间盯着对方的眼睛，注视时可把目光停留在对方的眼与嘴之间。交谈时，员工不能低头不理客户或左顾右盼及做其他事情，这是对客户的不尊重。

6）微笑。微笑是一种健康文明的举止，通过微笑表达美好情感。

7）说话。语言表达要亲近、随和，要经常注意语气、语调及语速，让对方感到舒适。

8）严格禁止不良举止。

a. 随便吐痰。

b. 随手扔垃圾。

c. 当众嚼口香糖。

d. 当众挖鼻孔或掏耳朵。

e. 当众挠头皮。

f. 在公共场合抖腿。

g. 当众打哈欠。

h. 当众整理个人服装。

i. 当众化妆。

（2）交谈礼仪。

1）称呼。注意对客人的称呼礼仪，男性称呼“先生”、未婚女性呼“小

姐”、已婚女性“太太”、“夫人”，如无法断定对方婚否，则可称呼为“女士”。老年人称呼视地区习惯（尊重和礼貌的方言）。对儿童可称呼为“小朋友”。

2）礼貌语言。

a. 使用10字礼貌语　您好、请、对不起、谢谢、再见。

b. 接受别人的帮助或称赞，应及时致谢，因自身原因给对方造成不便，应及时致歉。

c. 禁止用“喂”招呼客人，即使客人距离较远。

3）表达真诚。

a. 真诚的眼睛　坦荡如水，平静地注视，不可躲躲闪闪或目光垂下不敢直视。

b. 真诚的举止　自然，大方，从容不迫，举手投足一副安然之态。

c. 真诚的微笑　如一缕温馨阳光，充满暖意。皮笑肉不笑，故意挤出的笑，都缺少真诚。

d. 真诚的称赞　称赞别人要发自内心，是心灵之语，否则就属于奉承的范畴了。

e. 真诚的握手　握手是否显得真诚在于握手的轻重，握得太重太轻都不礼貌；恰到好处的握手，要大方地把右手伸出去，手掌和手指全面地接触对方的手。

4）待人微笑。应该笑的真诚、适度、合时宜，把对方看作是自己的朋友或兄弟姐妹，自然大方、真实亲切，表现出自信、真诚、友善、愉快的心态，制造出明朗而富有人情味的工作或谈判气氛；发自内心的真诚微笑要做到笑到、口到、眼到、心到、意到、神到、情到，要适度；不得随心所欲，随便乱笑，不加节制。

5）谈话内容的礼仪。和客户谈完工作之余，少不了要寒暄几句，在这种场合谈话的内容必须加以注意，避谈宗教、政治、民族性的话题，避谈不健康的话题；避免询问他人穿着、饰物等之价格以及年龄、收入、婚姻状况、健康状况、经历等，可以适当地对他人的打扮，容貌，学识加以赞美，但应适可而止不可太夸张。

6）与人交谈保持适当距离。在说话时必须注意保持与对话者的距离。一般保持一两个人的距离最为适合，既让对方感到有种亲切的气氛，又保持一定的“社交距离”；同时要恰当地称呼他人，对有头衔的人称呼他的头衔；对于知识界人士，可以直接称呼其职称，但对于学位就不能作为称谓来用（除了博士外）。

7）商业交谈10不准。

a. 不得居高临下。平等地和别人交谈，切不可给人“高高在上”的感觉。

b. 不得自我炫耀。交谈中，不要炫耀自己的长处、成绩，更不要拐弯抹角地为自己吹嘘。

c. 不得心不在焉。听别人讲话的时候，思想要集中，不要左顾右盼，或面带倦容、连打呵欠；或神情木然、毫无表情。

d. 不得口若悬河。如果对方对你所谈的内容不懂或不感兴趣，不要不顾对方的情绪，始终滔滔不绝。

e. 不得搔首弄姿。和别人交谈的时候，姿态要自然得体，手势要恰如其分。切不可指指点点，挤眉弄眼，更不要挖鼻掏耳，给人以轻浮或缺乏教养的印象。

f. 不得挖苦嘲弄。他人在谈话时出现了错误或不妥，不应嘲笑，也不要对交谈以外的人说长道短。

g. 不可言不由衷。对不同看法，要坦诚地说出来，不要一味附和，也不要胡乱赞美、恭维别人，令人觉得不真诚。

h. 不得故弄玄虚。本来是习以为常的事，切莫有意说得神乎其神，语调时惊时惶、时断时续，故弄玄虚。

i. 不得冷暖不均。当和几个客户一起交谈时，不要按他人的身份而区别对待，热衷于与某些人交谈而冷落另一些人。

j. 不得短话长谈。切不可把一小问题展开无止境地长谈，浪费客户的宝贵时光。要适可而止，提高谈话的效率。

8）办公语言规定。

a. 交往语言：您好，早晨好，您早，再见，请问，请您，劳驾您，谢谢，拜拜。

b. 电话语言：您好，请问，谢谢，再见。

c. 接待语言：您好，请稍候，我请示一下，请坐，对不起，请登记，我马上去联系，打扰您一下，好的，行。

9）其他交谈礼仪。

a. 公司内与同事、领导须先打招呼，距离较远时，一般点头致意，不可大声喊。距离较近或者侧身而过，可以说声“您好”，别人向你说“您好”时，你也应立即回答“您好”。

b. 需要握手时，用普通站姿，要热情，面露笑容，注视对方眼睛，避免目光游离，伸手动作要热情大方，态度要自然，握手时脊背要挺直，不弯腰低头，不卑不亢；握手的时间通常是3～5秒钟，时间过长或过短都不礼貌；握

手时应该伸出右手，不得将另一只手放在口袋里；握手的次序，应为领导者、年长者、身份高者、女同志、主人先伸手，待他们伸手后再握手。

c. 在办公室里对上司和同事都要讲究礼貌，“您好”、“早安”、“再会”之类的问候语要经常使用。同事之间不能称兄道弟或乱叫外号，而应以姓名、职位相称，对上司和前辈应用其职务或“先生”来称呼。

d. 尊重女同事，不得同女性职员拉扯、打闹。在工作中要讲男女平等，行为要检点。不得在办公室里吸烟，更不能在公众场合化妆。需要吸烟或化妆，则应去专用的吸烟室、化妆间或洗手间。

e. 工作时间，不得随意离开办公桌，不得看书报、吃零食、打瞌睡，要避免口衔香烟或口香糖四处游荡，不得与同事谈论薪水、升降或他人隐私。

5. 前台接待礼仪

（1）仪容仪表。

1）坐立行走端庄自然，保持良好的精神风貌语言清晰、礼貌，声音柔和、亲切，面带微笑。

2）迎送同事上下班着规定制服，制服整洁无破损污染，言行举止大方得体，面带微笑，每日上午上班时间以站姿面带笑容向上班人员示意问候：“早上好”；下午下班时间以站姿目送上班人员离去，并说“再见”。

（2）电话接听。

1）电话在三声内接听，先说：“您好，××地产总部”，待来电者报上转接号码后说：“请稍候”，并立即转接。

2）如转接电话占线，应说：“您好，先生/小姐，电话占线，请稍后打来。”转接电话无人接听，应说：“您好，总机，电话无人接听，请您稍后再拨。”如对方要求转接其他人，再请其稍候再转接相关人员。

3）接到长途呼叫要求，应及时与被呼叫方联系，并做好长途呼叫记录。接通长途呼叫方电话时，应对被呼叫方说：“您好，这里是××长途，请稍等。”并将其电话迅速转接致呼叫方，如遇忙或无人接听时应及时通知要求呼叫者。

（3）访客接待。

1）当有客人来访时，应面带微笑起身，热情、主动问候：“您好，有什么可以帮到您吗？”

2）与客户沟通时，需起身站立、身体略微前倾、眼望对方，面带微笑，耐心地倾听客人的来意，根据客人的需求予以安排。

3）对客人的咨询，应细心倾听后再做解答，解答问题要耐心，不能准确解答的应表示歉意“对不起，请您稍等，我了解一下再告诉您好吗？”

（4）访客指引。

1）有来访客人时，要先询问被访对象，然后微笑有礼貌地询问来访者姓名："请问您贵姓?"或"请问怎么称呼您?是否已与××先生/（女士）联系好?"再告之"请稍候，我马上帮您联系。"在与被访者联系前，做相关登记工作。

2）当得到被访者的确认同意后，对来访客人说："××先生/(女士）马上来见您，请您在前台接待厅稍等片刻。"或"让您久等了，这边请。"并以手势示意方向。

3）如果被访者不在，应向来访者表示歉意："对不起，××先生/小姐不在公司，请您稍后与他联系。"

4）如果被访者要求等候时，应热情接待客人并安排休息等候，及提供送茶水服务。

（5）送客服务。当有访客离去时，应主动起立微笑示意，并说"请慢走"。

（6）文件及资料的收发与传递。

1）当接到顾客发送传真资料时，需有礼貌地向顾客明确：发送地址、传真号码、收件人、联系电话，并与收件方电话予以确认，同时在做好相关登记工作。

2）代顾客收发的任何文件、资料、信件、传真件，在未经得顾客本人同意的情况下，不能给第三人传阅。

3）收到内、外部需转交代送的文件、资料、物品等，需尽快转交给物品接收人，并做好相关登记工作。

6. 使用手机礼仪

（1）公共场合特别是楼梯、电梯、路口、人行道等地方，不可以旁若无人地使用手机，大声说话。

（2）在会议中、和别人洽谈或与客户就餐时，须把手机关掉或调到震动状态，以免打断发话者的思路，显示对他人的尊重。

（3）在一切公共场合，手机在没有使用时，都要放在合乎礼仪的常规位置，而不要随意挂在上衣口袋外或放在手里。放手机的常规位置：一是随身携带的公文包里（这种位置最正规）；二是上衣的内袋里。

（4）在会议中、和别人洽谈的时候，即使需要使用手机接收短信，也要设定成震动状态，不可短信声音此起彼伏；在短信的内容选择和编辑上，应该和通话文明一样重视，禁止发送和转发不健康的短信；不要在别人能注视到你的时候查看短信；不要一边和他人说话，一边查看手机短信。

7. 乘车礼仪

（1）接送客人上车，要按先主宾后随员、先女宾后男宾的惯例，让客人先行，如是贵宾，则应一手拉开车门，一手遮挡门框上沿（但是信仰伊斯兰教和佛教的不能遮挡），到达目的地停车后，自己应先下车开门，再请客户下车。

（2）乘坐前后两排四个座位的小车时，司机后排右侧的座位为上位，司机正后面的位置次之，司机旁边的位置为最低。上车时，应请客户从右侧门上车，自己从车后绕到左侧门上车。坐飞机或火车，靠窗边和向着前进方向的座位让给客人坐。

（3）女士上小车时，开门后半蹲捋整裙摆顺势坐下，依靠手臂做支点腿脚并拢抬高，脚平移至车内，调整身体位置，坐端正后，关上车门；下车时，身体保持端坐状态，侧头，伸出靠近车门的手打开车门，略斜身体把车门推开，双脚膝盖并拢，抬起，同时移出车门外，身体可以随转，双脚膝盖并拢着地，一手撑座位，一手轻靠门框，身体移近门边从容从车身内移出，起身后等直立身体以后转身面向车门关门。

8. 公务拜访礼仪

（1）如果有紧急的事情，不得不晚，必须通知你要见的人；如果打不了电话，请别人为你打电话通知一下；如果遇到交通阻塞，应通知对方要晚一点到；如果是对方要晚点到，你将要先到，要充分利用剩余的时间。例如，仔细想一想怎样表达才能与客户更好地交流或整理一下文件。在等待时要安静，不要通过谈话来消磨时间，打扰他人工作，也不要不耐烦地总看手表，如果还有其他工作需要做，可以向其助理或公司前台解释一下并另约时间。当你被引到约见者办公室时，如果是第一次见面，就要先做自我介绍；如果已经认识了，要互相问候并握手。

（2）拜访前的准备工作。在拜访前一定要做好准备工作，详细了解客户的状况，做好充分的资料准备，以便迅速掌握销售重点；节约宝贵的时间；计划出有效、可行的销售计划。

（3）介绍的礼仪。

1）无论是何种形式、关系、目的和方法的介绍，都应热情、大方、礼貌。

2）介绍具体人时，要注意顺序，应把年轻的介绍给年长的，职务低的介绍给职务高的，男同志介绍给女同志，自己熟悉和关系密切的介绍给新认识的或关系不密切的。在自己公司和其他公司的关系上，应把本公司的人员先介绍给其他的公司的人员。

3）把一个人介绍给很多人时，应先向职位最高的开始介绍。

三、房地产中介经纪机构接待客户礼仪管理制度

1. 接待初访客户礼仪

（1）派单。衣着整齐，站姿标准，目视对方，身体稍微前倾递送，并真诚地说“请参考”，对方接受后说“谢谢您”。同时注意对方的感受，并避免接触到对方的敏感部位或避免过近接触带来的不快。

（2）橱窗接待。

1）主动向前，面带微笑，双手递名片，并说：“您好，请问有什么可以为您服务。”

2）自我介绍。

3）如客人有具体需求时，竭力邀其入店谈。

（3）名片。

1）名片应先递给长辈或上级。

2）递上名片之前，必须看清是否是自己的名片，是否清洁。

3）名片必须放在上衣口袋，以示修养。

4）递名片时，以站立微鞠躬姿势，要用双手递上且动作要慎重，把自己的名片递出时，应把文字向着对方，一边递交一边清楚说出自己的姓名。出示名片应严肃认真，不能像发传单一样。名字下面向上让对方可以顺着读出内容。

5）接对方的名片时要恭敬，应双手去接，拿到手后仔细看过，正确记住对方姓名后，将名片收起。如遇对方姓名有难认的文字，马上询问。接受名片后既不能当着客人的面乱扔或折叠，也不能随手放在裤子口袋里，应放在自己的名片夹子里或上衣口袋里，以示尊重。

6）对收到的名片妥善保管，以便检索，不可在名片上做记录。

（4）自我介绍。

1）做自我介绍时，受尊敬的一方有优先了解权。首先把年轻者、男性、资历较浅者、未婚女子和儿童，介绍给年长者、女性、资历较深者、已婚女子和成人，之后，再向另一方介绍。

2）自我介绍时要先面带微笑问好，得到回应后再向对方介绍自己的姓名、身份和单位。当他人为你做介绍时，要面带微笑、点头致意，介绍完毕后，握手并问候，可重复一下对方的姓名等称呼“您好，×先生/小姐”。

（5）握手。与人握手时，主人、年长者、身份地位高者、女性先伸手；客户、年轻者、身份职位低者和男性见面时先问候，待对方伸手后，上身前

倾，两足立正，伸出右手，四指并拢，拇指张开，距离对方一步，双目注视对方，面带微笑，握手用力不宜过大。握手时间不宜过长，一般3秒钟左右即可。

（6）引导客人。引导客人时，应保持在客人前方2~3步的距离，与客人大约呈130°的角度，步伐与客人一致。引导客人上楼梯时，让客人走在前，下楼梯，让客人走在后。引导客人乘电梯时应让客户先入，不得自己先行，电梯进门左侧为上位。到达时请客户先步出电梯。

（7）指引方向。为客人指引方向或指点位置时手势得当，手指并拢用手掌指向所指示方向，手臂微曲、低于肩部，身体向所指示方向微微前倾。

（8）进出办公室。进入办公室、客人家中须先轻轻敲门（按门铃），得到允许后方可入内。为客人向外开门时，敲门—开门—立于门旁—施礼；向内开门时，敲门—自己先进—侧身立于门旁—施礼。

2. 业务接待礼仪

（1）业务接待行为礼仪。

1）约人来访，应在约定时间内进行接待，避免迟到。因故不能按时赴约时应提前通知对方。

2）客人来访，应热情主动、礼貌接待。如受访者不在，应告知客人，能解决的问题应主动为其解决。

3）受访者应引导客人进入接待区域详谈，避免客人进入办公区域活动。必须进入办公区域的，应由员工随行陪同，不得在通道、办公区域等处长时间交谈。

4）与人接触保持1.5m左右的距离，尽量少用手势，切勿用手指或手中物品在客人面前比划、或直指客人。

5）时刻保持微笑的表情。笑容自然、适度、贴切庄重，保持自然的目光与眼神，视线接触对方面部时间占全部交谈时间的30%~60%，保持正视，忌逼视、斜视、扫视、窥视。

6）迎接和面对客户时，规范接待用语。例如，请问您有什么需求？请问您需要办理什么业务？请问能为您做点什么？不得一言不发就开始服务。说话要注意艺术，多用敬语，语气和缓。

7）来访的客人很多时，应按顺序接待，不要冷落每一位客户，做到“接一、问二、照顾三”。

8）和顾客交谈时应该眼望对方，用心倾听，不要随意打断客户的谈话，做到百听不厌、百问不烦，不急于辩解，冷静对待。不要急功近利，要给顾客一种“置业顾问”的形象。

9）打破以前的柜台式服务，与客户交流时，应尽可能走出接待台，缩短距离感。

10）当为顾客完成一项服务后应主动询问是否还有其他事要帮助。用礼貌互换的方式留存客户联系方式，并注意积极回访。

11）递交物件时，如递交文件等，要把正面、文字对着对方的方向递上去；如递交的是钢笔，要把笔尖向自己，使对方容易接着；至于刀子或剪刀等利器，应把刀尖向着自己。

12）不能冷落了来访者，如果自己有事暂不能接待来访者，要安排相关人员接待客人。

13）认真倾听来访者的叙述，对来访者的意见和观点不要轻率表态，应思考后再做决定；对一时不能作答的，要约定一个时间后再联系；对能够马上答复的或立即可办理的事，应当场答复，不要让来访者等待或再次来访。

14）正在接待来访者时，有电话打来或有新的来访者，应尽量让其他人接待，以避免中断正在进行的接待，对来访者的无理要求或错误意见，应有礼貌地拒绝，而不要刺激来访者，使其尴尬。要结束接待，可以婉言提出，也可用起身的体态语言告诉对方本次接待就此结束。

15）面对客人发脾气时，应耐心忍让，友善劝解和说明，注意语气亲切。

16）尊重客人，与客人意见发生分歧时，不予当面争论，更不应说客人错、自己正确之类的言语；尊重同事，不因意见分歧而发生争吵。

17）客人有过激行为时，工作人员应巧妙地化解，不得与客人正面冲突，尤其避免动用武力。

18）不准讲粗话、使用蔑视和侮辱性的语言，不开过分的玩笑。不得以任何借口顶撞、讽刺、挖苦客人。谈及他人或客户时，千万不要诋毁别人，尤其当着客户。

19）工作时间不允许在接待现场或者客户面前吸烟、吃东西、读无关业务的报刊；不允许办私事，不准用公司电话聊天。工作期间员工之间不得闲聊、谈笑。

20）不能有挖鼻孔、掏耳朵、伸懒腰、打哈欠、抠指甲、搔皮肤、搓泥垢、整理个人衣物等不良行为。避免在客户面前咳嗽、打喷嚏，不得已时，应以纸巾遮住口鼻，将头转向无人之侧处理，并及时道歉，说“对不起”。

21）不在客人面前抽烟、吃东西、嚼香口胶、看书报等，不在客户面前大声哼唱歌曲、吹口哨、谈笑、喧哗。

22）客人离开可送行至前台处，重要客人应送至大门以外。送行时应在客人离去后返回。

(2) 业务接待语言礼仪。

1) 客户进门应微笑、点头、起身接待来客，并说“您好，欢迎光临!”“您好，请坐!”“请问要喝茶吗?”如有客户需要喝茶，应送上七分满的茶水，水温控制在70℃左右，公司应时常保持饮水机的水温。

2) 客户租房或买房。先让客户入座，并说“请问有什么需要帮忙吗?”“您想在什么地段租（买）房子?”“您想租（买）多少价格的房子?”“租（买）什么户型（面积多少）的房子?”……

了解客户心中所期望的情况，再由员工去引导客户，有针对性地为他们提供房源和参考意见，例如，“请把您想租（买）房的要求告诉我，并请留下您的电话，有合适您的房子，我们会第一时间与您取得联系。”……

3) 客户出售登记。“请告诉我您出租（售）房屋的情况，我帮您登记下来，我们公司是全市联网的，您的信息在几分钟后便后发布。我们公司交易量很大，如有客户对您的房子有意向，我们会及时与您联系。”……详细地记录房源情况，并适当地把公司的优势与政策向房东宣传，以取得房东的信任。“如果您看房麻烦，您可以把房子的钥匙交给我们，等中介成功后您再来签约，我们会向您出具收条，若在此期间对您的房子有所损坏，我们会承担一系列责任。”……“请您给我们看一下您的三证原件，有关房子的政策问题我们会提醒您，为了对我们双方负责，我们首要与您签一份出售委托协议。”……

4) 已与公司签租售协议但中介不成功的。“对不起，暂时没有让您满意的房子，但我们的房源每天都在更新，我们会把符合您要求的房源及时提供给您。”……能时常与客户联系，及时提供合适的房源或可建议的房源，即便暂无信息，也要与客户简短的通个电话，做好售后服务工作。

5) 还未与公司签协议的。“请留下您的联系方式，以便有新的房源或信息能及时为您服务”……客户出门应起身，双手递出公司名片，注意给客户看的字应顺向，“××先生（女士），这是我们公司的名片，以后请多多联系。”“再见，欢迎您下次光临。”“请走好!”……

以上为业务接待礼貌用语，更多具体规范的用语以及关于如何表达促进交易的语言，请读者可参考余源鹏主编的《三天造就二手房租售冠军》一书。

(3) 收取佣金及其他项目费用礼仪。

1) 首先电话预约客户，请其约定来交费的时间，并在电话中清楚地告之其交费的款项和数目。

2) 如特殊情况要上门收费时，要尊重客户的生活习惯和个人喜好，因工作造成的打扰应诚恳道歉，同时也不能对客户家里有任何评价。

3) 工作时精神振奋，情绪饱满，充满自信，不卑不亢，对工作有高度的责任心，积极主动，尽职尽责，任劳任怨。

4）如收费中碰到投诉，对态度不好的投诉客户要理智冷静，自己不能处理时，予以记录，并及时报告上一级领导。

5）对客户的意见应诚挚道歉并虚心接受。

6）客户交费时，要及时出具相关费用明细表，如客户有疑问，要做好相关的解释工作。

7）客户交费后，将开具的收据、发票双手奉上给客户，同时微笑注视客户，等客户确认无误后，向客户表示感谢。

（4）接待客户投诉礼仪。

1）接到顾客投诉，在处理时应热情大方，举止得体，文明礼貌，认真听取顾客投诉的内容，必要时进行记录。

2）站在客户的角度思考问题，急客户之所急，想客户之所想，尽量考虑周到。

3）与客户约定好的服务事项，应按时赴约，言行一致。

4）自己能正确解决或回答的情况下，自己予以解决或回答，并将处理情况反映给领导或部门客户服务人员。如自己不能解决顾客投诉，要及时反馈相关人员进行处理。

5）不轻易对客户许诺，一旦许诺就必须守信，按约定期限解决，不能解决的，应立即向上级或相关部门反映，并及时跟踪和向客户反馈问题进展的程度，直到问题解决。

6）处理问题时，如客户觉得不满意，要及时道歉，请求对方谅解，可说“请您原谅”、“请您多包涵”、“请您别介意”，同时要配合适当的补偿行为。

7）如遇到特殊情况下顾客的投诉，例如，业主没有预约且非常不理性地投诉到访；被辞退或被批评的员工没有预约且非常不理性地投诉到访；未经预约的媒体采访；公检法、工商、税务等政府部门人员的突然到访检查等，应做如下的接待。

a. 报告上级领导和客户服务人员，并积极维持现场秩序。

b. 现场应做到礼貌、得体，不得表现出反感和敌对情绪，不对顾客的言行进行讨论和指点，以免引起顾客的误会，激化矛盾。

c. 在接待过程中，对外围的情况应保持警惕，特别关注是否存在媒体现场采访、摄影摄像等活动，一经发现，及时通知上级领导或授权人员，由其负责处理。

3. 电话接待礼仪

（1）接听电话礼仪。

1）接听电话前，要平息心情，尤其是当你与同事正在谈话的过程中有电话进来。

2）接听电话过程中，不能吃东西、嚼口香糖。

3）接听电话时，嘴与话筒保持3cm的距离。

4）电话铃响三声前必须接听，先报标准问候语：“您好，××地产！很高兴为您服务！”再依部门规定自报部门、接听人姓名等；门店电话依据门店值班规定接听；邻座无人时，主动在铃响三声内接听邻座的电话。

5）礼貌询问对方，“请问您有什么需要？”“请问您找谁？”确定客户的需求并做简单的记录，随时牢记5W1H技巧。5W1H是指何时（When）、何人（Who）、何地（Where）、何事（What）、为什（Why）、如何进行（HOW）。在工作中这些资料都是十分重要的。电话记录既要简洁又要完备。

6）客户来电咨询的，主动介绍公司状况及要求的资料，报出自己的姓名，留下客户的姓名电话。

7）通话中应注意礼节礼貌，使用职业标准用语，树立中介公司专业、友好、礼貌的形象，做到“五声”，即“迎客声、称呼声、致谢声、致歉声、送客声”；禁止“四语”，即“蔑视语、烦躁语、否定语、斗气语”。

8）对不知名的来电，自己应根据工作职责处理，不能处理时，可坦白告诉对方，并马上转交给能够处理的人员。在转交前，应先把对方所谈内容简明扼要告诉接收人。指名找公司高级主管的电话，无论在不在现场，均应首先询问清楚什么事情再接转或记下对方留言、电话号码，礼貌告知将马上转告该主管，请本人回复。

9）一个人面临接听电话的同时需要接听另一部电话的，可先礼貌跟正在通话的对象讲清情况，取得同意后接听另一部电话，以最快的速度紧急处理后再继续接听或与正在通话的对象先礼貌中止，处理完毕后再行通话。

10）别让客户拿着电话久等，非得让对方等待时，应声明“真对不起，请您稍等一下”“让您久等了”。

11）应掌握谈判技巧和通话时间。如果要让客户等的时间较长，应当每隔30秒钟应重复“对不起，请再等一下”。当需要客户等待时间超过2分钟，应当让客户留下电话号码，挂断电话，稍后再给客户回过去，不要让客户等待时间太长。在与客户通话的过程中，若碰到不得不中断电话的情况时，应讲“非常抱歉，我能不能在××分钟后再与您通话”。

12）客人找其他同事时。同事在，如有需要对方等待时应婉转的说明原因，如“正在接待客户或正在谈案子”、“有什么我可以帮助您的”可以留下电话让同事回电等。同事不在，也应说明去向，如“他出去带看去了”、“收意向金去了”，要显示同仁业务的繁忙。同时询问“我能帮您什么忙吗?”留下客户的联系方式，给同事回电。

13）集中注意力，确实“倾听”并适应回答“是、对的、我了解”；或重述对方内容，“您是说……”

14）如果客户要找的人正在接听其他电话或者不能马上接听，应当礼貌地让对方等待，“对不起，他/她正在……，请稍等。”

15）对客户服务口径专业、一致，避免不同工作人员对同一问题给客户的解释出现偏差。

16）若接到错打电话，则以礼相待，向对方说明后轻放电话。

17）结束时待对方挂断之后，方可挂线，不可先于对方挂线。

18）通话时要简明扼要，不要在电话中长时间聊天（必要时应提前打腹稿)。

（2）拨打电话礼仪。

1）要用愉快、平稳柔和的语调接、打电话，声音清晰、悦耳、吐字清脆，给对方留下好的印象，不可边打电话边嚼口香糖或吃东西。

2）准备好给对方打电话的充分理由。

3）注意选择客户方便的时间，如果电话接通对方挂断，要发封短信说明去电原因，不可反复拨打，骚扰客户。

4）给对方打手机时，请先询问对方现在接电话是否方便，并且征询是否可以有坐机转接，不宜长时间占用对方电话。

5）拨打电话时，接通电话后自我介绍，“您好！我是××地产××”；然后确认电话对象，“请问您是×××?”

6）当接电话者不是所找的客户时，要礼貌先称呼其人，再说“麻烦请××接一下电话，谢谢您!”如果误拨号码应主动道歉。

7）快速切入正题。

8）让对方参加到谈话中来（不要只顾自己讲，注意对方的反应)。

9）牢记你的目标。发展良好商务关系的最佳途径是与客户面对面地商谈，而电话主要用来安排会见，如果不是客户要求，不要在电话中长谈。

10）安排一整块的时间打电话，要做好详细记录。

11）给房东和客户打电话，要尽量让他们多说。他们说得多，你才会根据他们所说的了解到他们真正的心理；他们说得越多，你所需要的分析素材也会越多，而只要做适当引导、建议、坚持（价格等)。

12）为了不丧失一次成交的机会，一般应在24小时之内或在承诺的时间内给予答复，如果回电话时恰遇对方不在，也要留言，表明你已经回过电话

了；如果自己确实无法亲自回电，应托付他人代办。

13）打电话前要搞清时间的差异，不要在休息日打电话谈工作，以免影响他人休息（紧急情况可除外）。

14）感谢客户并结束谈话。“再次感谢您对我们的信任，如果有任何需求，请随时打电话给我们，再见。”如果你是初次与客户电话沟通，应当在结束的时候再次重复自己的姓名，以便让客户记住自己。

4. 信函接待礼仪

（1）信函要用个人的口气书写。

（2）形式于内容要引起对方的注意。

（3）信函的外观要职业化。

（4）准备好给对方写信的充分原因。

（5）经常写信，特别是节假日可向客户送去祝福信函。

（6）语气温和有礼，使用敬语礼貌用语。

（7）和客户进行电子邮件联系时，要注意写在电子邮件里的每一个字、每一句话，法律规定电子邮件也可以作为法律证据，是合法的，所以发电子邮件时要慎重。

（8）邮件信息不要太冗长，这样既不会引起对方注意，又使人厌烦看下去。

（9）发送附件要考虑对方能否阅读该文件，先得与客户进行沟通。

（10）邮件不要太公式化，可以在上面加上公司标志等。

第四节　房地产中介经纪机构员工行为规范管理制度

定期学习规范要求并检视自己的行为，应该成为每位员工的自觉行为，规范仅仅是一种基本的行为标准，每一位员工都被期望表现出更高标准的职业素养，以规范的行为礼仪赢得客户的赞赏和尊重。为公司的发展创造更优秀业绩。因此，所有员工最好每年都接受行为规范的培训，并在日常工作中严格执行，每个主管除了需要以更高的标准履行职责外，还须对其下属遵守规范的情况负责。

一、关于遵守法纪及公司制度的行为规范

1. 关于遵守法纪的行为规范

（1）全体员工应严格遵守政府法令、法规，不做违纪、违法和有损人格

与公司形象之事，做一个合格公民。

（2）职员不能进行有损公司的私人交易活动，不能以公司名义进行任何损公利己的私人行为及进行任何超出公司所指定范围之外的业务，严禁利用岗位之便徇私舞弊，严禁以公司名义招摇撞骗，如有此类行为，须承担因此引起的一切法律责任，公司有权终止聘任合同，并追究其法律责任。

1）未经公司许可，不得私自代已购客户转让楼盘。

2）不得私自接受他人委托代售楼盘。

3）对于未经授权之事，不得擅自答应客户之要求。

4）未经公司许可，任何人不得修改合同条款。

5）以公司名义进行考察、谈判、签约、招标投标、竞拍等。

6）以公司名义提供担保、证明。

7）以公司名义对新闻媒介发表意见、消息。

8）代表公司出席公众活动。

2. 关于遵守纪律的行为规范

（1）严格遵守公司考勤制度准时上岗，亲自打卡、不迟到、早退。

（2）严格遵守公司礼仪制度，注重仪容仪表及行为举止的规范要求，保持业务形象。

（3）具有岗位意识。员工必须热爱本职工作，严守工作岗位。在工作岗位上不得一心二用，甚至脱岗，应干一行爱一行，全心全意地做好本职工作。

（4）具有责任意识。员工在实际工作中应具有高度的责任心，遇事不但要区分职责，更要主动负责，尽职尽责，不允许得过且过，敷衍了事，缺乏基本的工作责任心。

（5）具有时间意识。员工在实际工作中要做到眼到、身到、心到，不得旷工、怠工、拖拉工作。

（6）在工作时间内，不许做任何与工作无关、扰乱工作秩序的事情；不得扰乱、影响他人工作。

（7）在工作时间内，不应无故离开工作岗位，若因急事或其他重要原因，在得到部门负责人或直接经理的许可后，方可离开工作岗位。

（8）工作时间和工作区域内不可吸烟、饮酒或进食有刺激性气味的食品。

（9）员工有义务清理、整理本人用过的设施。未经公司领导批准，不得随意移动公司办公设备。

（10）下班时要将抽屉及文件柜锁好，办公桌上不能留有任何文件。

（11）未经主管领导同意不得会见与工作无关的客人或私自带外来人员到

公司参观。

(12) 禁止在公司计算机上安装或使用与工作无关的光盘，禁止在工作时间用计算机打游戏或浏览与工作不相关的网页。

(13) 员工必须做到人离电源关，以防止火灾发生。

3. 关于爱护公司财物的行为规范

(1) 员工应爱护公司设备和财产，遵守公司各类物品领用、保管、使用制度，不得自拿、自用公司设备做私事，员工要爱护公司财产。凡属人为损坏公司财产的，公司有权要求赔偿，违反者将按情节轻重程度严肃处理，直至追究法律责任。

(2) 员工未经批准，不得将公司资产赠与、转让、出租、出借、抵押给其他单位或者个人。

(3) 员工对公司的办公设备、交通工具、通信及网络系统或其他资产，不得违反使用规定，做任何不适当的用途。

(4) 公司所配备使用的贵重财产，在离退职时应交还公司。

4. 关于维护办公环境的行为规范

(1) 员工自觉遵守文明规范，办公区域保持整洁，不乱扔杂物、烟蒂。

(2) 接待来访结束，将会客区域收拾干净，保证公司整体环境。

(3) 分行办公区内任何时间一律严禁吸烟。

(4) 不得在客户接待区用餐。

(5) 做好室内外卫生，保持地面的整洁，保持室内空气清新、窗明几净，各种办公设备和办公物品准备到位。在清理卫生期间，如有客户来访应待客户走后再清理。

(6) 做到办公区域每日清洁不堆积。及时清理、整理账簿、文件，保持工作台清洁整齐。门店内接待台上不允许摆放水杯、手机等个人用品，凡客户看得见的地方都应保持整洁。

二、关于协调员工关系的行为规范

员工之间应以礼相待、和睦相处、真诚合作、团结友爱、忠于职守，妥善处理各种人际关系，内求团结，外求发展。为完成公司经营目标，提高公司知名度而努力工作。

1. 关于协调内部关系的行为规范

每一位员工必须首先处理好自己在本单位、本部门的各种内部人际关系，应当讲究团结，严于律己，宽以待人，并且善于协调各种不同性质的内部人际关系。

（1）与下级交往的行为规范。

1）善于“礼贤下士”，尊重下级的人格。

2）善于体谅下级，重视双方的沟通。

3）善于关心下级，支持下级的工作。

4）上级处理问题要以理服人，不以权压人。

5）要虚心倾听不同意见，容纳不同观点，不能对给自己提批评意见的下级穿“小鞋”。

6）制度面前人人平等，不能有“特殊员工”，上级应在各方面做下级的表率。

7）当做出成绩时，功劳是下级的，作为上级只是做了自己应该做的工作；当下级出现错误时，问题在下级，根子在上级。

8）鼓励员工创新，思想活跃，在讨论工作时允许争论，不搞“一言堂”。

9）要有宽阔的胸襟，善于发现和培养新人。

（2）与上级交往的行为规范。

1）应设身处地理解、支持上级的工作；要服从上级的领导，恪守本分。

2）要维护上级的威信，体谅上级。

3）要对上级认真尊重，支持上级。

4）反映问题应实事求是，逐级反映。当直属领导对反映的问题或提出的意见有意回避或不及时处理时，可向上一级领导反映。严禁以匿名的方式反映问题。

5）有权向上级提出咨询，享有知情权，上级在不违反保密制度的情况下，有责任予以解释和说明。

（3）与同级交往的行为规范。

1）要相互团结，严禁在公司、部门或分行内形成任何形式的小团体或派别。

2）要相互配合，不允许彼此拆台。

3）要相互勉励，不允许讽刺挖苦。

4）不背后议论他人。

5）同事之间互相信任、尊重，以己之长补人之短。

6）同事遇到生活困难或遭遇家庭不幸时应热心相助，伸出友爱之手。

7）如工作需多部门协作或不同岗位人员共同完成时，相关人员应相互配合，不得推诿、拖延。

8）不得因性别、民族、宗教、年龄等产生任何歧视。

9）禁止粗话、人身攻击及其他不正当行为。

2. 关于协调社会关系的行为规范

与外界人士交往或相处时，既要与人为善、广结善缘，努力扩大自己的交际面，又要维护公司与个人的形象，注意检点自己的举止行为。应做到：一要掌握分寸，防止表现失当；二要公私有别，防止假公济私；三要远离财色，防止腐败变质；四要正视权力，防止权钱交易。

（1）员工须谨慎处理外部的各种宴请和交际应酬活动，应谢绝参加以下活动。

1）设有彩头的牌局或其他具有赌博性质的活动。

2）涉及违法及不良行为的活动。

（2）公司对外的交际应酬活动，应本着礼貌大方、简朴务实的原则，不应铺张浪费。公司内部的接待工作，应务实简朴。员工在安排交际活动时须考虑以下重要因素。

1）是否属于工作需要。

2）费用、频率和时机是否恰当。

3）消费项目是否合法。

4）公司对外部单位或个人支付佣金、回扣、酬金，或提供招待、馈赠等，不得违反相关法律法规；要符合一般道德标准和商业惯例。

（3）员工不得以任何名义或形式索取或者收受业务关联单位、个人的利益。员工于对外活动中，遇业务关联单位按规定合法给予的回扣、佣金或其他奖励，一律上缴公司处理，不得据为己有。对于对方馈赠的礼物，只有当价值较小（按公认标准），接受后不会影响正确处理与对方的业务关系，且拒绝对方会被视为失礼的情况下，才可以在公开的场合下接受，并应在事后及时报告上级。

（4）尊重客户和同事是基本的职业准则。员工不得在任何场合诋毁任何单位和个人。

三、关于员工沟通的行为规范

1. 关于向下沟通的行为规范

公司应合理构建上级与下级的沟通渠道，鼓励上级积极与下级沟通，促进相互交流了解。

（1）沟通计划的制度。

即时沟通。员工可选择沟通途径，人事部相关人员在沟通后两个工作日给予反馈。

定期访谈。访谈人填写《员工访谈表》，并将访谈结果报告反馈给分行经理或新员工指导人；访谈表由人事部秘书负责归档；定期访谈安排见表 2-5。

表 2-5　员工访谈表

时　间	内　容	重　点	形　式
入职沟通会	分行分配	分配及其他入职需求	集中访谈
入职两周	跑盘期访谈	跑盘期的支持需求和建议	集中访谈
入职第二个月	试用期访谈	适岗程度	集中访谈
入职第四、五个月	逾期未转正的访谈	需要的支持和帮助	分组、个别访谈
转正前后	转正访谈	新的工作目标	集中访谈
转正后三个月内	转正后不定期访谈	工作中需要的支持	个别访谈

（2）沟通渠道的构建。

1）门户开放。公司倡议所有经理人员“门户开放”，欢迎员工直接提出想法和疑问，同时也要求经理人员主动关注下属的想法和情绪。

2）工作面谈。新员工转正、员工调薪或岗位变动、进行工作评估、职业发展规划以及员工提出辞职等情形下，员工上级都将与员工进行面谈，了解情况，听取意见。

3）工作讨论和会议。公司提倡团队工作模式，团队必须拥有共同的工作目标和共享的价值观。公司的绩效管理体系倡导管理者在制定目标的时候通过工作讨论和会议倾听团队的意见，共同分享愿景。

4）EMAIL 给任何人。当面对面的交流不适合时，员工可以给任何人发送邮件，以迅速反映问题或解决工作中的疑惑。电子邮件应简洁明了，并只发给真正需要联系的人员。

5）网上论坛。如员工有任何意见和建议，或希望能与其他同事进行观点交流分享，均可通过内部网论坛直接发表。

6）座谈会。座谈会是职员和管理层之间的小型非正式的讨论，目的在于探讨一些意见、建议和问题。这种会每季度一次或在管理层认为必要时召开，对职员来说这种座谈会是使他们的看法能让公司了解的机会。

7）员工大会。员工大会是一种员工与管理层互相沟通的又一种形式，一般每三个月至少召开一次员工大会。

8）职前简介。新进职员将接受你的直接主管和人事部给予的职前简介，旨在使你对公司的概况及工作内容有一个系统了解。

9）员工满意度调查。公司通过定期的不记名意见调查向员工征询对公司业务、管理等方面的意见，了解员工对工作环境的整体满意程度，员工可按照自己的真实想法反馈而无须有任何顾虑。

10）公司的信息发布渠道。公司有网站、期刊、业务简报、公告板等多种形式的信息发布渠道，员工可以方便、快捷地了解业界动态、公司业务发展动态和重要事件、通知。

2. 关于向上沟通的行为规范

公司应合理构建员工汇报制度，规范下级向上级沟通的渠道与方式，为理顺工作关系，加强上下左右的沟通，提高工作的整体意识。

1）凡属同部门、同单位职权范围内可以解决和决定的事项，由该部门、该单位解决和决定。超出职权范围或须向上级部门、主管领导报告的事项，必须向上级部门或主管领导请示、汇报。

2）一般情况下，必须逐级请示或汇报工作。各部门工作人员向本部门正、副职负责人请示或汇报。正常情况下，要避免越级请示和多头请示。

3）在下列情况下，可越级请示汇报或处理完后再请示汇报。

a. 遇到重大突发事件和生产事故、火灾等急需有关主管领导处理的情况时。

b. 时间紧急又无法联系上直接主管领导或直接主管领导授权同意时。

c. 上一级主管领导在某些事项或某一方面有要求向其请示或汇报时。

4）遇到下级请示或汇报工作，本权限不能解决、决定的事项，必须及时逐级向上反映，直至所请示事项有明确的答复。

5）遇重要业务问题或其他具有公司敏感性事件，向主任以上领导请示、汇报时，要征得店面主管同意，并严格遵循逐级请示、汇报的原则，避免产生某些负面影响。

6）各销售主任、主管、部门经理遇到请示事项不甚明了的情况时，一般向副总经理、总经理请示，并按指示抓好落实。

7）各中层管理人员，各店面销售人员，以及业务支持部人员均要遵守请示、汇报的有关规定。如因请示、汇报不当而造成工作失误的要追究有关人员的相应责任。

8）各级主管在下级请示汇报工作后，应视情况给予答复。对要求解决的问题，能当场答复解决的应当场给予答复解决。对一时答复不了的应说明情况，力求在最短时间内予以答复。对超过职权范围无法答复解决的应尽快向上级请示转达。

四、关于员工申诉的行为规范

当员工认为个人利益受到不应有的侵犯，或需要检举揭发其他员工违反《员工职务行为准则》的行为，可以通过申诉通道进行投诉和检举揭发，申诉

程序如下。

(1) 原则上，各级管理人员、人事部直至总经理或董事长均是申诉对象。

(2) 当员工认为个人利益受到不应有的侵犯，或对公司的经营管理措施有不同意见，或发现有违反公司各项规定的行为时，可选择适当的申诉渠道向公司申诉。

(3) 公司鼓励员工逐级反映情况，或者直接向部门负责人申诉。

(4) 从解决问题的角度考虑，公司不提倡任何事情都直接向总经理或董事长申诉，但当员工坚持认为有必要时，仍可直接向总经理或董事长申诉。

(5) 申诉方式可选用面谈和书面两种形式。如选用书面方式，申诉书必须具名，否则不予受理。

(6) 各级责任人或责任部门在接到员工申诉后，将在申诉事件涉及的相关当事人中进行调查，并根据调查结果尽快做出处理决定。处理决定将通过书面或电子邮件的形式通报给申诉者，员工如果对处理决定不满意可继续向更高一级经理或部门申诉。

五、关于职业道德的行为规范

(1) 保护客户权益，必须以公平的态度对待交易中任何一方客户。

(2) 在执行业务过程中，不得以不正当之手段谋取私利或接受不正当报酬。

a. 坚持不赚取差价的原则。

b. 不得恶意误导客户进行错误的市场价格分析判断。

c. 应明确告知客户有关服务费的收费标准及其服务范围。

d. 不得以故意高估房屋价格的方式来争取房屋委托权。

e. 经纪人不得为自己或家人买下客户委托的房屋或自售自有的房屋，必须委托其他经纪人办理。

(3) 不得在任何与业务有关的文件上使用假名。

(4) 在执行业务过程中，尽量避免与同行发生矛盾。

(5) 在未经客户同意前，不得以任何方式将客户的个人资料对外透露。

(6) 在与其他经纪人或同行业的经纪人共同执行业务时，应以书面方式明确有关服务费的分配比例。

(7) 当执行的业务与自身有关时，应诚实地告知交易中的任何一方。

(8) 在未征得委托人同意前，不得代其收取任何款项。

(9) 在未征得委托人同意前，不得向外界透露房价。

(10) 在其他经纪人专人委托合同尚未期满前，不得向该客户争取专人委

托权。

（11）在与客户做初步接触时，应表明自己的身份。

（12）避免公开评论同行或其他竞争者。

（13）经纪人必须将自己招揽的业务全部提交公司，不得为其他机构经办和销售业务，不得私自成交客户。

（14）经纪人在推介产品时，不可提供虚假资料或误导性说明。

（15）经纪人不可恶意诋毁同业公司。

（16）经纪人必须要求交易双方亲自在交易单上签名。

（17）经纪人除代表公司招揽业务外，无权对交易合同加以修改或变更，无权代表公司协商、签订任何合约或作任何承诺。

（18）经纪人不得为招揽业务而答应为客户减免代理费用。

（19）经纪人在未获得公司同意前不得在任何刊物上或通过新闻媒介发表有关公司的广告、通告、信函或文件。

六、关于保密制度的行为规范

员工自觉维护公司利益，严禁泄露公司机密、客户资料、文件。严禁复印、摄影及抄录公司机密，有违者，按规定处罚，追究法律责任，赔偿公司损失。

1. 保密范围

保密范围包括但不限于以下范围。

（1）公司制度（包括薪酬福利制度、业绩提成制度等）。

（2）公司内部文件（包括会议记录、员工手册、管理手册等）。

（3）公司人事档案、员工状况、人员安排及人事调动情况。

（4）未经公开的经济指标、销售计划、竞争策略、营销策略及公关方案。

（5）营业中使用的系统和文件（包括管理表格、工作计划表、业绩统计表、合同文本等）。

（6）客户资料；房源信息。

（7）其他方案等。

2. 保密纪律

（1）不与非公司职员或无关人员谈论公司有关事务。

（2）未经批准，凡属于保密对象的资料均不得以各种形式（复印、打印、扫描、抄录等）外传，不得将公司内部文件、资料及客户资料的传阅范围扩大，文件阅后妥善存放。

（3）经纪人随时整理各办公位的文件，把属于保密的资料保管完善，不

得在复印机、传真机、打印机留下任何属于保密对象的资料，不得在公司其他部门留下任何属于保密对象的资料。

（4）无论职员有意无意将公司的保密对象泄出，公司将根据可能遭受的损失大小追究职员的过失以及要求赔偿经济损失。

（5）收到可能影响到其他员工的机密信息，未经许可前不得与他人讨论该信息。

（6）不可通过在公司就职而利用机密信息谋取个人利益。

（7）员工接受外部邀请进行演讲、交流或授课，应事先征得上级批准，并就可能涉及的有关公司业务的重要内容征求上级意见。

（8）员工应对各种工作密码保密，不对外提供和泄露。严禁盗用他人密码。

（9）公司各级员工的薪资，除由公司领导、财务部有关人员了解以外，一律保密。员工应养成不探询他人薪资，不评论他人薪资的习惯。员工如果对于薪资计算有不明之处，由薪资制作部门负责解释，不得随意发表议论。主办核薪及发薪人员，如私自泄露员工薪资，将受到纪律处分。

（10）有关薪资福利制度的修改、完善，由总经理指定人员完成。未获公司批准的方案，参与人员不得私自泄露。

（11）任何人不得在掌握本公司商业秘密的保密期限内提出终止劳动（或劳务）关系；经协商同意终止劳动（或劳务）关系后，亦不得在保密期限内自行或在与本公司有竞争关系的单位从事和原在职时相同或有关的经营活动，或供其使用任何与本公司经营方式、管理技术或业务有关的信息、公司客户名单、公司提供服务的价格等。

（12）双方终止劳动（或劳务）关系的，任何人应将涉及本公司机密的所有文件、资料、图纸、磁带、磁盘、笔记等即时归还公司，不得自行转让他人或销毁、带出，更不得供曾在本公司工作期间服务过的客户使用。

3. 保密制度的范本

下面是一份比较完整的房地产中介经纪机构保密管理制度的范本，供读者参考。

（1）总则。

1）为保守公司秘密，维护公司权益，特制定本制度。

2）公司秘密是关系公司权力和利益，依照特定程序确定，在一定时间内只限一定范围的人员知悉的事项。

3）公司附属组织和分支机构以及职员都有保守公司秘密的义务。

4）公司保密工作实行既确保秘密又便利工作的方针。

5）对保守、保护公司秘密以及改进保密技术、措施等方面成绩显著的部门或职员实行奖励。

（2）保密范围和密级确定。

1）公司秘密包括本制度第二条规定的秘密事项

a. 公司重大决策中的秘密事项。

b. 公司尚未付诸实施的经营战略、经营方向、经营规划、经营项目及经营决策。

c. 公司内部掌握的合同、协议、意见书及可行性报告、主要会议记录。

d. 公司财务预决算报告及各类财务报表、统计报表。

e. 公司所掌握的尚未进入市场或尚未公开的各类信息。

f. 公司职员人事档案，工资性、劳务性收入及资料。

g. 其他经公司确定应当保密的事项。一般性决定、决议、通告、通知、行政管理资料等内部文件不属于保密范围。

2）公司秘密的密级分为“绝密”、“机密”、“秘密”三级。绝密是最重要的公司秘密，泄露会使公司的权益和利益遭受特别严重的损害；机密是重要的公司秘密，泄露会使公司权益和利益遭受到严重的损害；秘密是一般的公司秘密，泄露会使公司的权力和利益遭受损害。

3）公司密级的确定。

a. 公司经营发展中，直接影响公司权益和利益的重要决策文件资料为绝密级。

b. 公司的规划、财务报表、统计资料、重要会议记录、公司经营情况为机密级。

c. 公司人事档案、合同、协议、职员工资性收入、尚未进入市场或尚未公开的各类信息为秘密级。

4）属于公司秘密的文件、资料，应当依据规定标明密级，并确定保密期限。保密期限届满，自行解密。

（3）保密措施。

1）属于公司秘密的文件、资料和其他物品的制作、收发、传递、使用、复制、摘抄、保存和销毁，由总经理办公室或主管副总经理委托专人执行；采用计算机技术存取、处理、传递的公司秘密由计算机部门负责保密。

2）对于密级文件、资料和其他物品，必须采取以下保密措施。

a. 非经总经理或主管副总经理批准，不得复制和摘抄。

b. 收发、传递和外出携带，由指定人员担任，并采取必要的安全措施。

c. 在设备完善的保险装置中保存。

3）属于公司秘密的设备或者产品的研制、生产、运输、使用、保存、维修和销毁，由公司指定专门部门负责执行，并采用相应的保密措施。

4）在对外交往与合作中需要提供公司秘密事项的，应当事先经总经理批准。

5）具有属于公司秘密内容的会议和其他活动，主办部门应采取下列保密措施。

a. 选择具备保密条件的会议场所。

b. 根据工作需要，限定参加会议人员的范围，对参加涉及密级事项会议的人员予以指定。

c. 依照保密规定使用会议设备和管理会议文件。

d. 确定会议内容是否传达及传达范围。

6）不准在私人交往和通信中泄露公司秘密，不准在公共场所谈论公司秘密，不准通过其他方式传递公司秘密。

7）公司工作人员发现公司秘密已经泄露或者可能泄露时，应当立即采取补救措施并及时报告总经理办公室；总经理办公室接到报告，应立即作出处理。

（4）责任与处罚。

1）出现下列情况之一者，给予警告，并扣发工资50元以上500元以下。

a. 泄露公司秘密，尚未造成严重后果或经济损失的。

b. 已泄露公司秘密但采取补救措施的。

2）出现下列情况之一的，予以辞退并酌情赔偿经济损失。

a. 故意或过失泄露公司秘密，造成严重后果或重大经济损失的。

b. 违反本保密制度规定，为他人窃取、刺探、收买或违章提供公司秘密的。

c. 利用职权强制他人违反保密规定的。

（5）附则。本制度规定的泄密是指下列行为之一。

1）使公司秘密被不应知悉者知悉的。

2）使公司秘密超出了限定的接触范围，而不能证明未被不应知悉者知悉的。

七、关于公私利益冲突的行为规范

1. 兼职

（1）员工未经公司安排或批准，不得在外兼任获取报酬的工作。

（2）在任何情况下，禁止下列情形的兼职（包括不获取报酬的活动）。

1）在公司内从事外部的兼职工作。

2）兼职于公司的业务关联单位、客户或者商业竞争对手。

3）所兼任的工作构成对公司的商业竞争。

4）因兼职影响本职工作或有损公司形象。

5）经理级及经理级以上员工兼职。

（3）公司鼓励员工在业余时间参加社会公益活动。但如利用公司资源或可能影响到工作，员工应事先获得公司批准。

2. 个人投资

员工可以在不与公司利益发生冲突的前提下，从事合法的投资活动，但不得进行下列情形的个人投资活动。

（1）参与经营管理的。

（2）对公司的客户、业务关联单位或商业竞争对手进行直接投资的。

（3）借职务之便向投资对象提供利益的。

（4）从事上述三项投资行为的。

3. 特殊关系的回避

（1）公司坚持唯才是举的人事原则，但应注意不得录用或调动亲属到自己所管辖范围内工作。向单位推荐自己亲属或好友的，应向人事部门提前申明。已经存在亲属关系的员工，不得在同一部门工作，并应回避有业务关联的岗位。

（2）公司不提倡员工与自己的亲属、好友所在单位建立业务合作关系。有正当理由建立关系的，要主动向上级书面申报自己的亲友关系，并应在相关的业务活动中回避。

（3）员工应避免工作之外与业务关联单位的经营往来，不得利用职务影响力在业务关联单位安排亲属、接受劳务、技术服务或获取其他利益。如确实无法避免，应事先向公司申报。

（4）知识产权。员工在公司工作期间，在职务工作中形成的研究、开发成果归属公司。

八、关于员工外出的行为规范

1. 目的

规范公司总部和各分行的外出预约、登记工作，强化日常管理，增强责任意识，提高办事效率，提升管理水平。

2. 范围

本办法适用于对公司总部及各分行的经营管理和服务质量的考核。

3. 职责

（1）公司行政部负责公司总部员工外出预约、登记、返回登记工作的制

定、实施和监督。

（2）分行经理负责分行员工的外出预约、登记、返回登记的批准、实施和监督。

（3）各职能部门经理负责对本部门员工的外出预约、登记、返回登记的批准和监督。

（4）总经理、副总经理负责所属部门经理级以上人员外出登记的审核、批准和监督。

4. 因公外出的界定

员工在工作时间内离开本岗位，从事与本职工作相关的而需离开公司所做的工作。具体范围包括但不限于以下内容。

（1）业务部

张贴招聘信息、陪同客户看房（套）、物业勘察、发放宣传单、看代理房（套）、参加公司培训、到公司领取文件、凭证、办公用品等。

（2）人事部

招聘。

（3）行政部

采购办公用品、选址、办理公司证照、到各分行发放物品、核对相关数据等。

（4）财务部

到银行存取款、交纳税款、报表等。

（5）网络部

到各分行维修计算机、购买计算机硬件等。

5. 外出流程

（1）提前预约

1）公司总部各部门或分行员工如需第二日公出，且不由公司出发，应于当日向直属上级申请，并在《外出人员登记本》上写清姓名、时间、外出办理事项、联系电话等，必要时阐述预期目标，由直属上级批准后方可公出。

2）分行员工如需第二日公出，且不由分行出发，应于当日向分行经理申请，并在《外出人员登记本》上写清姓名、时间、外出办理事项、联系电话等，必要时阐述预期目标，由分行经理批准后方可公出。

3）公出人员返回后应及时打卡，并向直属上级做口头汇报。

（2）上班时间内公出且返回

1）公司总部各部门或分行员工如需办公时间公出，应向直属上级申请，

并在《外出人员登记本》上写清姓名、时间、外出办理事项、联系电话。

2）分行员工如需办公时间公出，应向分行经理申请，如分行经理不在，可向分行秘书做口头告知，同时在《外出人员登记本》上写清姓名、时间、外出办理事项、联系电话。

3）公出人员在预计返回时间后 1 小时内未完成工作，不能按时返回的，应主动联系直属上级说明情况，分行员工可通知分行秘书。

4）公出人员返回后应及时向直属上级做口头汇报。

(3) 上班时间内公出，如确认下班前不能返回的，离开公司前应打卡离开，并在《外出人员登记本》上注明。第二日返回公司后向直属上级汇报。

(4) 上班时间内公出，下班前未能按时返回的，应于第二日返回公司后填写返回时间，由直属上级签字确认。

(5) 因情况紧急，公出前未能向直属上级请示批准的，应在《外出人员登记本》上认真填写相关事项，总部人员外出在行政部口头告知，各分行员工外出在文秘处口头告知。

(6) 检查考核制度。

1）行政部负责总部人员外出登记制度的贯彻和监督；网络部派专人负责各分行人员外出登记制度的贯彻和监督。

2）每月 25 日由分行秘书总结该分行每个员工当月外出事由，分类汇总，上报网络部。

3）人事部人员负责复核员工《外出人员登记表》与考勤卡的真实性，考勤卡的时差应与《外出人员登记表》相匹配。人事部人员有权对违反本办法的员工向公司提请处罚。

4）凡外出未按规定登记和告知的，或登记事项虚假的，依据《考勤管理办法》视同迟到、早退处理；情况恶劣的视为旷工。

5）实行干部员工违纪连带责任制。一般员工违反《外出登记管理办法》的由主管领导负连带责任。负连带责任者，比照违纪人员接受经济处罚。

九、关于员工宿舍管理的行为规范

1. 宿舍纪律

为加强宿舍的管理，需要制订以下条例，鼓励全体员工自觉遵守，共同努力，形成以自制、自律、自爱为指导思想的集团宿舍管理体系，使全体员工拥有一个良好的居住环境。

(1) 员工宿舍由行政部负责安排及管理，员工未经行政部批准，不得擅自入住，一旦入住，不得私自换房。

（2）保持环境的清洁，不乱丢垃圾，所有住宿人员都应自觉搞好宿舍卫生。

（3）注意个人卫生，保持仪表整洁，床上用品叠放整齐。个人物品摆放整齐，不影响他人生活。

（4）不得在墙上乱涂、乱钉、乱挂，保持宿舍内清洁卫生，未经许可不得在墙壁上钻孔打钉。严禁使用自制电热器，不得私自拆卸、调校水表、电表，严禁偷水、偷电行为。

（5）节约水电，随手关好开关，不铺张浪费；爱护公司财物，不得私自将物品据为己有及送给他人，不得损坏公司及他人物品。

（6）注意安全，保护好个人人身及财产安全和公司财产安全，进出房间随手关门，出门前应检查门窗是否关好。

（7）不得留宿非公司员工过夜。如有亲友探访，须提交书面申请，由行政部审核批准后方可留宿。未经行政部批准，严禁留宿外人，违者收取当事人当月房租的三倍，同时按员工标准分摊物业管理费、水、电、煤气、卫生费。

（8）维护公司及个人形象，不得在宿舍里赌博、喧哗、打闹，影响邻居及他人休息；不得在宿舍里从事违法活动；服从宿舍长安排，协助宿舍长的工作，共同维护好宿舍的秩序，为自己及他人营造一个良好的居住、活动空间。

2. 宿舍申请、调动及退宿程序

（1）入住程序。

1）由本人提出申请，员工填写《入住申请表》，实习生填写《借住申请表》，写明入住（借住）宿舍后交分行行政主任和分行营业经理审核。

2）分行经理和分行行政主任审核签名同意后，传真给人事部审查，人事部审查合格后交行政部预安排。行政部确认可以安排入住后电话通知分行行政主任，分行行政主任再收取申请人的押金及相关费用（员工收 200 元押金，学员收 200 元押金和当月房租），填写《入住宿舍员工登记卡》（入住日期由宿舍长填写），并在登记卡上注明已收金额，由分行行政主任将现金交到行政部开具收据。

3）分行行政主任填写《入住宿舍员工登记卡》时，应注明入住人员姓名、电话、身份证号码、所属分行、收费标准、是否学员。员工凭入住登记卡和收款收据入住宿舍。宿舍长看到这两样齐全时可安排入住，并在《入住宿舍员工登记卡》上标明入住日期并签名。未见这其中任何一样均可不予安排。

4）入住人员将有宿舍长和分行行政主任及本人三方签字的《入住宿舍员工登记卡》交回给行政部保管。

（2）宿舍调动程序。

1）由入住员工本人提出申请，并填写《宿舍调动申请表》，交分行行政主任、分行经理签字，并由原宿舍长算清宿舍各项费用并签字后，再传真至行政部。

2）行政部审查同意后，电话告知新宿舍的宿舍长安排调动。并在《入住宿舍员工登记卡》上注明调动情况。

（3）退宿程序。

1）员工由本人口头提出退宿申请，并在搬离宿舍后，由分行行政主任填写《退宿证明》，交宿舍长签字确认，并计算住宿费和水、电、管理费等杂费后，连同住宿押金条交行政部。

2）所有退宿员工一律从押金中扣除以上费用。员工填写费用报销单（填应退金额），再凭入住时的收款收据和《退宿证明》交行政部审核（离职员工还需人事部审核签名），行政部确认签字后交财务部退款。

3）员工离职（无论何种形式），须在离职之日起，三天内搬离员工宿舍。宿舍长核实，收回宿舍钥匙，并开具《退宿证明》。如离职员工不按规定及时搬出宿舍的，宿舍长有权驱逐，如有反抗，公司有权采取措施强制其搬离。

4）《退宿证明》如无宿舍长签字，或无收款收据者，行政部一律不予办理退押金手续。如有部分费用清单在其离职时仍未出明确的，行政部负责人有权依据其离职前四个月有关费用的平均数额为标准予以预留相关费用后，行政部负责人方能在其退宿舍证明上签字并向财务申请退住宿押金。

3. 宿舍长职责

宿舍长原则上由公司指定人员担任，如无合适人选，则由宿舍全体成员投票选出；宿舍长在职期间不能胜任本职工作者，行政部可根据宿舍员工要求随时撤换。

宿舍长职责如下：

（1）宿舍长不用打扫卫生，可免管理费。

（2）服从公司安排，传达公司指示，宣传公司制度和企业文化，营造良好的宿舍氛围。

（3）负责安排员工（学员）入住，负责检查入住人员的收款收据和《入住登记卡》，二者缺一不予安排。负责在《入住登记卡》上标明宿舍收费标准及入住日期并签名。

（4）负责安排宿舍值日表，并检查值日情况。

（5）对违反宿舍制度的宿舍员工进行罚款，宿舍罚款交至行政部。

（6）负责按时向行政部申请该宿舍的各项费用（房租、水电、物业管理费、煤气费等），并及时报销。不得再收取宿舍员工任何住宿费用。

（7）代表宿舍全体成员与外界沟通，反映宿舍成员的要求。

（8）处理宿舍成员之间的投诉、建议与纠纷。

（9）对已离职员工有权责令搬出宿舍，有不听劝告者，有权告知行政部安排强制执行。

（10）宿舍长应在每月5日前将宿舍入住员工报表上交行政部审查，宿舍报表应算清每月宿舍员工的分摊费用由行政部在工资中扣除。

（11）宿舍长在离职时应将宿舍员工报表及宿舍应缴和已缴的各项费用交接清楚，并由全体宿舍员工签名确认。新任宿舍长将相关资料传真或交分行行政主任带至行政部复查。

4. 宿舍处罚条例

（1）宿舍长。

1）未审核入住员工的收款收据和《入住宿舍登记卡》而私自安排员工入住者，罚款50元。

2）宿舍长未尽职尽责，及时申请各种款项，导致产生滞纳金由宿舍长一人承担。

3）宿舍长未履行职责，导致该宿舍恶习成堆，垃圾遍地者，予以更换宿舍长，并处以50元罚款。

4）宿舍长对宿舍违规行为瞒而不报者，一经查实，罚款10～200元。

（2）宿舍成员。

1）不按值日表做卫生，且未交代他人代为打扫者，罚款10～30元。

2）不按公司流程申请，而私自利用关系或职权入住者，一经发现，罚款200元。

3）不遵守宿舍规定，私自带人入住者，一经查实，罚款当月房租的三倍。

4）私自将公司财产据为已有者，一经查实，照价双倍赔偿，用作购买宿舍物品。

5）在宿舍乱钉乱挂，如有业主投诉，相应责任由责任人承担。

6）在宿舍用大功率电器或其他易燃易爆物品，且不听劝告者，罚款50～100元。

7）在宿舍打架斗殴者，责令搬出宿舍，违者处以当月房租一倍罚款。

8）离职人员未经申请且不听宿舍劝告，不及时搬离宿舍者，该人员住宿押金不退。有严重抵制宿舍长劝告者，行政部一经发现，有权通知财务扣发该

人员当月工资。

9）退宿时钥匙损坏或丢失者，罚款10~20元。

10）以上费用均需交现金到所在分行行政主任，如在工资中扣除则双倍扣除。

第五节　房地产中介经纪机构资产管理制度

一、房地产中介经纪机构资产管理概述

1. 资产管理的目的

房地产中介经纪机构资产管理的目的是为了使公司现有资产保值增值，并保持良好状态及技术性能，在使用中充分发挥作用，提高工作效率；同时减少经营损耗，以改进提高资产管理水平。

2. 资产管理的实施部门

（1）公司财务部与行政部共同负责公司资产管理，实物资产管理实行管算相结合的办法。

（2）行政部负责各种资产的保管、购置、调配、建立（更改）台账、维修保养等工作，并履行定期监督、抽查、审核各部门实物资产管理工作。

（3）财务部负责各种资产的总分类账和明细账的核算、折旧金额的核算等工作。

（4）行政部人员与财务部人员定期对公司实物资产进行账目核对，保证账账相符；每年至少一次对资产进行全面的清查盘点，保证账实相符。具体时间可两部门之间协定，清查情况要向公司进行书面汇报，并保留资料档案。

3. 资产管理的内容

（1）固定资产。固定资产是指单位价值在2000元以上、使用年限在一年以上，且在使用过程中保持原有实物形态的各种财产物资。固定资产按其用途可分为交通工具、办公设备、通信设备等三大类。

1）交通工具。指用于办公的车辆。

2）办公设备。指各种计算机、投影仪、打印机、打字机、打卡机、空调机、电视机、微波炉、复印机、碎纸机等。

3）通信设备。指电话交换机、传真机、无线电话机等。

（2）低值易耗品。低值易耗品是指单位价值在2000元以下，使用年限在一年以上的各种财产物资。按照其用途可分为办公用具、家具用具、物料用品

等三大类。

1）办公用具。包括办公用桌椅、计算机桌椅、文件柜、书柜、保险柜、电话机、验钞机等。

2）家具用具。包括洽谈桌、展架、沙发、茶几等。

(3) 物料用品。物料用品是指单位价值在100元以下，使用年限在一年以下的各种材料物品。

1）办公用品是指办公耗用的笔墨纸张、账表票卡等。

2）燃料是指交通工具消耗的汽油。

3）宣传用品是指广告宣传用的各种宣传单、条幅、标语、招聘广告等。

4）消耗材料是指日常经营中消耗的各种材料，包括清洁卫生用品。

二、房地产中介经纪机构资产管理具体制度

1. 固定资产管理制度

(1) 固定资产的申购与领取。

1）申请部门（申请人）提出资产购置申请，填写《物品申请单》，涉及品牌、型号、功能说明等内容，由申请部门负责人签字确认后，将《物品申请单》转行政部资产管理人员拟写调配（购置）建议，行政部负责人复核后，报公司授权领导审批。

2）批准购置的，行政部持《物品申请单》至财务部请款，跟进采买情况。

3）采购成功后，由行政部门人员验收后进行入库登记，并建立固定资产明细账。所采购之办公设备要填写固定资产登记卡，行政部资产管理人员将物品的购置日期、型号、品牌、价格、领用部门（领用人）等内容，补充至公司《资产台账》，并在物品的显要位置贴上清楚的“资产标签”，贴好后进行出库登记。

4）行政部资产管理人员通知申请部门（人）办理领用手续，明确保管人员。

5）行政部资产管理人员填写《费用报销单》，进行报销流程的签批。财务部在资产账目上登记入账。

(2) 固定资产的盘点。每半年由财务部和行政部共同对固定资产进行统一盘点，确认固定资产数量、存放地点，及实际保管情况。各分行跟进固定资产清单配合公司资产管理人员进行分行资产的盘点。

1）固定资产台账范本一（见表2-6）。

表 2-6　固定资产台账（一）

类别　　　　小类　　　　编号

序号	编号	部门	使用人	登录日期	备注	序号	编号	部门	使用人	登录日期	备注
1						14					
2						15					
3						16					
4						17					
5						18					
6						19					
7						20					
8						21					
9						22					
10						23					
11						24					
12						25					
13						26					

2）固定资产台账范本二（见表 2-7）。

表 2-7　固定资产台账（二）

序号	大类	小类	编号	数量	序号	大类	小类	编号	数量	序号	大类	小类	编号	数量

（3）固定资产的保养与维修。行政部资产管理人员应定期对公司实物资产使用情况进行检查，如果发现有人为损坏的，维修费用由损坏人承担；如果属于正常损耗，可由资产管理人员安排修理事宜；如果设备损坏较严重，必须等待网管或者厂商维修人员赶到。一旦办公设备需要更换硬件，需由所在部门填写《固定资产维修单》，由部门主管签字后报到财务部、总经理审批。如无法修复的按实物资产的报废程序处理。对于分行的固定资产需要维修的，由分行填写保修单传真至行政部，由行政部统一安排具体维修事宜。

（4）固定资产的调配。公司将根据实际情况对公司现有的办公设备进行调配，任何部门及分行应无条件服从，并应积极协助行政部进行调配工作。任何部门或分行在没有征得公司领导同意的情况下，不得任意调配办公设备。各分行的固定资产调拨统一由行政部签发《固定资产调拨单》后方可调配。

（5）固定资产的报废。固定资产报废时，应由使用部门提出申请，填写《固定资产报废（损、修）单》，经行政部资产管理人员检验符合报废条件的，在报废申请上签字，将报废申请提交总经理审批，批准后，资产管理人员在资产台账上进行登记，并送财务部进行相关的账目登记。

（6）相关处罚规定。

1）资产管理人员在资产购置后未办理出入库手续，处以口头指导一次。

2）资产管理人员未能严格按照申购审批程序而购置了实物资产，或私自做主购置了实物资产，处以800～1500元罚款。

3）资产管理人员购置了伪劣实物资产，并造成公司的直接经济损失，处以800元罚款；情节严重者，处以1500元罚款或降职、降薪，直至解除劳动关系。

4）资产管理人员在购置实物资产、办公用品过程中，谋取个人私利，收取回扣，一经发现，一律解除劳动关系，直至追究法律责任。

5）公司资产丢失或由于使用不当而造成资产、设备损坏，一律由使用人赔偿，赔偿数额由财务部确定。

6）公司资产丢失，除由资产使用者按公司规定赔偿外，对相关资产管理者，视情节轻重和资产价值，给予100～1500元罚款、降职、降薪，直至解除劳动关系的处罚。

7）专职采购人员在采买所辖物品时，应保证物品价格在同等质量下为市场最低价格，否则专职采购人员将承担差价的2倍，并罚款100～1500元不等，降职、降薪，直至解除劳动关系。

2. 物料用品管理制度

（1）物料用品的申报、审批、采买。每月固定一日，行政部行政管理人员核实上月物料用品领用及库存情况，进行物料用品计划的调整、汇总，填写《物品采购申请表》，经行政部经理和财务部负责人审核签字后，请款采买。

（2）物料用品的领用和发放。每周周一，各部门、各分行可填写《物料用品领用明细》至行政部领取，领取物料用品者要由申请者签字，部门负责人审核，原则上一签一领，防止多领滥用。

（3）物料用品库存的清查。行政管理人员以月为单位，每个月对库存物料用品进行核查清点，并填制《物料用品库存明细表》，以便准确掌握办公用品库存情况，及时加以补充与控制管理。

（4）物料用品管理要求。

1）物料用品要求账目清晰、齐全，库存摆放整齐，账实相符。

2）耐用物品非正常损坏或丢失，当事人按价赔偿。

3）调离人员在离职前，要办理物品移交手续，领取的工作记录本、书等物品，应由部门负责人负责收回、清点，并签字确认，同时退人事部处理。

3. 分行资产管理制度

分行资产包括（但不限于）：办公设施、自动化办公设备、办公用品、信息数据软件产品、报警器、干扰器、数码相机等。分行资产实行经理负责制。

（1）各分行经理对本部门使用的公司资产负有管理责任。

（2）资产的调配须由经办人员持行政部的资产调拨单，分行审核后方可予以放行。

（3）各分行经理对本部门使用公司资产时出现的损坏、丢失落实责任人，并及时向行政部报告。对所保管的财物未经报准而擅自移转、拨借或损坏不报告者由该分行经理承担相应责任。

（4）公司资产的丢失、损坏由责任人负责赔偿，并视情节轻重给予通报批评、解聘、除名等处分；给公司造成直接经济损失的，应依法赔偿；构成犯罪的，依法追究刑事责任。

（5）行政部定期对公司资产进行清查，并贴注标签，缺失或者损坏，调查后按照规定赔偿。

三、房地产中介经纪机构各类资产管理制度

1. 印章管理制度

（1）公司印章管理。公司及各部门（财务用章除外）印章必须由公司统一指定行政部专人保管，财务专用章由财务部负责人保管。各分行印章由分行经理保管，经纪人员个人印章由个人保管。

（2）公司印章使用流程。

1）用印部门需首先填写《用印申请单》，写清用印类别、用印次数、文件名称。并由部门主管签字后报总经理批准，批准后，方可到行政部印章管理人处盖章，审核通过后的《用印申请单》由行政部印章管理人保存。

2）各分店房产业务合同专用章由分行经理保管，印章使用须经分行经理同意，并在分行秘书备案，由秘书盖章。

（3）印章管理要求

1）印章的保管人员必须要坚持原则，以保证印章的安全性，未经批准不得擅自用印。

2）公司印章严禁个人带出公司，确因工作需要，须经公司领导批准后方可带出。

3）如因印章保管人员工作失误造成公司损失的，视情节严重程度，公司

将给予相应的处理。

（4）公司一般不允许开具空白介绍信、证明，如因工作需要或其他特殊情况确需开具时，必须经总经理签字批条后方可开出。持空白介绍信外出工作回来必须向公司汇报其介绍信的使用情况，未使用的必须交回。公司所有需要盖印鉴的介绍信、说明及对外开出的任何公文，应统一编号登记，以备查询和存档。

2. 办公用品管理制度

（1）办公用品的申购。各部门及各分行每月申购办公用品一次，填写《办公用品申请单表》，由秘书负责统计，由分行经理签字后传真至行政部，行政部汇总公司所有当月所需要办公用品。

（2）办公用品的配给与管理。

1）经纪人个人物品。

a. 西装制服一件。

b. 白色正装短袖一件（饰有 LOGO）。

c. 制式领带。

d. 徽章一枚。

e. 胸牌一个。

f. 笔记本一本，以方便经纪人做工作计划使用。

g. 经纪人文件夹（店内自购的黑色硬皮文件夹佩金色的 LOGO），内页配有体系介绍、自我简介、个人业绩展示页、店内宣传资料、业务流程、各种制式表格等。

h. 黑色水笔、圆珠笔。

i. 名片（每人每月一盒）。

经纪人入职后，分行经理负责按店内规定配给分行秘书个人物品并登记；经纪人离职时，物品应交回公司，由店务清点后，重新归入物品库，因个人原因丢失或损毁部分由个人赔偿。

2）公共物品配给。公共物品由分行经理统一管理，如因分店管理方面出现失误造成的丢失或损毁由分店自行赔偿；因经纪人在申领使用期间发生丢失或损毁由使用者予以赔偿。

公共物品包括空调、计算机、打印机、复印纸、墨盒；传真机、饮水机、色带、传真纸、电话（以上部分为电器及耗材）；计算器、卷尺、胶水、透明胶带、双面胶带；削笔器、裁纸刀、刀片、曲别针、大头针、制式表格；订书机、订书钉、打孔器、起钉器、剪刀、制式合同；复写纸、绿色植物、文具用品。

公共物品由分行秘书统一管理，经纪人如需使用时，应按照申领程序申请

使用，并及时归还；公用电器及耗材由分行自行集中管理，出现故障应及时联系维修机构，尽可能不要对办公造成影响，耗材使用完毕后遵照物品购买程序实施购买。

（3）办公用品申请表（见表2-8）。

表2-8 办公用品申请表

损耗性之文具项目	单位	数量	损耗性之文具项目	单位	数量	其他项目	单位	数量
黑色圆珠笔	支		曲别针	盒		药水胶布	盒	
蓝色圆珠笔	支		大曲别针	盒		清凉酒	支	
红色圆珠笔	支		3/4″回尾夹	盒（12个）		人丹药丸	盒	
黑色签字笔	支		1/2″回尾夹	盒（12个）		火酒	支	
铅笔	支		1～1/4″回尾夹	盒（12个）		黄药水	支	
蓝色荧光笔	支		6″×8″硬皮簿(150页)	本		药棉	包	
绿色荧光笔	支		8″×13″硬皮簿(150页)	本		3寸绷带	卷	
橙色荧光笔	支		A4单行簿	本		4寸压力绷带	卷	
粉红色荧光笔	支		擦胶	粒		胶布	卷	
紫色荧光笔	支		涂改液	瓶		36寸三角绷带	张	
红色荧光笔	支		胶水	瓶		2寸×2寸止血纱布	盒（5片装）	
黄色荧光笔	支		胶纸	筒		3寸×3寸止血纱布	盒（5片装）	
黑色白板笔	支		3寸30码透明封箱胶	卷		安全扣针	12个	
蓝色白板笔	支		双面胶纸(3/8″×10码)	卷		其他(请详细说明)		
红色白板笔	支		双面胶纸(1/2″×10码)	卷				
绿色白板笔	支		双面胶纸(3/4″×10码)	卷				

（续）

损耗性之文具项目	单位	数量	损耗性之文具项目	单位	数量	其他项目	单位	数量
圆嘴箱头笔（黑色）	支		海绵双胶纸（1/2″×9m）	卷				
圆嘴箱头笔（蓝色）	支		海绵双胶纸（3/4″×9m）	卷				
圆嘴箱头笔（绿色）	支		海绵双胶纸（1″×9m）	卷				
圆嘴箱头笔（红色）	支		白色标签（多种尺寸）	包				
方嘴箱头笔（黑色）	支		复印机、喷墨及激光打印机标签	盒				
方嘴箱头笔（蓝色）	支		细钉书钉	盒				
方嘴箱头笔（绿色）	支		大钉书钉	盒				
方嘴箱头笔（红色）	支		橡皮根	盒				
特大方箱头笔（黑色）	支		水松板钉	盒				
特大方箱头笔（蓝色）	支		介刀片	筒(6片)				
特大方箱头笔（绿色）	支		胶圈装（请注明型号）	条				
特大方箱头笔（红色）	支		塑料订装封面	盒(100张)				
3寸F4活页夹	个		赁证装订线	卷				
2寸F4活页夹	个							
多色F4胶活页夹	包(12个)							
F4纸活页夹	10个							

（续）

非损耗性之文具项目	单位	数量	订购原因	备　注
介刀	1把			1. 若有新同事(需呈交同事名称)加入方可订购介刀、间尺、剪刀、打孔机、计算器、胶纸座、订书机及咭片座，但主管及营业助理则可独立拥有此类文具，而所有营业员则只可两位共享一套(计算器及咭片座除外) 2. 每月订购一次，逢5号中午截止收申请表格 3. 若于截止后才交申请表，有关申请将顺延至下一个月处理
剪刀	1把			
直尺(12″)	1把			
打孔机	个			
计算器	部			
胶纸座	个			
文件架	套(2层)			
其他(请详细说明)				

申请者签署:____________经部门主管审核及签署:____________

（4）办公用品明细表（见表2-9）。

表2-9　办公用品明细表

项　目	日　期	单价/元	数　量	总额/元	备　注
A. 办公易耗品					
A4纸		24.00	2	48.00	
		14.80	5	74.00	
笔		18.00	2	36.00	15支/盒
铅笔		0.40	4	1.60	
白板笔		1.60	8	12.80	
卫生纸		12.80	1	12.80	
印泥		9.80	2	19.60	
		9.80	1	9.80	蓝印泥
		9.80	2	19.60	
		9.80	2	19.60	
印泥添加		7.50	2	15.00	
打印机墨盒		115.00	2	230.00	黑
打印机墨盒		195.00	1	195.00	彩
笔记本		6.00	3	18.00	
本		0.50	5	2.50	
收据本子		2.40	2	4.80	
记号笔		2.00	2	4.00	

（续）

项目	日期	单价/元	数量	总额/元	备注
收据垫板		1.00	2	2.00	
图纸		1.60	3	4.80	
透明胶		0.50	3	1.50	
印章,名片				343.00	
清洁用品					
		12.80	1	12.80	卷纸
		12.80	1	12.80	卷纸
		39.90	1	39.90	干拖把
		43.90	1	43.90	湿拖把
擦布		5.00	1	5.00	
修理电话		50.00		50.00	
圣诞卡片、圣诞礼包				33.80	
塑封照片		4.00	4	16.00	
横幅				97.50	
水票		10.00	10	100.00	
		10.00	10	100.00	
传真机替换薄模					
垃圾带		1.00	2	2.00	
书钉		0.70	2	1.40	
胶水		1.00	1	1.00	
计数器		10.00	3	30.00	
标签		1.00	2	2.00	
各类文件夹					
写字板		5.50	3	16.50	
纽扣透明袋		0.50	8	4.00	
拉链透明袋		0.80	4	3.20	
硬板夹		10.00	1	10.00	
B. 餐费				450.00	
				5.00	12月3日午餐一份
				910.00	
				355.00	
一次性台布					
一次性杯子		3.90	3	13.60	
螺丝刀		7.00	1	7.00	
插头		53.00	1	53.00	
胶布		4.50	1	4.50	
C. 报纸费					
配钥匙				8.00	
配钥匙		7.00	1	7.00	××苑17号602室

（续）

项　目	日　期	单价/元	数　量	总额/元	备　注
报销车费				82.50	
送件费				100.00	
快递		20.00	1	20.00	××新城2403室
快递		20.00	1	20.00	
快递		25.00	1	25.00	
快递		25.00	1	25.00	
车票、三本合同		40.50	1	40.50	
E. 看房卡					
F. 电费				326.20	
G. 电话费				1272.20	
H. DM/广告				5400.00	
I. 其他				206.00	
复印机一季押金及租赁金				2220.00	
总成本				13176.70	
打×号的扣除				177.50	
结算金额				12999.20	

3. 计算机管理制度

（1）公司计算机、耗材、辅助设施（计算机桌及打印机）由分行经理负责管理。

（2）分行经理负责计算机的日常清洁维护（每天至少清洁一次）等。

（3）分行经理应在每日8：30以前开启计算机，下班离店时确保计算机电源关闭。

（4）分行经理应保证计算机桌范围内的陈列整洁有序。

（5）经纪人需使用计算机耗材时，应本着节约使用原则向店长申领，个人不得擅自支取。

（6）计算机是公司开展业务的辅助工具，经纪人可用其发布信息、查阅房源等，但不得因私务占用计算机。

（7）员工使用计算机时，不得用手触摸荧幕，不得乱动设置。

（8）公司计算机采用的是包月上网，公司员工因业务需要必须上网时，应节约时间，使用完毕后须即刻下线，禁用公司网络做私务。

（9）上班时间，禁用计算机听音乐，以免影响电话接听效果及店内工作秩序。

（10）经纪人如工作需要打印材料时，交由分行经理统一打印。

（11）由于搬迁、布局调整等原因需要调迁、移位或拆除计算机，需由分行经理填写相关申请表交由行政部审批，由网络部执行。

（12）计算机出现故障时，分行经理填写《计算机维修申请表》交由行政部审批，由网络部执行。

（13）相关表格。

1）调迁、移位及拆除计算机物品申请表（见表2-10）。

表2-10 调迁、移位及拆除计算机物品申请表

（由分行经理填写，交行政部审批）

物品名称：____________________

数　　量：____________________

1. 调迁　移位　拆除

2. 内搬　外搬　由__________至__________部门/分行

搬迁日期：__________时间：__________

搬迁理由：____________________

____

申请者签署：__________（姓名：　　　）

行政部门主管审核及签署：__________（姓名：　　　）

（上表经行政部审批同意后，由网络部填写此表，并交由网络部人员执行）

附注明新及旧安装位置之平面图

拆机日期：__________时间__________

安装日期：__________时间__________

申请获/不获接纳____________________

不获接纳原因：____________________

____

____

物品之价值：____________________

供应商：____________________

行政部审核及签署： __________ （姓名：　　　） 日期：	网络部批核及签署： __________ （姓名：　　　） 日期：

2）计算机维修申请表（见表2-11）。

表2-11　计算机维修申请表

报修分行/部门						报修日期	年　月　日	
联系电话						联系人		
报修情况								
维修受理人				受理时间	年　月　日　时　分			
外出使用物品登记	物品名称	原借数	实用数	物品名称	原借数	实用数	经手人	证明人
							库存记录员	
旧件回收	物品名称	数量	物品名称	数量	移交人		接收人	
维修报告	损坏原因							
	解决方法							
	维修情况							
	维修员签名				完成时间：月　日　时　分			
	请给我们本次服务提出意见							
	满意　一般　极差				分行/部门负责人签名			
	其他意见：							
网络部负责人签名								

4. 名片管理制度

（1）印刷范围。

1）业务部入职两个月以上的员工，可申请印刷标有姓名、职务的名片。

2）业务部入职两个月以下的员工，使用印刷空白名片。

3）其他部门人员视工作需要而定。

（2）印刷程序。

1）员工需印刷名片时，由申请部门填写《名片印刷申请单》，经本部门主管签字确认后，上报行政部。

2）行政部对申请员工的姓名、职位、电话、地址进行复核后，打版，确认样式，报行政部经理审核批准。

3）因工作需要或客户业务较多的岗位，需印刷名片时，经行政部经理审核，总经理特批后，方能印刷。

4）名片一般情况下，每次每人印刷量为一盒；分行空白名片印刷每次不超过五盒。

（3）名片回收规定。

员工离职时，未使用完毕的个人名片，应交回行政部销毁。

（4）经纪人名片申请表（见表3-12）。

表3-12　经纪人名片申请表

申请分行：　　　　　　　　　　申请日期：

版式：单面□　双面□　请打“✓”					
公司资料					
公司全称				邮编	
分行全称				电话	
分行地址				传真	
个人资料					
姓名	职位	手机号码	英文名字	Email	申请数量

5. 通话设备管理制度

（1）移动电话管理原则。

1）公司为重要部门人员配备移动电话。

2）公司为特殊岗位人员报销通话服务费，报销标准由总经理审核批准，超过部分由个人负担。

3）由公司报销通信费的手机须24小时保持畅通，不误公事，否则取消

报销资格。

4）公司配备的手机必须在离职当日交还行政部，丢失、损坏、不归还者，按购入价格扣款。

（2）固定电话管理原则。

1）电话属公司配置的办公用品，请每位员工爱惜公物，妥善使用，做好维护及清洁工作。

2）员工和客户沟通完毕后，要对客户致谢。

3）公司电话为方便员工开展业务使用，请各位员工自觉配合，不要在公司内打私人电话，更不能使用公司电话聊天、扯闲话。

4）打业务电话时，请掌握好讲话节奏、控制时间，以免占线时间过久，影响其他电话打入或打出。

5）如因员工个人原因造成电话毁坏者，由员工自行赔偿。

6）不得利用公司电话打声讯台等高收费电话，如有违反此规定者，将按所打费用的三倍处罚，情节严重者予以除名。

（3）员工手机集团用户网管理制度。为了提高公司办公效率，同时减少员工业务开支，间接提高员工待遇，公司可与通信公司合作开设集群网及团购手机，具体规定如下。

1）入本网所需费用。

a. 入网电话卡公司提供入网电话卡卡号，卡号归公司所有，卡费由公司支出，员工交电话卡押金50元；公司预存话费300元。

b. 入网手机。员工自购手机；公司帮员工代购手机，公司将与通信公司发展友好合作关系，为公司员工以最优惠价格购机。

公司提供手机。分行经理以上管理人员经批准后可以申请；员工退手机时，酌情扣除手机折旧费金额；任何员工如丢失手机须及时通知行政部，并在三天内赔偿等额价值手机交行政部查验登记。逾期未补回者，则扣发其工资直至折回手机费用为止。

2）话费补贴。固定补贴。公司包固定月租、单向接听包月、网内通话包月、来电显示。公司作为大客户，已争取并将继续争取一些优惠，以上四项如有优惠，为公司成本控制。

话费消费补贴。分行经理100元/月，区域经理260元/月，副总监以上管理人员300元/月，总部各中心各部门视岗位不同另行规定。

员工自带卡入本网补贴。公司承担网内通话费包月。

员工入本网及退网当月，不享受此项补贴待遇。

员工使用公司有线办公电话打本网手机，一经发现，取消当月此项补贴，累计三次以上，永久取消此项补贴。请假5天以上取消当月此项补贴待遇。

为了提高办工效率员工领卡后不得任意换卡号或退网，若退网后则不能再次入网。

6. 钥匙管理制度

（1）公司及分行的钥匙管理制度。

1）目的。为保证公司总部和各分行的安全，避免财物招致不当损失，保持良好的工作秩序，加强办公场所管理，特制定本办法。

2）范围。总公司钥匙主要包括：总经理办公室、副总经理办公室、各职能办公室文件柜钥匙及办公桌钥匙；分行的大门钥匙、文件柜钥匙及办公桌钥匙。

3）保管原则。按工作需要分为专管钥匙和个人分管，公司正式员工可以持有所在办公室的钥匙。

4）职责。

a. 仔细保管，合理使用，高度负责，严肃认真。

b. 不得将钥匙随处丢放，防止被盗和仿制。

c. 不得随意借给他人使用。

d. 如钥匙遗失，应立即向行政经理和主管领导汇报，并采取补救保护措施。

e. 禁止私自撬砸锁具或毁损办公家具。

f. 未经总经理或行政经理批准，任何人不得随意复制钥匙。

g. 因工作关系变动离开工作岗位时，将所保管钥匙交由行政部点验收回。

5）作业内容

a. 总公司钥匙统一由行政部备存一把保管、复制。特殊部门的房门钥匙经总经理批准后可责成专人单独保管。

b. 总公司各职能部门正式员工可以持有所在办公室的钥匙，但持有人不得任意复制或转借他人使用。

c. 分行大门钥匙由分行经理、分行秘书、每日值班经纪人各执一把钥匙，值班经纪人钥匙轮流保管。文秘、每日值班经纪人分别负责店内开、闭门。

d. 各职能办公室、分行内的文件柜、办公桌钥匙由行政部统一保管一套，以备急用。日常可由主要使用人1~2人持有使用，并妥为保管。

e. 分行在人员变更后，如需更换门锁，需由分行经理申请，经行政部经理同意后，安排行政人员更换；因辞退/调换店长而需更换门锁的，经副总经理同意，由行政人员更换。

（2）客户钥匙管理制度。为规范公司代理物业钥匙的收取和管理，最大

限度地方便员工带客看房，促进业务开展，所有代理物业钥匙实行集中统一管理。

1）宜收取钥匙物业。

a. 毛坯房。

b. 空置物业。

c. 简单装修或配简单家私、电器房。

d. 业主长年不在当地的物业。

2）钥匙管理。

a. 经纪人员应积极努力争取签订独家委托，并独家有钥匙。

b. 物业钥匙由负责经纪人员自行负责收取，秘书统一保管。

c. 经纪人员在收取委托人钥匙时，必须出具公司盖章的专用收据并签名（收据在秘书处领取）。

d. 钥匙收据客户联必须交给委托方（业主），存根联和钥匙在收取后必须交由秘书保管。

e. 秘书收到钥匙时必须马上进行编号存档，并注册登记，由上交人和收益人同时签名确认。

f. 经纪人员需要带客看房时可到秘书处领取相关物业钥匙，领取时必须在登记册上签名具结确认。

g. 领取钥匙需在看完房返回公司后，立即返还秘书处，并注明返还时间，由秘书签名确认。

h. 秘书下班和休息前必须将钥匙交由分行经理保管，于次日正式上班前收回。

i. 由于登记交接不清，发生推脱责任或丢失钥匙事件，将由相关责任人共同承担赔偿责任，按公司规定进行处罚。

j. 房内有家私、电器等设施时，在收取钥匙时必须同时签署《屋内设施清单》，并由委托方和收取人共同签名确认。

k. 所有房屋钥匙自业主取走当日起三天内，如其他经纪人员或分行再收到该房屋钥匙的，收钥匙的佣金，分配归原来的经纪人员及分行；如超过三天后其他经纪人员或分行再收到该房屋钥匙的，收钥匙的佣金分配归新的经纪人员及分行，被业主取走钥匙的原分行即时输入计算机做业主已取走钥匙的记录。

l. 分行之间借用钥匙必须当天归还（包括已收定或成交的），有需要配钥匙的可与该分行经理协商，经过分行经理同意，方可配钥匙，未经同意擅自配钥匙的、借用钥匙当天未归还的，罚款50元作为原钥匙方分行基金。

7. 档案管理制度

（1）目的。规范档案管理工作的目的是使公司档案管理工作正规化和系统化。

（2）职责。

1）行政部负责对公司总部各部门和分行档案工作的培训、指导和监督。

2）行政部负责公司所有文件及资料的存档、收集和保管。

（3）存档范围。公司的规划、年度计划、统计资料、科学技术、财务审计、劳动工资、经营情况、人事档案、会议记录、决议、决定、委任书、协议、合同、项目方案、通知及各店面一切相关法律文书等具有参考价值的文件及材料。

1）分行业务档案。

a. 住户/客户资料。

b. 租赁/买卖合同。

c. 各种表单。

2）人事部档案。

a. 各类计划、总结、报告、决定、通知、通报、对外函件、外来文书等文件资料。

b. 公司管理制度；部门操作规范。

c. 培训教案、课件。

d. 人事劳资档案。

e. 人事档案副本。

（a）建档时间　公司人事部自员工到本公司报到之日起为其建立员工副档材料。

（b）档案副本内容　档案目录；员工身份证（外地员工暂住证）复印件；学历证明复印件；专业技术职务证书复印件；《员工登记表》；个人简历；《担保书》；《转正审批表》；培训记录、考核结果材料；奖惩、任免、调动、工资调整等材料。

3）行政部档案。

a. 公司大事记。

b. 各类计划、总结、报告、决定、通知、通报、会议纪要、对外函件、外来文书等文件资料。

c. 各类统计报表。

d. 合同、协议。

e. 实物资产台账。

4）财务部档案。

a. 会计凭证（记账凭证、各类收费凭证存根等）。

b. 账本（现金、银行存款日记账；其他日记账、明细账、总账；辅助账簿、库房盘点表等）。

c. 报表（会计报表、费用明细表、各类日报表、月报表等）。

d. 电费、电话费、水费、燃气费明细单及各项收费单。

e. 合同、协议。

（4）管理原则。

1）档案必须集中统一管理，确保完整、系统、准确和安全，便于开发利用。

2）公司档案管理应严格实行公司立卷归档制度。

3）档案管理指定专人负责，明确责任，保证原始资料及单据齐全完整，密级档案绝对安全。分店档案管理由分店秘书负责，分行经理监督；总公司档案管理由总公司指定秘书负责，人事行政部经理监督。

（5）归档要求。

1）归档文件材料应归原件。归档文件材料的种类、份数以及每份文件的页数，均应齐全完整。已破损的文件应予以修整，字迹模糊或易褪变的文件（如传真件）应予复制或进行字迹加固处理。文件的修整、复制要在保持原貌的前提下进行。

2）归档文件采用“年度——机构——保管期限”的方法进行分类。

a. 将文件按其形成年度分类　跨年度时，一般应以文件签发日期（即落款日期）为准。对于计划、总结、通知、通报等涉及不同年度的文件，统一按文件的签发日期判定所属年度。跨年度形成的会议文件以会议结束日期为准；跨年度办理的文件以办理开始日期为准。几份文件作为一件时，“件”的日期以装订时排在前面的文件落款日期为准。

b. 按机构分类　由某个分行/部门承办的归档文件，归入该分行/部门；由几个分行/部门合作完成的项目，由拟文部门立卷归档，保存一套完整的档案正本，协作部门保存与自己承担任务有关的材料。

c. 文书档案的保管期限分永久、长期、短期。

3）档案号的结构。单位简称（年度号）—部门简称—月/日/编号，具体格式如：××地方（2008）—HR—12/03/08。

4）档案的借阅程序。

a. 分行员工因工作需要借阅档案时需经分行经理同意并填具《档案借阅审批单》，经行政部经理同意后方可借阅。

b. 行政部档案管理员接到《档案借阅审批单》经核查后，将档案调出，供借阅人查阅，同时填写《借阅查询档案登记表》。

c. 档案归还时，经档案管理员核查无误，在《借阅查询档案登记表》填注归还日期、签字确认后，档案即行归入档夹。《档案借阅审批单》由档案管理员留存备查。

e. 总公司相关人员到分行借阅非机密档案可通过分行秘书直接办理借阅手续；公司档案原则上不得外借，个人不得私自把公司档案资料带出公司。

f. 对借阅档案必须爱护，保持整洁，严禁涂改，注意安全和保密，严禁擅自翻印、抄录、转借、遗失，如工作需要摘录和复制，凡属机密档案，必须由总经理批准后方可摘录和复制，分行法律文书等档案资料须经总经理办公室主任批准后方可摘录和复制。

（6）档案的销毁。

1）任何组织或个人非经允许无权随意销毁公司档案材料。

2）若按规定需要销毁时，凡属密级档案须经总经理批准后方可销毁，一般内部档案，须经总经理办公室主任批准后方可销毁。

3）经批准销毁的公司档案，档案认真填写、编制销毁清单，由专人监督销毁。

8. 公文管理条例

（1）名词解释。公文：是公司贯彻各项政策、规章、政令、业务指导性文件等的有效载体。

（2）种类。

1）各部门规章制度、业务指导性文件。

2）正式签发的文件。指需按公司统一标准格式拟写，由各部门统一授号、下发并存档的文件。如各部门正式签发的文件及会议纪要等，一律由总经办采用“公司名”（××年）××号统一编号。

a. 以公司名义对外行文。

b. 以公司名义对内行文。

（a）公司发文由总经办采用“公司名”××字（××年）××号统一编号。

（b）重要通知由总经办采用“公司名”（××年）××号编号；但有关人事任免的通知由人事部采用“公司名”人字（××年）××号统一编号。

（c）一般通知不予编号，由发文部门自行管理。

3）内部往来文件。指各部门、分行之间在工作中，由各部门、分行秘书统一编号、上报、传达并根据需要存档的文件，如申请、批复、报修、领用物

品等。

(3) 职责。

1) 各部门经理有正式文件的签发权。

2) 正式签发文件的主、报、发送范围由签发人根据公文内容予以确定并负有责任。

3) 内部往来文件的报送范围由拟稿人确定，并由相关领导签字后方可报送。

4) 各部门由指定秘书负责公文流转工作。接到正式签发的文件后，应严格按传送范围及时转达到相关人员；接到内部往来文件应先阅知其内容后做好登记，并转发相关领导。

5) 行政部负责本公司公文行文格式、报送、签批、流转、存档、督办等管理工作。

9. 报刊及配发管理制度

1) 行政专员每半年按照公司的要求做出订阅报刊计划及预算，负责办理有关订阅手续。

2) 行政专员负责报刊取回并进行处理、分类、登记，并分别送到有关部门。

3) 公司各分店报刊由总公司统一订购，分行秘书根据公司要求对报刊资料进行分类整理工作，业务人员可查阅秘书分类整理后的报刊资料。

4) 任何人不得随意将报刊据为已用，若需处理，需行政客户经理批准。

5) 秘书负责邮发、接受各类信件、邮件。

6) 私人信件，一律实行自费，贴足邮票，交秘书或自行送往邮局。

a. 所有公发信件、邮件一律不封口，由秘书登记，统一封口，负责寄发。

b. 控制各类挂号信、快递信件。凡因公需挂号、快递者，由秘书登记备案。

10. 工服管理条例

(1) 新员工上岗第一周内，由分行秘书统一填写工服申请单，经分行经理、区域经理审批后，由分行秘书统一凭此单到行政部领取丝巾及领带。

(2) 员工转正次月，由分行秘书统一申请员工工服；员工首次申请工服必须整套申请。工服制作采用套码方式，不再量身定做；尺码为成衣标准尺码，分为 XS、S、M、L、XL 五个码。

(3) 分行秘书把上月转正人员名单汇总，统一填写工服申请单，经分行经理审批交至行政部，行政部填写月度工服申请汇总表经副总经理审批后在每月 10 日前提交行政部（遇节假日提早到最后一个工作日），由行政部统一向

供应商订货。

(4) 每月1日为工服发放时间（遇节假日延后到下一个工作日）。由供应商将工服直接送到各分行，员工按申请的尺码领取工服并签收，如有需要修改的地方，由员工自行修改，供应商不再承担工服的修改。

(5) 转正后每满一年，可再免费配发一条丝巾或领带，手续同初次申请手续。

(6) 转正后每满二年，可再申请一套工服，手续同初次申请手续。

(7) 所有配置工服的员工，对工服应多加爱护，以防工服的非正常损耗。凡因工服丢失、损坏等原因导致要补做工服或个人要求增加工服数量的费用全部个人承担。

(8) 工服管理的相关表格。

1）工服申请单（业务部——丝巾/领带），见表2-13，丝巾/领带标准配置见表2-14。

表2-13 工服申请单（业务部—丝巾/领带）

申请分行：＿＿＿＿＿＿＿＿＿＿　　申请时间：＿＿＿＿＿＿＿＿＿＿

分行秘书：＿＿＿＿＿＿电话：＿＿＿＿＿＿

申请人	工号	入职日期	转正日期	男装领带38元/条(数量)	女装丝巾35元/条(数量)	申请人签名	领用次数
分行秘书确认			分行经理/助理经理审批				
区域经理审批			行政部确认				

备注：请申请人认真填写相关信息（送货地址、工号、入职时间、转正时间、工服单件数量）以保证工服扣款的准确性。

表2-14 丝巾/领带标准配置

时　间	类别	配　置	备注
入职	配件	1条丝巾(女)、1条领带(男)	免费
转正	配件	1条丝巾(女)、1条领带(男)	免费
转正后每1年	配件	1条丝巾(女)、1条领带(男)	免费

2）工服申请单（业务部——男装）（见表2-15）。

表2-15　工服申请单（业务部—男装）

申请分行：__________　分行秘书：__________　申请时间：__________

送货地址：____________________　电话：__________

申请人	工号	入职日期	转正日期	男装西装上衣/件		男装西裤/条		男装衬衣/条		申请人签名
				码数	数量	码数	数量	码数	数量	
分行秘书确认		分行经理/助理经理审批				行政部确认				

备注：请申请人认真填写相关信息（送货地址、工号、入职时间、转正时间、工服单件数量）以保证工服扣款的准确性。

3）工服申请单（业务部——女装）（见表2-16）。

表2-16　工服申请单（业务部—女装）

申请分行：__________　分行秘书：__________　申请时间：__________

送货地址：____________________　电话：__________

申请人	工号	入职日期	转正日期	女装西装上衣/件		女装衬衣/件		女装西裙/条		女装西裤/条		申请人签名
				码数	数量	码数	数量	码数	数量	码数	数量	
分行秘书确认		分行经理/助理经理审批					行政部确认					

备注：请申请人认真填写相关信息（送货地址、工号、入职时间、转正时间、工服单件数量）以保证工服扣款的准确性。

4）工服标准配置（见表2-17）。

男装　西装上衣一件，白衬衣两件，西裤两条，领带一条。

女装　西装上衣一件，白衬衣两件，西裤两条，西裙两条，丝巾一条。

表 2-17　工服标准配置

工服类别	具体配置	单位	单价/元	标配	标配合计价格
男装工服(6 件套)	西装上衣	件	220	1 件	590 元/6 件套
	西裤	件	115	2 件	
	白衬衣	件	70	2 件	
	领带	条	免费	1 条	
女装工服(8 件套)	西装上衣	件	195	1 件	695 元/8 件套
	西裤	件	100	2 件	
	西裙	条	80	2 条	
	白衬衣	件	70	2 条	
	丝巾	条	免费	1 条	

5）业务部工服申请汇总表（见表 2-18）。

表 2-18　业务部工服申请汇总表

申请时间：

工服明细	男装工服数量统计						女装工服数量统计						备注
	XS	S	M	L	XL		XS	S	M	L	XL		
男装西装上衣/件													
男装西裤/条													
男装衬衣/件													
女装西装上衣/件													
女装西裤/条													
女装西裙/条													
女装衬衣/件													
本期合计													
业务部确认			副总经理审批						行政部确认				

6）工服尺码对照表（见表 2-19 和表 2-20）。

表 2-19 男装尺码表 (单位：cm)

类别	码号	XS	S	M	L	XL	XXL	XXXL
	码数	43 号	44 号	46 号	48 号	50 号	52 号	54 号
男外套/衬衣	肩宽/cm	44	45	47	48.5	50.5	51.5	53
	胸围/cm	98	100	104	108	112	117	122
	中围/cm	90	92	96	100	104	109	114
	下围/cm	98	100	102	106	110	115	120
	前长/cm	74	74	76	77.5	79.5	81.5	83
	后长/cm	72	72.5	74	75.5	77.5	79.5	80.5
	袖长/cm	57.5	57.5	59	60.5	62	63.5	64.5
	袖口/cm	15	15	15.1	15.2	15.3	15.5	157
男西裤	裤腰/cm	27	28	30	32	34	36	37
	裤长/cm	100	102	104	105	107	108	110

表 2-20 女装尺码表 (单位：cm)

类别	码号	XS	S	M	L	XL	XXL
女外套	肩宽/cm	38	39	40	41	42	
	胸围/cm	86	90	94	98	102	
	腰围/cm	71	75	79	83	87	
	脚围/cm	88	92	96	100	104	
	袖长/cm	54.5	56	57.5	59	60.5	
	后中长/cm	55	56.5	58	59.5	61	
女衬衣	肩宽/cm	37	38	39	40	41	
	胸围/cm	86	90	94	98	102	
	腰围/cm	72	76	80	84	88	
	脚围/cm	90	94	98	102	106	
	袖长/cm	54	55	56.5	58	59.5	
	后中长/cm	55	56.5	58	59.5	61	
	领围/cm	36	37	38	39	40	
女西裤	腰围/cm	60	64	68	72	76	80
	臀围/cm	87	91	95	99	103	107
	裤长/cm	98	100	102	104	106	108
	装松紧/cm	55 ~ 65	59 ~ 69	63 ~ 73	67 ~ 77	71 ~ 81	75 ~ 85
女西裙	腰围/cm	61	64	67	70	73	76
	臀围/cm	83	86	89	92	95	98
	脚围/cm	81	84	87	90	93	95
	裙长/cm	48	48.5	49.5	51.5	52.5	54.5

第六节　房地产中介经纪机构门店管理制度

门店的形象（包括店面装修店容店貌、员工形象）直接影响到顾客的购买行为，影响着分行的业绩，好的门店形象不仅体现了一定的艺术美，满足顾客精神上的需求，也反映了公司独特的经营理念与风格。门店不仅要求地段方便，而且要求形象独特新颖，环境舒适，在众多的竞争者中能够卓越出众，给消费者留下深刻的印象。而洁净、爽朗的环境及有序的现场管理是公司提供给客户高质量物业的信心保证。

一、房地产中介经纪机构的门店卫生管理

正式工作前分店和各部门要组织做好室内外卫生，保持地面的整洁，保持室内空气清新，窗明几净，办公设备和办公物品准备到位。随时清理废弃物品，工作区内每日清洁不堆积，废弃物品处理有方。

（1）所有办公区域、储藏间、卫生间、门前台阶等的地面：要求每天早上及中午各打扫并拖一次，做到地面无杂物、尘土（特别注意房间死角的保洁），并注意维护。

（2）窗台（含临街外窗台）及玻璃：每天擦拭一次做到窗明几净。

（3）办公区内桌、椅、茶几、电话及支架：每天早上及中午各擦拭一次（包括茶几底座），要求桌/几面上无杂物、粉尘、烟灰等，座椅摆放整齐。

（4）垃圾筒的清倒：晚上离开公司前要将办公区、卫生间、储藏室等各处的垃圾筒清倒干净，并换上新的垃圾袋，并将垃圾筒擦拭干净摆放整齐。

（5）天花板：每天拂拭一次，要求天花板上面不能有蛛网、明显杂尘。

（6）卫生间。

1）卫生用厕，随手及时冲洗，卫生用纸扔放于纸篓里，不要将脏物扔进水池内。

2）便后随手冲厕，没水时用储备水冲厕。

3）水龙头及时关闭、拧紧。

4）地面及门口保持地面干净，及时清扫脏土等。

5）卫生用具摆放整齐隐蔽，不影响店面整体环境。

二、房地产中介经纪机构的门店布置规定

1. 墙面布置

（1）前台正面墙上，固定特许使用的 LOGO。

（2）营业执照、税务登记证、资质证、收费许可证用统一规格的木框装裱后，整齐悬挂在同一水平线上。

2. 资料摆放

（1）房源资料

应书写整洁、规范，资料详实，集中摆放在专门的资料桌上，以方便客户查获阅。客户查阅资料离开公司后，由接待经纪人负责放回原处。

（2）宣传资料

公司印制或体系配发的宣传资料应分类有序的摆放在公司宣传架上，由店务负责资料更新以及客户阅后的整理工作。

（3）报纸、杂志

分类、整齐地摆放在报架上，由店务负责整理及更新工作。

（4）房源信息展示墙/架

张贴的房源信息表上应有公司的统一标识，张贴整齐规范，由店务负责管理并保证每星期更换一批新的房源资料。

（5）激励语与喜报的张贴整齐有序。

3. 物品摆放

（1）电话机须统一摆放在桌面左上方。传真机、传真纸、收发传真件、日常办公用品须保持清洁，整洁分类摆放。

（2）饮水机须摆放在方便使用位置，机身须经常清洗，饮水纸杯须统一收放在饮水存物箱内，定量插放在饮水机侧面，用过的水杯要及时清理，不得随意乱扔乱放。

（3）书报夹须整齐放置在客户洽谈接待处，客户（或员工）阅读过的书报须及时收齐在书报夹上放好，不得乱丢乱扔；签字笔、直尺、订书机、订书针、大头钉等日常办公用品，须统一收放，用过之后要注意收好和处理，不得随处乱扔。

（4）文件柜须收放文件专用，柜箱和抽屉内物件须摆放整齐、整洁有序，不得乱放其他杂物，文件夹须分类收放文件资料，应标明收放文件类型、日期和编号，取用文件后须随手将文件夹放回取用收存处。

（5）垃圾篓须摆放在办公桌下，不应放在显眼处。

（6）员工生活用品，如雨伞、西装、大衣、便包、行囊等物，须统一放置地点，不得随意乱放。

（7）更衣室应有人负责打扫。衣橱内衣服及物品应摆放整齐。储物柜应统一编码，整齐摆放。所有放置的物品应保持整洁。

4. 办公区域布置

（1）保持通道的通畅，任何物品均不应放置于通道。

（2）保持办公桌的整洁，上班时电话机、文件要摆放整齐，不放置与工作无关的东西。

（3）下班前整理桌面，关闭计算机主机、显示器、打印机等办公设备的电源，关好所属区域内的门窗，将办公椅推至办公桌下。

（4）保持办公桌底的清洁，尽量不放置无关物品，以免滋生细菌及害虫。

（5）保持文件柜面的清洁及摆放文件夹的整齐。

（6）文件柜内不放置与工作无关的物品。

（7）办公设备摆放整齐，并保持正常的使用状态。

（8）尽量不在办公区域用餐，以免滋生害虫。

（9）保持办公室的清洁卫生，不得随地丢纸屑、杂物。

5. 会议室布置

（1）会议椅摆放整齐。

（2）不得放置未经同意的物品。开会所需的物品，如模型、材料样板、图纸等，在会议结束后，应立即由该部门负责搬离会议室。因会议或与客户洽谈要求改变了会议室台椅摆置位置的，会后15分钟应恢复原状；保持正常的照明。

6. 复印机区域布置

（1）复印机（包括二次用纸）摆放整齐。

（2）复印后应仔细检查是否有遗留原件、复印件，无效复印件不得弃置于复印机上。应做二次用纸或清理、碎纸；不许放置未经同意的物品。

7. 接待总台布置

（1）对外桌面，除摆放公司规定的装饰品外不得随意放置任何物品。

（2）工作桌面的电话、设备应摆放整齐，定时擦拭。

（3）文件、售楼书、宣传单张、认购书等纸质品应按要求摆放整齐，不

得随意摆放于地板。

（4）应时刻保持接待总台的整洁、有序，无关人员不得进入接待总台。

（5）不准在接待处看杂志或报纸。

（6）不准集中于接待处交谈。

8. 洽谈区域布置

（1）洽谈桌椅应按公司要求摆放整齐，保持整洁、干净。

（2）洽谈桌除摆放公司规定的装饰品外，不得随意放置任何物品。

（3）爱护洽谈桌摆放的装饰品，及洽谈椅的布饰品。

（4）搬移洽谈椅时应小心轻放。

（5）不放置无关物品于洽谈区内，时刻保持洽谈区的整洁、有序。

（6）因和客户洽谈时改变座椅位置，洽谈后15分钟应恢复原状。

9. 门口布置

（1）设专人定期检查灯箱的灯有否损坏，若经发现，及时更换。定期由专人清理灯箱，检查电源是否通顺，如遇电源不通及时检查，确保恢复。灯箱亮灯时间：晚上18：00～22：30。

（2）外招牌清洁无损毁，无粘胶。

（3）店外台阶、地面清洁。

（4）门口车辆摆放有序，出入通行无障碍。

三、房地产中介经纪机构的办公制度

（1）办公室应保持安静，禁止嬉笑、打闹等粗俗行为，公务交谈应以不影响他人工作为前提。

（2）员工汇报应循级而上，不得越级，见到总经理及各部主管应主动问好，进入经理办公室应先敲门，征得许可后方可进入。

（3）员工上班应遵守公司着装规定，佩带胸牌。

（4）办公区域禁止吸烟、吃零食、打瞌睡、看小说及看与业务无关的杂志和报刊及收听音乐。

（5）上班时间不得随意闲逛、串岗、聊天，不得讨论与公司业务无关的其他事情。

（6）不得参与对他人的非议，不得传播与工作无关的“小道消息”。

（7）对工作中出现的问题需及时沟通、协商解决，不得以争吵的方式来解决问题。

（8）发扬团体精神，加强理解与沟通，各部门间需相互支持与合作，不得互相推诿。工作中相互协作，对其他员工的合理要求，在力所能及的范围

里，尽可能提供帮助。

（9）用电话应注意礼仪，语言简明。接听电话应及时，一般铃响不应超过三声，如受话人不能接听，离之最近的职员应主动接听，重要电话做好接听记录；接听电话应先问好，并自报公司名称和姓名，礼貌亲切，答对清晰，通话简短扼要。

（19）未到下班时间，不得提前整理办公事务，不得提前去用餐。

（11）工作时间不得接待亲朋好友，特殊情况时征得分行经理许可，在指定会客区域会客，时间不超过 10 分钟。

（12）未经许可，不得长时间占用公司电话，及使用公司办公设备办理私人事务。

（13）员工外出须经部门主管同意办理外出手续。

（14）对于来访客人，接待人员应主动热情，以体现公司形象。

（15）工作期间不允许聚众闲聊与工作无关之事，不允许大声喧哗。

（16）工作使用的计算机不得存储与工作无关的文件（例如：游戏等），上班时间不得利用计算机从事与工作无关的活动（如上网聊天等）。

四、房地产中介经纪机构的门店安全管理

（1）办公室严禁吸烟。

（2）遇火灾隐患或其他安全事故应及时排除，并及时向直属上级和人事部汇报。

（3）严禁违反操作规程使用办公设备。

（4）下班后文件、纸张等易燃物品应入箱，并锁好。

（5）各办公室下班后应切断电源，关闭水源，并将窗户关好。

（6）最后离开办公室的员工应对本办公室作最后的安全检查。

（7）员工因过失或故意违纪给公司造成经济损失和不良影响的，要追究违纪者的责任，根据情节严重性，给予教育、处罚、赔偿、辞退，公司保留追究其法律责任的权利。

（8）员工的办公桌内不要存放大量现金及贵重物品，以免造成不必要的损失。

五、房地产中介经纪机构的会议管理制度

会议是企业管理者之间或企业管理者与员工之间进行直接交流的重要手段。企业有必要实行分级别、分范围的企业例会制度。经常的会议制度是企业信息反馈的重要途径，可以较为及时地发现问题和解决问题。

会议的召开应该有主题、有内容、有结果，三者缺少任何一项都会使会议成为企业管理的无效动作。各部门人员均须引起重视，认真准备，积极发言，及时将信息进行反馈，及时对发展提出合理化建议。企业对每次会议都应该有较为详细的记录，对会议决策应该定期检查、反馈执行情况。

1. 会议纪律

（1）全公司大型活动、会议提前10天通知；全公司小型活动、会议提前5天通知；部门性活动、会议提前3天通知；普通会议提前1天通知。通知内容包括计划细节、执行人员和相关需讨论、准备的议题及发言稿等，由活动或会议主持部门经批准后发出。

（2）员工应准时出席会议，公务外出未能与会，应事先向上级主管请假。

（3）提倡精简、高效的会议风格，鼓励开短会，会前做好充分准备。

（4）与会者应关闭手机或把手机设为振动状态，遇到紧急事务必须立即处理的，应小声回答，尽快结束通话。不能在短时间内结束通话的，应起身离开会议室处理。

（5）与会者在会议中不瞌睡、不闲聊，不开“小会”，不看与会议无关的材料，重要内容要做记录，不得随意进出会场，不得随意走动。中途离开会场5分钟以上者，应请示会议主持人，得到许可后方可离场。

2. 会议管理办法

（1）会议种类。

1）例会为了公司各项工作的顺利开展，以便于领导及各单位及时了解工作进展及完成情况，会议主要以汇报上周各部门/分行的工作进展及完成情况，提出工作中需要协调相关部门及人员的问题，制定解决措施并安排下一阶段工作。

各区域应每周开一次例会，由区域主管统筹，参会对象为所辖分行经理、分行秘书等。

公司每周例会由人事部主管统筹，参加人员为公司总部成员，以人事部通知为准。

公司管理层月度例会时间为每个月的30日举行，参加人员除公司管理团队人员以外，还要邀请董事长参加。会议内容主要为上阶段的工作总结、下阶段工作的布置。

其他部门例会根据实际情况灵活安排。

公司领导可随时参加各部门、分行的会议。

2）早夕会。

a. 早夕会以门店为单位举行，由分行经理主持，流程和内容参照公司营销部规划。早夕会管理应明确落实责任人。

b. 业务部、人事部和地区总部应做好早夕会的指导、检查和监督工作；早夕会经营要做到内容充实、形式多样、气氛适宜、参与踊跃。早会时间原则上控制在40分钟以内，夕会时间在30分钟以内。早夕会主持人应事先做好早夕会的策划、组织工作，原则上要求早夕会的主要内容应提前三天准备好，并制订单位早夕会行事历、计划表，预先公布。

c. 早夕会经营应起到以下作用：

（a）掌握经纪人工作进度，督导工作计划，落实活动量管理。

（b）了解经纪人思想动态，调节经纪人工作情绪。

（c）提升经纪人业务水平和工作技巧，解决疑难问题，学习专业与训练。

（d）交流经验，分享心得，提升单位士气。

（e）传达公司各项政策，宣导公司企业文化。

（f）培养经纪人的综合能力，提高其自身修养。

3）一般性会议。指由总经理参加并主持，各部门负责人参加，协调业务工作及行政工作的会议。

4）商务会议。指由公司重要领导参加的商务会谈、谈判等。

（2）会议的组织与管理流程。

1）会议的组织工作原则上均由行政部负责，也可根据需要由相关领导指派有关部门负责会议的组织工作。

2）会议文件的准备。由会议组织部门会同有关部门提前做好会议用各类文件的打印、装订工作，并于会议开始前下发至参会人员，保密文件在会议结束后，由会议组织部门负责统一收回，并根据需要保存相应分数，其余做销毁处理，防止泄密。

3）会务工作。会议组织部门统计到会人员签到，由会议组织部门或主持会议的领导批定专人进行会议记录。

4）会议纪要。会议纪要是记载和传达会议情况和议定事项使用的一种行政公文。会议纪要拟写人员，根据会议记录内容，按规定时间、要求及格式拟写纪要。要求在会后24小时之内完成会议纪要的拟写并上报相关领导审核并签发，会议纪要撰写人员做签收记录及存档管理。

5）跟踪督办。根据会议纪要内容，由人事行政部或由领导指定专人负责做好会议决议的跟踪督办工作。

六、房地产中介经纪机构的门店检查制度

1. 巡视制度

各部门相关领导负责各店面的巡视与督察，每周至少店面巡视两次。重点检查内容包括店面卫生、布置、考勤、员工礼仪着装、接待用语、信息收集记录、宣传用品摆放位置、业务知识问答、投诉记录等，对不达标员工和店面给予记录并扣分。

2. 电话检查制度

各部门相关领导每日至少电话检查店面一次，重点检查接电话规范用语、业务知识问答、考勤值班情况，并接受各店面日常工作情况及突发事项的汇报，对不达标员工及店面给予记录并扣分。

七、房地产中介经纪机构的信息系统管理制度

1. 信息系统的作用

应用信息系统进行企业内部管理是提升企业核心竞争力的重要手段。信息系统的使用需要企业制度的保障，企业要建立以最高管理人为核心的系统实施小组，管理者应当以身示范。

同时必须认识到信息系统不是万能的，企业管理毕竟是对人的管理，因此信息系统的建立不能影响企业内部人与人之间的交流，也不能取代具有法律效力纸介质上的印鉴。

信息系统设计需要根据企业内部管理调整情况和企业发展情况进行及时修改和升级。

2. 信息的录入

信息来源于企业的业务人员，企业市场营销反馈和相关人员之间的关系传递。信息来源的多样化一方面要求开辟畅通的信息收集渠道，使信息最大量地进入企业信息管理系统；另一方面，又要求企业对信息进行统一的加工处理，

使之便于查找和应用。

因此企业应该进行两层信息管理，即最大限度地开放初级信息录入权限，使所有信息系统的使用人员都可以将自己掌握的新信息进入系统，同时设置新登信息管理功能，由系统管理人员对新录入的信息进行二次加工，删除重复和无效的录入。

3. 信息的发布

信息录入之后就要使其尽可能地让所有相关人员获知。信息的发布应该是有层次的，即不同人员进入不同的层级，所能看到的信息范围和内容都不尽相同。信息发布大体可以分为三个层级。

（1）第一级是公众性告知信息。这是企业需要广泛告知的信息，一般信息内容比较简单，不涉及关键字段内容，比如物业的详细地址、客户的姓名及联系方式等。这样的信息不仅可以在企业内部公开发布，还可以在公众互联网上发布，供客户直接查询。

（2）第二级是内部完全共享信息。这一级别的信息需要企业员工通过密码检查进入，信息包含更为详细的对象描述内容，但一般也不公开关键性字段。只有信息录入者和具有更高权限的管理者才可以看到更完整的内容。

（3）第三级是企业保密级信息。这类信息关系到企业的生存资源问题，因此只有具有一定权限的企业管理者才可能防问。

一般在系统设计之初就要确定系统信息不同层级的发布内容和不同权限人员可访问的级别。

4. 系统权限管理

（1）中介系统各级账户权限由人事部统一设立；各自账户密码不得向他人透露。

（2）试用期的员工一个月后，公司才为其开设个人账户。之前，如员工需要查找资料，统一由文员或指定人员为其操作。

目前大多数中介企业管理对业务员一级的人员，只赋予其第二级权限，而关键客户信息只有店长一级才能看到。

企业保密级信息公开的层级越少，访问人员的数量越少越有利于信息资源的保护。比如，只有店长一级人员才能看到客户的联系方式，这就使信息流失只可能通过这一级别的人传递出去，这一方面减少了信息传播渠道；另一方面信息掌握者个人出于对发展前途的考虑也会主动减少信息资源的流失。

5. 系统软件管理

（1）门店计算机软件维护由专业人员负责，未经允许，公司其他员工不得擅自添加、删除软件程序。

(2) 公司各门店计算机杀毒软件由各门店秘书负责维护。每周一秘书负责升级杀毒软件。计算机使用时，杀毒软件应处于有效打开状态。如计算机出现软、硬件问题，秘书应及时与公司专业人员联系。

(3) 公司各门店房源信息软件由各门店秘书每周五12：00前负责备份，备份文件交由店长保管，店长周一交由总公司存档。

(4) 公司专业人员收到秘书关于计算机问题的报告后应在24小时内到达现场解决问题，如问题无法解决应在24小时内报告总公司。

6. 信息系统管理范本

下面是某大型中介经纪机构制定的信息系统管理规定，供读者参考。

(1) 信息系统管理规定。

1) 所有新开楼盘，必须正确输入业主资料。如输入联系电话、物业名称、栋数、阁名、层数、房号，如其中一项有错，则不按新开盘确认；如其他业务员再重新输入正确资料，则按新盘确认；如房号前没有加楼层，则转为开盘人所属分行之公盘。

2) 暂停盘重新开盘由输入暂停盘日期当日起计必须超过15天后才按新开盘规定分配。如15天内重开楼盘，则为原开盘分行所有。

3) 更新楼盘资料时，如业主出现反价或所报价格高于计算机记录时，跟进人应当向业主落实并在该楼盘“跟进记录”中说明其反价原因；如跟进记录中有写业主反价而未注明原因的，一律罚款50元。

4) 所有客户资料必须输入系统中，包括已成交的客户必须转入“已成交”状态，若遇有看房客与正式签约的客户不是同属一人的情况，必须把正式签约的客户资料及时输入计算机，如再次发现系统中成交客户资料不属实或不存在的，即扣除该成交单业绩的作为本区基金。

5) 通过本公司出租的楼盘，应当及时转为暂停盘，由该租单成交业务员在备注中输入是哪个业务员成交、成交价、租约起止日期、租客名称及电话、业主全称，以上各项少填写一项罚款50元作为本区基金。

6) 公司有的出租盘源，并未通过本公司租出的，在备注栏输入是哪家地产公司成交、成交价、租期时间，如果不了解以上信息则不需输入。

7) 非本公司售出楼盘，转为已成交。

8) 取钥匙及签署独家委托。在备注栏必须输入取钥匙或签独家委托之业务员及分行，钥匙编号或独家委托时间有多长（没有登记钥匙方或独家委托方将转为分行公盘）。

9) 所有业主曾说重要事情，必须输入备注栏（如业主什么价格，包税或不包、佣金问题，配不配家电，押金多少，指定租期，考不考虑租或售、房产

价格，按揭状况，是否需要赎楼等）。

10）所有楼盘状况转移必须由分行经理修改。

11）所有门号前必须加上楼层（没有登记将转为分行公盘）。

12）重开盘源必须检查暂停盘是否已有，如有必须由暂停转移去委托中，严禁重复再开新盘，否则此盘转为分行公盘。

13）所有正在洽谈中的楼盘，如收取客户担保金超过5000元的，可在区域经理同意的情况下，由分行经理将该楼盘转入“交易中”，交易中的单该业务人员可有2日时间与业主洽谈联络收定，此间其他业务人员或分行不得与业主联络、洽谈，必须待该业务人员未能在2日内与业主签订合约并收取定金时，方可进行洽谈。如客户交付的担保金不足5000元则其他业务人员可照常看房或更新。每单只有2次转入机会，每次限期2日。未经区域经理擅自将楼盘转入“交易中”的，对该分行处以100元罚款作为区域基金。

（2）量化规定。

1）盘源量化管理。本公司盘源采取公盘制。

a. 找盘量化　每周六盘（租、售均可，租单限三盘以内），缺一扣50元。如超额完成当周的盘量，允许将超额的部分累计到下一周，但最多累计到当月月底。若发现提供虚假信息或业主虚假资料，处理方法：撤销盘源所有权；视情节扣款100元以上；通报批评；解聘。以上四种处罚可单独执行，也可并罚。

b. 更新量化　业务人员每天更新十个盘，且必须在计算机的跟进栏内注明更新资料（使计算机自动生成当日跟进的时间，不能写在备注里），否则视为无效，缺一扣50元。凡是在更新过程中，发现楼盘已租已售，请注明“已租（售）”；凡是公司成交的楼盘，请客方业务人员当时在更新上注明“已租（售）”。如有以下情况发生：当天已更新的重复更新；虚假更新的；在更新过程中，发现所记录的××信息错误（除原登盘人向经理说明情况，并给予纠正，该楼盘现归此人所有外）。处理方法如下：

（a）警告。

（b）视情节扣款100元以上。

（c）通报批评。

（d）解聘。

以上四种处罚可单独执行，也可并罚。

c. 签业务委托书量化　每周至少签两份放盘委托（只限售盘，租盘不计），独家、多家不限，缺一扣50元。

2）客源量化管理。每位员工每周至少带六个客户看房，并签六份《看房

书》，交予秘书确认，否则，缺一扣50元。

3）执行。

a. 以上第1）项中的a、c项和第2）项于每周五18：00时前计算，第1）项中的b项于次日9：00前计算，并对违规者开具《扣款通知单》，收取现金。拒不执行者，视作自动离职，按公司自动离职有关文件处理。

b. 如果月业绩超过3万元，则取消对其盘源、客源量化管理之扣款。

（3）保密规定。

1）本公司盘、客信息未经公司允许，不得与其他公司合作。

2）业务人员在职期间不论通过何种途径获取的与公司业务相关的信息均属公司所有，严禁以任何形式变相据为己有和外泄。

3）业务人员严禁抄袭公司楼盘信息资料。

以上三项，如有违者，除承担公司相应损失以外，处理方法有警告；扣发所有工资、提成并不予退还职工福利基金；解聘。以上三种处罚可单独执行，也可并罚。

（4）楼盘信息登记规定。业务人员接到楼盘信息后，立即填《开盘表》交由秘书在计算机上进行登记，详细准确地注明：物业名称；物业地址；业主姓名；建筑面积；法定用途；使用现状；使用年限；间格布局；管理费；附送设施；朝向。

1）业务人员要核实产权及现场查勘。

2）在确认楼盘的持有人时，参照楼盘计算机输入时间，以第一登记人为标准。

3）业务人员在提供楼盘资料时，必须真实、准确、详细，经抽查或核实，如在该楼盘成交前发现有虚假成分，则公司予以业务人员口头警告，重新登记；如在成交后发现有虚假成分，则取消该持盘人的收益权，将收益权转给真实登记的第二登记人，如无第二登记人，该楼盘作为公司楼盘。

4）业务人员的楼盘资料未输入计算机，但在公司广告中刊出并成交或推荐成交，则该楼盘持有人的利润归公司所有。

5）严禁将商业类信息登录为住宅信息，如果违规登录，未成交的取消持盘人资格，该盘列入相应部门的公盘。成交的分以下情况办理：如果没有告知过成交的，该收入充公；如果告知过成交的，收入各占50%。

（5）客户信息登记规定。

1）客户信息登记。

a. 业务人员在接到客户求购或求租信息后，本人必须立即在计算机上进行登记，详细准确地注明：物业名称；物业地址；客户地址；建筑面积；客户计算机；其他需求。

b. 因客户的需求可能多区域性，根据客户要求，可以进行其他区域的补充登记。

c. 客户登记的有效期为两个月，到期后，业务人员重新登记。

d. 在确认客户的持有人时，以客户登记的有效期内的第一登记人为标准。

e. 业务人员在登记客户资料时，必须真实、准确、详细，经抽查或核实，如在成交前发现有虚假成分，公司则向业务人员给予口头警告，重新登记；如在成交后发现有虚假成分，则取消该客户持有人的受益权，将受益权人转给做了真实登记的第二登记人，如无第二登记人，按公司利润处理。

f. 业务人员将客户资料登录计算机的同时，必须使用公司统一印制的《客户记录本》记录客户资料及跟进情况，否则，视其情节扣款50元以上。业务人员离职时，须将公司《客户记录本》交予行政文员，行政文员按照登记的编号及内页序号检查无误后方可在《移交清单》上签字。未返还《客户记录本》或《客户记录本》在返还时有缺损的，将根据实际情况以公司相应损失为标准给予扣除。

2）上门客户信息登记。

a. 公司新上门客户的接待工作按轮值制度依次接待。

b. 座次安排每个月轮换一次，月冠军可选择座位，其他人抽签定位。

c. 值班人员须对所有上门客户的业务需求在《上门客户接洽登记本》中进行及时、如实、详尽的登记，以备统计。

第三章

房地产中介经纪机构业务经营管理

第一节 房地产中介经纪机构业务推广管理

营销是企业管理最活跃的领域，企业在确定市场定位之后，应采取合适的营销推广策略以实现企业战略目标。结合房地产中介经纪行业的经营特点，房地产中介经纪机构的营销推广手段应以人员推销为主，广告宣传及公关活动为辅。

人员推销对于客户范围相对确定，成交金额较大，较为专业的业务内容来说更为有效，因此人员推销成为房地产中介经济行业最重要的营销手段。由于人员推销涉及的知识较多，本节主要针对广告宣传及公关活动的管理进行说明，有关人员推销的具体内容请读者阅读余源鹏主编的《三天造就二手房租售冠军》一书。

一、房地产中介经纪机构广告推广管理

广告推广是指房地产中介经纪机构通过报纸、网络、单张等媒体向客户推广企业及房源焦点的过程。

1. 广告制作管理

（1）各区域按月做出广告计划表汇总至营销总监，再经总经理审批后执行。该计划不得超过上月战报业绩的10%，该百分比仅供参考，具体数字各企业应根据自身营销战略不定期调整，该费用包括报纸广告、网站广告、单张、条幅等一切广告类开支。

（2）广告内容必须于广告刊登日2天前出初稿，并由分行经理签字确认。

若该次广告未提前2天于广告刊登日定稿，则取消该分行的广告资格，由另一分行替补。

（3）分行经理校稿时须认真负责，严禁出错。广告刊发后，凡非报社印刷原因，造成发布信息错误或过时失效的，责任人将按该条款信息的广告成本等额赔偿。如资料刊发不实造成投诉或诉讼，由责任人承担一切责任。

（4）各区域经理及营销总监需承担最终审核本区域广告的责任，避免重盘或错盘情况发生，广告审核一定要区域经理或营销总监签字确认。未经区域经理签字刊发的，由责任人承担广告费用。

（5）各分行橱窗广告固定每周日进行更新，分行秘书负责设计打印。

（6）外部网站广告由分行经纪人员负责登录并每日刷新，公司网站广告由指定人员每日截取信息并传递相应分行。分行经理对及时有效刷新的结果负责。

2. 广告刊发流程管理

广告刊发流程如图 3-1 所示。

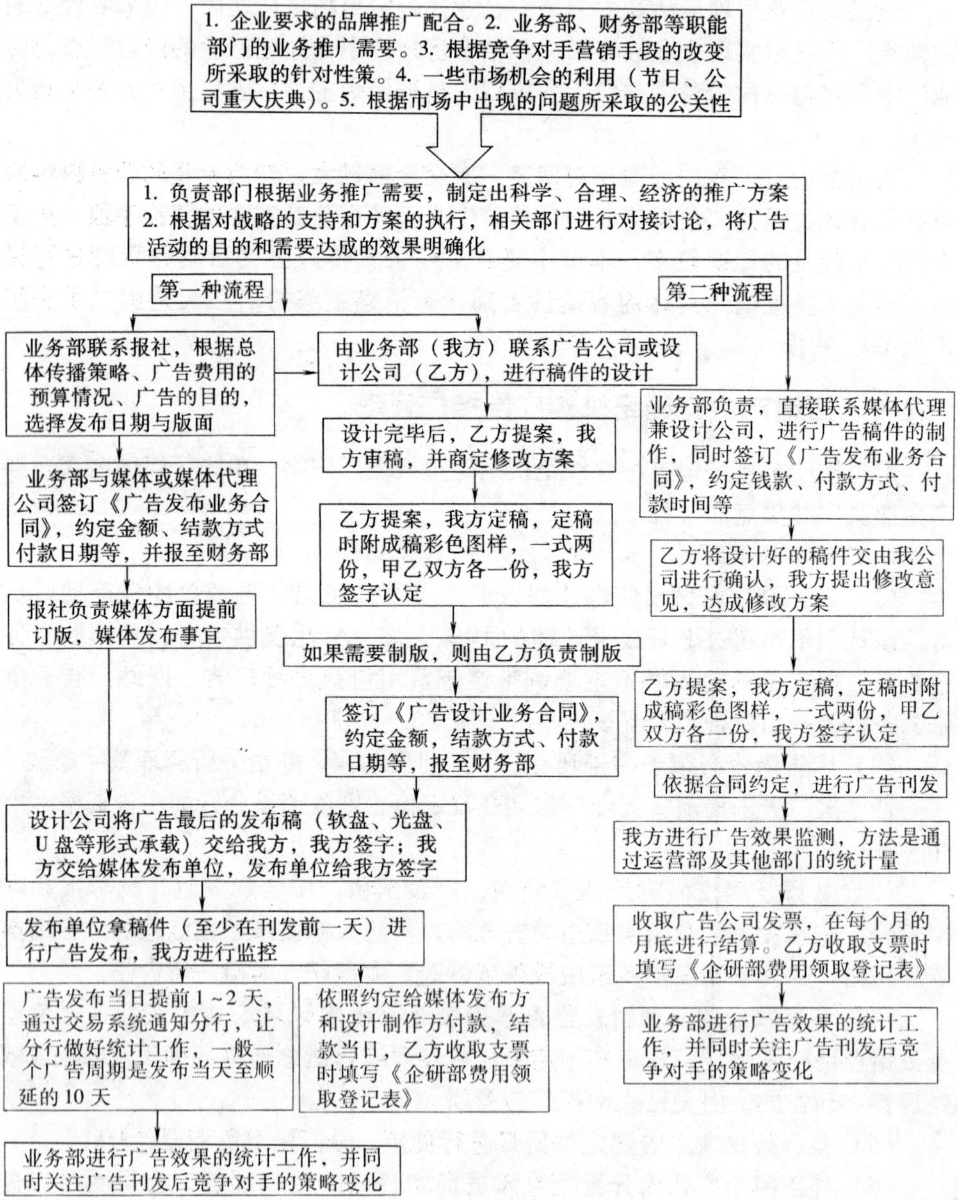

1. 企业要求的品牌推广配合。2. 业务部、财务部等职能部门的业务推广需要。3. 根据竞争对手营销手段的改变所采取的针对性策。4. 一些市场机会的利用（节日、公司重大庆典）。5. 根据市场中出现的问题所采取的公关性

1. 负责部门根据业务推广需要，制定出科学、合理、经济的推广方案
2. 根据对战略的支持和方案的执行，相关部门进行对接讨论，将广告活动的目的和需要达成的效果明确化

第一种流程

业务部联系报社，根据总体传播策略、广告费用的预算情况、广告的目的，选择发布日期与版面

业务部与媒体或媒体代理公司签订《广告发布业务合同》，约定金额、结款方式付款日期等，并报至财务部

报社负责媒体方面提前订版，媒体发布事宜

由业务部（我方）联系广告公司或设计公司（乙方），进行稿件的设计

设计完毕后，乙方提案，我方审稿，并商定修改方案

乙方提案，我方定稿，定稿时附成稿彩色图样，一式两份，甲乙双方各一份，我方签字认定

如果需要制版，则由乙方负责制版

签订《广告设计业务合同》，约定金额，结款方式、付款日期等，报至财务部

设计公司将广告最后的发布稿（软盘、光盘、U 盘等形式承载）交给我方，我方签字；我方交给媒体发布单位，发布单位给我方签字

发布单位拿稿件（至少在刊发前一天）进行广告发布，我方进行监控

广告发布当日提前 1 ~2 天，通过交易系统通知分行，让分行做好统计工作，一般一个广告周期是发布当天至顺延的 10 天

依照约定给媒体发布方和设计制作方付款，结款当日，乙方收取支票时填写《企研部费用领取登记表》

业务部进行广告效果的统计工作，并同时关注广告刊发后竞争对手的策略变化

第二种流程

业务部负责，直接联系媒体代理兼设计公司，进行广告稿件的制作，同时签订《广告发布业务合同》，约定钱款、付款方式、付款时间等

乙方将设计好的稿件交由我公司进行确认，我方提出修改意见，达成修改方案

乙方提案，我方定稿，定稿时附成稿彩色图样，一式两份，甲乙双方各一份，我方签字认定

依据合同约定，进行广告刊发

我方进行广告效果监测，方法是通过运营部及其他部门的统计量

收取广告公司发票，在每个月的月底进行结算。乙方收取支票时填写《企研部费用领取登记表》

业务部进行广告效果的统计工作，并同时关注广告刊发后竞争对手的策略变化

图 3-1 广告刊发流程

3. 广告投放管理表格

（1）每月广告投放申请表（见表3-1）。

表3-1 每月广告投放申请表

投放日期	媒体	目的	彩/黑白	分类	招聘	形象	项目	楼盘	市场活动	费用
									总计：	
填表人（区域经理）签名：					核实人（营销总监）签名：					
财务部经理：					副总经理/总经理：					

（2）媒体投放进度表（见表3-2）

表 3-2 媒体投放进度表

类别	月份																														
	日期	1	2	3	4	5	6	7	8	9	10	11	12	13	14	15	16	17	18	19	20	21	22	23	24	25	26	27	28	29	30
	星期 / 媒体名称	六	日	一	二	三	四	五	六	日	一	二	三	四	五	六	日	一	二	三	四	五	六	日	一	二	三	四	五	六	日
1	《××晨报》整版房源稿																														
2	《××买楼王》彩色整版																														
3	《××楼市》杂志彩色整版																														

4. 广告推广效果反馈管理

（1）反馈数据统计管理。

1）分行秘书统计各次广告进电量（含夜电）后汇总报给分行经理，分行经理汇总其他工作数据后于每周一上午 11：00 时前制做好《一周工作统计表》报于区域经理，区域经理于 12：00 时前提交至总经理秘书。

2）公司网站上放盘，每月 15～30 日前必须更改一次，由分行秘书负责录入。区域经理秘书负责检查录入情况。

（2）结果反馈统计表格（见表 3-3）。

表 3-3 广告推广效果反馈统计表

类别		来电				来人			
选项	组数 / 媒体	月 日～ 月 日		累计		月 日～ 月 日		累计	
		通数	百分比	通数	百分比	组数	百分比	组数	百分比
A	××报								
B	××周刊								
C	××楼市								
D	亲友推荐								
E	DM								
F	DM 单页								
G	经过门店现场								
H	其他								
	合计								

二、房地产中介经纪机构活动推广管理

活动推广即是公关活动推广，其目的一般是改善企业与客户间的关系，促进客户了解企业信息，进而促进交易的形成。由于中介行业的客户很大一部分是老百姓，因此房地产中介经纪机构所办的公关活动一般贴近民生并且规模较小，例如各分行在门店门口举办咨询、宣传活动或联合分行附近的社区举办社区活动等，具有区域性与针对性的特点。下面提供几个房地产中介经纪机构常用的推广管理表格供读者参考。

（1）地区活动申请表（见表3-4）。

表3-4　地区活动申请表

公关活动名称：				
举办日期：				
举办目的：销售推广/项目推广/公司形象推广/了解市场/其他				
公关活动简介： （须另附上活动企划书）				
参与协调部门：业务部/人事部/财务部/网络部/行政部/其他				
预算内容	数量	单价	总价	备注
场地费				
宣传品				
礼品				
广告费				
其他				
总费用：				
预计目标				
申请人签名： 营销总监签名：		各参与部门经理签名： 总经理签名：		

（2）宣传品存量表（见表3-5）。

表 3-5　宣传品存量表

礼品/宣传品	上月数量	月用量分布					所余数量
		分行	展览会	市场活动	其他	该月总数	
申请人（区域经理）签名：			营销总监签名：				
财务部经理签名：			副总经理/总经理签名：				

（3）宣传物品申请表（见表 3-6）。

表 3-6　宣传物品申请表

申请分行					
需求日期					
申请目的					
物料	新设计	加印	数量	尺寸	备注
公司简介					
楼盘速递单张					
小册子					
宣传单张					
挂旗					
海报					
易拉架					
横幅					
其他					
区域经理签名：			营销总监签名：		
财务部经理签名：			副总经理/总经理签名：		

第二节　房地产中介经纪机构房源信息管理

一、房地产中介经纪机构房源信息登记管理制度

（1）房地产中介经纪机构各分行统一使用标准格式的信息登记表。

（2）经纪人员接到楼盘信息后，详细准确地记录：楼盘名称；楼盘地址；业主姓名；建筑面积；法定用途；使用现状；使用年限；间格布局；管理费；附送设施等；朝向；业主电话。经纪人员要核实产权及现场查勘。

（3）在确认楼盘的持有人（负责该楼盘中介业务的经纪人员）时，参照楼盘在公司内部平台中的计算机输入时间，以第一登记人为标准。

（4）经纪人员在提供楼盘资料时，必须真实、准确、详细，经抽查或核实，如在该楼盘成交前发现有虚假成分，则公司予以经纪人员口头警告，重新登记；如在成交后发现有虚假成分，则取消该持盘人的收益权，将收益权转给真实登记的第二登记人，如无第二登记人，该楼盘作为公司楼盘。

（5）经纪人员的楼盘资料未输入计算机，但在公司广告中刊出并成交或推荐成交，则该楼盘持有人的利润归公司所有。

（6）严禁将商业类信息登录为住宅信息，如果违规登录，未成交的取消持盘人资格，该盘列入相应部门的公盘。成交的分以下情况办理。

1）如果没有告知已成交的，该收入充公。

2）如果告知过成交的，收入各占50%。

二、房地产中介经纪机构房源信息登记表格

1. 楼盘信息调查表格

（1）楼盘调查表范本一（见表3-7）。此表格调查信息量较精简，多用于经纪人员对盘源进行认知性质的粗浅业务调查。

表3-7　楼盘调查表（一）

楼盘名称：

具体位置：

栋数：　　　　每栋层数：　　　　每层户数：

主推房型				
面积				
朝向				
绿化率				

容积率：＿＿＿＿＿　　物业费：＿＿＿＿＿

其他信息：＿＿＿＿＿＿＿＿＿＿＿＿＿＿＿＿＿＿＿＿

（2）楼盘调查表范本二（见表3-8）。此表格信息较详尽，多用于经纪人员对周边楼盘的详细调查使用，并将存档供日后查阅。

表 3-8 楼盘调查表（二）

记录人：________

NO：________

楼盘名称		楼盘名称	
地址		地址	
竣工日		竣工日	
性质		性质	
每平方米售价		每平方米售价	
每平方米租价		每平方米租价	
楼层/楼别		楼层/楼别	
是否都市或交通建设重点（周边交通线路情况）		是否都市或交通建设重点（周边交通线路情况）	
生活机能完善程度（靠近机关/学校/市场/菜场/名胜/超市）		生活机能完善程度（靠近机关/学校/市场/菜场/名胜/超市）	
住家环境分析（绿化/花园/公园/健设施/会所/物业管理）		住家环境分析（绿化/花园/公园/健身设施/会所/物业管理）	
备注		备注	

（3）楼盘调查表范本三（见表3-9）。此表格可与范本二结合使用，以详细记录各楼栋、各楼层、各房号的信息，同样可归档供查阅。

表 3-9 楼盘调查表（三）

楼盘名称：________

楼盘具体位置：________

楼盘详细资料：________

楼栋号：________期数：________

房间号码	房东姓名	联系方式	房间情况	装修情况	备注

2. 单个房源信息登记表格

（1）单个房源信息登记表范本一（见表3-10）。此表格涉及房屋内部具体信息，多用于经纪人员上门看盘后所做的信息登记。

表3-10　单个房源信息登记表（一）

编号：________

房屋坐落			大概位置		
户型		建筑面积		所在楼层	
防盗门		地面		总楼层	
阳台		暖气		煤气	
地下室		小房		车位	
中门/偏门		楼头		一梯几户	
结构		建筑年限		房屋现状	
产权性质		产权证		价格	
有线		电话		装修	
小区绿化		交通情况		配套单位	
家具					
家电					
灶具					
钥匙		户型平面图			
产权人姓名(联系人)					
联系方式(手机、宅电、单位电话)					
备注					

置业顾问：__________　　　　　　　________年____月____日

（2）单个房源信息登记表范本二（见表3-11）。此表格多用于经纪人员上门检验房屋内部后办理业主委托业务时所做的正式的登记表格。

表 3-11　单个房源信息登记表（二）

<table>
<tr><td>售价</td><td></td><td>底价</td><td></td><td>原值</td><td></td><td>税费约定</td><td>各税□　实收□　包税□</td></tr>
<tr><td>位置</td><td colspan="7">明显建筑物：　　周边环境及配套：　　公交线路：</td></tr>
<tr><td>建筑结构</td><td colspan="2">框架□　砖混□
其他□</td><td>外墙材料</td><td colspan="4">喷涂□　弹涂□　方砖□　三色砖□　马赛克□
高级涂料□</td></tr>
<tr><td>房产类型</td><td colspan="7">商品房□　安置房□　经济适用房□　集资房/房改房□　别墅□　自建房□　店面□　写字楼□　厂房□</td></tr>
<tr><td>产权情况</td><td colspan="7">有证□　无证□　可办□（出证时间　　　　）　拆迁协议□　更名□　更名费□　入住费□</td></tr>
<tr><td>土地证</td><td colspan="7">有证□　无证□　可办□（出证时间　　　　）　出让□　划拨□　土地级别□　分摊面积________ m²</td></tr>
<tr><td>抵押银行</td><td>____银行
____支行</td><td>未还贷款</td><td>____万元</td><td>解押</td><td>可□　不可□</td><td>转按揭</td><td>可□　不可□</td></tr>
<tr><td>装修状况</td><td colspan="4">厅__________卧__________
装修年份__________装修投资______万元</td><td>装修档次</td><td colspan="2">普通□　中等□　高等□</td></tr>
<tr><td>配套设施</td><td colspan="4">电梯□　管道煤气□　电视□
宽带□　防盗门□</td><td>目前情况</td><td colspan="2">出租□　空置□　自住□</td></tr>
<tr><td>家具配套</td><td colspan="7">床□（　　张）　壁橱□　柜□　桌□（　　张）
沙发□（　　套　　件）　茶几□</td></tr>
<tr><td>家电配套</td><td colspan="7">电视□　洗衣机□　冰箱□　热水器□　抽油烟机□　灶具□　空调□（　　部）</td></tr>
<tr><td>卖房原因</td><td colspan="7"></td></tr>
<tr><td>评语/备注</td><td colspan="7"></td></tr>
<tr><td>委托声明</td><td colspan="7">本人自愿将上述房产委托____房屋代理公司出售且通过受托方完成交易，本人承诺不通过其他任何渠道与受托方推荐之客户交易，否则愿双倍赔偿总成交价 2%（不足 10 万元的以 10 万元计）的中介佣金，并承担由此产生的其他费用。
委托人签字：　　　　　　　　建筑平面图：
身份证号码：
住　　址：</td></tr>
</table>

门店：__________置业顾问：__________日期：__________

信息来源：（　　）A、网络　B、广告　C、老客户/介绍

(3) 单个房源信息登记表范本三（见表3-12）。此表格用于房屋交易清点财产时使用。

表3-12 单个房源信息登记表（三）

名称	品牌	数量	名称	品牌	数量
电话机			书桌		
彩电			书橱		
影碟机			双人床		
音响			单人床		
空调			床垫		
冰箱			床头柜		
洗衣机			窗帘		
烘干机			地毯		
微波炉			吊灯		
炉灶			地灯		
烤箱			台灯		
热水器			食橱		
排油烟机			吊橱		
电饭煲			吹具		
沙发					
咖啡几					
角几					
酒柜					
矮柜					
电视柜					
餐桌					
餐椅					
衣柜					
化装台					

双方已清点上述财产，证实无误。

甲方__________ 居间方__________ 乙方__________

日期__________

3. 多个房源信息登记表

该类表格是对房源信息的汇总，针对主要信息点进行描述，方便经纪人员查阅。

（1）多个出售房源信息登记表格范本（见表3-13）。

表 3-13 多个出售房源信息登记表

编号	楼盘名称	地址	产权性质	面积/m²	户型	楼层	售价/万元	年限	朝向	结构	证件	装修	联系人及电话

（2）多个出租房源信息登记表格范本（见表3-14）。

表 3-14 多个出租房源信息登记表

编号	楼盘名称	户型	面积/m²	楼层	总楼层	家俬	电器	年限	价格/元	备注	联系人及电话

4. 房源信息修改登记表

表3-15是房源信息修改登记表范本。此表格用于业主修改出售（租）条件时所做的修改登记。

表 3-15　房源信息修改登记表

编号：________ 姓名：________ 时间：________

委托编号	楼盘名称	具体位置	房号	原出售（租）条件	现出售（租）条件	房东	联系电话	经纪人

5. 房源信息注销登记表

表 3-16 是房源信息注销登记表范本。此表格用于业务成交后对房源信息做注销登记时使用。该表由经纪人员填写，次日 9:00 交给分行秘书，由分行秘书修改内部网络相关信息后返还。填满一张后交由秘书存档。

表 3-16　房源信息注销登记表

编号：________ 姓名：________ 时间：________

委托编号	楼盘名称	具体位置	房号	出售途径	出售时间	委托价格	出售价格	房东	联系电话	经纪人

6. 房源流失调查表

表3-17是房源流失调查表范本。此表格用于分行经理对未成交业务的统计分析及处理意见登记使用。

表3-17 房源流失调查表

分行经理：________ 20____年____月____日至____月____日

客户编号	客户姓名及联系电话	被委托的(类别)(项目)	所属经纪人	流失原因调查	处理情况/总结	确认日期

第三节 房地产中介经纪机构客源信息管理

一、房地产中介经纪机构客源信息登记管理制度

(1) 经纪人员在接到客户求购、求租信息后，详细准确地记录：楼盘名称；楼盘地址；客户地址；建筑面积；客户计算机；其他需求。

(2) 因客户的需求可能多区域性，根据客户要求，可以进行其他区域的补充登记。

(3) 客户登记的有效期为两个月，到期后，经纪人员重新登记。

(4) 在确认客户的持有人（负责该客户的经纪人员）时，以客户登记的有效期内的第一登记人为标准。

(5) 经纪人员在登记客户资料时，必须真实、准确、详细，经抽查或核实，如在成交前发现有虚假成分，公司则向经纪人员给予口头警告，重新登记；如在成交后发现有虚假成分，则取消该客户持有人的受益权，将受益权人转给做了真实登记的第二登记人，如无第二登记人，按公司利润处理。

(6) 经纪人员将客户资料登录计算机的同时，必须使用公司统一印制的《客户记录本》记录客户资料及跟进情况，否则，视其情节扣款50元以上。

经纪人员离职时，须将公司《客户记录本》交分行秘书，分行秘书按照登记的编号及内页序号检查无误后方可在《移交清单》上签字。未返还《客户记录本》或《客户记录本》在返还时有缺损的，将根据实际情况以公司相应损失为标准给予扣除。

(7) 公司新上门客户的接待工作按轮值制度依次接待。

(8) 座次安排每个月轮换一次，月冠军可选择座位，其他人抽签定位。

(9) 对所有上门客户的业务需求在《上门客户接洽登记本》中进行及时、如实、详尽的登记，以备统计。

(10) 各分行要完善主打盘的资料并对经纪人员进行不断地培训和实战演练，以达到每个经纪人员均熟练掌握。

(11) 分行经理每日须检查本分行经纪人员的工作情况，对本分行盘客信息了如指掌，并采取措施做好盘源、客源的管理工作，防止信息外泄。

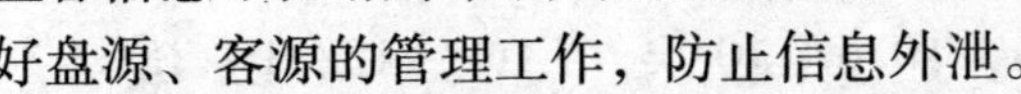

(12) 分行经理监控离职人员的客户本等资料的回收并做好预防工作。

(13) 分行经理按照公司业务管理软件和财务管理软件要求，控制资料的及时准确录入。

(14) 经纪人员的楼盘资料未输入计算机，但在公司广告中刊出并成交或推荐成交，则该楼盘持有人的利润归公司所有。转介单如果没有告知过转介方并填写成交报告，该收入充公。

二、房地产中介经纪机构客源信息登记表格

1. 来访客户信息登记表

(1) 客户信息登记表格范本一。此表格用于快速登记客户对房屋的基本需求，针对该信息对盘源进行初步筛选。

1）姓名：__________年龄：__________

联系电话：______________性别：__________

家庭住址：___________________

2）需求

地段：__________户型：__________

价格：________________

楼层：__________是否贷款：______________

朝向：________________

急迫度：__________

有无其他要求：________________

是否有过其他房源：________________

日期：_____________

经纪人：_____________

（2）来访客户信息登记表格范本二。此表用于外籍客户需求信息登记时使用。

Welcome to ________ Realty，please pick out your satisfactory item in order to provide you the suitable service.（欢迎来到________房地产经纪公司，请在下表中选出符合您心意的选项，以便我们为您提供适合您的服务！）

1. I' m expecting a real property/我找房子是用来：

□for purchase/买房（□investment/投资　□residence/自住）

□for lease/租房

2. Height of building/楼层高度：

Floor：□under 5/5 层以下　□6 ~ 10/6 ~ 10 层　□11 ~ 15/11 ~ 15 层　□above 15/15 层以上

3. Internal layout/户型：

□1 bedroom and 1 living room/一室一厅

□2 bedrooms and 1 living room/两室一厅

□2 bedrooms and 2 living rooms/两室两厅

□3 bedrooms and 2 living rooms/三室两厅

□4 bedrooms and 2 living rooms 四室两厅　□__________

4. Area/面积：

□less than $80m^2$/小于 $80m^2$　□$80 \sim 120m^2$/$80 \sim 120m^2$

□$120 \sim 150m^2$/$120 \sim 150m^2$　□more than $150m^2$/大于 $150m^2$

5. Decoration/装修：

□None/毛坯　□Simple/简装　□Exquisite/精装　□Deluxe/豪华装

6. View/景观：

□Greenland/绿地　□swimming pool/泳池　□hillside view/山景

□sea view/海景

7. District/区域：

□××/××区□××/××区□××/××区□××/××区□××/××区

8. Orientation/朝向：

□not required/无要求　□____ required/要求朝向________

9. Total price/总价：

purchase/买房：□less than ¥1000000/低于 100 万元 □¥1000000 ~ ¥1500000/100 ~ 150 万元

□¥1500000 ~ ¥2000000/150 ~ 200 万元□¥2000000 ~ ¥3000000/200 ~ 300 万元

□more than ¥30000000/300 万元以上

lease/租房：□less than ¥2000/m/低于 2000 元/月□¥2000 ~ ¥3500/m/2000 ~ 3500 元/月

□¥3500 ~ ¥5000/m/3500 ~ 5000 元/月　□more than ¥5000/m/5000 元/月以上

10. Payment method/付费方式：

□tax included/含税　□no tax-included/不含税

11. Amenity/配套：

□car park/车位　□clubhouse/会所　□school/学校　□supermarket/超市　□bus stop/车站

□fitness center/健身休闲场所　□restaurant/餐厅　□entertainment/娱乐场所

12. Do you have any oriented district/block/building/有无意向区域/小区/楼盘：

□no/无　□yes/有____________

13. Expecting living environment/理想的居住环境：____________________

14. Other requirement/其他要求：____________________________________

Signature/宾客签名____________ Contact/联系方式____________ Date/日期____________

Thanks for your filling. We will find the most suitable house/apartment for you through your request.

真诚感谢您填写的选择，我们会根据您的意愿为您找到最适合您的房子！

________ Realty Co. , Ltd

________房地产经纪有限公司

2. 来电客户信息登记表

表 3-18 是来电客户信息登记表范本。

表 3-18　来电客户信息登记表

时间	客户姓氏(姓名)	性别	联系方式	需求描述	备注

分店：________　经纪人：________　日期：________

3. 多个有效客户信息统计表格

表 3-19 是多个有效客户信息统计表范本。

表 3-19　多个有效客户信息统计

编号	求租还是求购	户型	面积	楼层	家俬	电器	价格	其他要求	客户姓氏/电话

4. 客源转介登记表

“转介”是指不同中介分行对客户的相互推介。表3-20是客源转介登记表范本。此表格用于客户转介的登记与审核时使用。

表3-20 客源转介登记表

此部分由提出“合作”部门/分行填写

部门/分行名称：__________电话：__________传真号码：__________

顾客名称：__________

联络电话：__________（住宅）__________（办公室）

经纪人员签署：____________________部门主管签署：__________

本部门/分行带以上顾客到____________________部门/分行

此部分由获邀接纳“合作”部门/分行填写

日期：____________________

上述转介获/不获接纳为“合作”个案处理。

（不获接纳原因：____）

跟进经纪人员签署：____________________部门主管签署：____________________

5. 未成交客户统计表

表3-21是未成交客户统计表范本。此表格用于统计未成交客户信息，并由分行经理做出处理意见时使用。

表3-21 未成交客户统计表

时间	客户姓名及联系方式	经纪人姓名	未成交客源及原因	处理意见

时间：__________分店：__________分行经理：__________

6. 求购客户登记跟进表

表3-22是求购客户登记跟进表范本。此表格用于经纪人员记录对求购客户的跟进情况时使用。

表 3-22 求购客户登记跟进表

分行名称：________ 置业顾问：________

客户需求	姓名			客户类型				
	联系方式				住址：			
	地段			面积		户型		
	朝向		结构	框架( )混合( )	楼层		装修	
	价位	万元	年限		付款方式	一次性( )按揭( )		
	职业			年龄		个人爱好		
	其他							
客户分析	决策权			动机		财务能力		
营销计划								
跟进情况	时间	推荐房源情况		编号	带看时间	客户反馈		
总结								
售后服务	签约时间			交易时间		缴税时间		
	备注							

第四节 房地产中介经纪机构合同管理

合同管理是企业管理的一项重要内容，搞好合同管理，对于公司经济活动的开展和经济利益的取得，都有积极的意义。中介经纪机构应据我国《合同

法》及其他有关法规的规定，并结合房地产中介行业及公司的实际情况，制定一套规范合同使用的管理制度。各级人员都必须严格遵守并坚决执行该制度。各有关部门必须互相配合，共同努力，搞好公司的合同管理工作。

一、房地产中介经纪机构合同的建档与领取

1. 房地产中介经纪机构合同的建档

（1）建立合同档案，公司对外签订的合同、协议由行政部负责保管。

（2）业务合同的分发、存储、回收、归档由业务管理部门负责。

（3）业务类合同各分行由分行经理统一管理，如某类资料用完时，分行经理要及时上报业务部门，重新补充。

（4）公司和员工所需文件资料的打印工作由分行经理负责。

（5）经纪人提交的《房屋买卖合同》、委托协议、客户确认单由分行经理统一编号归档。

（6）合同建档表格（见表3-23）

表3-23 合同建档表

文件种类	
营业店名	
送交文件起始至结束编号（实际数量）	
其中缺失文件编号	
缺失身份证、权利证明书 复印件文件编号	
缺失身份证复印件文件编号	
缺失权利证明书文件编号	

分行经理签字：________ 交送日期：________ 业务部审批：__________

2. 房地产中介经纪机构合同的领取

（1）分行领取合同。

1）所有管制文件的领取以分行为申请单位。

2）由分行经理向业务部领取，由业务部登记领用日期、领用部门、合同名称、领用份数、合同编号、代表签名（见表3-24）。

表 3-24 合同领用登记表

合同名称	编号	领用分行	领用日期	领用份数	收回日期	代表签名

3）每次领取时一般根据各分行交回文件数量领取相应数量文件（注：各分行保留的居间合同不得超过100份，租赁合同不得超过40份）。

4）领取流程。填合同申请单→缴回相应数量→业务部经理确认签字→业务部领取。

5）各分行之间除法务同意之外不得互借文件。

（2）经纪人员领取合同。

1）经纪人员向所在分行秘书领取《看楼书》、《业务委托书》、《独家代理委托书》、《收钥匙条》等合同，并登记领用日期、领用名称、领用份数（每种限领5份）、合同编号，使用后当日将公司存档一联交由分行秘书统一保管，并登记使用份数，如有作废须交回分行秘书登记作废份数（联次齐全）。跑盘期员工可适当借用其他正式经纪人员的合同，可领用《开盘表》等合同，其他业务类合同不得私自领取和使用。

2）经纪人员须经所在分行的经理同意，方可领取《房屋租赁合约》、《房屋转让合约》（每次限领一份）。签署完毕后当日交由经理审核签名确认，方可生效。经理联留存，以备跟进，公司联、财务联由分行秘书送至业务部，如有作废须交回分行秘书登记作废（联次齐全）。

3）合同领取表格（见表3-25）。

表 3-25　合同领取表

日期	合同编号	何种联	领用人	归还时间	附件齐全程度	完整程度	领用人签名	备注
					□齐全　□缺身份证复印件 □缺房产证复印件　□全缺 □＿＿＿＿时补全	□完整 □＿＿＿联已归还 ＿＿＿联于＿＿日归还		
					□齐全　□缺身份证复印件 □缺房产证复印件　□全缺 □＿＿＿＿时补全	□完整 □＿＿＿联已归还 ＿＿＿联于＿＿日归还		
					□齐全　□缺身份证复印件 □缺房产证复印件　□全缺 □＿＿＿＿时补全	□完整 □＿＿＿联已归还 ＿＿＿联于＿＿日归还		
					□齐全　□缺身份证复印件 □缺房产证复印件　□全缺 □＿＿＿＿时补全	□完整 □＿＿＿联已归还 ＿＿＿联于＿＿日归还		
					□齐全　□缺身份证复印件 □缺房产证复印件　□全缺 □＿＿＿＿时补全	□完整 □＿＿＿联已归还 ＿＿＿联于＿＿日归还		
					□齐全　□缺身份证复印件 □缺房产证复印件　□全缺 □＿＿＿＿时补全	□完整 □＿＿＿联已归还 ＿＿＿联于＿＿日归还		
					□齐全　□缺身份证复印件 □缺房产证复印件　□全缺 □＿＿＿＿时补全	□完整 □＿＿＿联已归还 ＿＿＿联于＿＿日归还		
					□齐全　□缺身份证复印件 □缺房产证复印件　□全缺 □＿＿＿＿时补全	□完整 □＿＿＿联已归还 ＿＿＿联于＿＿日归还		
					□齐全　□缺身份证复印件 □缺房产证复印件　□全缺 □＿＿＿＿时补全	□完整 □＿＿＿联已归还 ＿＿＿联于＿＿日归还		
					□齐全　□缺身份证复印件 □缺房产证复印件　□全缺 □＿＿＿＿时补全	□完整 □＿＿＿联已归还 ＿＿＿联于＿＿日归还		

二、房地产中介经纪机构合同的签订

客户（包括卖方和买方）以交付一定佣金为条件，要求房地产中介经纪机构提供各项服务（咨询、代理、经纪、办理手续等）时，经纪人员要与其签订合同以保证交易的顺利进行。签订的合同分为格式合同和非格式合同。

1. 格式合同的签订

（1）买卖单只允许签订以下两种合同，即《房屋转让合约》、《业务委托书》。具体规定如下。

1）《房屋转让合约》（即居间合同）为公司强制签署的文本。对三方的权利义务均有明确阐述，并对公司从事三级市场居间服务最为公平合理。

2）《业务委托书》即买卖双方自行协商，委托公司办手续的单，不允许签订公司印制的格式居间合同，而需签订《业务委托书》。

3）物业为军产房、微利房性质时，不用签署公司任何情况的格式合同，应指引买卖双方签署由公司律师草拟的《房屋转让合同》。

（2）合同中的条款为指引经纪人员和客户交易的规范文本，务必按要求填写，如买卖双方协商同意就某一条款进行修改，需在备注中添加公司业务部的规定条款，如规定条款中没有示范，则需电话取得公司律师意见后填写。业务部门不得随意修改。注意合同的修改要由合同当事人签字确认，中介公司盖印校对章后方为有效。例如，如果出现买方姓名变更，在办理国土局过户手续前，须签署《姓名变更声明》。《姓名变更声明》范本如下。

致：__________房地产中介经纪有限公司：

买方______________________________身份证（或护照）号码：_____________

身份证（或护照）号码：______________________________________

卖方______________________________身份证（或护照）号码：___________________

经友好协商一致同意将__________市__________区_______________物业的买方姓名在办理过户手续时更改为__________（新买方姓名）；由__________（买方姓名）；__________（原卖方姓名）签署购房上述物业的《______市房地产买卖合同（现售）》及办理一切相关手续，________（新买方姓名）将作为买方与我们一起遵守在______市_________房地产中介经纪有限公司所签署的房屋转让合约NO：里所有的条款并承担一切相应的责任与义务。

原买方签名：__________

新买方签名：__________

______年____月____日

（3）赎楼、贷款成数以及过户日期的约定要慎重，业务部门应事先与客服人员、评估人员等确认后，方可告知客户、业主，不得擅自将上述条件签署在合同中。

注意：谈判以及签署合同过程中，每一位经纪人员应牢记公司作为中介方的立场，遵守客观的中立立场，不得偏袒或协助一方隐瞒情况；积极配合协调交易过程中客户与银行、担保公司等部门关系。

2. 非格式合同的签订

非格式合同必须由律师起草、审核，并经业务总监及总经理审批后，相关人员方可予以盖章。

3. 各种情况下合同补充条款的标准化格式

（1）如成交物业仍在抵押、按揭、查封、绿本等非完全所有权状态中，买卖双方愿意成交的补充条款。

买卖双方在签署本合约时皆清楚该物业所处________状态，均同意在此状态之下签署本合约并自愿遵守本合约规定的所有条款。

（2）如买方同意为卖方赎楼的补充条款。

1）买卖双方协商，买方愿意用购买该物业的首期款（部分金额）人民币________替卖方赎出该物业抵押在银行的房地产证，如首期款不够还清银行欠款的则不足之金额由卖方负责支付。

2）卖方在签署本合约后于________年________月________日或之前须与经纪方指定经纪人员到公证处办理全权公证委托书，委托经纪方办理有关该物业赎房地产证、转名（委托内容详见委托书）等一切手续。该委托公证费由卖方支付。届时卖方须将买方首期款不够赎楼之差额打入经纪方指定账户。

3）买方须在卖方与经纪方办出全权公证委托书________年________月________日或之前将首期款打入经纪方指定账户，并在卖方房地产证赎出____日内（以有关部门注销抵押登记日期为准）与经纪方到有关部门办理该物业转名手续，该物业成功转到买方名下后____日内（以有关部门答复日期为准）买方本人持身份证原件配合经纪方到有关部门领取新房地产证并送交银行做抵押贷款登记。

（3）业主自己赎楼情形下的补充条款。

卖方同意自行赎楼并承诺在________日前赎回房产证，并将房产证原件留存在经纪方处以便过户之用；买方在该日前需将首期款人民币________元交予

________地产代为托管，作为买方购买该物业的保证。卖方如果未经买方同意逾期赎楼，将承担相应法律责任。买方如逾期交付首期款，卖方得以解除合同，不返还定金。

(4) 如买方先交担保金再补交定金的情形下的补充条款。

买方签署本合约时已交部分定金人民币________予经纪方，待卖方签署本合约后________日内（以合同最后签署日期为准）买方须补齐合约规定之定金人民币________元整给予卖方，否则将承担违约责任。

(5) 与买方或卖方先签单方合同，后换居间合同情形下的补充条款。

举例：如买方或卖方支付担保金人民币5万元，与中介公司签署单方合同，现三方签署居间合同时，业主收取1万元，中介公司托管4万元时：因签单方合同时，中介公司已经为客户方出具了担保金收据，现改为居间合同，卖方在合同下方收据处签署了收据，则中介公司应收回前期开具的担保金收据。程序为：

中介公司收回开具的总计5万元的担保金收据，卖方在合同下方签收："收到定金人民币5万元，其中4万元交由________地产托管。"中介公司为卖方开具托管定金4万元收据。

如买方收据丢失，则卖方无须在居间合同下方签署收据，而需要另外给中介公司开具："收到________地产转付的________物业定金人民币5万元"，中介公司再为卖方开具收到托管定金4万元的收据。

(6) 提前交楼时间及交楼设施的情形下的补充条款。

1) 买卖双方同意，在付首期款（签署《________市房地产买卖合同（现售）》合同、________年________月________日或之前）时，将该物业交付买方使用，交楼时内附家私（详见家私清单），买方验收该物业确认收楼后，该物业设施问题与卖方、经纪方无关。

2) 卖方同意于______年______月______日提前交房给买方，买方承诺及时领取新房产证并在2日内办理抵押登记，如有延迟将承担卖方放款金额每日万分之五的违约金。

(7) 如卖方要求写净收价的情形下的补充条款。

卖方售出该物业净收楼价为人民币______元（含还清该物业之银行欠款、含担保公司之借款及利息）。

(8) 如售价要写回原房地产价格的情形下的补充条款。

买卖双方经协商在签署《______市房地产买卖合同（现售）》合同时售价按房地产证价格填写，买方同意本合约与原房地产价差额部分作为补给卖方该物业附属设施之费用。

(9) 如卖方有两个业主，但其中一个业主又不能来签合约的情形下的补充条款

经纪人员应建议客户将合同中的售价按真实交易金额上报，以免对差额产生误会或矛盾。

1) ________（业主一）代表________（业主二）参阅并同意签署本合约，如合约条款中有发生争议的，(业主一) 负连带责任。

2) ________（业主二）全权授权委托________（业主一）办理共有之物业出售一切事宜，包括签订合同、收取房款、开具收据，并同意对________（业主一）的行为承担连带责任。

(10) 买方要求在签署《房地产买卖现售》合同时加一个人名或改另一个名的情形下的补充条款

买卖双方同意在签署《________市房地产买卖合同（现售）》合同时买方另加入________（或以________的名义签署）之名，此人也同意并遵守该合约规定之所有条款。

(11) 水电过户、附属设施补充条款的情形下的补充条款。

该房地产内的附属设施、设备及室内装修的价格以及煤气等初装费均已包含在房价款内，并随给物业交付时一并转让买方。

(12) 买方按揭方式购买补充条款的情形下的补充条款。

1) 买方的贷款申请未经贷款银行审核通过或者审核通过的额度不足申请额度，则买方应在________日内将其补足并支付给甲方。

2) 买方应在签订买卖合同后________日内向该贷款银行申请贷款，签订借款合同等一切相关协议，办理一切相关手续，支付一切相关费用，并申请办理借款合同公证手续（若需），待买方贷款申请经贷款银行审核通过后________日内，买卖双方应赴办理产权过户及抵押登记手续（送件），并由经纪方开具收件回执。

3) 买方贷款金额超过银行标准贷款需要更改合同的，现售合同价须按更改合同价填写，多出税费部分由买方支付。

4) 业主一般应在收取除银行承诺贷款外的首期款后交房，另有约定除外。并须在合同上填写：预留业主迟交房押金 1 万元（含水电费押金），本押金于交房当日退还。

(13) 房屋租赁合约死期补充约定。

买卖双方一致同意本租赁合约中的租赁期限为死期，即如果双方任何一方因故无法在本期限内履行合同约定，则保证金权利由守约方享有。

三、房地产中介经纪机构合同的审核

所有《委托购（售）楼合同》、《房屋转让合约》、《房屋租赁合约》、《业务委托书》等合同必须由部门（或分行）经理按公司样板合同审核、签字方可生效，如部门（或分行）经理未按公司样板合同审核合同签字后，发生纠纷由部门（或分行）经理承担过失工作责任。

1. 合同整体审核要求

（1）签订的合同字迹清晰，容易分辨。

（2）合同条款完整，客户情况填写完整。姓名、电话号码、通信地址必须依据客户身份证原件和房产证上权利人姓名真实填写，并留存身份证、房产证复印件，房产证权利人为公司时要注意该公司办理人员须出具有效授权委托书。

（3）物业基本情况填写要按照查验过的房产证相关说明填写，不可以业主的说明为准。确认楼盘名称、栋号、面积（一手房产证还未出的情况下，要注意将建筑面积划掉，只留以房产证面积为准字样）。

（4）物业的购置价格是否填写清楚、准确，确认为包税或实收价，并保持购售合同的价格一致。

（5）确认佣金金额。具体额度按各公司制定的金额审核，部门（或分行）经理最低权限可打9折，低过9折时，部门（或分行）经理须将该合同传真给区域经理签字确认后方可交至业务部相应部门和人员。

（6）留存房产证复印件，注意产权是否为共有，如果为共有，其中一个业主须与中介公司签订合同、收取房款、开具收据须出具两人的身份证原件、留存复印件、出具《授权委托书》并盖印手印。确认委托人是否征得共有人同意，直接决定中介公司代理是否合法有效。

2. 关于具体金额的审核要求

合同中涉及的具体金额应如实填写，特别是买卖业务的购房金额应按实际交易额填写。至于佣金金额，各公司按自己规定填写，以下数字仅供参考。

（1）买卖单的佣金合计为购房总价（或售房总价）的3%（不足1万元按1万元收取）。

（2）租单的佣金合计为该房壹个月的租金。

（3）收费标准按权限审核依据：部门（或分行）经理有权批准按标准佣金的9折收取，分行（或部门）经理应在该单的合同上书写“同意按该单佣金九折收取”，并签字确认。

（4）区域经理可批准低于标准佣金9折的收费，区域经理级以上经理人在合约上签字确认后回传至业务部，业务部及财务部可凭其传真件办文及按其确认的标准收取佣金。

（5）合同付款情况审核，确认付款时间、付款金额、委托期限等。

（6）付最后一笔全款前审核：有利润单，业主和客户的委托购（售）楼合同、收据、借款合同等，一定要全部收回方可发放该提成。特殊情况如果不能全部收回，则该提成将迟延发放3个月，如果出现客户或业主事后因此投诉，公司须返还该利润时，相关人员须交还已经领取的提成收入（房屋转让合约不强制收回）。

（7）按公司要求，严格把关补充条款的内容，非公司样板合同中的条款要经法律顾问确认过方可签订。未经法律顾问确认给公司造成损失者，承担全部赔偿责任。

（8）支付加快费要由业务部经理确认，按国土局办文时间确认节省了一半时间，支付的金额标准为办理税单、房产证加快、抵押登记加快各1000元。由业务部经办人员填写《付款申请书》，财务部支付给业务部经办人。

（9）给付其他地产公司或人员的信息费，经纪人员要提前经分行（部门）经理、区域经理确认后随合同一同递交，财务部方可确认付款，逾期上报的，由本人自行承担该信息费。

（10）按揭费应由买方支付的变更为由公司利润出，须在合同上签字注明。

3. 关于具体条款的审核要求

(1) 购房(一次性或按揭)。

1) 佣金。“购楼价”即总房款中不应包含佣金，佣金、按揭费、查档费、公证费金额必须体现在合同条款中，不能写全包价。

2) 担保金。担保金为总房款的10%，最低不能低于总房款的5%。注意房款和担保金的币种。公正、递件前，一次性付款的买方必须付清全款和佣金后方可办理；按揭付款的买方必须付清首期款、佣金以及按揭预留费后方可办理。

3) 交房时间。一次性收到全款；按揭的在收到首期款当日交房。有利润的应特别注意，必须等到业主收齐全款后交房，并由经纪人员办理好管理处过户手续。分行经理要严格确认交房时间，严格控制有利润单的交房时间。

4) 成交价高于《房产证》原价时，经纪人员按原《房产证》价格填写现售合同。高出部分，以“装修费”项目出现在《委托购(售)楼合同》和《房屋转让合约》中。

5) 按揭付款的要同时填写《按揭费用确认单》上传至业务部，并随合同送至财务部。

(2) 售房(一次性或按揭)。

1) 佣金。“售楼价”即总房款中包含佣金，佣金金额必须体现在合同条款中。

a. 无利润给全佣的　保证售楼价与购楼价一致，佣金按全佣金额填写。

b. 不足全佣的　保证售楼价与购楼价一致，按全佣金额填写，部门(或分行)经理在补充条款中注明“同意佣金按__________金额收费”，并依据签字责权确认折扣。

c. 有利润不给佣金且佣金不足全佣的　同2)一样办理。

d. 有利润给全佣的　将利润变成佣金，最高可为售楼价的3.9%，售楼价里含佣金。

2) 支付定金。定金尽量少付，以1万元内为好，在保证公司预留购方担保金不少于双佣的前提下填写《付款申请书》后支付给卖方部分定金。暂无《房产证》的和非卖方本人收定的给付定金不得超过5000元，该款项由经纪人员填写《借款审批单》，待交来房产证和查档后，填写《付款申请书》换回《借款审批单》，未查档的必须由经纪人员签字担保方可付定。

3) 由中介经纪公司转付房款。买方一次性付款的，中介公司应于公证、递件当天转付总房款10%(含定金)给售方，中介公司于买方领到新房产证当日付清全款给售方；售方应于收齐全部房款之日将钥匙交予买方。如买卖双

方经协商同意可协议提前交房，中介公司给予配合。

买方按揭付款的，中介公司于公证、递件当日转付总房款的10%（含定金）给售方，中介公司于买方领到新房产证当日付清首期款余款给售方；售方应最迟于银行放款之日交钥匙予买方。

4）赎楼。售楼价必须含佣金及风险金。

1）业主需要赎楼的，赎楼前须签《借款合同》、《赎楼申请书》、《借款借据》，公司垫资时收风险金3%，买方垫资的收风险金1%，该金额不能体现在合同中，须体现在售楼价及借款总额中。

2）赎楼的前期工作由经纪人员配合完成，包括了解客户欠款金额、债权银行。客服部配合客户办理全权委托，签订《借款合同》、《借款借据》以及办理赎楼，出纳负责打款。

4. 其他审核要求

（1）提前了解委托物业的水电、物业管理费的欠费情况，并预留电、管理费，但在付清全款前如能出具结清各项费用的发票或收据，即可不留。

（2）煤气、电话、有线电视等是否“免费”过户。《房屋交接表》上要注明须办理过户的项目。

（3）另收“加快费”的，在合同中不能体现“加快费”字眼，而应注明

“代付其他费用”（无须票据）。

（4）各单的特殊情况，需在业务成交报告上填写完整，清晰，并随同售房合同一并递交至业务部和财务部。

（5）原则上公司不做零首期的单，如遇特殊情况买方须交齐10%的首期款方可办理。

（6）居间合同中定金的托管，居间合同中卖方要签署：“收到买方定金________元，其中________元卖方同意交由经纪方托管”的字样，然后由中介公司为卖方开具定金托管收据。

（7）买方或卖方如果委托代理人与中介公司办理签署合同、收付款项等事宜时，在购、售楼合同的甲方要签上买方或卖方的姓名，并且其委托代理人要携带委托人的身份证原件、出示本人身份证原件、有效授权委托书，以及在委托代理人一栏填写本人姓名。

（8）如果买方或卖方为两个人以上的情况下，在签订合同时，注意提示其如果在签订合同后办理各项事务过程中不便每次都同来时，请在签订合同时签署授权委托书，委托一方全权代理其办理收付款项、开具收据等一切相关事宜。

（9）新版合同中明确规定了买方领到新房产证之日卖方收取全部款项（首期款）；卖方收取全部款项（首期款）之日交房。但对于全部款项的概念要正确理解：水电费押金虽然尚未结算，但该押金不是房款，扣除水电费押金之日全部房款已经支付完毕，卖方不得以此拒绝交房。

（10）委托售楼合同中明确了卖方所交付给中介公司的资料，完善了其对提供的资料的真实性的责任，并且其可以作为中介公司收取卖方房产证的收据来使用。

（11）导致合同无效的几种形式：

1）出卖房屋的主体不是该房屋的所有权人。

2）数人共有的，未经其他共有人同意。

3）侵犯优先权的。

4）单位违反规定购房，如机关、团体、企事业单位购买或变相购买城市私有房屋未经县级以上人民政府批准的；单位以个人名义购买私房、产权登记在个人名下，但为单位出资、使用的。

5. 合同审核的罚则规定

（1）成交报告填写内容要准确、完整，如果出现因分行（或部门）经理审核疏漏造成的纠纷，由该分行经理承担工作责任。

（2）分行（或部门）经理在签署成交报告时要核对计算机记录，确认是

否属转介的。如果经确认属转介盘、客而经理没有审核填写的，对该分行经理每单罚款500元整。

(3) 各分行（部门）经理未认真审核以上事项，未造成公司损失者，罚款200～1000元；造成公司损失者，由其承担全部责任，并处以1000～5000元罚款。

四、房地产中介经纪机构合同的范本

1. 二手房置业计划

以下是二手房置业计划范本。

(使用说明：该计划用于帮助客户计算交易费用，包括房款、税费及佣金等，让买家可以直观分析制定置业计划，其中涉及的具体数字以当时当地最新规定为准。)

物业名称：________花园（大厦）________楼（层）________单元（室）

现成交价：¥____________元，户型________房________厅

原房产证价：¥________元，建筑面积________ m^2（以房产登记为准）

(1) 应交税费（以房产证原价/现价计算）。

1) 契税　[3%]　¥________元。

2) 印花税　[0.1%]　¥________元。

3) 营业税　[5%]　¥________元。

4) 城建维护税　[0.05%]　¥________元。

5) 教育附加税　[0.15%]　¥________元。

6) 个人所得税　[20%]　¥________元。

7) 土地增值税　[30%～60%]　¥________元。

8) 公证费　[买卖合同价的0.3%]　¥________元。

9) 交易服务费　[6元/m^2]　¥________元。

10) 产权登记费个人　¥50元/套(企业　¥80元/套)。

11) 查档费　¥50元。

12) 贴花　¥5元。

合计约：____________元。

(2) 按揭费用+服务佣金。

1) 按揭过户服务费¥1000元/套，一次性付款业主无须赎楼¥400元/套。

2) 物业评估费¥600元/套（需送审物业另计）。

3) 抵押登记费¥50元/套。

4) 中介服务佣金¥________元。

合计：__________元。

(3) 首期款￥________元。

按揭贷款￥________元（以银行贷款承诺书为准）。

1）按揭年限________年　　月供￥________元/月。

2）按揭年限________年　　月供￥________元/月。

____________分行　　____________先生/女士/联系电话：________________

（备注：以上费用仅供参考，最终费用以政府、银行及相关部门收费收据为准）

2. 购买要约委托协议

以下是购买要约委托协议范本。

（使用说明：本合同适用于二手房买方有购买意愿，但就某些条件与卖方仍未达成一致，买方委托房地产中介公司与卖方进行商谈。此合同是为了约定买方在所要求条件谈妥后，按约定进行交易，否则房地产中介公司将不予退还定金。）

委托人（系房屋承购人）：________________________________

【本人】【法定代表人】姓名：__________国籍：__________

【身份证号】【护照号】【营业执照注册号】【　】__________

住所：________________________________

邮政编码：____________________联系电话：____________________

受托人（系房地产经纪机构）：____________________

法定代表人：________________________________

营业执照注册号：____________________________

房地产管理部门备案号：____________________

营业地址：________________________________

邮政编码：____________________联系电话：____________________

委托方通过受托方介绍，对位于____________________之物业（以下简称“该物业”，该物业地址以［房地产证］/［预售契约］/［商品房买卖合同］为准，若有差异时，双方同意再做修改，并同意不以此作为取消交易之理由。）有购买意向，现委托方委托受托方向该物业业主发出下述不可撤销的购买要约：

(1) 该物业建筑面积为__________m^2（以［房地产证］［预售契约］［商品房买卖合同］为准，若实际面积有差异时，委托方同意以本通知书订明之楼价除以面积所得的单价为标准增收或减付，并同意不以此作为取消交易之理

由)。

(2) 委托方同意以楼价人民币＿＿＿＿＿＿元(¥＿＿＿＿＿＿)认购该物业，委托方并同意按下述方式付款：

1) 人民币＿＿＿＿＿＿元(¥＿＿＿＿＿＿)须于签署本通知书之同时支付作为要约定金。

2) 人民币＿＿＿＿＿＿元(¥＿＿＿＿＿＿)须于＿＿＿＿＿＿时或＿＿＿＿年＿＿＿＿月＿＿＿＿日或之前支付作为加收定金。

3) 人民币＿＿＿＿＿＿元(¥＿＿＿＿＿＿)须于＿＿＿＿＿＿时或＿＿＿＿年＿＿＿＿月＿＿＿＿日或之前支付作为首期余款。

4) 楼价余款人民币＿＿＿＿＿＿元(¥＿＿＿＿＿＿)须于＿＿＿＿年＿＿＿＿月＿＿＿＿日前或于该物业产权交易过户完成时或贷款银行办妥抵押登记时付清(如委托方办理银行按揭，则贷款银行批准的按揭金额由贷款银行直接划入该物业业主在该贷款银行所开设的账户，实际按揭金额与楼价余款的差额由委托方以现金直接支付予该物业业主)。

(3) 委托方接受该物业将以[空置状态]/[连现状家具及电器]/[连现有租约]交易。

(4) 该物业是以现状售予委托方，而委托方曾被邀请检查或已检查或已授权代表代其检查该物业，并完全明白该物业的产权状况，故委托方不得借此拒绝交易。

(5) 若受托方在＿＿＿＿年＿＿＿＿月＿＿＿＿日前未能与该物业业主就以上要约条件达成协议并取得该物业业主之《买卖承诺书》，受托方代保管的要约定金须原银无息退还委托方。委托方不能为此追究受托方的责任。而委托方于受托方交还定金或交付该物业业主已签署之收据时须归还受托方开出之预收款凭证，如有遗失，委托方须支付该预收款凭证开具金额的5%予受托方作为税费补偿。

(6) 一旦该物业业主同意接受上述购买要约内容，并承诺以上述或低于上述楼价出售该物业，委托方即确认成交并视同已收到和同意业主的《买卖承诺书》，委托方同意受托方无需委托方另行指示，可将要约定金转交该物业业主，作为认购的定金。

(7) 若该物业业主收取定金及签订《买卖承诺书》后悔约不卖的，则委托方有权收取该物业业主之返还定金及同等金额之赔偿金并与受托方均分该赔偿金。

(8) 若受托方就上述要约条件取得该物业业主承诺后，如委托方悔约不买的，则该物业业主有权没收定金并另行出售该物业，而委托方亦须向受托方支付上述要约楼价6%的金额作为违约金，对此委托方无异议。

(9) 委托方承诺若与该物业业主私下交易的，则委托方仍须向受托方支付上述要约楼价6%的金额作为违约金，对此委托方无异议。

(10) 基于受托方提供之中介及咨询服务，委托方须支付予受托方人民币________元（¥________）

作为中介费及咨询费，委托方须于交收首期楼款时支付上述费用予受托方，否则委托方须每天按欠款额0.1%支付逾期的滞纳金至付清上述费用予受托方止，并赔偿买卖双方咨询及中介服务费金额的总和及支付受托方因追究违约方违约责任而发生的律师费用给受托方，对此委托方无异议。

(11) 委托方同意委托方之税费由________负责，该物业业主之税费由________负责，其他有关等费用各自负责。

(12) 本通知书一式两份，自双方签署之日起生效，双方各持一份，具同等法律效力。双方同意如因本通知书而产生的纠纷均交由________（本地）仲裁委员会仲裁。

(13) 备注：____

____

委托人（签章）：　　　　　　　　受托人（签章）：

代理人（签章）：　　　　　　　　代理人（签章）：

______年______月______日　　　　______年______月______日

签于________________　　　　签于________________

3. 出售要约委托协议

以下是出售要约委托协议范本。

（使用说明：该协议也称房屋限时保售合同，本合同由中介方与卖方签订。卖方提出具体交易条件，由中介方寻找意向买方，若在合同限定时间内促成买卖，卖方须履行卖房承诺，否则赔偿中介方所进行的业务工作费用）

委托方（出售方）：__________房本上的名字__________（以下简称甲方）身份证号：______________

受托方（中介方）：__________公司全称____________________（以下简称乙方）

根据中华人民共和国有关法律、行政法规和天津本市相关地方性法规的规定，甲、乙双方在合法、自愿、平等和协商一致的基础上，就甲方所有房产委托乙方出售的有关事宜，订立本合同。

第一条 委托出售房屋基本情况及价格

（1）甲方自愿将坐落在______区__按房本地址如实填写__的房屋（以下简称“该房屋”）全权委托乙方独家出售。甲方保证提供的信息真实有效，并保证该房屋在签订合同后的状况和看房时一致。

（2）该房屋的基本情况如下：

房屋性质：私产__所有权人：____房主名字________户型：________（写一室、两室、或三室、跃层等）朝向：__________楼层：__________

总层数：________结构：________单双气：________写煤气、暖气________房龄约：________使用性质：________居住________总面积（建筑/计租）：________附属设施：（见附件）________

（3）甲、乙双方协商后的保底价格为人民币____________元整（大写）。

第二条 甲方委托事项

（1）委托乙方在两个月内按照高于或等于保底价格出售该房屋。

（2）委托乙方在代卖期内介绍购房人，促成并代为签订买卖合同。

（3）委托乙方所指定的人员办理房屋转让后的转移登记手续。

（4）委托乙方代收所销售的购房款。

（5）甲方认可在两个月内售出该房屋后，如实际出售价格高于保底价格，则按比例分配高于保底价格的部分：甲方占50%；乙方占50%（作为乙方佣金收入）。

第三条 委托方式与期限

（1）甲方委托乙方以高于或等于保底价格出售上述房产。

（2）乙方于两个月内推荐买方客户，并签订买卖合同。

（3）若两个月内未售出，乙方不承担任何赔偿责任和违约责任。乙方按照约定在甲方办理完腾房及附属设施交接等相关事宜后30个工作日，按保底价格预先支付给甲方上述房产的剩余房款，乙方全权处理该房屋今后的销售及过户等事宜。该房产销售后由乙方自负盈亏，与甲方无关。

第四条 房款支付方式和时间约定

方式一：在两个月内售出，乙方全权代表甲方签订买卖合同，按照约定进行房屋交接验收、办理贷款、过户等手续。全部办理完毕，支付房款。

方式二：在两个月内未售出，乙方不承担任何赔偿责任和违约责任。乙方按照约定在甲方办理完腾房及附属设施交接等相关事宜后30个工作日，按保底价格预先支付给甲方上述房产的剩余房款。乙方全权处理该房屋今后的销售及过户等事宜。

第五条 甲方的权利义务

（1）乙方要求查验房屋所有权证、身份证件及相关证件及核实房屋状况的，甲方不得拒绝、隐瞒，并保证委托出售的房屋无权利瑕疵，保证结清在腾空交接前的所有生活配套费用（如水、电、煤气、暖气、物业费等）。

（2）甲方有对所制定的价格和各项事宜保密的义务。

（3）该房屋的基本情况应属实，同时转让的设施设备等齐全完好，并能正常使用。该房屋没有拆改现象。

（4）在代卖期内对乙方的中介活动提供必要的协助与配合，并保证看房。

（5）甲方承诺于在该房屋办理过户手续完毕后 7 日内将该房屋腾空。

（6）甲方在此合同签订后 3 日内，与乙方所指定人员到公证处办理委托公证手续，并提供相关证件。

（7）两个月内如乙方推荐客户同意按照高于或等于保底价格购买该房屋，则乙方有权代表甲方签订买卖合同。

第六条　乙方的权利义务

（1）乙方在甲方委托公证手续办理完毕后 3 日内，支付甲方定金人民币 3000 元整。

（2）乙方有对所制定的价格和各项事宜保密的义务。

（3）乙方有权以高于或等于保底价格代表甲方签订相关买卖合同。

（4）如实报告房价和相关情况，按约定分成。

（5）对甲方的经济情况、个人信息、商业秘密等保守秘密。

第七条　佣金标准及支付方式

乙方依约定完成本合同第二条第（1）事项的，乙方的佣金为实际售房款与保底价格差额的 50%，在该房屋售出并办理完全部手续后乙方自房款中扣除。

第八条　违约责任

（1）甲方违约责任

1）因甲方的过错导致合同无效或被解除的，不得向乙方索回佣金。

2）在合同期内甲方违约要拒绝销售，拿回房本，须向乙方支付该房屋保底价格的 1% 的赔偿金，并双倍返还乙方定金。

3）甲方拒绝履行合同，导致各项委托事项无法顺利完成的，由此造成的全部损失由甲方承担，并承担由此产生的第三方的损失。

4）本合同签订后，甲方拒绝履行本合同第五条所约定的全部义务，由甲方向乙方支付该房屋保底价格的 1% 的赔偿金，并双倍返还乙方定金。

（2）乙方违约责任

委托期内没有售出该房屋乙方不承担未售出房屋的赔偿和违约责任，乙方

按照约定在甲方办理完腾房及附属设施交接等相关事宜后30个工作日，按保底价格预先支付给甲方上述房产的剩余房款。乙方全权处理该房屋今后的销售及过户等事宜。如有未按时付款，按照总房款每天支付万分之一的违约金。

第九条 免责条款

如因洪水、地震、火灾和法律、政府政策变化等不可抗力原因，导致本合同不能全面履行的，甲、乙双方互不承担违约责任。

第十条 委托期限

此委托自________年______月______日起至________年______月______日止。

第十一条 争议解决方式

双方在履行本合同过程中发生争议，应协商解决，也可由工商部门调解；协商、调解不成的，按本合同约定的下列第____项进行解决。

（1）由仲裁委员会仲裁。

（2）依法向人民法院起诉。

第十二条 其他约定

本合同只适用于甲方所有的私产房屋。本合同如有内容变更或未尽事项，经双方协商一致可以签订补充协议，补充协议应当采取书面形式，与本合同具有同等法律效力。本合同与补充协议内空格部分填写文字与印刷文字具有同等效力。

如经再次协商，达成补充协议如下：

1）甲方自愿把产权证和土地证交由乙方保管。

2）乙方自愿给付甲方定金人民币3000元，在该房屋售出并办理完全部手续后乙方自房款中扣除。

3）乙方有权拒绝甲方在本合同约定以外的其他要求。

4）本合同到期及该房屋售出后由乙方收回。

5）乙方有权将定金、佣金和配套欠费等各项费用从房款中扣除。

6）甲方承诺该房屋产权无纠纷，无拆改、无补贴、无不良事件发生（如凶杀、爆炸等爆力事件等）。

7）公证费由甲方承担。

8）该房屋自腾房之日起前欠费（煤、水、电、有线、物业、暖气等）由甲方负责。

____

____

经甲、乙双方签字盖章后生效，本合同一式两份，甲方收执一份，乙方收执一份。

甲方：（签章）　　　　乙方：（签章）

身份证号码：　　　　连锁店名：

现住址：　　　　连锁店电话：

联系电话：　　　　经手人：

______年______月______日

附件：甲方一并售出的附属物品单

（1）家具

家具	状态	件数	家具	状态	件数
单人床			餐桌		
双人床			椅子		
写字台			其他		
沙发					

（2）电器

电器	数量	品牌	电器	数量	品牌
电视			热水器		
计算机			音响		
冰箱			电话		
洗衣机			饮水机		
VCD/DVD			其他		
空调					

（3）其他

项目	数字	备注	项目	数字	备注
水表			暖气		
电表			有线电视		
煤气表			其他		

甲方确认：　　　　乙方确认：

确认日期：______年______月______日

4. 买卖要约委托协议

以下为买卖要约委托协议范本。

（使用说明：本合同由买方与中介方签订，再由中介方与卖方对协商结果进行记录时使用。）

第一条　物业位置及购买条件

委托方________（或简称买方）愿意委托____________________（以下简称受托方）依下列条件购买坐落于________市________区____________路______弄______号______室房屋。

买方愿意依下列条件购买以上物业：

购买总价款：人民币/美元________元。金额大写：________________
第一次　签订买卖合同时，支付总房款的________%（含定金________元整）
第二次　在房地产交易管理部门收受过户资料之日起________天内，支付总房款________%
第三次　交付房屋，买方取得房地产权证时，支付总房款________%（届时定金转为房款一部分）
第四次　若有贷款由银行指定的时间为准

第二条　意向支付

买方为表示购买诚意，同意签订购买意向书同时，支付购买总价的1%作为意向金。但意向金并非定金性质，仅系受托方受买方之托，前往卖方处洽谈价格及条件确认之凭据。

买方支付意向金金额如下：

实际缴款金额	现金	人民币/美金	元整
	票据	种类：	
		到期日期	年　月　日
		账号：	
		票号：	
		面值：	
	合计	人民币/美金：	元整
买方签章			
日期	年　月　日		
备注			

其他特殊要求：____

____

____

本意向书自签署后 48 小时为约定的有效期间（至________月________日________午________时止），在有效期内买方不得随意取消委托。

本意向书所列条件如不为卖方所接受，则本意向书自始无效，买方所支付之意向金立即无息返还。

第三条　买卖合同签订

在意向书之有效期内，卖方同意依买方总价出售或买方购买总价已达委托价且付款方式符合卖方条件时，买卖双方即应于达成一致意向之日起________日内，依受托方安排，至受托方处，由受托方协助签订房屋买卖合同，同时协助买卖双方办理产权转移、交房等相关手续。

第四条　买方义务

（1）服务报酬支付：买方于签订房屋买卖合同等转让合同时，应支付购买总价的 1% 作为受托人的服务报酬，原出价保证金（意向金）则抵作定金或房款的一部分。

（2）违约处理：买方于卖方同意出售后，有反悔不买或不按约定前来签订合同等其他行为，致使无法完成签订合同，则买方同意将实际意向金的 1/2 支付予受托人作为服务报酬，并同意将另 1/2 部分由受托人转交卖方作为买方违约赔偿而绝无异意。意向金不足房款总价的 1% 部分，买方应向受托人补足。

（3）买卖成交时，买方应依法负担相应税费。

委托人(买方)：________________　　经纪人员：________________
证 件 名 称：________________　　联系地址：________________
证 件 号 码：________________　　分行经理：________________
住　　　址：________________　　电　　话：________________
联 络 电 话：________________
代　理　人：________________
证 件 名 称：________________
证 件 号 码：________________
住　　　址：________________
电　　　话：________________

第五条　卖方意见及义务

卖方意见：

（1）同意。本人同意买方以上总价和付款方式。　卖方签名：________

（2）不同意。本人对买方以上总价或付款方式不同意，并有以下意见：

____

____。

（3）违约处理。若卖方同意买方购买总价与付款方式出售后，有反悔不卖或不按约定前来签订转让合同等其他行为，致无法完成签订合同，卖方应支付以上房屋出售总价款的1%予________作为违约金而绝无异议，受托人应于收取卖方违约金的一部分（相当于意向金的1/2）给买方。

委托人(卖方)：________________　经纪人员：________________

证 件 名 称：________________　联系地址：________________

证 件 号 码：________________　分行经理：________________

住　　　址：________________　联络电话：________________

电　　　话：________________

5. 租赁要约委托协议

以下为租赁要约委托协议范本。

（使用说明：本合同由中介公司与承租人签订，通常用于承租人有租房意向，并有具体条件，但业主尚未同意条件时中介公司先与承租人签订此要约合同，若中介公司在限定时间内与业主协商成功，业主同意要约内的租赁条件，则承租人必须履行租赁承诺。）

承租方：____________　[身份证][营业执照]号码：________________

地　址：________________________

中介方：________________________

地　址：________________________

承租方通过中介方介绍，对位于____________之物业（以下简称“该物业”，该物业地址以［房地产证］［预售契约］［商品房买卖合同］为准，若有差异时，双方同意再作修改，并同意不以此作为取消交易之理由。）有承租意向，现承租方委托中介方向该物业业主发出下述承租要约：

（1）该物业建筑面积为________m^2（以[房地产证][预售契约][商品房买卖合同]为准，若实际面积有差异时，承租方同意以本通知书订明之租价除以面积所得的单价为标准增收或减付，并同意不以此作为取消交易之理由）。

（2）租约期由________年________月________日至________年________月________日止；交楼期为________年________月________日。

（3）该物业每月租金为人民币________元整（¥________），从第________年起每年递增________%计收租金，租金包含：管理/水/电/电话/煤气/清洁/有线电视频道及________等费用。

（4）承租方于签署本通知书时支付要约定金人民币________元整（¥________）。

（5）承租方同意于________年________月________日或之前签署租赁合

约，签约时承租方需支付该物业业主：

1）相等于________个月租金之按金，即人民币________元整（¥________）。

2）首月之租金人民币________元整（¥________）（含定金）。

（6）若中介方在________年________月________日前未能与该物业业主就以上要约条件达成协议并取得该物业业主之《租赁承诺书》，中介方代保管的要约定金须原银无息退还承租方，承租方不能为此追究中介方的责任。而承租方于中介方交还定金或交付该物业业主已签署之收据时须归还中介方开出之预收款凭证，如有遗失，承租方须支付该预收款凭证开具金额的5%予中介方作为税费补偿。

（7）一旦该物业业主同意接受上述承租要约内容，并承诺以上述或低于上述租金出租该物业，承租方即确认成交并视同已收到和同意业主的《租赁承诺书》，并同意中介方无需承租方另行指示，可将要约定金转交该物业业主，作为承租的定金。

（8）若该物业业主收取定金及签订《租赁承诺书》后悔约不租的，则承租方有权收取该物业业主之返还定金及同等金额之赔偿金并与中介方均分该赔偿金。

（9）若中介方就上述要约条件取得该物业业主承诺后，如承租方悔约不租的，则该物业业主有权没收定金并另行出租该物业，而承租方亦须向中介方支付相等于上述两个月租金之金额作为违约金，对此承租方无异议。

（10）承租方承诺若与该物业业主私下交易的，则承租方仍须向中介方支付相等于上述两个月租金之金额作为违约金，对此承租方无异议。

（11）基于中介方提供之中介及咨询服务，承租方须支付予中介方人民币________元（¥________）作为中介费及咨询费，承租方须于签署租赁合约时或最迟于________年________月________日前付清上述费用予中介方，逾期支付的欠款方须每天按欠款额0.1%支付逾期的滞纳金至付清上述费用予中介方止，承租方对此无异议。

（12）本通知书一式两份，自双方签署之日起生效，双方各持一份，具同等法律效力。双方同意如因本通知书而产生的纠纷均交由本市仲裁委员会仲裁。

（13）备注：

家具电器：____

交租方式：____

承租方：　　　　　　　　　　　　中介方：

签 署： 签 署：
日 期： 日 期：

6. 买卖看楼书

以下为买卖看楼书范本。

（使用说明：本合同是非格式性合同，主要用于客户确认办理委托购房业务，并记录中介方带客户看楼的服务。）

（1）范本一。

看房确认书（购买）

委托人（以下简称甲方）：______________________

证件名称：______________________

证件号码：______________________

受托人（以下简称乙方）：

1）委托事项：

a. 甲方委托乙方居间中介、咨询房产交易事宜。

b. 双方就甲方委托乙方居间中介、咨询房产事宜确认下列条款并保证合约履行。

c. 乙方向甲方提供合适的房源便于甲方挑选，同时提供全程咨询服务，经乙方咨询中介服务，甲方（或代理人）与交易对象签订书面合约即视为乙方完成居间中介、咨询的责任。

d. 甲方（或代理人）如与乙方所曾介绍的交易对象在签订本确认书后6个月内无论以何种方式及任何价格私下成交，或经乙方居间中介、咨询成交后因甲方（或代理人）的原因导致合约终止时，甲方仍应按第三条约定的中介、咨询费标准支付违约金给乙方。

2）服务报酬。房屋买卖的中介咨询费为房价款的1%（百分之一），甲方与交易对象签订书面合约时支付给乙方。

甲方签订本看楼确认书时，乙方按照下列时间带甲方（或代理人）亲自到下列房地产实地验看并进行了相关居间介绍，具体房屋地址如下：

带 看 时 间	房 屋 坐 落
年 月 日	
年 月 日	
年 月 日	
年 月 日	
年 月 日	

3）本确认书一式两份，甲、乙双方各执一份。甲、乙双方如有其他约定事项，可在本条另行约定。

____

____。

甲　　方：　　　　　　　　乙　　方：
联系地址：　　　　　　　　电　　话：
电　　话：　　　　　　　　承 办 店：
代 理 人：　　　　　　　　承 办 人：
联系地址：　　　　　　　　联系地址：
电　　话：　　　　　　　　电　　话：
时　　间：　年　月　日　　时　　间：　年　月　日

（2）范本二。

委托人：

委托代理人：　　　　　　联系方式：　　　　　　证件号码：

受托人：

房地产经纪人：　　　　　联系方式：

受托人根据委托人的要求和期望及《房屋购买委托协议》的规定，经房屋出卖人同意，受托人的房地产经纪人员__________将下列房屋推荐给委托人。委托人签订本客户服务确认书时，受托人按照下列时间带委托人（含委托人的代理人、承办人及各关联方）亲自到下列推荐的房屋实地查看并进行了相关居间介绍，且委托人在此确认：在此次看房前，没有其他房地产经纪机构向委托人推荐和查看下表所列房屋，委托人对受托人的居间中介、咨询服务予以签字确认，具体房屋地址如下：

带看时间	房屋坐落	委托人签名确认	经纪人/助理
年　月　日			
年　月　日			
年　月　日			
年　月　日			
年　月　日			

并同意以下委托条款：

1）在查看房屋前，委托人应出示有效证件。

2）佣金支付。

a. 签订房屋买卖合同后，受托人有权按《房屋购买委托协议》约定向委托人收取佣金。

b. 委托人（包括但不限于委托人的承办人及各关联方）如与受托人所曾介绍的房屋出卖人在《房屋购买委托协议》期限内或期满后六个月内以任何方式、任何价格私下成交，委托人仍应根据《房屋购买委托协议》的约定向受托人支付全额佣金。

本确认书中“关联方”是指与委托人关系密切的人员，包括配偶、父母、子女。

3）本确认书一式两份，甲乙双方各执一份。甲乙双方如有其他约定事项，可在本条另行约定。

4）委托人在受托人的房地产经纪人陪同察看过上述房屋后，如有不满意之处以及具体的期望和要求可以在本条列出。

受托人将根据委托人的要求和期望尽力为委托人提供满意的服务。

委托人：	受托人：
联系电话：	联系电话：
代理人：	房地产经纪人：
通信地址：	通信地址：
联系电话：	联系电话：
日期：　年　月　日	日期：　年　月　日

（3）范本三

委托方（以下简称甲方）：　　　　代理人：

身份证（或护照）号码：　　　　电话：

地址：

受托人（以下简称乙方）：

地址：

电话：　　　　传真：

1）甲方授权乙方介绍甲方购买或租用下列之物业，甲方承诺若甲方（或甲方之亲属、授权人、代理人）成功地购入或租用所介绍之物业，需向乙方支付成交总价的1.5%（如该金额不足5000元须按5000元计收）或半个月租金（如该金额不足1000元须按1000元计收）作为佣金。支付时间为甲方与业主签署《市房地产买卖合同（现售）》或正式租约时。

2）甲方承诺遵守诚实、信用原则，不会再直接或间接与该物业之业主，并同意即使以下物业最后由甲方之亲属、授权人、委托人或代理人购入或租赁，甲方仍须支付乙方上述之佣金。

3）甲方将在购买或租赁该物业前作实地视察直至自认满意为止。乙方尽全力提供关于该物业的资料，但对所提供资料，只作参考用途。若所看之物业未成交，公司不收取任何费用。

4）签订本确认书时，甲方已明确阅读过上述条款，并同意本确认书构成乙方与第三人（业主）或甲方所签订的包括但不限于《委托确认书（业主）》、《委托售房合同》、《居间合同》的附件，与前述有关物业的委托或居间文书，具有同等效力。

介绍之物业项目　　　　　　　　客户签名

a.

b.

c.

d.

本人同意上述所有约定　　　　　本公司同意上述所有约定

甲方签名（盖章）：　　　　　　乙方签名（盖章）：

代理人：　　　　　　　　　　　代表人：

日期：　年　月　日　　　　　　××房地产经纪有限公司

7. 租赁看楼书

以下为租赁看楼书范本。

（使用说明：本合同主要用于客户确认办理委托租赁业务，并记录中介方带客户看楼的服务。）

委托人（以下简称甲方）：________________________

证件名称：________________________

证件号码：________________________

受托人（以下简称乙方）：

（1）委托事项。

1）甲方委托乙方居间中介、咨询房产租赁事宜。

2）双方就甲方委托乙方居间中介、咨询房产事宜确认下列条款并保证合约履行。

3）乙方向甲方提供合适的房源便于甲方挑选，同时提供全程咨询服务，经乙方咨询中介服务，甲方（或代理人）与交易对象签订书面合约即视为乙方完成居间中介、咨询的责任。

4）甲方（或代理人）如与乙方所曾介绍的交易对象在签订本确认书后六个月内无论以何种方式及任何价格私下成交，或经乙方居间中介、咨询成交后因甲方（或代理人）的原因导致合约终止时，甲方仍应按第三条约定的中介、

咨询费标准支付违约金给乙方。

(2) 服务报酬。房屋租赁的中介咨询费为月租金的35%，甲方与交易对象签订书面合约时支付给乙方。

甲方签订本看房确认书时，乙方按照下列时间带甲方（或代理人）亲自到下列房地产实地验看并进行了相关居间介绍，具体房屋地址如下：

带 看 时 间	房 屋 坐 落
年　月　日	
年　月　日	
年　月　日	
年　月　日	
年　月　日	

本确认书一式两份，甲、乙双方各执一份。甲、乙双方如有其他约定事项，可在本条另行约定。

____。

甲　　方：　　　　　　　　乙　方：

联系地址：　　　　　　　　电　话：

8. 房屋出售委托协议

以下是房屋出售委托协议范本。

（使用说明：本合同适用于二手房卖家委托房地产中介公司进行出售时签订的协议。）

委托人（系房屋出售人）：____________________

【本人】【法定代表人】姓名：____________国籍：____________

【身份证号】【护照号】【营业执照注册号】【______】____________

住所：____________________________________

邮政编码：________________联系电话：____________

受托人（系房地产经纪机构）：____________________

法定代表人：____________________________________

营业执照注册号：____________________________________

房地产管理部门备案号：____________________________

住所：____________________________________

邮政编码：________________联系电话：____________

根据《中华人民共和国合同法》、《中华人民共和国城市房地产管理法》

及其他法律法规，委托人和受托人本着平等、自愿、公平、诚实信用的原则，经协商一致，达成如下协议。

第一条　委托事项

委托人为出售《标的房屋信息》（见本协议附件）所特指的房屋（以下简称标的房屋），委托受托人提供本协议第三条约定的服务。

【受托人指派】【委托人选定】注册在受托人名下的下列房地产经纪人为本协议委托事项的承办人，执行委托事项：

承办人姓名：________性别：________身份证件号码：____________

房地产经纪人注册号：____________________。

第二条　标的房屋信息

签订本协议时，受托人应凭借自己的专业知识和经验，向委托人全面、详细询问为促成委托人与第三人进行标的房屋买卖所必需的标的房屋情况，要求委托人如实提供相应的资料；委托人应对其提供的情况和资料的真实性承担法律责任。

受托人应根据委托人提供的情况和资料，到标的房屋现场及有关部门进行必要的调查、核实，并与委托人共同如实填写《标的房屋信息》。

《标的房屋信息》为本协议的重要组成部分。

第三条　服务内容

委托人委托受托人提供下列第________项服务（可多选）：

（1）提供与标的房屋买卖相关的法律法规、政策、市场行情咨询。

（2）寻找承购人。

（3）在本协议第四条约定的期限内代管标的房屋。

（4）协助委托人与承购人达成房屋买卖合同。

（5）代办房地产估价、公证手续。

（6）为委托人代办税费缴纳事务。

（7）代办解除标的房屋抵押贷款手续。

（8）代办房屋产权及附属设施过户手续。

（9）代理移交房屋、附属设施及家具设备等。

（10）代办各种收费设施的交接手续。

（11）其他（请注明）____________________。

受托人为完成委托代办事项而向委托人收取证件、文件、资料时，应向委托人开具规范的收件清单，并妥善保管；完成委托代办事项后，应及时将上述证件、文件、资料退还委托人。

第四条　委托期限与方式

（1）委托期限按照下列第________种方式确定（只可选一项）：

1）自______年______月______日起，至______年______月______日止。期限届满，本协议自行终止。

2）自本协议签订之日起，至委托人与承购人签订房屋买卖合同之日止。

3）其他（请注明）______________________。

（2）委托人【承诺】【不承诺】在委托期限内本协议约定的委托事项为独家委托。

第五条 委托出售价格

委托人要求标的房屋的出售总价不低于【人民币】【 】大写________元（小写________元）。实际成交价高于前款约定最低出售价的，高出部分属委托人所有。

第六条 服务费用支付

（1）佣金

在本协议第四条约定的期限内委托人与承购人达成房屋买卖合同的，委托人应向受托人支付佣金。

1）佣金的支付标准及金额按照下列第________种方式确定（只可选一项）：

a. 按房屋买卖合同中载明的成交价的大写百分之________（小写________%）计付佣金。

b. 按固定金额【人民币】【 】大写________元（小写________元）支付佣金。

c. 其他（请注明）______________________________。

2）佣金的支付时间按照下列第________种方式确定（只可选一项）：

a. 自房屋买卖合同签订之日起________日内支付。

b. 于房屋买卖合同签订之日，支付佣金总额的大写百分之________（小写________%）；于房屋产权过户手续完成之日，支付佣金总额的大写百分之________（小写________%）；于房屋交付完成之日，支付佣金总额的大写百分之________（小写________%）。

c. 其他（请注明）______________________________。

3）在本协议第四条约定的期限内未能达成房屋买卖合同的，对受托人为完成委托事项已支出的必要费用，按照下列第________种方式处理（下列选项只有一项有效，填写两项或两项以上者，按照有利于委托人的选项执行）：

a. 由受托人承担。

b. 以【人民币】【 】大写________元（小写________元）为限，自

委托期限届满之日起________日内支付。

c. 按上列约定佣金支付标准的大写百分之________（小写________%）计算，自委托期限届满之日起________日内支付。

d. 由委托人和受托人根据受托人完成的工作量另行议定。

e. 其他（请注明）________________________________。

4）受托人收取佣金后，应向委托人开具正式发票。

（2）代办事项服务费

受托人完成本协议第三条约定的代办事项的，委托人应按照下列第________种方式向受托人支付服务费（下列选项只有一项有效，填写两项或两项以上者，按照有利于委托人的选项执行）：

1）由受托人承担。

2）按受托人经营场所明示的收费标准，自委托事项完成之日起________日内或________支付。

3）按受托人经营场所明示的收费标准的大写百分之________（小写________%），自委托事项完成之日起________日内或________支付。

4）按固定金额【人民币】【　　】大写________元（小写________元），自委托事项完成之日起________日内或________支付。

5）其他（请注明）________________________________。

受托人收取代办服务费后，应向委托人开具正式发票。

（3）代缴税费

受托人在完成委托事项中，代委托人向第三方缴纳的税费，按照下列第________种方式处理（下列选项只有一项有效，填写两项或两项以上者，按照有利于委托人的选项执行）：

1）委托人按委托人和受托人认同的估算金额预付给受托人，待约定的代缴税费事项完成、委托期限届满或者本协议终止（以先者为准）时，受托人凭缴纳税费收据与委托人结算，如有差额多退少补。

2）由受托人提供收费标准与金额，委托人按代办进程将应缴税费付给受托人，委托其代为向第三方缴纳。

3）其他（请注明）________________________________。

第七条　交易过错责任承担

委托人因与本项委托直接关联的交易与承购人发生权属纠纷且委托人属过错方的，除受托人能证明属于委托人过错、应由委托人承担责任的外，受托人作为专业机构应承担过错责任，对委托人应承担的民事责任承担连带责任。

受托人不得在本协议以外的补充约定中，设立明示或者暗示与本条款相冲

突的免除受托人责任的条款。

第八条 违约责任

(1) 委托人违约责任。

1) 委托人故意提供虚假的标的房屋情况和资料的，受托人有权单方解除本协议，给受托人造成损失的，委托人应依法承担赔偿责任。

2) 委托人泄露由受托人提供的承购人资料，给受托人、承购人造成损失的，委托人应依法承担赔偿责任。

3) 委托人在委托期限内自行与第三人达成交易的，应按照本协议约定的标准向受托人支付佣金。但委托人在本协议第四条第二款中不承诺为独家委托，并能证明该项交易与受托人的服务没有直接因果关系的除外。

(2) 受托人违约责任。

1) 受托人违背执业保密义务，不当泄露委托人商业秘密或个人隐私，给委托人造成损害的，应按照标准支付违约金，约定违约金不足以弥补委托人损失的，委托人有权要求补充赔偿。

2) 受托人有隐瞒、虚构信息或恶意串通等影响委托人利益的行为，委托人除有权解除本协议、要求退还已支付的相关款项外，受托人还应按照__________标准，向委托人支付违约金。

3) 在委托代办事项中，受托人因工作疏漏，遗失委托人的证件、文件、资料、发票等，应给予相应经济补偿。

(3) 委托人与受托人之间有付款义务而延迟履行的，应按照迟延天数乘以应付款项的大写百分之________（小写________%）计算迟延付款违约金支付给对方，但不超过应付款总额。

第九条 协议变更与解除

(1) 协议变更。在本协议履行期间，任何一方要求变更本协议条款，应书面通知对方。经双方协商一致，可达成补充协议。补充协议为本协议的组成部分，与本协议具有同等效力。

若经双方协商一致，无需签订补充协议的，应将变更事项简记于本协议的附注栏内。

(2) 协议解除。

1) 委托人有确凿证据证明受托人有与其执业身份不相称的行为且将影响委托人利益的，可于委托期限届满前，书面通知受托人解除本协议，受托人应在收到通知之日起________日内将预收的费用退还委托人。

2) 受托人有确凿证据证明委托人隐瞒重要事实且足以影响交易安全的，可于委托期限届满前，书面通知委托人解除本协议，已收费用不予退还，并可依法追偿约定的或已发生的费用。

第十条　争议处理

因履行本协议发生争议，由争议双方协商解决，协商不成的，双方【同意】【不同意】由标的房屋所在地的房地产经纪行业组织调解。

调解不成或者不同意调解的，按照下列第________种方式解决：

1）提交________仲裁委员会仲裁。

2）依法向人民法院起诉。

第十一条　协议生效

本协议一式________份，具有同等法律效力，委托人________份，受托人________份。

本协议自双方签订之日起生效。

委托人（签章）：　　　　　　　　受托人（签章）：

代理人（签章）：　　　　　　　　承办人（签章）：

年　月　日　　　　　　　　　　　年　月　日

签于：　　　　　　　　　　　　　签于：

附注栏：

变更日期	变更事项	双方签字确认

附件：

（1）标的房屋信息。

委托出售房屋可公开基本信息

位置：________省（自治区、直辖市）________市（县）________（区）
________路________（巷）（胡同）________小区
用途：____________________________________
建筑结构：________________________________
户型：________室________厅________卫________厨或平房________间
面积：建筑面积：________ m^2；使用面积：________ m^2
套内建筑面积：________ m^2
装修：【毛坯房】【粗装修】【精装修】【　　】

委托出售房屋其他可公开的基本信息

（2）委托出售房屋的权益信息。

1. 所有权人：________________________________
2. 共有权人：________________（没有共有权人的填写“无”，不宜留空）
3. 房屋所有权人持有________颁发的所有权证书，证书号________证书复印件见粘贴页
4. 房屋所有权性质：【私房】【已购公有住房】【商品房】【经济适用住房】【　　】
5. 房屋所占土地性质：【国有划拨】【国有出让】【农民集体】【　　】
6. 该房屋享有的附属权益：________________（如树木、合法搭建、车位、会所、公用物业受益、公共维修基金等）
7. 属于有限责任公司、股份有限公司所有的，有无公司董事会、股东大会审议同意【出售】【出租】的合法书面文件，见粘贴页
8. 属于国有或集体资产的，有无政府主管部门的批准文件，见粘贴页
9. 属于共有财产的，有无共有权人同意转让的书面证明，见粘贴页
10. 有无司法机关或者行政机关依法裁定，决定查封或者以其他形式限制权利的情况
11. 有无抵押等他项权利设置情况，若有，有无取得抵押权人等他项权利人书面同意买卖的证明，见粘贴页
12. 有无承租人占用房屋，若有，有无承租人放弃优先购买权的书面声明，见粘贴页
13. 承租人放弃优先购买权，承购人购房后应继续履行租赁合同到合同期满______年______月______日，租赁合同见粘贴页
14. 委托出售房屋是否被列入拆迁公告范围内
15. 其他已知可能影响出售的情况：____________________

（3）委托出售房屋的区位信息。

坐落：________省（自治区、直辖市）________市（县）________区
________镇________街（巷）（胡同）________小区________号楼________号房
通邮地址：____________________邮政编码：____________________
在____________________街道办事处____________________居民委员会辖区
在____________________公安局____________________派出所管辖区
附近500m内的地标性建筑物：____________________
附近500m内的商场、超市：____________________
附近500m内的学校、医院：____________________
附近500m内的公交车站：____________________
其他便利条件：____________________
____
____

（4）委托出售房屋的实物信息。

建成年月：________年________月
设计用途：____________________
建筑结构：砖混　砖木　框架　框剪________
户型特点：平层　错层　跃层　复式________
垂直通行设施：垂直电梯________部________步梯________处
配套设施设备：
供水：自来水　矿泉水　热水　中水________
供电：220V ______ 380V ______可负荷________kW
供燃气：天然气　煤气________
外供暖气：汽暖　水暖　供暖周期____________
自备采暖：电暖　燃气采暖　燃煤采暖____________
空调：中央空调　自装柜机________台　自装挂机________台
电视馈线：无线　有线（数字、模拟）
电话：外线号码____________内线号码____________
互联网接入方式：拨号　宽带　ADSL ____________

（5）随房屋家具、电器、用品清单。

名　称	数量	成新率	名　称	数量	成新率
双人床			电视		
单人床			冰箱		
床头柜			洗衣机		
梳妆台			热水器		
衣柜			空调		
书柜			燃气灶		
写字台			排油烟机		
沙发			饮水机		
茶几			电话机		
椅子			吸尘器		
餐桌					
电视柜					

（6）委托出售房屋的债权债务信息。

水费：价格________预付余额________欠费额________近期交费凭证见粘贴页
电费：价格________预付余额________欠费额________近期交费凭证见粘贴页
燃气费：价格________预付余额________欠费额________近期交费凭证见粘贴页
固定电话费：价格________预付余额________欠费额________近期交费凭证见粘贴页
物业管理费：价格________预付余额________欠费额________近期交费凭证见粘贴页
供暖费：价格________预付余额________欠费额________近期交费凭证见粘贴页
电视收视费：价格________预付余额________欠费额________近期交费凭证见粘贴页
互联网费：价格________预付余额________欠费额________近期交费凭证见粘贴页

9. 房屋承购委托协议

以下是房屋承购委托协议范本。

委托人（系房屋承购人）：______________________________

【本人】【法定代表人】姓名：__________国籍：__________

【身份证号】【护照号】【营业执照注册号】【　　】

住所：______________________________

邮政编码：____________联系电话：____________

受托人（系房地产经纪机构）：______________________________

法定代表人：______________________________

营业执照注册号：______________________________

房地产管理部门备案号：______________________________

住所：______________________________

邮政编码：____________联系电话：____________

根据《中华人民共和国合同法》、《中华人民共和国城市房地产管理法》及其他法律法规，委托人和受托人本着平等、自愿、公平、诚实信用的原则，经协商一致，达成如下协议。

第一条　委托事项

委托人为购买《房屋需求信息》（见本协议附件）所要求的房屋（以下简称意愿购买房屋），委托受托人提供本协议第三条约定的服务。

【受托人指派】【委托人选定】注册在受托人名下的下列房地产经纪人为本协议委托事项的承办人，执行委托事项：

承办人姓名：________性别：________身份证件号码：____________

房地产经纪人注册号：____________________。

第二条　房屋需求信息

签订本协议时，受托人应凭借自己的专业知识和经验，向委托人详细询问其意愿购买房屋的用途、区位、价位、户型、面积、建成年份或新旧程度等要求；委托人应对其购买意愿表示的真实性承担法律责任。

受托人应根据委托人的购买意愿，与委托人共同如实填写《房屋需求信息》。

《房屋需求信息》为本协议的重要组成部分。

第三条　服务内容

委托人委托受托人提供下列第________项服务（可多选）：

（1）提供与意愿购买房屋买卖相关的法律法规、政策、市场行情咨询。

（2）寻找意愿购买房屋及其出售人。

（3）对符合委托人购买《房屋需求信息》要求且得到委托人基本认可的房屋进行产权调查和实地查验。

（4）协助委托人与出售人达成房屋买卖合同。

（5）代办房地产估价、公证手续。

（6）为委托人代办税费缴纳事务。

（7）代办购房抵押贷款手续。

（8）代办房屋产权及附属设施过户手续。

（9）代理查验并接受房屋、附属设施及家具设备等。

（10）代办各种收费设施的交接手续。

（11）其他（请注明）________________________。

受托人为完成委托代办事项而向委托人收取证件、文件、资料时，应向委托人开具规范的收件清单，并妥善保管；完成委托代办事项后，应及时将上述证件、文件、资料退还委托人。

第四条　委托期限与方式

（1）委托期限按照下列第______种方式确定（只可选一项）：

1）自______年______月______日起，至______年______月______日止。期限届满，本协议自行终止。

2）自本协议签订之日起，至委托人与出售人签订房屋买卖合同之日止。

3）其他（请注明）________________________。

（2）委托人【承诺】【不承诺】在委托期限内本协议约定的委托事项为独家委托。

第五条　委托承购价格

委托人要求委托承购的房屋总价不高于【人民币】【　　】大写________元（小写________元）。委托人支付的价格应与出售人得到的价格相同。

第六条　服务费用支付

（1）佣金。在本协议第四条约定的期限内委托人与出售人达成房屋买卖合同的，委托人应向受托人支付佣金。

1）佣金的支付标准及金额按照下列第________种方式确定（只可选一项）：

a. 按房屋买卖合同中载明的成交价的大写百分之________（小写________%）计付佣金。

b. 按固定金额【人民币】【　　】大写________元（小写________元）支付佣金。

c. 其他（请注明）________________________。

2）佣金的支付时间按照下列第________种方式确定（只可选一项）：

a. 自房屋买卖合同签订之日起________日内支付。

b. 于房屋买卖合同签订之日，支付佣金总额的大写百分之________（小写________%）；于房屋产权过户手续完成之日，支付佣金总额的大写百分之________（小写________%）；于房屋交付完成之日，支付佣金总额的大写百分之________（小写________%）。

c. 其他（请注明）________________________。

3）在本协议第四条约定的期限内未能达成房屋买卖合同的，对受托人为完成委托事项已支出的必要费用，按照下列第________种方式处理（下列选项只有一项有效，填写两项或两项以上者，按照有利于委托人的选项执行）：

a. 由受托人承担。

b. 以【人民币】【　　】大写________元（小写________元）为限，自委托期限届满之日起________日内支付。

c. 按上列约定佣金支付标准的大写百分之________（小写________%）计算，自委托期限届满之日起________日内支付。

d. 由委托人和受托人根据受托人完成的工作量另行议定。

e. 其他（请注明）________________________。

4）受托人收取佣金后，应向委托人开具正式发票。

（2）代办事项服务费。受托人完成本协议第三条约定的代办事项的，委托人应按照下列第________种方式向受托人支付服务费（下列选项只有一项有效，填写两项或两项以上者，按照有利于委托人的选项执行）：

1）由受托人承担。

2）按受托人经营场所明示的收费标准，自委托事项完成之日起________日内或________支付。

3）按受托人经营场所明示的收费标准的大写百分________（小写________%），自委托事项完成之日起________日内或________支付。

4）按固定金额【人民币】【　　】大写________元（小写________元），自委托事项完成之日起________日内或________支付。

5）其他（请注明）________________________。

受托人收取代办服务费后，应向委托人开具正式发票。

（3）代缴税费。受托人在完成委托事项中，代委托人向第三方缴纳的税费，按照下列第________种方式处理（下列选项只有一项有效，填写两项或两项以上者，按照有利于委托人的选项执行）。

1）委托人按委托人和受托人认同的估算金额预付给受托人，待约定的代缴税费事项完成、委托期限届满或者本协议终止（以先者为准）时，受托人凭缴纳税费收据与委托人结算，如有差额多退少补。

2）由受托人提供收费标准与金额，委托人按代办进程将应缴税费付给受托人，委托其代为向第三方缴纳。

3）其他（请注明）________________________。

第七条 交易过错责任承担

委托人因与本项委托直接关联的交易与出售人发生权属纠纷且委托人属过错方的，除受托人能证明属于委托人过错、应由委托人承担责任的外，受托人作为专业机构应承担过错责任，对委托人应承担的民事责任承担连带责任。

受托人不得在本协议以外的补充约定中，设立明示或者暗示与本条款相冲突的免除受托人责任的条款。

第八条 违约责任

（1）委托人违约责任。

1）委托人故意提供虚假的房屋需求信息的，受托人有权单方解除本协议，给受托人造成损失的，委托人应依法承担赔偿责任。

2）委托人泄露由受托人提供的出售人资料，给受托人、出售人造成损失的，委托人应依法承担赔偿责任。

3）委托人在委托期限内自行与第三人达成交易的，应按照本协议约定的标准向受托人支付佣金。但委托人在本协议第四条第二款中不承诺为独家委托，并能证明该项交易与受托人的服务没有直接因果关系的除外。

（2）受托人违约责任。

1）受托人违背执业保密义务，不当泄露委托人商业秘密或个人隐私，给委托人造成损害的，应按照标准支付违约金，约定违约金不足以弥补委托人损失的，委托人有权要求补充赔偿。

2）受托人有隐瞒、虚构信息或恶意串通等影响委托人利益的行为，委托人除有权解除本协议、要求退还已支付的相关款项外，受托人还应按照__________标准，向委托人支付违约金。

3）在委托代办事项中，受托人因工作疏漏，遗失委托人的证件、文件、资料、发票等，应给予相应经济补偿。

（3）委托人与受托人之间有付款义务而延迟履行的，应按照迟延天数乘以应付款项的大写百分之________（小写________%）计算迟延付款违约金支付给对方，但不超过应付款总额。

第九条 协议变更与解除

（1）协议变更。在本协议履行期间，任何一方要求变更本协议条款，应书面通知对方。经双方协商一致，可达成补充协议。补充协议为本协议的组成部分，与本协议具有同等效力。

若经双方协商一致，无需签订补充协议的，应将变更事项简记于本协议的附注栏内。

（2）协议解除。

1）委托人有确凿证据证明受托人有与其执业身份不相称的行为且将影响委托人利益的，可于委托期限届满前，书面通知受托人解除本协议，受托人应在收到通知之日起________日内将预收的费用退还委托人。

2）受托人有确凿证据证明委托人隐瞒重要事实且足以影响交易安全的，可于委托期限届满前，书面通知委托人解除本协议，已收费用不予退还，并可依法追偿约定的或已发生的费用。

第十条　争议处理

因履行本协议发生争议，由争议双方协商解决，协商不成的，双方【同意】【不同意】由标的房屋所在地的房地产经纪行业组织调解。

调解不成或者不同意调解的，按照下列第________种方式解决：

1）提交________仲裁委员会仲裁。

2）依法向人民法院起诉。

第十一条　协议生效

本协议一式________份，具有同等法律效力，委托人________份，受托人________份。

本协议自双方签订之日起生效。

委托人（签章）：　　　　受托人（签章）：

代理人（签章）：　　　　承办人（签章）：

年　月　日　　　　　　年　月　日

签于：　　　　　　　　签于：

附注栏：

变更日期	变更事项	双方签字确认

附件：房屋需求信息

用途：______________________。

区位：________市________区________附近________m 内的范围。

价位：单价【人民币】【　　】________元/m^2 至________元/m^2，总价【人民币】【　　】________元至________元。

户型：________室________厅________卫________厨或________。

面积：【建筑面积】【使用面积】【　　】________m^2 至________m^2。

新旧：【房屋建成年份】【新旧程度】【　　】：________。

其他要求：________________________________

____

委托人和受托人对上述信息签字确认：

委托人（签章）：	受托人（签章）：
	承办人（签章）：
年　月　日	年　月　日
签于：	签于：

10. 房屋出租委托协议

以下是房屋出租委托协议范本。

委托人（系房屋承购人）：________________________

【本人】【法定代表人】姓名：________________国籍：________________

【身份证号】【护照号】【营业执照注册号】【　　】

住所：________________________________

邮政编码：________________联系电话：________________

受托人（系房地产经纪机构）：________________________

法定代表人：________________________________

营业执照注册号：________________________________

房地产管理部门备案号：________________________

住所：____

邮政编码：________________联系电话：________________

根据《中华人民共和国合同法》、《中华人民共和国城市房地产管理法》及其他法律法规，委托人和受托人本着平等、自愿、公平、诚实信用的原则，经协商一致，达成如下协议。

第一条　委托事项

委托人为出租《标的房屋信息》（见本协议附件）所特指的房屋（以下简称标的房屋），委托受托人提供本协议第三条约定的服务。

【受托人指派】【委托人选定】注册在受托人名下的下列房地产经纪人为本协议委托事项的承办人，执行委托事项：

承办人姓名：________性别：________身份证件号码：______________

房地产经纪人注册号：________________________

承办人选派注册在受托人名下的下列房地产经纪人协理为本协议委托事项的协办人，协助承办人执行委托事项：

协办人姓名：________性别：________身份证件号码：______________

第二条　标的房屋信息

签订本协议时，受托人应凭借自己的专业知识和经验，向委托人全面、详细询问为促成委托人与第三人进行标的房屋租赁所必需的标的房屋情况，要求委托人如实提供相应的资料；委托人应对其提供的情况和资料的真实性承担法律责任。

受托人应根据委托人提供的情况和资料，到标的房屋现场及有关部门进行必要的调查、核实，并与委托人共同如实填写《标的房屋信息》。

《标的房屋信息》为本协议的重要组成部分。

第三条　服务内容

委托人委托受托人提供下列第________项服务（可多选）。

（1）提供与标的房屋租赁相关的法律法规、政策、市场行情咨询。

（2）寻找承租人。

（3）在本协议第四条约定的期限内代管标的房屋。

（4）协助委托人与承租人达成房屋租赁合同。

（5）为委托人代办税费缴纳事务。

（6）代理交接房屋、附属设施及家具设备等。

（7）代办各种收费设施的交接手续。

（8）其他（请注明）________________________。

受托人为完成委托代办事项而向委托人收取证件、文件、资料时，应向委托人开具规范的收件清单，并妥善保管；完成委托代办事项后，应及时将上述证件、文件、资料退还委托人。

第四条　委托期限与方式

（1）委托期限按照下列第________种方式确定（只可选一项）。

1）自________年________月________日起，至________年________月________日止。期限届满，本协议自行终止。

2）自本协议签订之日起，至委托人与承租人签订房屋租赁合同之日止。

3）其他（请注明）____________________。

(2）委托人【承诺】【不承诺】在委托期限内本协议约定的委托事项为独家委托。

第五条 委托出租价格

委托人要求标的房屋的【月】【季】【年】【　　】租金不低于【人民币】【　　】大写________元（小写________元）。实际租金高于前款约定最低租金的，高出部分属委托人所有。

第六条 服务费用支付

(1）佣金。在本协议第四条约定的期限内委托人与承租人达成房屋租赁合同的，委托人应向受托人支付佣金。

1）佣金的支付标准及金额按照下列第________种方式确定（只可选一项)。

a. 按房屋租赁合同中载明的【月】【季】【年】【　　】租金的大写百分之________（小写________%）计付佣金。

b. 按固定金额【人民币】【　　】大写________元（小写________元）支付佣金。

c. 其他（请注明）____________________。

2）佣金的支付时间按照下列第________种方式确定:

a. 自房屋租赁合同签订之日起________日内支付。

b. 其他（请注明）____________________。

3）在本协议第四条约定的期限内未能达成房屋租赁合同的，对受托人为完成委托事项已支出的必要费用，按照下列第________种方式处理（下列选项只有一项有效，填写两项或两项以上者，按照有利于委托人的选项执行)。

a. 由受托人承担。

b. 以【人民币】【　　】大写________元（小写________元）为限，自委托期限届满之日起________日内支付。

c. 按上列约定佣金支付标准的大写百分之________（小写________%）计算，自委托期限届满之日起________日内支付。

d. 由委托人和受托人根据受托人完成的工作量另行议定。

e. 其他（请注明）____________________。

4）受托人收取佣金后，应向委托人开具正式发票。

(2）代办事项服务费。受托人完成本协议第三条约定的代办事项的，委托人应按照下列第________种方式向受托人支付服务费（下列选项只有一项有效，填写两项或两项以上者，按照有利于委托人的选项执行)。

1）由受托人承担。

2）按受托人经营场所明示的收费标准，自委托事项完成之日起________日内或________支付。

3）按受托人经营场所明示的收费标准的大写百分之________（小写________%），自委托事项完成之日起________日内或________支付。

4）按固定金额【人民币】【　】大写________元（小写________元），自委托事项完成之日起________日内或________支付。

5）其他（请注明）________________________。

受托人收取代办服务费后，应向委托人开具正式发票。

（3）代缴税费。受托人在完成委托事项中，代委托人向第三方缴纳的税费，按照下列第________种方式处理（下列选项只有一项有效，填写两项或两项以上者，按照有利于委托人的选项执行)。

1）委托人按委托人和受托人认同的估算金额预付给受托人，待约定的代缴税费事项完成、委托期限届满或者本协议终止（以先者为准）时，受托人凭缴纳税费收据与委托人结算，如有差额多退少补。

2）由受托人提供收费标准与金额，委托人按代办进程将应缴税费付给受托人，委托其代为向第三方缴纳。

3）其他（请注明）________________________。

第七条　交易过错责任承担

委托人因与本项委托直接关联的交易与承租人发生房屋租赁权纠纷且委托人属过错方的，除受托人能证明属于委托人过错、应由委托人承担责任的外，受托人作为专业机构应承担过错责任，对委托人应承担的民事责任承担连带责任。

受托人不得在本协议以外的补充约定中，设立明示或者暗示与本条款相冲突的免除受托人责任的条款。

第八条　违约责任

（1）委托人违约责任。

1）委托人故意提供虚假的标的房屋情况和资料的，受托人有权单方解除本协议，给受托人造成损失的，委托人应依法承担赔偿责任。

2）委托人泄露由受托人提供的承租人资料，给受托人、承租人造成损失的，委托人应依法承担赔偿责任。

3）委托人在委托期限内自行与第三人达成交易的，应按照本协议约定的标准向受托人支付佣金。但委托人在本协议第四条第二款中不承诺为独家委

托，并能证明该项交易与受托人的服务没有直接因果关系的除外。

（2）受托人违约责任。

1）受托人违背执业保密义务，不当泄露委托人商业秘密或个人隐私，给委托人造成损害的，应按照标准支付违约金，约定违约金不足以弥补委托人损失的，委托人有权要求补充赔偿。

2）受托人有隐瞒、虚构信息或恶意串通等影响委托人利益的行为，委托人除有权解除本协议、要求退还已支付的相关款项外，受托人还应按照__________标准，向委托人支付违约金。

3）在委托代办事项中，受托人因工作疏漏，遗失委托人的证件、文件、资料、发票等，应给予相应经济补偿。

（3）委托人与受托人之间有付款义务而延迟履行的，应按照迟延天数乘以应付款项的大写百分之________（小写________%）计算迟延付款违约金支付给对方，但不超过应付款总额。

第九条　协议变更与解除

（1）协议变更。在本协议履行期间，任何一方要求变更本协议条款，应书面通知对方。经双方协商一致，可达成补充协议。补充协议为本协议的组成部分，与本协议具有同等效力。

如经双方协商一致，无需签订补充协议的，应将变更事项简记于本协议的附注栏内。

（2）协议解除。

1）委托人有确凿证据证明受托人有与其执业身份不相称的行为且将影响委托人利益的，可于委托期限届满前，书面通知受托人解除本协议，受托人应在收到通知之日起________日内将预收的费用退还委托人。

2）受托人有确凿证据证明委托人隐瞒重要事实且足以影响交易安全的，可于委托期限届满前，书面通知委托人解除本协议，已收费用不予退还，并可依法追偿约定的或已发生的费用。

第十条　争议处理

因履行本协议发生争议，由争议双方协商解决，协商不成的，双方【同意】【不同意】由标的房屋所在地的房地产经纪行业组织调解。

调解不成或者不同意调解的，按照下列第________种方式解决。

（1）提交____________仲裁委员会仲裁。

（2）依法向人民法院起诉。

第十一条　协议生效

本协议一式________份，具有同等法律效力，委托人________份，受托人

______份。

本协议自双方签订之日起生效。

委托人（签章）： 受托人（签章）：

代理人（签章）： 承办人（签章）：

年 月 日 年 月 日

签于： 签于：

附注栏：

变更日期	变更事项	双方签字确认

附件：

（1）标的房屋信息。

委托出租房屋可公开基本信息

位置：______省（自治区、直辖市）______市（县）______（区）

______路______（巷）（胡同）______小区

用途：______

建筑结构：______

户型：______室______厅______卫______厨或平房______间

面积：建筑面积：______ m^2；使用面积：______ m^2

套内建筑面积：______ m^2

装修：【毛坯房】【粗装修】【精装修】【 】

委托出租房屋其他可公开的基本信息

（2）委托出租房屋的权益信息。

1. 所有权人：____________
2. 共有权人：____________（没有共有权人的填写“无”，不宜留空）。
3. 房屋所有权人持有______颁发的所有权证书，证书号________证书复印件见粘贴页。
4. 房屋所有权性质：【私房】【已购公有住房】【商品房】【经济适用住房】【　　】。
5. 房屋所占土地性质：【国有划拨】【国有出让】【农民集体】【　　】。
6. 该房屋享有的附属权益：__________（如树木、合法搭建、车位、会所、公用物业受益、公共维修基金等）。
7. 属于共有财产的，有无共有权人同意出租的书面证明，见粘贴页。
8. 有无司法机关或者行政机关依法裁定，决定查封或者以其他形式限制权利的情况。
9. 委托出租房屋是否被列入拆迁公告范围内。
10. 其他已知可能影响出租的情况：______________________________
______________________________。

（3）委托出租房屋的区位信息。

坐落：______省（自治区、直辖市）______市（县）______区
______镇______街（巷）（胡同）______小区______号楼______号房
通邮地址：__________邮政编码：__________
在__________街道办事处__________居民委员会辖区
在__________公安局__________派出所管辖区
附近500m内的地标性建筑物：____________________
附近500m内的商场、超市：____________________
附近500m内的学校、医院：____________________
附近500m内的公交车站：____________________
其他便利条件：____________________
____
____

（4）委托出租房屋的实物信息。

建成年月：________年________月

设计用途：________________________

建筑结构：砖混　砖木　框架　框剪________

户型特点：平层　错层　跃层　复式________

垂直通行设施：垂直电梯________部________步梯________处

配套设施设备：________________

供水：自来水　矿泉水　热水　中水________

供电：220V　380V　可负荷________kW

供燃气：天然气　煤气________

外供暖气：汽暖　水暖　供暖周期________

自备采暖：电暖　燃气采暖　燃煤采暖________

空调：中央空调　自装柜机________台　自装挂机________台

电视馈线：无线　有线（数字、模拟）

电话：外线号码________内线号码________

互联网接入方式：拨号　宽带　ADSL ________

（5）随房屋家具、电器、用品清单。

名　称	数量	成新率	名　称	数量	成新率
双人床			电视		
单人床			冰箱		
床头柜			洗衣机		
梳妆台			热水器		
衣柜			空调		
书柜			燃气灶		
写字台			排油烟机		
沙发			饮水机		
茶几			电话机		
椅子			吸尘器		
餐桌					
电视柜					

（6）委托出租房屋的债权债务信息。

水费：价格________预付余额________欠费额________近期交费凭证见粘贴页
电费：价格________预付余额________欠费额________近期交费凭证见粘贴页
燃气费：价格________预付余额________欠费额________近期交费凭证见粘贴页
固定电话费：价格________预付余额________欠费额________近期交费凭证见粘贴页
物业管理费：价格________预付余额________欠费额________近期交费凭证见粘贴页
供暖费：价格________预付余额________欠费额________近期交费凭证见粘贴页
电视收视费：价格________预付余额________欠费额________近期交费凭证见粘贴页
互联网费：价格________预付余额________欠费额________近期交费凭证见粘贴页

11. 房屋承租委托协议

以下是房屋承租委托协议范本。

委托人（系房屋承购人）：________________________

【本人】【法定代表人】姓名：____________国籍：____________

【身份证号】【护照号】【营业执照注册号】【　　】

住所：________________________________

邮政编码：____________联系电话：____________

受托人（系房地产经纪机构）：________________________

法定代表人：________________________________

营业执照注册号：________________________________

房地产管理部门备案号：________________________

住所：________________________________

邮政编码：________________联系电话：____________

根据《中华人民共和国合同法》、《中华人民共和国城市房地产管理法》及其他法律法规，委托人和受托人本着平等、自愿、公平、诚实信用的原则，经协商一致，达成如下协议。

第一条　委托事项

委托人为租赁《房屋需求信息》（见本协议附件）所要求的房屋（以下简称意愿租赁房屋），委托受托人提供本协议第三条约定的服务。

【受托人指派】【委托人选定】注册在受托人名下的下列房地产经纪人为本协议委托事项的承办人，执行委托事项：

承办人姓名：________性别：________身份证件号码：____________

房地产经纪人注册号：____________________

承办人选派注册在受托人名下的下列房地产经纪人协理为本协议委托事项

的协办人，协助承办人执行委托事项：

协办人姓名：________性别：________身份证件号码：________________

第二条　房屋需求信息

签订本协议时，受托人应凭借自己的专业知识和经验，向委托人详细询问其意愿租赁房屋的用途、区位、租金水平、户型、面积、建成年份或新旧程度等要求；委托人应对其租赁意愿表示的真实性承担法律责任。

受托人应根据委托人的租赁意愿，与委托人共同如实填写《房屋需求信息》。

《房屋需求信息》为本协议的重要组成部分。

第三条　服务内容

委托人委托受托人提供下列第________项服务（可多选）。

（1）提供与意愿租赁房屋租赁相关的法律法规、政策、市场行情咨询。

（2）寻找意愿租赁房屋及其出租人。

（3）对符合委托人租赁《房屋需求信息》要求且得到委托人基本认可的房屋进行产权调查和实地查验。

（4）协助委托人与出租人达成房屋租赁合同。

（5）为委托人代办税费缴纳事务。

（6）代理交接房屋、附属设施及家具设备等。

（7）代办各种收费设施的交接手续。

（8）其他（请注明）________________________。

受托人为完成委托代办事项而向委托人收取证件、文件、资料时，应向委托人开具规范的收件清单，并妥善保管；完成委托代办事项后，应及时将上述证件、文件、资料退还委托人。

第四条　委托期限与方式

(1) 委托期限按照下列第________种方式确定（只可选一项）。

1）自________年________月________日起，至________年________月________日止。期限届满，本协议自行终止。

2）自本协议签订之日起，至委托人与出租人签订房屋租赁合同之日止。

3）其他（请注明）________________________。

(2) 委托人【承诺】【不承诺】在委托期限内本协议约定的委托事项为独家委托。

第五条　委托承租价格

委托人要求委托承租的房屋【月】【季】【年】【　　】租金不高于【人民币】【　　】大写________元（小写________元）。委托人支付的租金应与

出租人得到的租金相同。

第六条　服务费用支付

（1）佣金。在本协议第四条约定的期限内委托人与出租人达成房屋租赁合同的，委托人应向受托人支付佣金。

1）佣金的支付标准及金额按照下列第________种方式确定（只可选一项）。

a. 按房屋租赁合同中载明的【月】【季】【年】【　　】租金的大写百分之________（小写________%）计付佣金。

b. 按固定金额【人民币】【　　】大写________元（小写________元）支付佣金。

c. 其他（请注明）________________________。

2）佣金的支付时间按照下列第________种方式确定（只可选一项）。

a. 自房屋租赁合同签订之日起________日内支付。

b. 其他（请注明）________________________。

3）在本协议第四条约定的期限内未能达成房屋租赁合同的，对受托人为完成委托事项已支出的必要费用，按照下列第________种方式处理（下列选项只有一项有效，填写两项或两项以上者，按照有利于委托人的选项执行）。

a. 由受托人承担。

b. 以【人民币】【　　】大写________元（小写________元）为限，自委托期限届满之日起________日内支付。

c. 按上列约定佣金支付标准的大写百分之________（小写________%）计算，自委托期限届满之日起________日内支付。

d. 由委托人和受托人根据受托人完成的工作量另行议定。

e. 其他（请注明）________________________。

4）受托人收取佣金后，应向委托人开具正式发票。

（2）代办事项服务费。受托人完成本协议第三条约定的代办事项的，委托人应按照下列第________种方式向受托人支付服务费（下列选项只有一项有效，填写两项或两项以上者，按照有利于委托人的选项执行）。

1）由受托人承担。

2）按受托人经营场所明示的收费标准，自委托事项完成之日起________日内________支付。

3）按受托人经营场所明示的收费标准的大写百分之________（小写________%），自委托事项完成之日起________日内或________支付。

4）按固定金额【人民币】【　　】大写________元（小写________元），

自委托事项完成之日起________日内或________支付。

5）其他（请注明）________________________。

受托人收取代办服务费后，应向委托人开具正式发票。

（3）代缴税费。受托人在完成委托事项中，代委托人向第三方缴纳的税费，按照下列第________种方式处理（下列选项只有一项有效，填写两项或两项以上者，按照有利于委托人的选项执行）。

1）委托人按委托人和受托人认同的估算金额预付给受托人，待约定的代缴税费事项完成、委托期限届满或者本协议终止（以先者为准）时，受托人凭缴纳税费收据与委托人结算，如有差额多退少补。

2）由受托人提供收费标准与金额，委托人按代办进程将应缴税费付给受托人，委托其代为向第三方缴纳。

3）其他（请注明）________________________。

第七条　交易过错责任承担

委托人因与本项委托直接关联的交易与出租人发生房屋租赁权纠纷且委托人属过错方的，除受托人能证明属于委托人过错、应由委托人承担责任的外，受托人作为专业机构应承担过错责任，对委托人应承担的民事责任承担连带责任。

受托人不得在本协议以外的补充约定中，设立明示或者暗示与本条款相冲突的免除受托人责任的条款。

第八条　违约责任

（1）委托人违约责任。

1）委托人故意提供虚假的房屋需求信息的，受托人有权单方解除本协议，给受托人造成损失的，委托人应依法承担赔偿责任。

2）委托人泄露由受托人提供的出租人资料，给受托人、出租人造成损失的，委托人应依法承担赔偿责任。

3）委托人在委托期限内自行与第三人达成交易的，应按照本协议约定的标准向受托人支付佣金。但委托人在本协议第四条第二款中不承诺为独家委托，并能证明该项交易与受托人的服务没有直接因果关系的除外。

（2）受托人违约责任。

1. 受托人违背执业保密义务，不当泄露委托人商业秘密或个人隐私，给委托人造成损害的，应按照标准支付违约金，约定违约金不足以弥补委托人损失的，委托人有权要求补充赔偿。

2. 受托人有隐瞒、虚构信息或恶意串通等影响委托人利益的行为，委托人除有权解除本协议、要求退还已支付的相关款项外，受托人还应按照

________标准，向委托人支付违约金。

3. 在委托代办事项中，受托人因工作疏漏，遗失委托人的证件、文件、资料、发票等，应给予相应经济补偿。

（3）委托人与受托人之间有付款义务而延迟履行的，应按照迟延天数乘以应付款项的大写百分之________（小写________%）计算迟延付款违约金支付给对方，但不超过应付款总额。

第九条　协议变更与解除

（1）协议变更。在本协议履行期间，任何一方要求变更本协议条款，应书面通知对方。经双方协商一致，可达成补充协议。补充协议为本协议的组成部分，与本协议具有同等效力。

如经双方协商一致，无需签订补充协议的，应将变更事项简记于本协议的附注栏内。

（2）协议解除。

1）委托人有确凿证据证明受托人有与其执业身份不相称的行为且将影响委托人利益的，可于委托期限届满前，书面通知受托人解除本协议，受托人应在收到通知之日起________日内将预收的费用退还委托人。

2）受托人有确凿证据证明委托人隐瞒重要事实且足以影响交易安全的，可于委托期限届满前，书面通知委托人解除本协议，已收费用不予退还，并可依法追偿约定的或已发生的费用。

第十条　争议处理

因履行本协议发生争议，由争议双方协商解决，协商不成的，双方【同意】【不同意】由标的房屋所在地的房地产经纪行业组织调解。

调解不成或者不同意调解的，按照下列第________种方式解决。

1）提交__________仲裁委员会仲裁。

2）依法向人民法院起诉。

第十一条　协议生效

本协议一式________份，具有同等法律效力，委托人________份，受托人________份。

本协议自双方签订之日起生效。

委托人（签章）：　　　　受托人（签章）：

代理人（签章）：　　　　承办人（签章）：

年　月　日　　　　　　　年　月　日

签于：　　　　　　　　　签于：

附注栏：

	变更事项	双方签字确认

附件：房屋需求信息

用途：________

区位：________市________区________附近________m 内的范围

租金：【月】【季】【年】【　　】租金【人民币】【　　】________元至________元，单位【月】【季】【年】【　　】租金【人民币】【　　】________元/m² 至________元/m²

户型：________室________厅________卫________厨或________

面积：【建筑面积】【使用面积】【　　】________m² 至________m²

新旧：【房屋建成年份】【新旧程度】【　　】：________

其他要求：________

委托人和受托人对上述信息签字确认：

委托人（签章）：　　　　受托人（签章）：

代理人（签章）：　　　　承办人（签章）：

年　月　日　　　　年　月　日

签于：　　　　签于：

12. 独家委托出售协议

以下是独家委托出售协议范本。

（使用说明：本协议由中介方与卖方签订，卖方承诺委托该中介为其唯一的中介服务方，承诺在合同的限定期限内不与其他中介进行委托。）

依据国家有关法律、法规和本市的相关规定，委托人（以下简称甲方）受托人（以下简称乙方）双方在自愿、平等和协商一致的基础上，订阅本

合同，以资共同遵守。甲方独家委托乙方居间出售后，在本合同第三条所列委托期间，甲方同意不再自行出售或另外再委托其他第三者居间出售下述房地产。

（1）房产标的物表述及权利存在情形。

<table>
<tr><td rowspan="4">房地产情况</td><td colspan="8">房屋地址：　　市　　区（县）　　路　　弄　　号　　室</td></tr>
<tr><td>房地产权证编号</td><td></td><td>权利人</td><td></td><td>所有权性质</td><td></td><td>房屋建筑面积</td><td></td></tr>
<tr><td>房屋结构</td><td></td><td>房屋竣工日期</td><td></td><td>土地使用年限</td><td></td><td>所处层数</td><td></td></tr>
<tr><td>建筑用途</td><td colspan="7">○住宅　○办公用房　○商业店面　○工业厂房　○其他</td></tr>
</table>

买卖标的物记载如有不符，以房地产权证记载为准。

<table>
<tr><td>抵押权</td><td colspan="3">□有　□无　权利人：　　　　年限：
剩余债权数额</td></tr>
<tr><td>租赁权</td><td>□有　□无
租期至　年　月　日</td><td rowspan="2">可否随时交屋</td><td>□可</td></tr>
<tr><td>其他</td><td></td><td>□不可
于　年　月　日交屋</td></tr>
</table>

（2）委托价格及付款方式。甲方约定的委托成交底价为人民币______元整，且同意乙方刊登价为人民币______元整。付款方式为：

首期房款	%
第二期房款	%
第三期房款	%

（3）委托期限。

______年______月______日起至______年______月______日止。

（4）房地产经纪服务内容。乙方为甲方提供居间出售房地产的经纪服务主要包括市场行情分析、相关费用说明、网上流通、带客看房、潜在卖方配对、价格谈判与协调、代为收取定金、合同文本拟订、交易程序咨询说明、协助甲乙双方办理产权调查、协助办理贷款申请手续、协助办理公证、见证、估

价手续、交纳各项交易税费、办理税费、办理抵押、注销登记手续、办理产权转移手续，协助买卖双方交接房地产及相关房款等。

（5）甲方义务。房屋状况确认及瑕疵担保责任：

甲方应签订载明标的物相关现况的《标的物现况说明书》。

甲方保证对委托出售的标的物有出售之权利，且承诺已取得共有人或同住权利人同意，可依约配合交屋。如标的物有瑕疵时，应负担瑕疵担保责任，如甲方履行瑕疵担保责任致买方不愿买受，其仍应给付________房产中介依该房成交价________%计算的服务报酬。

甲方保证该房如带有租约，则该房承租人已放弃优先购买权，且承诺该房如有抵押应按买卖合同约定积极还贷。

买卖成交后，甲方应将该房产权证原件交由________房产中介所指定的签约人员保管。

（6）服务报酬。

1）甲方于买卖合同成立时，应向________房产中介支付依该房成交价的________%计算的服务报酬。

2）有下列各项情形之一者，甲方仍应给付________房产中介委托价格________%计算之服务报酬：

因甲方的原因导致本委托合同终止的；

委托期限内，甲方自行出售，经第三人介绍出售或另行委托他人中介时；

甲方于委托期限届满后2个月内与________房产中介曾介绍的买方或其配偶及亲属成交者。

3）买卖合同签订后，甲方因故解除合同时（含买卖双方合意解除合同）并不妨碍________房产中介之服务报酬请求权。

4）在居间出售过程中，若买方支付不愿继续履行与甲方所签订的任何协议或合同，而导致无法完成交易时，甲方所没收的买方的定金应由甲方另行支付50%给乙方，但乙方获得的金额最高不得超过第三条约定服务佣金的标准。

（7）买卖合同签订及产权移转。

甲方同意出售时，应于买卖双方约定期间内依________房产中介所指定之时间处所与买方另行签订《房产买卖合同》，并由________房产中介所指定之签约人员办理产权移转登记等相关事项，以维护交易安全。

（8）通信住址。

双方相互间之洽商、征询或通知办理事项，如须以书面通知时，均按本合

同所在地址送达。如因故拒收或无法送达而遭退回者，均依发函日期视为已经通知。如任何一方遇有地址变更时，应即以书面通知他方。且非经双方面合意不得对合同的内容进行变更。

(9) 管辖法院

如有争议至诉讼时，双方约定由本房产所在地法院为管辖法院。

(10) 甲方出售该房的附增状况及特别约定事项。

(11) 本合同一式两份，甲、乙双方各执一份，一经甲、乙双方签章后生效。

甲方（业主）：	乙方：
身份证号码：	联系地址：
联系地址：	电话：
电话：	分行名称：
日期：	分行行长：
代理人：	日期：
身份证号码：	
联系地址：	
电话：	
日期：	

13. 非居住用房租售委托协议

以下是非居住用房租售委托协议范本。

（使用说明：本合同用于非居住用房的租售业务委托，由中介方与卖方签订，对于业务服务细则，特别是佣金条件的确认，以避免日后产生纷争。）

委托人（甲方）：________________________

受托人（乙方）：________房地产经纪有限公司________分行

依据国家有关法律、法规和本市有关规定，甲、乙双方在自愿、平等和协商的基础上，订立本合同，以资共同遵守。

(1) 房地产经纪事项。

1) 甲方委托乙方居间方中介下述第3）款所描述的房地产。甲方应向乙方提供证件和证明（见附件）以证明甲方是具有委托本合同经纪事项资格的合法当事人。

2) 甲方保证其确为该房地产之产权人，该房地产不存在产权争议和其他人主张权利的情形，且委托乙方出售该房地产该房地产所有权利人（包括共有人）的共同意志。

3) 甲方告知乙方委托中介的房地产状况及其要求的交易条件如下：

<table>
<tr><td>权利人</td><td colspan="4"></td><td>物业名称</td><td colspan="3"></td></tr>
<tr><td>产证编号</td><td colspan="4">____房地　字（　）第　号</td><td>预告登记号</td><td colspan="3"></td></tr>
<tr><td>房地坐落</td><td colspan="8">区　路　弄　号　幢　室</td></tr>
<tr><td rowspan="2">土地状况</td><td>土地用途</td><td colspan="4">□商业　□商住　□综合　□其他</td><td>土地面积</td><td colspan="2">m²</td></tr>
<tr><td>使用权来源</td><td colspan="4">□出让　□划拨　□转让</td><td>使用期限</td><td colspan="2"></td></tr>
<tr><td rowspan="5">房屋状况</td><td>建筑面积</td><td>m²</td><td>部位</td><td colspan="5">楼共　层，现位于　层，朝向</td></tr>
<tr><td>房屋类型</td><td colspan="7">□店铺　□商场　□办公楼　□厂房　□仓库　□其他</td></tr>
<tr><td>竣工日期</td><td>m²</td><td>车位</td><td>□有　□无</td><td>面宽</td><td>m²</td><td>进深</td><td>m²</td></tr>
<tr><td>抵押登记</td><td colspan="7">□无　□有：抵押权人____，抵押金额____，第一次还贷日：____年____月____日</td></tr>
<tr><td>租赁情况</td><td colspan="7">□无租赁　□有租约：租金为____元/月，租期至____年____月____日，保证金____元</td></tr>
<tr><td>委托价格</td><td colspan="4">____万元，□（含车位____万元）</td><td>交易方式</td><td colspan="3">□产权过户　□其他转让</td></tr>
<tr><td>委托租金</td><td colspan="4">____元/月付款方式：付____押____</td><td colspan="4">租赁期限____　可否随时交房____于____年____月____日</td></tr>
<tr><td>付款方式</td><td colspan="4">首付款____%，二期款____%，尾款____%（其中贷款____%）。</td><td>币种</td><td colspan="3">□人民币　□美元　□其他</td></tr>
<tr><td>提供资料</td><td colspan="8">□产权证　□购房合同　□购房发票　□契税完税证　□授权委托书　□其他</td></tr>
<tr><td>甲方特别告知的其他事宜</td><td colspan="8"></td></tr>
</table>

4）甲方随房交付买方的设施以及包含在委托价格的其他费用：

内部装满	□全装修　□毛坯　□其他	空调	
电话线路	____门	水表容量	____m³
电表容量	____A	煤气容量	____m³
其他	□维修基金　□煤气初装费　□其他		

5）若由于国家法律、法规、政策的变化，导致甲方支付给乙方委托其协助缴纳的交易税费与实际应缴纳数额不一致的，则任何差额部分均由甲方自行承担或享有；甲方不得以国家法律、法规或政策的变化导致其收益变化为由拒绝或迟延履行甲方与买方已签署的《市房地产买卖合同》或能够表明买卖关系成立的其他类似合同，亦不得以该收益变化为由，拒绝或不足额向乙方支付

所约定的服务佣金。

（2）房地产经纪服务内容。

1）乙方为甲方提供居间中介房地产的经纪服务主要包括市场行情分析、相关税费说明、网上流通、带客看房、潜在买方配对、价格谈判与协调、代为收取定金、合同文本拟订、交易流程咨询说明；

2）协助甲方及买方办理产权调查、协助办理贷款申请手续、协助输公证、见证、估价手续、协助缴纳各项交易税费、办理注销抵押、抵押登记手续、办理产权转让手续、协助买卖双方交接房地产及相关房款等。

3）甲、乙双方同意在甲方与签署《市房地产买卖合同》或能够表明买卖关系成立的其他类似合同后，即视为乙方已完成居间中介的责任。

4）甲方不得以乙方仅提供第（2）项第1）款及第（2）项第2）款所述部分服务事项作为乙方未完成居间中介责任的抗辩；甲方亦不得以其与买方签署的《市房地产买卖合同》或能够表明买卖关系成立的其他类似合同中约定的成交价格与本合同第（1）项第3）款所列委托价格不一致作为乙方未完成居间中介责任的抗辩。

（3）委托期限。委托期限：自甲方签署本协议之日起至委托事项完成之日止。

（4）经纪事项服务佣金及支付方式。

1）第（2）项第1）款经纪事项的服务佣金为交易成交价格的2.5%，乙方不得赚取差价。第（2）点第2）小点款的代办服务费为交易成交价格的0.5%，二项合计为交易成交价格的3%。上述二项服务是互为不可分割的一部分。

2）甲方应在与买方签署《市房地产买卖合同》或能够表明买卖关系成立的其他类似合同之同时，将服务佣金全额支付给乙方。

3）在居间中介过程中，若买方支付定金后不愿继续履行与甲方所签订的任何协议或合同，甲方所没收的买方的定金应由甲方另行支付50%给乙方作为服务报酬，但乙方获得的金额最高不超过第4.1款约定服务佣金的标准。

（5）违约责任。

1）甲、乙双方商定，乙方有下列情形之一的，甲方不支付约定的服务佣金：

a. 乙方不能提供订约机会的。

b. 乙方与他人恶意串通，损害甲方利益的。

2）甲、乙双方商定，甲方有下列情形之一的，甲方应按成交价的2.5%为标准支付乙方违约金（除甲方能提供合同成交价格，否则成交价格本合同第（1）点的第3）小点所列委托价格计）。

甲方在签订本合同后二年内以任何形式或价格与乙方曾介绍过的客户（包括但不限于客户本人、客户的承办人及代理人）成交的，视为乙方已完成居间中介责任；上述客户包括由“先原房产”同一商标许可体系中其他独立经营的经纪企业介绍的客户。

3）合同变更。双方同意修改本合同内容时，以乙方提供的“买卖经纪合同内容更改附表”为准，并经双方签字或盖章后生效。

4）争议解决。乙双方在履行本合同过程中若发生争议，应协商解决，协商不成，任何一方可向有管辖权的人民法院起诉。

5）保密义务。乙方对于居间过程中知悉的甲方的商业秘密，负有保密义务。甲方对乙方的履约应提供必要的协助。

本合同一式三份，甲、乙双方及门店各执一份，一经甲、乙双方签章后生效/双方约定的其他事项如下：

甲方：______________________乙方：________房产中介________分行

证件号码：____________________联络地址：____________________

联络地址：____________________电话：______________________

电话：______________________申诉专线：____________________

代理人：____________________承办人：______________________

日期：______________________日期：______________________

14. 贷款委托协议

以下是贷款委托协议范本。

（使用说明：本合同由贷款方与中介方签订，贷款方一般为买方，由贷款方委托中介方办理按揭业务，对贷款业务进行责任规定及服务内容的确认。）

贷款委托协议（一）

合同号：____________________

委托方：____________________（以下简称甲方）

代理方：________房地产经纪有限公司（以下简称乙方）

甲乙双方根据中国有关法律、行政法规和天津市相关地方性法规的规定，以及贷款银行的相应规定，在平等、自愿、相互信任的基础上签订本合同。

（1）房屋基本情况。

1）甲方将坐落于________区____________________的房屋（以下简称“该房屋”）委托乙方办理贷款，并保证提供的信息真实有效。产权清晰，无纠纷，无抵押。

2）该房屋基本情况：房屋性质____________________所有权人________

房型________房龄________朝向________楼层________总层数________结构________单双气________总面积（建筑）________。

（2）贷款约定。

1）甲方认可该房屋到贷款银行指定评估公司进行评估。

2）甲方委托乙方为其购买该房屋办理________形式贷款。

3）甲方申请贷款金额为人民币________万元（大写），贷款年限为________年（贷款额度与贷款年限以银行最终审批结果为准）。

（3）首付款相关约定。

甲方应于________年________月________日前将该房屋的首期款________万元（大写）交予乙方，并提供各种相关证明与证件。甲方于签订本合同时向乙方交纳服务费，共计________元。

（4）双方责任。

1）甲方自愿委托乙方对该房屋提供协助房屋过户服务。

2）甲方须保证所提供的各种材料与证明的真实、可靠、合法、有效。如贷款银行调查其所提供材料、证明内容不属实或其资信不够造成的贷款未果。甲方需承担相应责任及经济损失，乙方所收取服务费不予退还。

3）甲方须按照约定按时到指定银行办理贷款手续，否则贷款延期责任由甲方承担。

4）甲方需按照合同约定向乙方支付委托服务费。

5）在签订本合同3日内，甲方应向乙方交纳相当于总房款________%以备办理贷款手续。如甲方所付款与贷款银行要求之最低首付款存在差额。则甲方应在接到乙方通知后3日内将不足额部分补齐交至乙方。

6）甲方需按规定支付银行要求的其他费用，如保险费。贷款期间如遇银行政策调整，甲方应按调整后的政策执行。

7）如房屋不能取得《房屋他项权证》，由此造成的银行贷款利息及产权过户费用等相关费用由甲方承担。

8）乙方应严格履行合同，协助为甲方办理房屋抵押贷款。

（5）违约责任。

1）甲方因提供虚假资料或不真实交易而引发的经济纠纷，乙方有权追究其法律责任并按情节轻重要求赔偿。

2）甲方必须严格履行本合同及与银行签订的二手房抵押、借款合同。

3）甲方应协助乙方办理产权过户、抵押贷款及抵押登记等相关手续，如因甲方导致上述手续办理不畅，责任由甲方自负。

4）如遇不可抗力因素或因政府政策调整导致本合同不能继续履行或履行

不必要的，本合同则自然解除，双方各不承担责任。

（6）争议解决。本合同在履行过程中如发生争议，双方应协商解决，协商不成，可向房屋所在地人民法院提起诉讼。

（7）本合同的生效与终止。

1）本合同自甲、乙双方签字或盖章后生效，甲方所购房屋所有权证办理完毕并向贷款银行办理完抵押登记之日，本合同自动终止。

2）在甲方与贷款银行签订二手房抵押贷款借款合同之前，经甲、乙双方商议，可解除本合同，已产生的各项费用由提出解除本合同的一方承担。

3）本合同一式三份，甲方一份、乙方两份。

（8）约定其他事宜：

甲方（签章）： 乙方（签章）：
经手人： 经手人：
联系地址： 签约连锁店：
联系电话： 联系电话：
签约日期： 年 月 日

贷款委托协议（二）

购买方（甲方）：________________地址：________________________
身份证号码：____________________电话/手机：____________________
代理方（乙方）：________________
总部地址：______________________
电话：__________________________传真：____________________

经甲乙双方协商，自愿达成如下协议。

（1）甲方经过对________市________区________楼盘________号房，（建筑面积________m^2，其中附属面积________m^2）的详细考察，确定购买该房屋，并全权委托乙方代理购房事宜。

（2）乙方代理甲方购买该房屋的单价为________元/m^2，实付房款（小写）________元，（大写）________拾________万________仟________佰________拾________元（含佣金，不含交易税费及按揭费用）。

（3）签订本合同时，甲方即付认购金________元，并于________年________月________日前来办理按揭申请手续和交清首期房款________元。否则按甲方弃权处理，并不得要回认购金。

（4）甲方要求乙方担保并代理向银行申请二手楼宇按揭服务，要求贷款金额为________元，还款期限为________年（以银行实际批核为准）。

（5）甲方须如实填写按揭申请材料交由乙方递交按揭银行，若银行同意

按甲方申请的按揭事项，甲方必须及时到银行办理按揭手续，并签订《房地产买卖契约》，同时缴纳过户时政府规定应由买方交纳的税费以及按揭贷款之评估费、保险费、抵押登记费、律师费、公证费。

(6) 若甲方不供房款超过3个月，乙方有权协助按揭银行处分该房屋。

(7) 若发生下列情形之一时，乙方须将认购金扣除评估费和总房款的0.5%的手续费后2个工作日内退还甲方。

1) 按揭银行不同意为该房屋的交易提供按揭服务。

2) 按揭银行同意提供贷款的额度或年限，低于甲方要求的贷款额度或年限而导致该房屋实际不能成交。

(8) 本合同一式两份，甲乙双方各执一份，签名或盖章即时生效，均具有同等法律效力。

甲方（签章）：　　乙方（签章）：

代理人：　　经办人：

日期：　　日期：

15. 银行购房抵押贷款合同

以下是银行购房抵押贷款合同范本。

（使用说明：本合同是银行对贷款业务的示范文本，各银行的合同内容有所不同，此处仅供参考。）

购房抵押贷款合同说明：

1) 本合同文本为示范文本，也可作为签约使用文本。签约之前，买受人应当仔细阅读本合同内容，对合同条款及专业用词理解不一致的，可向当地房地产开发主管部门咨询。

2) 本合同所称商品房是指由房地产开发企业开发建设并出售的房屋。

3) 为体现合同双方的自愿原则，本合同文本中相关条款后都有空白行，供双方自行约定或补充约定。双方当事人可以对文本条款的内容进行修改、增补或删减。合同签订生效后，未被修改的文本印刷文字视为双方同意内容。

4) 本合同文本中涉及的选择、填写内容以手写项为优先。

5) 对合同文本【　】中选择内容、空格部位填写及其他需要删除或添加的内容，双方应当协商确定。【　】中选择内容，以划✓方式选定；对于实际情况未发生或买卖双方不作约定时，应在空格部位打×，以示删除。

6) 在签订合同前，出卖人应当向买受人出示应当由出卖人提供的有关证书、证明文件。

7) 本合同条款由中华人民共和国建设部和国家工商行政管理局负责解释。

购房抵押贷款合同正文：

（合同编号：________________）

甲、乙双方（见本合同附则首部）根据有关法律、法规，在平等、自愿的基础上，为明确责任，恪守信用，签订本合同，并保证共同执行。

（1）贷款。

第一条　贷款金额。见本合同第五十一条。

第二条　贷款期限。见本合同第五十二条。

第三条　贷款用途。本合同项下贷款的用途限于乙方支付其购买本合同第十四条规定之房产的购房款。

第四条　提款条件。乙方满足以下前提条件后，甲方在5个工作日内发放贷款：

a. 乙方已向甲方提供已鉴证生效的《商品房买卖合同》或《房地产证》原件。

b. 乙方已支付不低于购房价20%的首期款项。

c. 与本合同相关的费用已经付清。

d. 已办妥抵押物的投保手续，并将甲方列为保险的第一受益人。

e. 本合同已生效，乙方已签署《借款借据》。

f. 已办妥抵押物的抵押备案或抵押登记手续。

g. 乙方已在甲方处开立还款专户。

h. 乙方未出现或无潜在本合同项下的违约情形。

i. 甲方指定的其他条件。

（2）利息计算及还款。

第五条　贷款利率。见本合同第五十三条。

第六条　计息方法

a. 计息方法。利息从本合同项下的贷款发放之日起，按实际用款额和实际用款天数计算。计算基数为每年360天。

b. 在本合同履行期间，如遇银行调整利率或计息办法，本合同项下贷款利率或计息办法也随即相应调整，调整时无须专门通知乙方。

c. 根据中国人民银行当前利率管理办法，贷款期限在1年以内（包括1年）的，遇法定利率调整，本合同项下人民币贷款利率不做调整；贷款期限在1年以上的，遇法定利率调整，本合同项下贷款利率将从次年1月1日起按当日人民银行的贷款利率作相应调整，并以此确定新的月供款额。

d. 利息和挪用利息。

（a）如乙方未按还款计划还款，且又未就展期事宜与甲方达成协议，即

构成逾期贷款。甲方有权就逾期贷款部分（包括本金及利息）按人民银行规定的逾期利率计收逾期利息。

(b) 如乙方本按合同规定的用途使用贷款，即构成挪用贷款。甲方有权就挪用贷款部分按人民银行规定的挪用贷款利率计收罚息。

第七条　供（还）款计划。甲、乙双方约定采用以下供款方式中的一种具体约定（见本合同第五十四条）。

a. 等额本金还款法。即按月平均归还借款本金，借款利息逐月结算还清。计算公式如下：

每月供款额＝每月供款/供款总期数＋(贷款金额－已还本金)×月利率

b. 等额本息还款法。即按月等额归还贷款本息。

每月供款额＝[月利率×(1＋月利率)供款总期数]÷[(1＋月利率)供款总期数－1]×贷款金额

c. 其他还款法。

第八条　供款总期数及每月还本付息时间。见本合同第五十五条。

第九条　乙方在贷款期限内的贷款本金和利息以甲方贷款分户账面数字为准，首期及最后一期供款应按实际贷款本金余额及用款天数做相应调整。

第十条　乙方保证在每月的还本付息日之前，将每月供款额（保证存款余额至少比月供款额多 1 元，否则计算机不能自动扣收）存入或入本合同第三十三条约定的还款账户内，否则，甲方有权直接从乙方在甲方（包括其分支机构）处开立的其他账户中扣还任何到期应付款项。

第十一条　如乙方连续三期或累计三期未能按本合同约定还本付息的，甲方有权书面通知乙方解除本合同，提前收回贷款并按本合同约定处分抵押物。

第十二条　提前还款。

a. 本合同生效一年后，乙方需提前还款的，应提前一个月书面向甲方提出申请，经甲方同意后可提前偿还全部或部分贷款本金。

b. 部分提前还款的情况下，每次提前偿还金额不少于 1 万元的整倍数；部分提前还款只限于归还按还款计划从后算起的贷款本金，而不能冲减即将到期的贷款本息。

c. 部分提前还款后，本合同项下甲、乙双方的权利、义务不受影响，但乙方可根据自己的还款能力重新选择新的还款的还款计划（包括期限不变、期限缩短以及还款额不变、期限相应缩减共三种方式），并由乙方单方书面确认。

d. 提前还款能免去所提前时间的贷款利息，但部分提前还款后，利率仍按原贷款期的同期利率执行。

e. 提前还款时，乙方须按提前还款金额和提前还款时的执行利率支付1个月利息作为对甲方的补偿。

(3) 抵押担保及相关约定。

第十三条　乙方愿以本合同第十四条所述之房产设定抵押，作为乙方偿还本合同项下贷款的担保。当乙方不能按本合同约定履行还款义务的情况下，甲方除继续向乙方追讨外，有权按本合同约定的方式处分抵押物，并从中优先受偿。

第十四条　抵押物基本情况。见本合同第五十六条。

第十五条　经甲、乙双方协商并同意：本合同项下抵押的价值为本合同第十四条所述的购房总价。

第十六条　抵押期限。见本合同第五十七条。

第十七条　乙方在本合同项下的抵押之抵押权限设定后，应将《商品房买卖合同》（或《房地产证》和《他项权证》）及其他文件的正本交甲方执管，直至本合同项下贷款本息及相关费用清偿完毕时止。

第十八条　乙方在抵押期间应妥善保管抵押物，并负责维修保养，保证抵押物的完好无损。甲方有权对抵押物状况进行了解，乙方对此有义务给予合作。

第十九条　抵押期间由于乙方的过错或其他原因造成抵押物价值减少，乙方应在30天内向甲方提供与减少的价值相当的其他担保。

第二十条　发生下列情况之一，甲方有权立即处置抵押物：

a. 乙方失踪、死亡或丧失完全民事行为能力。除非乙方的继承人或受馈赠人同意承继本合同全部权利义务并按本合同规定履行，或乙方的监护人、财产代管人愿意代其继续履行本合同并经甲方同意。

b. 甲方依据本合同的有关规定提前收回贷款。

c. 乙方违反本合同的有关规定。

第二十一条　乙方应协助甲方或甲方委托的机构办理抵押备案或登记手续；在抵押期间内乙方已按期或提前归还借款本息后，甲方应出具书面证明协助乙方办理抵押登记/备案的撤销手续，并将已由甲方执管《商品房买卖合同》（或《房地产证》和《他项权证》及相关文件的正本交还乙方。

(4) 抵押物保险。

第二十二条　乙方应向甲方指定的保险公司为抵押物购买以甲方为第一受益人的财产险，投保金额应不低于本合同项下的贷款总额。

第二十三条　本合同履行期间，乙方应对抵押物办理连续不断的财产保险，保险单证原件由甲方执管。如乙方中断保险，甲方有权代为投保，一切费

用及由此产生的利息均由乙方承担，甲方有权继续向乙方追偿。

第二十四条　当保险赔偿发生时，甲方有权以第一受益人的身份接受和支配保险赔偿金，并优先用于清偿本合同项下贷款本息；如保险赔偿金不足以赔付乙方所欠甲方贷款本息时，甲方有权继续向乙方追偿。

第二十五条　如发生本合同项下抵押物的保险索赔事件时，乙方应在5天内通知保险公司和甲方。

第二十六条　上述投保的保险费及因保险索赔事件而发生的一切费用，均由乙方承担。

（5）乙方的其他义务。

第二十七条　未经甲方书面同意，乙方不得将抵押物出租、转让或以转售、赠与、再抵押等方式处理，也不得将本合同的任何权利、义务、转让给第三方；经甲方同意转让抵押物的，所得价款应该存入甲方指定的账户，并优先用于归还本合同项下的贷款本息；乙方以继承或馈赠的方式处分抵押物的，不得将本合同项下的权利和义务分割处理。

第二十八条　乙方出租抵押物必须满足：征得甲方书面同意其出租；租金收入优先用于偿还本合同项下债务；需与承租人订立书面租赁合同并订明："出租人已将该房产抵押给中国银行，出租人未清偿中国银行到期的债务，中国银行发函通知承租人迁出出租房屋之日起30日内，承租人须无条件迁出且租赁合同自发函之日起自动终止。"

第二十九条　如有或将有针对乙方的法律诉讼或仲裁发生，或房产或其他财产（包括本合同项下的抵押物）被扣押、冻结、没收或强制收购时，乙方应及时书面通知甲方。

第三十条　乙方须按时缴交有关部门对抵押物征收的税费、水电费、卫生费、物业管理费等费用；在更改联络地址或电话号码时立即书面通知甲方。

（6）费用。

第三十一条　因订立本合同而发生的印花税、契税、律师费、公证费、保险费、抵押登记/备案/撤销费等费用由乙方承担。

第三十二条　甲方因催收本合同项下的贷款本息及有关费用而发生的费用、包括但不限于以仲裁、诉讼等法律程序催收而产生的执行费、律师费、拍卖等费用、或依法处置抵押物而发生的任何费用，均由乙方承担。

（7）乙方授权。

第三十三条　乙方在此授权甲方从乙方在甲方处开立的账户内（账号具体见本合同第五十八条）直接扣收并用以支付本合同项下一切应付的贷款本息、逾期利息、罚息、违约金、保险费及相关费用。

第三十四条 乙方授权甲方将本合同项下的贷款以支付购房价款的名义直接付至房产出卖人在甲方处开立的账户或经甲方同意的其他账户。

第三十五条 乙方授权委托甲方或甲方指定的中介机构办理本合同公证及抵押物之抵押登记/备案/注销手续，领取《房地产证》、《他项权证》等文件。

第三十六条 未经甲方书面同意，上述授权委托及有关承诺不可撤销。上述授权委托有效期至乙方在本合同中的全部责任和义务完全履行完毕之日止。

(8) 违约及处理。

第三十七条 任何违反本合同约定义务和以违反诚实信用原则取得贷款的行为，均属违约行为。在此情况下，甲方有权根据本合同的有关约定和法律的规定，视违约情节轻重，采取下列全部或部分措施维护其合法权利。

a. 要求乙方限期纠正其违约行为、采取适当的补救措施并赔偿损失。

b. 停止甲方合同义务的履行，包括停止发放贷款。

c. 经甲方催告，乙方在限期内仍未纠正其违约行为，或乙方的违约行为已使甲方不能实现其合同目的的，甲方可书面通知乙方解除合同、转让债权、处分抵押物、申请强制执行及提起诉讼等任何措施维护其合法权利。

第三十八条 乙方每逾期一次，应向甲方支付人民币100元作为违约金，并由甲方直接在乙方还款账户内扣划。

第三十九条 债权、债务转让。

a. 未经甲方书面同意，乙方不得将本合同项下任何权利，义务转让给第三人。如经甲方书面同意，乙方将本合同项下权利、义务转让给第三人，乙方必须保证该第三人应无条件地遵守本合同的全部义务。

b. 乙方在此同意：当乙方不能按本合同的约定履行到期债务时，甲方有权向第三方转让债权，乙方仍应无条件地遵守本合同的全部条款。

第四十条 甲方未按本合同约定发放贷款，则应按未发放的贷款金额，迟延天数及约定贷款利率上浮20%计算违约金予乙方。

(9) 其他约定。

第四十一条 本合同签订后且在贷款发放前，若乙方与售房者就该房产有关质量、条件、权属等事宜发生纠纷，本合同即告中止。由甲方视上述纠纷解决情况，在半年内决定是否解除或继续履行本合同。

第四十二条 贷款发放后，乙方与售房者就该房产有关质量、条件、权属或其他事宜发生的任何纠纷，均与甲方无关，本合同应正常履行。

第四十三条 本合同有效期内，甲方给予乙方的任何宽容、宽限或优惠或延缓行使本合同项下的任何权利，均不影响、损害或限制甲方依本合同和法律、法规而享有的一切权益，也不视为甲方对本合同项下权利、权益的放弃。

第四十四条　本合同的效力独立于乙方与售房者签订的《商品房买卖合同》,《商品房买卖合同》的修改、延缓执行或被宣布无效，均不影响本合同的履行。

第四十五条　当乙方清偿了本合同项下的全部贷款本息及有关费用后，甲方应配合乙方办理抵押注销手续，并退回《商品房买卖合同》或《房地产证》和《他项权证》，以及抵押物保险单。

第四十六条　乙方如未按本合同的约定履行还款，愿意直接接受有管辖权的人民法院的强制执行。甲方可据本合同办理强制执行公证文书，向有管辖权的人民法院申请强制执行乙方的财产。

第四十七条　本合同的订立、解释及争议的解决均适用中华人民共和国的法律。在本合同履行期间发生纠纷，双方应协商解决，协商不成的，应向甲方所在地的人民法院提起诉讼。乙方不得以解决争议为由拒不履行其在本合同项下的任何义务。

第四十八条　本合同经甲、乙方双方签字、盖章并办理公证（或律师见证)、抵押备案（或抵押登记）后生效。

第四十九条　本合同一式四份，甲方、乙方、公证处（或见证单位)、产权登记部门各执一份，具有同等效力。

第五十条　下列文件和附件为本合同不可分割的组成部分。

a. 贷款申请表。

b. 借款借据。

c. 抵押物保险单正本。

d.《商品房买卖合同》/抵押备案证明或《房地产》/《他项权证》。

(10) 附则。

签订合同各方：

甲方（即贷款人，又称抵押权人)：中国________银行________分（支）行

法定地址：____________________

负责人：____________________

电话：____________邮政编码：____________

乙方（即借款人，又称抵押人或购房人)：____________

身份证号码：____________邮政编码：____________

地址：____________电话：____________

第五十一条　对第一条的说明。

贷款金额：________元（大写：人民币________佰________拾________万________仟元整）。

第五十二条　对第二条的说明。

贷款期限：________年，从贷款发放之日起________月。

第五十三条　对第五条的说明。

本合同项下人民币贷款发放日中国人民银行颁布的贷款利率，当前月利率为________‰。

第五十四条　对第七条的说明。

供款计划为第七条所述的第________种方式。

第五十五条　对第八条的说明。

若采用等额本金还款法或等额本息还款法，乙方在贷款发放次月起逐月还款，供款总期数为________期，每月还款日为________日（如遇国家规定节假日则顺延）。

第五十六条　对第十四条的说明

抵押物基本情况如下：

房产地址________________________

土地使用年限________________________

楼宇名称、座别及房号________________________

建筑面积________________________m²

购房总价（小写）________元，（大写）

____仟____佰____拾____万____仟____佰____拾____元整

商品房买卖合同（或房地产证）编号________________________

____

第五十七条　对第十六条的说明

本合同项下抵押物的抵押期限从本合同签署之日起至本合同履行期限届满之日后________年止。

即从________年________月________日起至________年________月________日止。

第五十八条　对第四十八条的说明

扣款账号：________________________。

第五十九条　其他约定。

（一）____

____。

（二）____

____。

以上合同的约定，特别是对免除或限制甲方责任的合同条款，乙方和丙方

已经充分了解并愿意接受这些约定。本合同是在乙方和丙方明确其权利义务及其法律后果的基础上自愿签署的。

16. 共有权人同意书

以下是共有权人同意书范本。

（使用说明：本合同用于出售/出租房地产时共同权人的同意证明。）

本人是__________________房地产的共有人，本人现同意出售/出租该房地产，并委托该房地产的权利人（或其代理人）________________代为本人办理与该房地产出售/出租有关的一切事项。本人对于受托人与相关方签署的一切协议、所为的一切法律行为均表示同意，并享有相应的权利和承担相应的义务。

特此声明!

声明人（共有权人）：

______年______月______日

17. 承租人放弃优先购买权声明书

以下是承租人放弃优先购买权声明书范本。

（使用说明：本合同用于带有租约的二手房买卖时承租人放弃优先购买权的同意声明。）

本人是___________物业的承租人，本承租人知悉该物业所有权人将出售该房屋，现本承租人明确表示放弃对该房屋在同等条件下的优先购买权。

特此声明

声明人：

______年______月______日

18. 二手房买卖三方合同

以下是二手房买卖三方合同范本。

（使用说明：本合同用于买卖双方达成交易意愿后，与房地产中介三方签订的合同，并在合同中约定买卖双方的要求以及交易过程中的税费、贷款、房屋状况等有关方面。）

甲方（转让方）：姓名___________身份证号码__________________

居住地址___________________________________

联系方式___________________________________

委 托 代 理 人：姓名___________身份证号码__________________

居住地址___________________________________

联系方式___________________________________

乙方（受让方）：姓名＿＿＿＿＿＿身份证号码＿＿＿＿＿＿＿＿
居住地址＿＿＿＿＿＿＿＿＿＿＿＿＿＿＿＿＿＿＿＿
联系方式＿＿＿＿＿＿＿＿＿＿＿＿＿＿＿＿＿＿＿＿

委托代理人：姓名＿＿＿＿＿＿身份证号码＿＿＿＿＿＿＿＿
居住地址＿＿＿＿＿＿＿＿＿＿＿＿＿＿＿＿＿＿＿＿
联系方式＿＿＿＿＿＿＿＿＿＿＿＿＿＿＿＿＿＿＿＿

丙方（居间方）：公司名称＿＿＿＿＿＿＿＿＿＿＿＿
经营许可证编号＿＿＿＿＿＿＿＿
资格证书编号＿＿＿＿＿＿＿＿＿

1. 房屋基本状况

乙方拟转让房地产（下称该房地产）坐落于：＿＿＿＿＿＿＿；
房地产证号为：＿＿＿＿＿＿；房地产用途为：＿＿＿＿＿＿；
房屋性质为：＿＿＿＿＿；所有权人为：＿＿＿＿＿；户型为：＿＿＿＿＿；
登记建筑面积为：＿＿＿＿＿＿＿ m^2；套内建筑面积为：＿＿＿＿＿＿＿ m^2。

该房地产土地使用权年限自＿＿＿年＿＿＿月＿＿＿日至＿＿＿年＿＿＿月＿＿＿日止。该房地产于＿＿＿年＿＿＿月竣工。

目前该房地产物业管理公司为＿＿＿＿＿＿，物业管理服务费为每月每平方米建筑面积人民币＿＿＿佰＿＿＿拾＿＿＿元＿＿＿角＿＿＿分（小写：＿＿＿＿元）。

该房地产约定交付的附属设施设备、装饰装修、相关物品等清单，详见附件一。

2. 房地产产权现状

该房地产产权现状为以下第＿＿＿种。

（1）该房地产没有设定抵押，乙方对该房地产享有完全的处分权。

（2）该房地产处于抵押状态，乙方承诺于本合同生效之日起＿＿＿日内还清贷款，办妥注销抵押登记手续。

（3）该房地产处于抵押状态，乙方需委托担保公司担保融资赎楼的，须于签订本合同之日起＿＿＿日内向担保公司和丙方指定人员出具公证委托书，办理赎楼手续，甲方应予协助。完成赎楼后，应将房地产证原件托管于丙方或者买卖双方约定的担保公司作为办理过户手续之用。

（4）其他

＿＿＿＿＿＿＿＿＿＿＿＿＿＿＿＿＿＿＿＿＿＿＿＿＿＿＿＿＿＿＿＿＿＿

＿＿＿＿＿＿＿＿＿＿＿＿＿＿＿＿＿＿＿＿＿＿＿＿＿＿＿＿＿＿＿＿＿＿

3. 房地产租约现状

该房地产所附租约现状为以下第________种。

（1）该房地产没有租约。

（2）该房地产之上存有租约，乙方须于本合同签订时将承租人放弃优先购买权的书面文件及租赁合同交予甲方。

4. 附着于该房地产的户口

该房地产所附着的户口，乙方保证于收到房地产转让总价款之日起________日内迁出，逾期则以该房地产转让总价款为基数按日万分之________向甲方支付违约金。

5. 转让价款

该房地产转让总价款为人民币____亿____仟____佰____拾____万____仟____佰____拾____元____角____分（小写：________元）。该转让价款不含税费。

6. 交易定金

该房地产交易定金为人民币____亿____仟____佰____拾____万____仟____佰____拾____元____角____分（小写：________元）。甲方同意按如下方式支付：

本合同签订时，向乙方支付定金人民币____亿____仟____佰____拾____万____仟____佰____拾____元____角____分（小写：________元）。

本合同签订后________日内，向乙方支付定金人民币____亿____仟____佰____拾____万____仟____佰____拾____元____角____分（小写：________元）。

上述定金交由买卖双方约定的监管机构监管。甲方将定金存入监管账号，即视为乙方收讫。

7. 交房保证金

为防范交易风险，督促乙方按约定如期交付该房地产并结清所有费用，买卖双方协商同意在首期款中预留人民币____佰____拾____万____仟____佰____拾____元____角____分（小写：________元）作为交房保证金。此款在乙方实际交付房地产及完成产权转移登记时进行结算。此交房保证金的处理办法为下列第________种。

（1）交由丙方托管。

（2）____
____。

8. 税费承担

按有关规定，乙方需付税费：①营业税；②城市建设维护税；③教育费附加；④印花税；⑤个人所得税；⑥土地增值税；⑦房地产交易服务费；⑧土地使用费。

甲方需付税费：⑨印花税；⑩契税；⑪登记费；⑫房地产交易服务费；⑬《房地产证》贴花。

其他费用：⑭权籍调查费；⑮公证费；⑯评估费；⑰律师费；⑱保险费；⑲抵押服务费；⑳赎楼费、交房前提前赎楼的短期利息；㉑其他____（以实际发生的税费为准）。

经双方协商，其中：

甲方支付或代乙方支付上述________________项。

乙方支付或代甲方支付上述________________项。

本合同履行过程中因政策原因须缴纳新的税费的，按以下第______方式处理。

1）由政策规定的缴纳方缴纳。

2）买卖双方同意由______方缴纳。

任何一方不按约定或法律、政策规定缴纳相关税费，导致交易不能继续进行的，应向对方支付该房地产总价款百分之______的违约金。

9. 交易资金监管

甲方所支付款项，除有特别约定，按以下第______种方式进行监管。

（1）由买卖双方指定的____________________________银行进行监管。

户名：________________；开户行：________________；

账号：____。

（2）由丙方的客户交易结算资金专用存款账号进行监管。

户名：________________；开户行：________________；

账号：____。

10. 付款方式

甲方按下列第________种方式给付除定金、交房保证金之外的房款人民币____亿____仟____佰____拾____万____仟____佰____拾____元____角____分（小写：________元）。

（1）甲方一次性付款。

1）待甲、乙双方前往房管局申请办理产权过户手续（送件）当日，乙方

将上述房款支付到第九条约定的账户，收件收据由丙方代为保管。

2）甲、乙双方交接房屋并签订房屋交接书当日，将第九条约定账户中的房款转付给乙方。

（2）甲方抵押贷款。

1）在甲、乙双方签订房地产买卖合同后________个工作日内，乙方向银行申请贷款并提交齐全按揭贷款所需全部资料。乙方的贷款金额为人民币________元整。银行承诺发放贷款少于应交房款余额的，甲方应于银行出具贷款承诺函三日内补足应交款。

2）在乙方的贷款申请经过银行审核后________个工作日内，甲、乙双方应共同赴________区房管局办理产权过户手续（送件）。收件收据由丙方代为保管。

3）在乙方就该房屋的产证及他项权证办出后3个工作日内，乙方应将他项权证原件通过丙方转交贷款银行，贷款银行在收到该他项权证后将乙方所贷款项直接支付甲方。

4）甲、乙双方交接房屋并签订房屋交接书后，乙方应自行支付或丙方代为转付给甲方房价尾款（贷款补足款）计人民币________元整。

（3）涂销抵押一次性付款。

1）甲乙双方签订本合同________天内，乙方向抵押银行申请提前偿还贷款手续，提前偿还银行贷款所产生的一切费用由乙方负责支付。

2）乙方须在完成提前偿还银行贷款、涂销抵押登记及归档等手续________天内与甲方签署《房地产买卖合同》，并且甲方将上述房款支付到第九条约定的账户中。

（4）涂销抵押按揭付款。

1）甲乙方签订本合同后________天内，乙方向抵押银行申请提前偿还贷款手续，并在完成提前偿还银行贷款、涂销抵押登记及归档等手续________天内协助甲方完成申请银行贷款手续。

2）在乙方贷款申请审核后________个工作日内，甲、乙双方共同去房管局办理产权过户手续。

3）交易过户完成并办妥其他各项权利登记后，由按揭银行扣除乙方所欠款后将余款直接拨入乙方银行账号作为楼价余款，银行实际贷款与原贷款额之间差额由甲方以现金支付。

上述款项甲方应支付至第九条甲乙双方约定的账户。

11. 甲方逾期付款的违约责任

甲方逾期付款的，乙方有权要求甲方按下列方式之一承担违约责任。

（1）要求甲方以未付款项为基数，按日万分之四支付违约金，合同继续履行。

（2）有权解除合同并要求甲方支付该房地产总价款百分之________的违约金。

12. 房地产交付

乙方应当于甲方按约定付清全款后________天将该房地产交付甲方，并履行下列手续。

（1）买卖双方共同对该房地产及附属设施设备、装饰装修、相关物品清单等事项进行验收，记录水、电、气表的读数，并办理交接手续。

（2）交付该房地产钥匙。

13. 延迟交房的违约责任

除本合同另有约定外，乙方未按合同约定的期限将该房地产交付甲方，自约定的交付期限届满次日起至实际交付日止，乙方以该房地产转让总价款为基数按日万分之四向甲方支付违约金，合同继续履行。

14. 附随债务的处理

乙方在交付该房地产时，应将附随的水费、电费、煤气费、电话费、有线电视费、物业管理服务费、垃圾清运费、物业维修基金等费用结清，单据交甲方确认，否则甲方有权从交房保证金中抵扣上述欠费。

15. 二手房买卖合同的签订

在本合同签订之日起________日内，买卖双方须签订《二手房买卖合同》。

需办理赎楼手续的，在银行出具贷款承诺函之日，或乙方在赎出房地产证原件并注销抵押登记日起________日内，买卖双方须签订《二手房买卖合同》。

16. 产权转移登记

买卖双方签订《二手房买卖合同》________日内，共同向房地产权登记机关申请办理转移登记手续。

在收文回执载明的回复日期届满之日起________日内，买卖双方须办理交纳税费的手续。

该房地产证由甲方领取。

17. 其他违约责任

任何一方不履行本合同约定义务，导致合同目的不能实现，守约方有权选择定金罚则或要求对方支付该房地产总价款百分之________的违约金。

18. 不可抗力

因洪水、地震、火灾和法律、政府政策等不可抗力原因不能履行本合同的，根据不可抗力的影响，部分或者全部免除责任，但法律另有规定的除外。因不可抗力不能按照约定履行合同的一方当事人应当及时告知另一方当事人，并自不可抗力结束之日起________日内向另一方提供证明。

19. 居间服务内容

丙方提供如下服务：

1）接受甲方购房委托并为甲方提供房地产信息，陪同甲方看房。

2）对买卖双方当事人资格、房地产产权信息的合法性进行查验。

3）向甲方准确传达或报告乙方的真实意图（包括但不限于房地产权属、现状、房价、付款方式、违约责任等事项）。

4）接受乙方售房意向委托并为乙方联系合适的甲方。

5）促成买卖双方进行交易，协助办理房地产交接事宜。

6）提供银行抵押贷款、赎楼事项的咨询服务。

7）向乙方准确传达或报告甲方的真实意图（包括但不限于房价、付款方式等）。

8）对买卖双方办理产权转移登记手续、期限、应交纳的费用等事项提供咨询服务。

9）按约定对买卖双方的交易资金监管提供服务。

10）____。

20. 必要费用约定

1）本合同签订时，甲方向丙方支付人民币____佰____拾____万____仟____佰____拾____元____角____分（小写：________元）（不超过甲方应交佣金总额的百分之二十）。如买卖双方未能签订《二手房买卖合同》，则此款项作为居间必要费用无需退还，因丙方原因导致的除外。

2）本合同签订时，乙方向丙方支付人民币____佰____拾____万____仟____佰____拾____元____角____分（小写：________元）（不超过乙方应交佣金总额的百分之二十）。如买卖双方未能签订《二手房买卖合同》，则此款项作为居间必要费用无需退还，因丙方原因导致的除外。

如买卖双方最终签订《二手房买卖合同》，则丙方所收取的款项充抵买卖双方应当支付的佣金。

21. 佣金收取

1）丙方在买卖双方签订《二手房买卖合同》时，向甲方收取佣金（含前

条已收取的款项）人民币____佰____拾____万____仟____佰____拾____元____角____分（小写：________元）。如买卖双方最终未能完成该房地产产权过户，则此交易佣金无需退还，因丙方原因导致的除外。

2）丙方在买卖双方签订《二手房买卖合同》时，向乙方收取佣金（含前条已收取的款项）人民币____佰____拾____万____仟____佰____拾____元____角____分（小写：________元）。如买卖双方最终未能完成该房地产产权过户，则此交易佣金无需退还，因丙方原因导致的除外。

22. 违约责任

（1）甲方须保证该房屋权属无争议，若发生与甲方有关的权属纠纷或债务纠纷，由甲方负责解决并承担一切后果及违约责任。甲、乙双方须保证该房屋结构无拆改或拆改得到相关管理部门的同意及持有合法、有效证件，若因此影响办理过户手续，产生的一切后果及违约责任由责任方负责。

（2）甲方认可乙方贷款方式付款时：

1）贷款过程中，乙方提出终止贷款行为，则乙方须补齐所差房款，继续履行该合同，并承担由此引起的经济损失，已交纳的服务费不予退还。

2）乙方须保证所提供的各种材料与证明的真实、可靠。如因证明不属实或其资信度不够造成的贷款未果，乙方承担相应责任及经济损失。

3）乙方须按照约定按时到指定银行办理贷款手续，否则贷款延期责任由乙方承担。

（3）甲乙双方任何一方因隐瞒事实、改变买卖意向、违反本合同或有关法规造成本宗房产交易未能进行，视为违约。

（4）甲乙双方任何一方未能及时备齐材料并进行交易受理、甲方未能按时进行房产交接、乙方未能按时解款至丙方都属违约行为。违约方应自违约之日起每日按本合同第四条约定的房产交易总价的万分之五向利益受损方支付滞纳金。

（5）因乙方过错或违约，导致买卖双方未能签订《二手房交易合同》，乙方双倍返还交易定金给甲方，并支付丙方退件、退款等手续产生的必要费用。

（6）因甲方过错或违约，导致买卖双方未能签订《二手房买卖合同》，乙方不归还交易定金，并由甲方支付丙方因退件、退款等手续产生的必要费用。

（7）当甲、乙任一方拒绝履行合同或解除合同，或发生第 1 条及第 3 条违约行为时，均由违约方向另一方支付房屋成交价的百分之________作为违约金。

（8）因丙方过错或违约，导致买卖双方未能签订《二手房买卖合同》，丙

方应向买卖双方双倍返还已经收取的必要费用。造成买卖双方损失的，应承担赔偿责任。

(9) 若因自然灾害、社会政治、政府行为等非主观因素造成上述房产无法正常交易，甲乙双方互不承担责任，丙方退件、退款，若有相关费用产生，则由买卖双方平均承担。

(10) 若因甲乙双方的原因导致丙方向银行或其他第三人承担民事责任，甲乙双方应当向丙方承担相应的责任。履约方因向违约方主张权益而支出的相关诉讼费用由违约方承担。

23. 如房屋业主未能亲自到场，业主合法委托代理人进行交易，由于乙方产生的后果由代理人承担。

24. 本合同与其他文件的冲突解决

三方在本合同签订之前的承诺及协议，如有与本合同不相符的，以本合同为准。

25. 合同附件

本合同共有附件________份。合同附件为本合同组成部分，具有同等法律效力。

26. 法律适用与纠纷解决

因本合同发生纠纷，应协商解决。协商不成时，任何一方可以依据中华人民共和国法律申请仲裁或向该房屋所在地人民法院提出诉讼。

27. 合同数量及持有

本合同一式______份，甲方______份，乙方______份，丙方______份，均具同等法律效力。

28. 送达

当事人所填写的通信地址即为送达地址。

29. 合同生效

本合同自三方签字（盖章）之日起生效。

本合同不作为申请房地产转移登记的依据。

甲方：	丙方盖章：	乙方：
代理人：	经纪人：	代理人：
	资格证号：	
____年____月____日	____年____月____日	____年____月____日

附件一：房地产交接清单。

房地产地址	________市________区____________单位及____________号车位

设施标识

水表编号		电表编号		煤气表编号		其他	

家电家私

区域	物品名称	品牌	数量	区域	物品名称	品牌	数量
	沙发				床		
	茶几				床头柜		
	吊灯				灯		
	空调				空调		
	电视机				衣柜		
客厅	餐桌及餐椅			主人房	梳妆台		
	地毯				电视机		
	窗帘				窗帘		
	鞋柜				地毯		
	床				煤气灶		
	床头柜				电冰箱		
	灯				抽油烟机		
客房Ⅰ	空调			厨房	消毒碗柜		
	衣柜				微波炉		
	桌椅						
	床				洗衣机		
	床头柜				热水器		
	灯				浴缸		
客房Ⅱ	空调			浴室	洗脸盆		
	衣柜						
	桌椅						

买卖双方同意按上述标准交付房地产。乙方：　　　　　　　　　　甲方：

（续）

项目	内容（押金/开通费）	单价/元	总额/元	已结/未结	备注
管理费					
水费					
电费					
煤气费					
有线电视					
电话					

1. 对于上述情况，甲方经验收认为符合房地产交付条件，同意接收。

2. 本交接清单为《二手房预约买卖及居间服务合同》（编号：________）附件，由买卖双方签字确认即行生效。

3. 本交接清单一式三份，乙方、甲方及丙方各执一份。

卖　方		买　方		丙　方	

附件二：三方其他约定。

（1）____。

（2）____。

（3）____。

30. 房屋交接书

以下是房屋交接书范本。

（使用说明：该交接书适用于二手房买卖中，卖方持房屋移交给买方时双方就房屋设施、物品及使用费用的情况进行登记确认时使用。）

甲方（出卖人）：

乙方（买受人）：

甲、乙双方于______年______月______日对______市______区______路______弄______号______室房地产进行了验收交接，双方确认。

（1）甲、乙双方对该房地产进行交接时，该房地产相关附属设施、设备、室内装饰状况如下。

1）水表抄见数：　　双方□已结清　　□未结清　　于______年______月______日前结清

2）电表抄见数：　　双方□已结清　　□未结清　　于______年______月______日前结清

3）煤气表抄见数：□若有　双方□已结清　□未结清　　于______年______月______日前结清

4）电话：□若有，甲方使用至____年____月____日，双方□已结清

□未结清　于____年____月____日前结清，□甲方已移机

5）有线电视：□若有，甲方使用至______年______月______日，双方□已结清

□未结清　于______年______月______日前结清，□甲方已迁走

6）物业维修基金：□已至物业管理处办妥更名　□已结清余额

□未至物业管理处办妥更名　于______年______月______日前办妥

□未结清余额　于______年______月______日前结清

7）物业管理费：□已至物业管理处办妥更名　□已结清余额

□未至物业管理处办妥更名　于______年______月______日前办妥

□未结清余额　于______年______月______日前结清

8）对双方签订的《市房地产买卖合同》中附件二所列其他确认如下。

□　乙方无异议

□　乙方有异议　　　　　　　乙方签字：

甲方同意做改进：　　　　　　甲方签字：

（2）于房屋交接时，甲方在该房屋内的户口迁出情况。

□已全部迁出　　　　□未迁出于______年______月______日前迁出

（3）甲、乙双方确认，自房屋交接之日起，该房地产风险责任由乙方承担。

（4）本交接书自甲、乙双方签字之日起生效。

（5）附房屋附属设施及物品清单。

设施及物品	单位	数量	备　注
停车库/停车位　□有　□无	m^2		□汽车库　□固定停车位　□摩托车/自行车库
供电　□有　□无	W		峰：　W；谷：　W
自来水　□有　□无	t		
燃气　□有　□无	m^3		
有线电视　□有　□无	套		
电　话　□有　□无	门		
专用宽带网　□有　□无	路		
供暖　□有　□无			

主要电器：	单位	数量	备　注
空调	台		
电视	台		
冰箱	台		
洗衣机	台		
热水器	台		
燃气灶	台		
微波炉	台		
抽油烟机	台		
饮水机	台		
音响	套		

主要家具：	单位	数量	备　注
床	张		
沙发	套		
衣柜	个		
桌椅	套		

甲方：　　　　乙方：　　　　中介方：

日期：　　　　日期：　　　　日期：

五、房地产中介经纪机构合同的归档与遗失管理

1. 房地产中介经纪机构合同的上交归档

（1）业务委托书、看楼书须于签署当日即时上交至分行秘书处，秘书下班后签署的最迟于次日 11:00 前上交公司联（因轮休原因自动顺延）。开盘表、客户记录本须于离职交接时上交。

（2）营业店所有签订过的业务合同必须一周内交至签约中心归档，同时提交文件目录，由业务部签收。

（3）缺失材料的业务合同仍须交至签约中心，但材料必须在 1 个月内补齐。

（4）每份文件保存期限一般为两年，两年后由签约中心销毁。

（5）各类业务文本牵涉公司商业机密，泄露丢失均可造成不同程度损失，全员须强化责任心，妥善保管，不得丢失、损毁，书写错误原因作废的亦需保留，并按相关规定如期上交。

2. 房地产中介经纪机构合同的遗失处理

若合同遗失应做以下处理：

（1）委托书、看楼书等遗失者，附解释信一封上报业务部审核，并处以 50 元罚款。

（2）《房屋租赁合约》、《房屋转让合约》等业务合同遗失的，责任人应在遗失之日起 3 日内在本市报纸刊登遗失声明，并接受罚款 1000 元，给公司造成损失者，公司有权对责任人进行追偿。

（3）客户登记本遗失处罚 300 元。

（4）员工离职时若开盘表或客户记录本有发现缺页、少份的，每页、份按 50 元标准从工资中扣除。

第五节　房地产中介经纪机构款项管理

一、房地产中介经纪机构款项管理的权限

1. 房地产中介经纪机构收款责任人

（1）分行秘书。

1）代行出纳职责，负责所属分行每日现金收付，并做好收据的保管及核销工作，接受公司总部不定期检查。

2）代行报账员职责，定金收付的原始会计凭证由分行秘书负责保管，平

日或每周六上报财务部对账。

(2) 分行经理。

1) 负责对分行秘书代行出纳、报账员职责的监管，秘书不在时可代收付现金，半个工作日内交秘书。监督秘书按公司规定上交在分行收取的所有款项。

2) 分行内所有的收付款项分行经理都有责任和义务去监督，如发生任何问题分行经理都有责任承担，并协助解决。

3) 经纪人员不得直接接触钱款，特殊情况下，应经分行经理同意，并在半个工作日内，由分行经理监督交秘书。

4) 经纪人员、分行秘书、经理之间钱款收转应有必要的交接手续，秘书收到款应在收据“出纳”处签名确认。

2. 房地产中介经纪机构款项管理权限

(1) 收款。

1) 分行可向客户收：诚意金、定金、佣金，税费等其他款。

2) 公司财务部可收：房款。

(2) 付款。

分行可按规定向客户退付诚意金、定金，向业主付定金、税费等其他代付款。

公司财务部可付：业主房款。

二、房地产中介经纪机构款项交接制度

1. 房地产中介经纪机构款项交接要求

(1) 每一笔业务成交后，结款时均向客户开具本公司的收据或服务统一

发票。

(2) 为了安全及风险控制，分行应避免收取现金，如果在收到现金后发现有假钞则由当事人承担全部责任。

(3) 如公司款项在员工手里遗失，不管什么原因，公司将追究第一责任人的责任，如果可以从工资中扣回，公司将扣除其工资作为赔偿，如金额较大，则应由司法部门追究其刑事责任。

(4) 分行每日将所收款项及时通过无卡存的形式划入公司指定银行账户，必须做到日清日结。

(5) 所有开公司收据的款项一律须存入公司指定银行账户。

(6) 内勤于收到交接款项后当日交到财务部。财务部在 24 小时内（周六、日顺延）将所收钱款送存开户银行。

(7) 各店不得无故拖延交款时间，禁止自行倒款、挪用，一经发现将追究直接责任人。

(8) 财务部对钱款交接情况负有监督职责。

2. 房地产中介经纪机构款项交接方式与要点

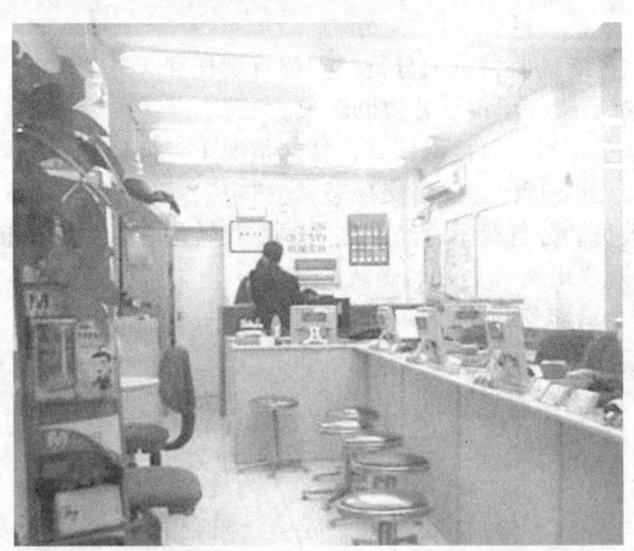

(1) 房地产中介经纪机构收款方式与要点。房地产中介经纪机构收款方式主要有现金、POS 机刷卡、转账、支票等。

1) 现金。

a. 客户交来现金时，分行需验证钱款真伪，可陪同客户一起到就近银行存款。在收回客户的银行存款回单时需验证回单上的账户是否是公司所指定的

账户，并且核对卡号是否正确，银行回单金额是否同合约交款金额一致，无误后，给客户开立盖有公司章的三联复写收据，将客户联交给客户。

b. 分行收到现金在无法存入到公司指定银行账户的情况下，通知区域经理以上管理人员到分行收取现金，同时以电话或传真联系财务部负责人说明事由，否则，将追究当事人责任。

2）POS 机。

a. 客户在分行使用 POS 机消费，分行经理及秘书需按照正确的方法来操作，并认真、仔细检查每一个操作过程，避免出现失误，出了回单后，应再次确认回单上的金额，并必须让客户在回单签署处签名确认，无误后给客户开立盖有公司章的三联复写收据，并将收据客户联与刷卡回单第二联交客户。

b. 如客户在 POS 机刷卡使用的不是其本人的卡，应提醒客户将身份证号码填写在刷卡回单联上，并在上面签署全名。

c. 银联对 POS 机刷卡方式收取的代收款按一定比例收取手续费，客户采用 POS 机刷卡支付房款（含首期款）时向其收取该笔刷卡手续费，收费金额以银联的收费金额为准。

d. 在采用 POS 机刷卡收取房款（含首期款）前，经纪人员须与客户事先沟通。若因工作疏忽未能收取上述手续费，由经纪人员负直接责任。公司财务部将向上述人员收回该笔费用。

3）转账。客户直接将款项存入公司指定银行账户，需让客户传真银行存款回单至分行，同时分行在确认此款项到达公司指定账户后，及时开立收款收据，将银行存款回单及收款收据（经纪方联）传真至财务部，客户联也应尽快交给客户，并尽量收回银行存款回单原件交至财务部。

a. 同行转账　客户所持银行卡与中介公司指定账号为同一银行之间转账，瞬间可到账，客户持已签名的银行无折存单原件交财务部，财务部开具收据。

b. 跨行转账　客户所持银行卡与中介公司指定账号非同一银行之间转账，如采取实时支付方式，1 小时后方可到账，客户凭实时支付回单，财务查明到账后，出具收据；非实时支付时，第二日方可到账，财务见银行进账单后，方可出具收据（应尽量避免跨行转账）。

c. 应注意的问题：

（a）分行不得直接收取房款，如客户携带现金至分行，分行经理应安排经纪人员、秘书陪同客户到就近的银行存入公司指定账户。客户在无折存单上签名，将收据第三联并银行无折存单传真总公司财务部，经纪人员以电话通知财务部。

（b）向公司对公账户转款，备注栏应注明交××楼××款。

4）支票。分行收到客户交来的支票时，勿折叠，保持平面整洁，并及时上交到财务部，以免耽误进账时间。

（2）房地产中介经纪机构付款方式与要点。

1）房地产中介经纪机构付款方式。房地产中介经纪机构付款方式主要是现金、转账两种方式。

现金　到公司总部收取现金。尽量少采取现金付款，提倡转账方式。

转账　填写委托存款确认书并后附业主身份证及银行卡复印件，财务部向业主转账付款。业主以传真形式指定收款账号要求付款，财务有权拒付。

2）房地产中介经纪机构付款标准。

a. 转定　分行须将产权核实证明（查档回执或网上电子查询单）、卖方有效收款收据及业务付款申请单提交至财务部，只要资料提供齐全，按照公司业务付款申请流程即可放款。

b. 房款　分行须提前1个工作日提交业务付款申请单附新业主房产证复印件交（传真）至财务部，审核无误后，按照公司业务付款申请流程方可放款。

c. 尾款　分行须提前2个工作日提交业务付款申请单附《房屋交接书》至财务部，审核无误后，按照公司业务付款申请流程方可放款。

d. 报销需交（传真）业务付款申请单附带票据作为凭证传真至财务部，方可付款。如，某经纪人员已垫付了此单公证费，现申请报销，需将公证费票据与付款申请单一并传真过来，审核无误后，才可放款。

e. 如申请付款的款项还不能提供票据，需填写业务借款申请单传真至财

务部，审核无误后可放款，但必须当天将票据交（传真）至财务部进行冲账。如，要申请付税费，当时不能提供票据，就先填写业务借款申请单申请放款，交完税后，当天必须将票据（复印件）交（传真）至财务部冲账，注销借款。

3）房地产中介经纪机构付款注意事项

a. 营业部门将业务付款申请单、借款单传至财务部后应按正常付款程序进行跟单，及时清楚款项是否已打入账户。

b. 出纳对一些特殊款项会电话通知相关人员，一般款项当事人应对账户进行不定时的查询，避免款项到账后不知，耽误事情。

c. 款项禁止打入分行经理的账户，如有特殊情况需由区域经理进行确认，并提供公司集团卡账户，进行划款。

d. 如果款项打入到公司监管账户，退款时只能退回到客户原出款账户，需严格执行。

e. 业务付款申请单的填写（见表3-26）。

表3-26　业务付款申请单

申请日期		申请部门		跟踪单号	
付款日期					
物业名称					
付款说明	水电过户完毕，所有费用已结清，先申请付尾款				
付款金额					
领取方式	（）开户银行		户名：		账户：
	（）现金				签名：
总经理审批：		财务部审核：		区域经理、总监审核	
营业经理：		分行行政主任：		申请人：	

付款申请书填写应注意的事项：

（a）申请日期　如，付尾款，须提前2个工作日传真业务付款申请单，如申请日期为12月1日，付款日期应为12月3日。又如，付首期款及税费等，须提前1个工作日传真业务付款申请单，如申请日期为12月1日，付款日期应为12月2日；如付定金申请日期为12月1日，付款日期可填12月1日（但必须符合转定标准，所有资料提供齐全才可即日付款）。申请日期为传真至财务部日期为准，不得虚填申请日期，双休及节假日顺延。

（b）申请部门、跟踪单号及物业名称要填写完整，并确保准确性。

（c）付款说明应详细注明退款原因。如，因谈不到买方合适价位，退×××购卖×××房诚意金。

（d）付款金额大写与小写数必须填写一致，如有填写大、小写金额不一致或有争议的金额，财务部有权拒绝付款。

（e）领取方式为银行转账时，应提供开户银行名称（具体到某支行）、户名（买方或卖方账户、合同上注明的代理人、公司集团卡）及账号（同行转账可即刻到账，跨行正常情况下，则需2个工作日方才能到账。付款申请时请分行根据款项的急缓，让买方提供放款账户。

（f）领取方式为现金时应提前与财务部出纳沟通，须有分行人员陪同客户到总部领取（如填写现金领取方式要改为银行转账，则需分行填写账号确认传真至财务部，确认无误后方可放款）。

（g）签名确认　付款申请书传真至财务部时，申请人、分行经理及区域经理、副总经理栏必须签名确认，并对付款的款项负责。如有任何一栏未能及时签字确认，分行应及时电话沟通、请示，确认无误后，应在相应签字栏处注明："已电沟通（或已电请示）等"字样，并要及时到财务部补签字，财务部方可审核付款。如有任何一栏签字处未签署，财务部将拒绝支付该笔款项。

（h）业务付款申请单填写时，用正楷字体填写。银行转账户名、账号、银行名称必须正确填写。

3. 房地产中介经纪机构退款方式与要点

房地产中介经纪机构退款由财务部负责核算，批量处理，退款日由公司自行约定，一般每周有两日。以下退款时间仅供参考。

（1）无卡退款。由经纪人员填写退款结算单，分行秘书审核，将退款结算单、三方复印件、卖方身份证复印件送至区域经理秘书（申请提前退款的，需将"提前退款申请单"先行送至财务部），区域经理秘书审核后，于每周日、周三下午2:00将退款相关资料送至财务部，同时传真退款明细，周一、周四下午4:00财务从银行取回存折，周二、周五上午区域经理秘书将存折取回，分行经纪人员应及时约客户结件，由客户亲自到区域经理秘书处领取存折。客户应在退款结算单及客户领款明细上签字确认，区域经理秘书5日内将退款结算单返回财务部。如遇特殊情况，房款不能在规定时间内退出，区域经理秘书应及时将存折返还财务部。客户签字必须真实有效。

（2）有卡退款。分行秘书每周三、周日将可退款明细传至区域经理秘书邮箱，每周四、周一上午10:00前财务部将退款额度分配到各区，区域经理秘书于12:00前将退款额度分配到分行，分行及时约客户结件，于每周六、周二下班前将结件单、退款结算单明细交到区域经理秘书。区域经理秘书于每周

三、周日下午 2:00 前将退款结算单、汇总单送至财务部，同时传真退款明细。周四、周一下午 4:30 以后银行将房款打入卡中。

（3）退款申请表（见表 3-27）。

表 3-27　退款申请表

分行：__________________日期：200 __年__月__日　　单位：元（人民币）

<table>
<tr><td colspan="9">收款人：</td></tr>
<tr><td colspan="9">付款内容：</td></tr>
<tr><td colspan="9">客户收款方式（请在相应的空格内打✓）</td></tr>
<tr><td colspan="9">1. 自提（客户需携带身份证原件）</td></tr>
<tr><td colspan="9">2. 委托公司存款（须客户亲自填写“委存款申请表”）</td></tr>
<tr><td colspan="9">3. 委托他人领取（须携带委托公证书及身份证原件）</td></tr>
<tr><td colspan="9">4. 转入办证员代付款账户</td></tr>
<tr><td colspan="9">请注明款项到账时间：</td></tr>
<tr><td colspan="2">退款金额（币种选择请✓）</td><td colspan="2">□港币□人民币</td><td colspan="4">小写：________元
大写：__佰__拾__万__仟__佰__拾__元__角__分</td><td>收款人签名：
日期：</td></tr>
<tr><td colspan="3">物业名称</td><td colspan="6"></td></tr>
<tr><td colspan="2">买方姓名
（含共有人）</td><td colspan="3"></td><td colspan="2">卖方姓名
（含共有人）</td><td colspan="2"></td></tr>
<tr><td rowspan="8">历史收付款情况</td><td>交款时间</td><td>款项内容</td><td>交款人</td><td>交款金额</td><td>转款日期</td><td>转款内容</td><td>收款人</td><td>转付金额</td></tr>
<tr><td></td><td></td><td></td><td></td><td></td><td></td><td></td><td></td></tr>
<tr><td></td><td></td><td></td><td></td><td></td><td></td><td></td><td></td></tr>
<tr><td></td><td></td><td></td><td></td><td></td><td></td><td></td><td></td></tr>
<tr><td></td><td></td><td></td><td></td><td></td><td></td><td></td><td></td></tr>
<tr><td></td><td></td><td></td><td></td><td></td><td></td><td></td><td></td></tr>
<tr><td></td><td></td><td></td><td></td><td></td><td></td><td></td><td></td></tr>
<tr><td></td><td></td><td></td><td></td><td></td><td></td><td></td><td></td></tr>
<tr><td colspan="3">合计收款金额</td><td colspan="2"></td><td colspan="2">合计付款金额</td><td colspan="2"></td></tr>
<tr><td rowspan="3">审核情况</td><td colspan="8">分行财务审核：</td></tr>
<tr><td colspan="8">通过经纪方代缴该物业的税费已全部缴纳完毕并已到财务部清账。
办证员签字__________（付尾款时必须由办证员签字！）</td></tr>
<tr><td colspan="8">总部财务审核：</td></tr>
</table>

营销总监：__________分行经理：__________经办人：__________

第六节　房地产中介经纪机构收据管理

一、房地产中介经纪机构收据的交接管理

1. 收据的领取与保管

（1）分行经理或分行秘书以书面形式提早 2 天向财务部提出领用申请，以便财务部准备与登记。

（2）分行经理或分行秘书到财务部领取收据本，领取的数量以及分行内库存收据本不超过两本为标准。领取时财务部应将领取分行、领取人、领取日期及归还日期、经手人签名等信息登记在专门的记录本中（见表 3-28）。

表 3-28　收据领取登记表

领取日期	领取分行	领取人签名	收据编号　~　）	上交日期	上交人签名	财务部经手人签名

（3）收据领取后，由分行经理或分行秘书保管，并按编号详细登记，经纪人员可到分行经理及分行秘书处登记领用。保管人应该经常跟进，提醒领用人及时归还并注销（见表 3-29）。

表 3-29　分行收据使用登记表

收据编号	领取日期	领取人签名	归还日期	归还人签名	备注（如是否已交出纳）

（4）收据需妥善保管，不得丢失；因未能妥善保管而丢失收据的，应立即通知分行经理及财务部并施以适当的补救措施（如登报 1 次）。责任人应自

向分行经理和财务部申报遗失之日起7个自然日内进行登报，并将所刊登的报纸交财务部留存。

（5）每丢失一张收据，经办人将被处以300元的罚款，并承担由此产生的费用和后果。如拖延登报时间的，按晚登报的日期加以100元/天的罚款。责任人需在财务部发出罚款通知之日起5个工作日交纳罚款。

2. 收据的上交

（1）对账时须把上月已启用（包括未用完）的收据整本送财务部，由财务人员核对无误后盖核销章。使用完毕的更换新收据，未使用完毕的重新领回分行使用。

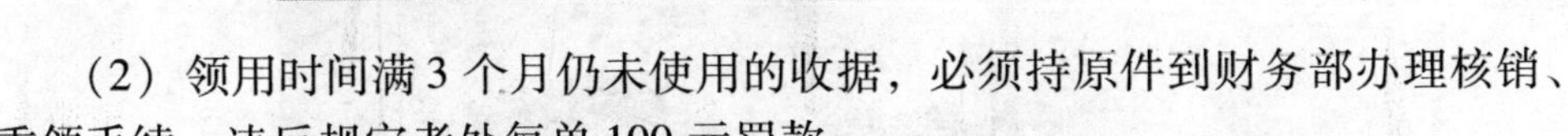

（2）领用时间满3个月仍未使用的收据，必须持原件到财务部办理核销、重领手续。违反规定者处每单100元罚款。

（3）收据上交财务部时，由财务部收据专管员检查收据是否缺号、少联，核对收据和资金无误后办理登记核销。月底分行秘书到财务部核对经纪人员业绩时，应将已使用、未核销租用收据交回核销。符合下列条件之一的诚意金、定金收据方可核销。

1）定金已上交公司的，应有存根联、财务联，并附上财务部出具的收款收据。

2）诚意金、定金退还客户的，应有存根联、客户联和财务联，三联齐全。若客户联丢失、客户应书面申明，分行经理签字并承担相应责任。

3）一本收据需核销时，未退（转）诚意金、未付出定金应全额上交公司财务部。

4）财务部指定专人管理、核销各分行收据外，财务部不定期组织专人采用抽查的办法检查本办法执行情况，一年不少于四次。对收据专管员不认真履行职责，应报未报，应罚未罚，扣罚收据专管员当月工资。

二、房地产中介经纪机构收据的种类与使用范围

1. 收款收据

收款收据的使用范围包括：收取诚意金、监管定金和佣金。

（1）收取诚意金。买卖双方签订《二手房买卖合同》前，买方交来的款项，以“诚意金”的名义开具收款收据给买方。

（2）收取监管定金。买方交款后，由卖方开出收款收据给买方，经纪方开出定金监管收据给卖方。

（3）收取佣金。在收到买方、卖方的佣金及其他专项服务费（如按揭委托服务费）后开出收款收据。

2. 代收款收据

（1）代收定金。如卖方因特殊原因不能及时开出定金收据给买方，可以填写委托书（委托书格式另附），委托经纪方代收定金。此时经纪方按卖方委托开代收款收据给买方。

（2）代收房款。按三方合约规定需要经纪方监管的房款，由经纪方开出代收款收据给买方。

（3）代收税费。按三方合约规定需要由经纪方代买方/卖方去相关部门交纳的税费，由经纪方开出代收款收据给买方、卖方（由卖方监管定金中结转

的除外）。

3. 卖方开给买方收据

该收据由财务部统一印制，按公司正规收据统一管理。

收据为一式四联：买方留存联、卖方留存联、经纪方记账联、存根联。卖方开出收据后，可自留一联，交买方一联，经纪方记账用一联。开票人及票据管理人对该收据的使用、管理要求与其他收据相同，如作废须一式四联齐全，存根联齐全并连号，按规定领取收据及清票。

4. 物品收据

经纪方收到业主的房产证、钥匙等物品，由经纪方开具收据给业主，以明确双方责任。

5. 交易过程中需要开收据的情况列表

结合各收据类型及交易流程，表3-30列出了各流程所需开收据的情况。

表3-30　交易过程中需要开收据的情况

NO.	买卖方交款事项	对应收据	经纪方收据内容
1	买方交诚意金	经纪方开收款收据	诚意金
2	签订合同，诚意金转定金或买方再交定金	卖方开收款收据给买方，经纪方开收款收据给卖方	监管定金
		若卖方因特别原因不便开收据，由卖方签署委托书，经纪方开代收款收据给买方	代××收××交来×物业定金
3	买方交房款（不含定金部分）	经纪方开代收款收据	代××收××交来×物业房款
4	买方、卖方交佣金	经纪方开收款收据	佣金、按揭服务费
5	买方、卖方交税费	经纪方开代收款收据	代有关部门收××税费

三、房地产中介经纪机构收据的范本与填写要求

1. 诚意金收款收据

以下是诚意金收款收据范本。

兹收到________先生/小姐交付本公司位于________区________路________号________室的诚意金人民币________（大写________________）。诚意金款项自卖方签收起转为定金，买方收取卖方签收的定金收据时须退回本收据联给经纪方。

________房地产经纪有限公司（签章）：

经办分行经理签字：________

日期：　　年　月　日

诚意金收据又称意向金收据，诚意金收据开出时，开票人员或经纪人员必须提醒买方：该诚意金在卖方签收时必须收回，请其妥善保管；在卖方开出给买方对应款项的定金收据后，经纪人员必须向买方收回该诚意金收据，如因丢失等原因不能收回的，买方或其他责任方需填写遗失声明。

2. 监管定金收款收据

以下是监管定金收款收据范本。

现买受方________因购买出售方________的房地产（房屋）（坐落：________区________路________弄________号________室），交付定金计人民币（大写）________元整，出卖方________收到此定金，并交由××房地产经纪有限公司（保管人）________分行代为保管，待双方签订正式房屋转让合同时，由出售方________取回。

本保管书一式两份，由出售方、保管人各执一份。

出售方：

证件号码：

保管人：

______年____月____日

3. 定金代收款收据

以下是定金代收款收据范本。

若卖方无法亲自接收定金，可提前委托经纪方代收定金，由经纪方开具代收款收据给买方。

（1）代收定金委托书范本。

________房地产经纪有限公司：

本人（即委托人）由于个人原因，确实无法亲临贵公司领取款项，特委托贵公司将本人与贵公司签署的《房屋转让/租赁合约》（合约号：________________）项下之____________________物业交易款项支付于本人指定账号：收款行名称____________________，开户人__________，账号______________________。

如本人临时更改收款账号，将于约定付款日前2日以书面形式通知贵公司；若未在规定期限前通知贵公司更改收款账号，则本人认可贵公司支付款项于上述声明账号。

本人/单位谨此声明：因此而产生的一切法律纠纷以及造成贵公司的损失，全部由本声明人承担。本声明为不可撤销声明。

附：个人存折复印件

委托人身份证复印件（须注明此复印件作本次委托事宜使用）

委托人签章（指模）：

日期：______年____月____日

分行经理确认签字：

日期：______年____月____日

（2）代收款收据范本。

受卖方________（先生/小姐）委托，________房地产经纪公司__________分行代其收到________（先生/小姐）交来__________物业定金人民币__________（大写：____________________）。

________房地产经纪有限公司签章：

经办分行经理：

日期：______年____月____日

4. 房款代收款收据

（1）代收房款委托书范本。

本人/本公司________（证件号：________________）委托________房地产经纪公司出售____________物业，贵公司在收到买家支付的房款后，按条件可支付予本人/本公司时，请支付到本人确认的以下银行账户中。

开户银行：__________银行__________支行__________

银行账号：

户名（即收款人）：

收款人身份证件号：

业主签字确认：

日期：

（2）代收房款收据范本。

受卖方________（先生/小姐）委托________房地产经纪公司__________分行代其收到买方________（先生/小姐）交来购买________物业的房款，人民币__________（大写：________________）。

________房地产经纪公司（签章）：

经办分行经理：

日期：______年____月____日

5. 佣金收款收据

（1）买方佣金收款收据范本。

兹收到买方________（先生/小姐）交来购买__________物业的经纪服务

佣金，共计人民币__________（大写：_________________）。

________房地产经纪公司（签章）：

经办分行经理：

日期：______年____月____日

（2）卖方佣金收款收据范本。

兹收到卖方________（先生/小姐）交来出售__________物业的经纪服务佣金，共计人民币__________（大写：_________________）。

________房地产经纪公司（签章）：

经办分行经理：

日期：______年____月____日

（3）填写注意事项。收据中的人员姓名、物业名称等需与合同完全一致；如他人代交款需填写付款委托书。

当客户需要发票时，要将原开给客户的佣金收据客户联收回。

从定金中结转的卖方佣金，因已经开出定金监管收据给卖方，不可再开出佣金收据；可以开出发票给对方，并注明“从监管定金中结转”字样。

6. 其他交易费用代收款收据

当客户委托经纪方代交纳交易过程中产生的政府有关部门所需费用，如税费、查证费、办证费等，由经纪方开具收据给客户。

以下是其他交易费用代收款收据范本。

受________（先生/小姐）委托办理__________业务，今代__________部门（如国土局）收取________费（如过户税费）计人民币__________（大写：_________________）。

________房地产经纪公司（签章）：

经办分行经理：

日期：______年____月____日

7. 物品收据

（1）预售合同收据范本。

甲方：_________________

乙方：________房地产经纪公司

物业地址：________市________区________路________弄________号________室

现乙方兹收到甲方交付上述该物业：

1. 预售合同原件一本（预售许可证编号：_________________）

2. 购房原始发票______张。（发票编号：_________________）

3. 其他____

____

由乙方保管。

甲方签章：__________日期：__________

乙方签名：__________日期：__________

（2）证件收据范本。

为办理客户委托的各项业务，可能需要客户的原始证件，经纪方应为客户开具相关收据。

今收到________（先生/小姐）________证件（证件号____________________）____份、________证件（证件号____________________）____份、________证件（证件号____________________）____份，用于办理________手续，于________后即______年____月____日归还。

________房地产经纪公司（签章）：

经办分行经理：

日期：______年____月____日

（3）钥匙收据范本。

为方便买家或租户能随时看房，业主一般将物业钥匙交于经纪方保管，经纪方需出具收据给业主。

兹收到________（先生/小姐），交付本公司位于________区________路________号________室的物业的大门钥匙共____把，其他钥匙共____把。

________房地产经纪公司（签章）：

经办分行经理：

日期：______年____月____日

8. 收据遗失声明书

以下是收据遗失声明书范本。

若客户遗失收据，应签署收据遗失声明，保障双方利益。该声明书必须与原收据存根联存放一起保存，以便财务部存档。

致：____________公司

本人________先生/小姐由于保管不善，遗失贵公司于______年____月____日开具给本人的收据，收据内容为（请选择）□代收意向金□代收定金□代收楼款□佣金□其他______________________

收据号：________________收据开填写物业：________________

收据金额：人民币____佰____拾____万____仟____佰____拾____元____角____分整（￥________）。本人现声明，本人□已收到贵公司的退款□知道贵公司司已转付业主，上述收据已作废。该收据所产生的任何权责均与贵公司无关。

收据权利人签署：
身份证件号：
日期：

第七节　房地产中介经纪机构分行备用金及费用报销管理

一、房地产中介经纪机构分行备用金管理

1. 分行备用金的使用原则

（1）分行经理对备用金的使用、管理、安全负全责。

（2）财务核算记作分行经理备用金借款。

（3）备用金的支取必须符合业务流程和财务制度规定。

（4）财务部有权随时抽查备用金的使用及管理情况，并根据情形作出罚款、收回、追究责任等处罚。

2. 分行备用金的额度及适用范围

（1）额度。每间分行经理予以借款备用金人民币 3 万元整（未转正的经理预先借款 1.5 万元整，待转正后再予以借款 1.5 万元整），（此金额仅作参考，企业可根据业务情况进行相应调整）。

（2）适用范围。

1）适用下列款项支付：

a. 退诚意金、定金。

b. 转付业主定金。当买卖双方于分行签署居间合同时，须先收取业主房产证（原件）、并确认业主身份及合法委托人身份；再核实产权（查档）清晰后，并留存买卖双方（或委托人）身份证复印件，方可转付定金给业主。转定后，以定金存折打印数据为标准，所支付的款项必须附有公司印制（业主签字加盖手印）的收据，并由分行秘书填写付款申请书及附上票据到财务部核报。分行经理于每月初10日前将存折送至财务部交出纳审核。

c. 支付物业交接等杂费。

d. 已通过总部财务审核且客户需要在分行取现金的尾款。

e. 3万元以下房款或首期款。

2）不适用房款、正常尾款及税费的转付。

3）本分行备用金不允许拆借给其他分行。

3. 分行备用金的保管

（1）申请。分行经理填写“备用金申请单”和“借款审批单”交区域经理审批，再交财务部批准，与出纳预约一起去银行以公司法人为户名开出存折或卡，经理自设取款密码，财务部出纳与经理做好书面交接，交接之后，由财务部出纳存入备用金。

（2）保管。

1）方法一：存折、银行卡、密码由分行经理保管。

2）方法二：经理备用金要求存折由经理保管，密码由秘书持有，如需支付款时，应由秘书向经理领取存折并支取相应款项。

4. 分行备用金的使用要求

（1）支付款项必须符合业务及财务管理制度，保证付款资料齐全、审批完整；客户取款后需在付款申请表上签收。

（2）支付后，分行秘书应及时向财务部清交所有票据原件以补充备用金。

（3）财务文员及时核对报表及存折明细。

5. 分行备用金的日常管理

（1）分行秘书按月编制备用金使用情况报表并与存折明细核对，在下月3日前（如3日遇到星期六，递延到5日；如遇到星期天，递延到4日）将上月报表及存折明细复印件一并交财务部留底。

（2）分行经理如有变动，需做好备用金存折或卡的书面交接，书面交接一式三份，财务部、交接人和接交人各一份（变动后，财务部须收到书面交

接后，才对该备用金进行资金补充）。如果新到经理未转正，原经理需将备用金卡全部金额存回公司再跟新分行经理做书面交接。

（3）备用金账户收到季度利息，分行秘书需半年存回公司对公账户。

（4）财务部每月随时抽查备用金的使用及管理情况，并根据情形做出罚款、收回、追究责任等处罚。

（5）如有分组的分行应从备用金中平均分配，如分行备用金为3万元，每组各为1.5万元备用金（只可供给两组调用）。如超出两组的分行，可书面向公司申请，由公司审批后下拨。

6. 分行备用金违规使用的处罚规定

（1）备用金使用的违规行为：

1）无正当理由的异常支取。

2）支付业务款不符合业务及财务管理制度。

3）分行现场收取的业务款项未存入公司指定账户，直接存入备用账户。

（2）违规处罚：

1）如发现无正当理由的异常支取，公司对责任人追回支取款项并处以罚款300～3000元。如构成民事犯罪，公司将追究民事责任。

2）备用金付款不符合业务及财务管理制度，对分行经理和其他责任人罚款100～1000元，并由其对后果负责，造成公司损失全额赔偿。

3）分行现场收取的业务款项直接存入分行备用账户的，对责任人罚款100～1000元。

4）责任人须在收到公司处罚通知后3日内交纳罚款。

5）如因为保管不慎发生意外造成公司损失，公司将视情况处理并追究分行经理及其他责任人的责任。

二、房地产中介经纪机构费用报销管理

1. 报销时间

分行：每周三为固定报销时间。

职能部门：每周四为固定报销时间。

如遇每月结账日自动顺延（顺延至下周），具体时间各公司自行约定。

2. 报销票据的整理

（1）经办人要在报销票据背面左下角签字，无碳复写票据在正面右下角签字。

（2）票据按照票面金额由小至大排序。

（3）发票抬头必须填写公司名称，如开错有更改，必须在更正处加盖出

票单位财务专用章。发票金额不得涂改，大小写必须相符。

（4）发票应盖有税务局监制章、出票单位财务专用章或发票专用章（餐费的发票还应有地税局的长条章）。

（5）装入信封，信封上注明店名及报销各项目金额（不可超额度）。

3. 报销审批

（1）报销的批准。

1）分行。经办人在发票的背面左下角（无碳复写的发票在正面右下角）签字后，交分行秘书审核，审核无误后填写报销单，注明用途和金额，报销单用途与发票用途必须一致，并报分行经理、业务总监、总经理签字后交给财务，财务复核无误后方可报销。

2）职能部门。公司各职能部门经办人在发票的背面左下角（无碳复写的发票在正面右下角）签字，理票并填写"费用报销单"，注明用途和金额，报销单用途与发票用途必须一致，经办人、部门经理签字后交给行政部，由行政部统一交副总经理、总经理签字批准，财务复核后方予以报销。

（2）报销凭证的审核。

1）制单人、报销人、领款人、审批人（中文签字）都应齐全。

2）报销的原始依据应为印制有"税务局征收"的发票为准。

3）严禁各报销人使用虚假发票报销。一经查实，公司将对此人进行相应处分。

4）如从部门基金中支付的费用，应先在本分行核实准确后（基金是否可以支付该笔费用），方可到财务部核对余额进行报销。

5）报销内容应真实，并注明该支付费用的来源。

4. 报销的额度与适用范围

（1）各部门报销时必须填写“费用报销单”，写明用途、金额，报销单所填用途与发票注明的用途必须相符，签字手续完成后，交财务审核无误，方可报销。

（2）费用报销的额度严格按照全面预算的费用标准执行，财务部对于超额度的费用可以不予报销。

（3）一般金额在1000元以下的费用支出可以报销现金，1000元以上的应领取支票，特殊情况需支取大额现金的，应提前申请，报财务部批准。

（4）经纪人员在本公司任职6个月以上者可享受报销政策。报销时间为每月30日到人事部报销，报销时填写公司统一单据并经主管签字后方可。报销费用包括带客看房交通费，部分人员的通信、交通费等。具体如下：经纪人员在路途遥远、时间紧张、交通不便的情况下带客看房，可向主管申请打车，主管批准后方可打车。经纪人员带看后将票据交主管可报销。

经纪人员按照级别不同可以享受不同的通信、交通费报销金额。每月月底经纪人员凭充值卡发票到分行秘书处报销，表3-31中的数字仅供参考。

表3-31　享受通信、交通费报销金额

职　位	报销金额/元
置业顾问	100
高级置业顾问	100
客户经理	300
分行经理	300

5. 报销的流程

分行费用报销范围（额度外）：铺租、电费、水费、物业费、垃圾清运费、采暖费。

（1）电费、水费、铺租。通过银行网点交款　分行秘书在收到交费通知单24小时内转区域经理秘书——区域经理秘书每周一将通知单转交财务部——财务部审核整理后由专员去银行划款。

分行自垫款项　分行自行垫款交费后将交费收据交至区域经理秘书——区域经理秘书于每周一将票据及交费明细（店名、经手人、本月表数、上月表数、实际用量、金额）打印版及电子版转至财务部——财务部审核后于周二将报销票据整理好于周三将报销款项划入区域账户——区域经理秘书于24小时内将报销款项划入分行账户。

分行借款（金额在1000元以上）　分行经理填写内部借款单——分行秘书于24小时内将借款单交至区域经理秘书——区域经理秘书于每周一将借款单及交费明细（店名、经手人、本月表数、上月表数、实际用量、金额）打印版及电子版转交财务部——财务部审核后于周二借款单于周三将所借款项划入区域账户——区域经理秘书于24小时内将所借款项划入分行账户——分行及时交费——分行秘书于下周一前将交费收据返还区域经理秘书——区域经理秘书于周一将收据返还财务部（提供交费明细打印版及电子版）——财务部专员将收据填写报销单冲财务借款——财务部将借款单转区域经理秘书。

（2）物业费、垃圾清运费、采暖费。分行自垫款项：分行自行垫款交费后将交费收据交至区域经理秘书——区域经理秘书于每周一将票据及交费明细（店名、经手人、费用所属年份及月份、金额）打印版及电子版转至财务部——财务部审核后于周二将报销票据整理好于周三将报销款项划入区域账户——区域秘书于24小时内将报销款项划入分行账户。

分行借款（金额在1000元以上）：分行经理填写内部借款单——分行秘书于24小时内将借款单交至区域秘书——区域秘书于每周一将借款单及交费明细（店名、经手人、费用所属年份及月份、金额）打印版及电子版转至财务部——财务部审核后于周二借款单交至出纳——出纳于周三将所借款项划入区域经理秘书账户——区域经理秘书于24小时内将所借款项划入分行账户——分行及时交费——分行秘书于下周一前将交费收据返还区域秘书——区域秘书于周一将收据返还财务部（提供交费明细打印版及电子版）——财务部专员于周二将收据填写报销单冲财务借款。

第八节　房地产中介经纪机构的客户投诉与交易纠纷管理

一、房地产中介经纪机构的客户投诉管理

1. 客户投诉的受理与处理办法

（1）建立公司客户投诉处理与客户回访管理办法，客户意见的收集与反馈以及客户投诉事项的跟踪与回访。

（2）设立客户服务热线电话，专人接听，并做好客户意见、建议及投诉事项记录。

（3）实行客户投诉受理与处理首问负责制，首问责任人全程负责跟踪、跟进和落实投诉事项处理进程，并回复客户。

（4）月编报客户投诉演示文稿及客户服务中心受理与处理情况；落实专人按月负责整理、统计客户投诉资料情况，并建立客户投诉事项台账，做好资料留存工作。

2. 客户投诉的管理规范

（1）处理客户投诉的目的。

1）消除客户的不满情绪，维护公司声誉。

2）确立公司的服务标准体系，提高服务水平，改善服务质量。

3）收集客户信息，挖掘客户潜力在需求，把坏事变成好事，赢得良好的口碑与源源不断的客源。

4）强化公司内部的组织活动（部门之间的协调）。

（2）有效处理客户投诉的原则。

1）快速、真诚、兼听则明、克制、强势。

2）牢记中介方的角色定位，强调中介方的立场。

3）将过错个人化，个别化。

（3）如何减少客户投诉的产生。

1）专业化的品质，规范化的管理。

2）持续不断的培训，提供优质的服务。

3）个人仪表，专业化的素质，非语言沟通。

（4）客户投诉处理程序。

1）法律事务部每接收到一投诉电话，即给被投诉人奖金中扣除5元/人次。

2）法律事务部每接待一例上门投诉，即给被投诉人奖金中扣除50元/人次。

3）法律事务部接到投诉后，即填写《投诉交接单》交由部门经理确认（电话或者传真），法务专员须在1小时内与投诉人建立联系。

4）法务专员须在24小时内向部门经理反馈。

5）接投诉3天后提交书面解决方案，特殊情况不能如期提交解决方案的，要向部门经理提交书面申请，酌情处理。

6）若系个人或者部门过失造成公司声誉损失的投诉，由被投诉部门拟订处罚方案，经最高主管提交总经办审批，视情节严重予以相应处罚，并通告全公司。

7）若系个人过失需赔偿损失的，则全数由该被投诉人承担；若为两人以上共同过失（同一部门或者跨越部门），则依责任轻重分别判定责任比例，以分摊损失金额。损失赔偿过程由最高领导组织实施，并全权负责。

8）员工对处罚结果不服或者有争议的，由当事人3天内向行政部提交申请，交由行政部研究处理。

二、房地产中介经纪机构的交易纠纷管理

1. 公司主动追究解决的交易纠纷管理

（1）法律咨询。

1）分行经理或区域经理向法律事务部专员（以下简称法务专员）咨询。

2）法务专员有义务接受业务一线的咨询。

3）公司顾问律师（以下简称律师）统一接受法务专员的咨询。

（2）委托律师发送《律师函》。对已出现或可能出现的交易纠纷，分行拟通过律师向违约方发送《律师函》。

1）由经纪人员填写《情况介绍及申请表》后，经分行经理确认并交至法务专员。分行须对《情况说明及申请表》内容的真实性负责。

2）法务专员在一个工作日内做出是否委托律师发送《律师函》的判断，并将判断结果电话告知分行经理。如决定不发送《律师函》，须说明不发送理由。

3）法律事务部决定发送《律师函》的，由法务专员将《情况说明及申请表》及《房屋转让合约》提交予律师，律师于2个工作日内发函，同时将《律师函》抄送至业务部。

4）在发送《律师函》之后的5个工作日内，被函告方未采取积极促成纠纷解决的行动，法务专员即以《履约告知函》形式再次敦促其履行合约义务。

（3）要求律师协助解决的情况。如出现需要律师出面协助解决的情况，分行经理需提交《情况说明及申请表》至业务部，由法务专员在1个工作日内决定是否需要律师出面协助解决。

1）不需律师出面协助的，法务专员将律师的意见以书面的形式反馈至分行进行具体操作，法务专员负责跟进事宜。

2）情况确须律师出面协助的，根据公司相关费用审批程序报批，分行相关人员、律师及法务专员确定具体时间，律师予以出面协助解决

（4）提起诉讼或仲裁的申请程序。在发送《履约告知函》后7个工作日内未能达到预期效果的交易纠纷，可通过诉讼或仲裁解决。

1）经纪人员填写《情况说明及申请表》，同时自行收集与交易纠纷相关的所有资料。并将上述资料的复印件随附《材料移交清单》经分行经理确认后提交至法务专员，由其签收确认。分行应该对资料的真实性、准确性和完整性负责。

2）法务专员在1个工作日内将上述资料以传真方式交予律师，由其签收确认。律师在3个工作日内全面审核上述资料并给出是否采取诉讼/仲裁的判断，并以《法律意见书》形式反馈至法律事务部。

a. 若诉讼/仲裁可行。

（a）法务专员将分行提交的《情况说明及申请表》、律师出具的《法律意见书》、《费用预算表》经法律事务部确认并经公司总经理批示同意后，法律事务部向分行出具《案件受理通知书》。

（b）法律事务部负责与律师签订《委托代理合同》，正式委托律师受理案件的相关事宜。

（c）诉讼/仲裁的前期准备 律师在交易纠纷全部资料中挑选出拟作为证据提交的相关资料并书面通知法律事务部；法律事务部在《案件受理通知》中附律师需要分行提交的证据清单，分行在3个工作日内按证据清单收集该相

关资料的原件并附《材料移交清单》一并提交法律事务部；财务部的相关资料由法律事务部配合收集。律师拟订《仲裁申请书》或《起诉状》后交由法务专员向仲裁委或法院立案启动仲裁或诉讼程序。

b. 若诉讼/仲裁不可行　法务专员根据律师的法律意见将理由书面反馈至分行，至此终止以诉讼/仲裁形式解决纠纷，法律事务部对相关文件进行整理归档。如有新的进展且可能有利于进行诉讼/仲裁的（未超过2年诉讼时效），仍可依诉讼或仲裁的申请程序进行。

（5）撤销仲裁或诉讼的情况。在进行诉讼/仲裁的过程中，如需撤销诉讼/仲裁的要进行以下程序。

1）由经纪人员填写《情况说明及申请表》。

2）分行经理确认后提交至法务专员。

3）由法务专员征询律师的意见，并将律师的意见及分行提交的《情况说明及申请表》直接汇报至法律事务部经理。

4）法律事务部经理确认后上报公司原审批领导，根据公司领导的意见进行以下程序。

a. 可撤销的，由法务专员向仲裁委或法院申请撤销。

b. 不可撤销的，继续仲裁或诉讼程序，并由法务专员向分行反馈相关意见及理由。

2. 公司被追究责任的交易纠纷管理

（1）在收到仲裁委或法院的通知及送达的材料后，法务专员即与分行经理及经办经纪人员联系，分行经理及经办经纪人员需积极配合法务专员了解此次交易纠纷的情况及收集相关材料；财务部的相关资料由业务部配合收集。

（2）法务专员将相关资料复印件交予律师，在征询律师法律意见后，按前述诉讼/仲裁报批程序上报公司领导审批。

1）不需委托律师出庭的，由法务专员拟出答辩状与证据材料一并提交到仲裁委或法院，准备开庭答辩。

2）需要委托律师出庭的，由业务部负责与律师签订《委托代理合同》，正式委托律师出庭答辩的事宜。律师在签订《委托代理合同》后的3个工作日内拟出答辩状交业务部，并选出作为证据提交的相关资料书面通知业务部准备。法务专员将答辩状及相关证据资料提交到仲裁委或法院，等待开庭审理。

3. 附则

（1）《情况说明及申请表》以传真形式发送至业务部；就同一交易纠纷增加申请事项的，分行延用原提交的《情况说明及申请表》，不需重新填写。

（2）在交易纠纷处理的各个阶段，法务专员应将交易纠纷解决的进展情况及时与分行沟通并向公司领导汇报。

（3）在交易纠纷处理完结后，由法务专员出具《结案报告》向公司领导及相关人员汇报交易纠纷处理结果并就同类交易纠纷的规避提出建议，最终整理备案。

4. 相关表格

（1）情况说明及申请表（见表3-32）。

表3-32 情况说明及申请表

<table>
<tr><td colspan="3">提交分行：</td><td colspan="4">交易物业：</td></tr>
<tr><td colspan="3">房屋转让合约编号：</td><td colspan="4">拟追收金额： 元</td></tr>
<tr><td rowspan="7">基本事实</td><td rowspan="2">当事人情况</td><td>违约方</td><td colspan="4">姓名： 电话：
地址：
身份证号/营业执照号：</td></tr>
<tr><td>相对方</td><td colspan="4">姓名： 电话：
地址：</td></tr>
<tr><td rowspan="4">合同履行情况</td><td>①诚意金收取</td><td colspan="2">金额： 元</td><td colspan="2">时间：</td></tr>
<tr><td>②定金交纳</td><td colspan="2">金额： 元</td><td colspan="2">时间：</td></tr>
<tr><td rowspan="2">③卖方收取定金</td><td>签收定金</td><td>金额： 元</td><td colspan="2">时间：</td></tr>
<tr><td>实收定金</td><td>金额： 元</td><td colspan="2">时间：</td></tr>
<tr><td colspan="6">情况简介</td></tr>
<tr><td rowspan="4">申请事项</td><td>□发函</td><td colspan="5">提交人：________ 分行经理：________
申请日期：______年____月____日</td></tr>
<tr><td>□要求律师协助</td><td colspan="5">律师参与的方式：
提交人：________ 分行经理：________
申请日期：______年____月____日</td></tr>
<tr><td>□诉讼/仲裁</td><td colspan="5">提交人：________ 分行经理：________
申请日期：______年____月____日</td></tr>
<tr><td>□撤销
诉讼/仲裁</td><td colspan="5">撤销的理由：
提交人：________ 分行经理：________
申请日期：______年____月____日</td></tr>
</table>

注：提交人及分行经理保证以上基本情况的真实性。

（2）材料移交清单（见表3-33）。

表3-33　材料移交清单

移交分行		
追佣对象	姓　名	
	是否有可执行财产	□是　　□否
	可执行财产具体情况	

材料名称	编号	联次	页数	备注（原件/复印件）
□ 中介服务协议书（业主）				
□ 中介服务协议书（客户）				
□ 看楼书				
□ 房屋转让合约				
□ 房屋租赁合约				
□ 补充协议				
□ 附属设施、设备移交清单				
□ 价格确认书				
□ 地址确认书				
□ 文件签收单				
□ 查档单				
□ 公证委托书				
□ 收款收据				
□ 存折				
□ 交易双方身份证				
□ 房地产证				
□《市房地产买卖合同》				
□ 贷款合同				
□ 按揭合同				

移交人：__________　接交人：__________　日期：______________

（3）费用预算审批表（见表3-34）。

表3-34　费用预算审批表

<table>
<tr><td>物业名称</td><td colspan="6"></td></tr>
<tr><td>分行</td><td></td><td>分行经理</td><td></td><td>置业顾问</td><td colspan="2"></td></tr>
<tr><td>情况简介</td><td colspan="6"></td></tr>
<tr><td rowspan="6">费用预算</td><td>诉讼费/仲裁费</td><td colspan="5">________元（追取卖方/买方违约金为________元）</td></tr>
<tr><td>保全费</td><td colspan="5">________元（需提供________元的等额财产担保）</td></tr>
<tr><td>律师费</td><td colspan="5">________元</td></tr>
<tr><td>其他费用</td><td colspan="5">________元</td></tr>
<tr><td>合计</td><td colspan="5">________元</td></tr>
<tr><td colspan="6">备注：诉讼费/仲裁费、保全费由败诉方承担，律师费一般各自承担。</td></tr>
<tr><td>业务部意见</td><td colspan="6">年　月　日</td></tr>
<tr><td>执行董事/总经理意见</td><td colspan="6">年　月　日</td></tr>
</table>

第九节 房地产中介经纪机构业绩管理

一、房地产中介经纪机构业绩管理的意义和要求

1. 房地产中介经纪机构业绩管理的意义

（1）业绩分析。对公司各单成交进行详细的业绩记录，有利于在积累一定量业绩统计数据基础上进行业绩分析，客观地反映公司的业务发展情况，针对性地提出方案，对业务优势进行进一步加强，对业务缺陷进行改善。

（2）财务核算。在中介行业，业务部门乃至行政职能部门的员工的工资是直接与业绩挂钩的，对业绩进行管理，才能保证公司财务工作的顺利开展，保证公司资金的准确结算统计，更保证工资核算的合理性和准确性，让员工获得公平的待遇。

（3）业务标准。业绩管理中对各业务的收费及佣金进行标准化管理，让经纪人员对每一项业务有统一的概念，避免公司员工与员工之间因业绩产生误会。

2. 房地产中介经纪机构业绩管理的要求

（1）统一性。

1）各业务部门使用的业绩报表应统一。

2）各业务部门的业绩计算标准应统一。

（2）严谨性。

1）所有相关汇总报表必须经总经理审批签字后，方能提交财务部。

2）提交给财务部的各项报表，必须准确无误、不得更改；特殊情况下需补充或更改、调整的工资项目，必须经总经理签字批准，财务部方能执行。

（3）及时性。各业务部门必须及时提交工资相关报表，确保工资准时发放。

（4）准确性。

1）各分行经理提交财务部的报表必须准确无误。

2）财务部核算工作必须做到准确无误。

（5）保密性。对工资实行个人透明化、整体保密化。部门如发生工资泄密按违反公司保密制度处理。

二、房地产中介经纪机构的业绩登记管理

房地产中介经纪人员应对每日业务工作进行记录，方便房源客源的日后跟踪，并有助于业绩的核算。工作报表应根据各公司实际开展业务及对经纪人员的工作要求进行编制，以下报表仅供参考。

1. 经纪人日业绩报表

（1）范本一。表3-35主要针对当日经纪人员工作内容及业绩进行登记。

表3-35　经纪人日业绩报表（一）

日期	日工作量汇总								新增房源量		新增客源量		成效业绩							
	商圈档案建立	DM单	贴条	社区宣传	陌拜入户	带看量	匹配在谈	入户勘查房源量	租赁	买卖	租赁	买卖	报价	意向金	三方边数	限时边数	收购边数	租赁边数	佣金收入
6-1																			
6-2																			
6-3																			
6-4																			
6-5																			

（2）范本二。表3-36除当日工作外，还对之前的业务进行跟踪，并包括工作总结等内容，便于经纪人员对业务进行自我分析。

表 3-36　经纪人日业绩报表（二）

20__年 ________店　经纪人________　__月__日　星期__

<table>
<tr><td>工作项目</td><td>商圈调查</td><td>DM派发</td><td>客户拜访</td><td>客户配对</td><td>电话联络</td><td>带看次数</td><td>客户磋商</td><td>房源跟踪数量</td><td>房源数量</td><td>客源跟踪数量</td><td>客源数量</td><td>签订求购/求租委托</td><td>签订出售/出租委托</td><td>成交金额</td></tr>
<tr><td>今日完成</td><td></td><td></td><td></td><td>/</td><td></td><td></td><td></td><td></td><td></td><td></td><td></td><td>/</td><td>/</td><td></td></tr>
<tr><td colspan="3">客户姓名电话</td><td colspan="2">类型/性质</td><td colspan="10">性质描述</td></tr>
<tr><td colspan="3"></td><td></td><td></td><td colspan="10"></td></tr>
<tr><td colspan="3"></td><td></td><td></td><td colspan="10"></td></tr>
<tr><td colspan="3"></td><td></td><td></td><td colspan="10"></td></tr>
<tr><td colspan="3"></td><td></td><td></td><td colspan="10"></td></tr>
<tr><td colspan="3"></td><td></td><td></td><td colspan="10"></td></tr>
<tr><td>本日工作问题反映</td><td colspan="14">原工作计划是否完成：
今天的工作中出现的错误：
是什么状况影响了你的工作：</td></tr>
<tr><td>明天工作计划</td><td colspan="14">除原工作计划目标外，是否有其他的安排？（如调休、请假），是否有什么重要工作安排？</td></tr>
<tr><td>分行经理评语</td><td colspan="14">签名：</td></tr>
</table>

（3）范本三。表 3-37 用于分行的日工作统计，根据经纪人员的日工作报表进行汇总。

表 3-37　经纪人日业绩报表（三）

________房产（　　　　）分行（　　）月份日工作统计表

日期：____月____日 ~ ____月____日

<table>
<tr><td rowspan="2">员工号</td><td rowspan="2">姓名</td><td colspan="4">新增盘源</td><td colspan="2">盘源类型</td><td colspan="4">新增客源</td><td colspan="2">盘源类型</td><td colspan="2">跟踪</td><td rowspan="2">钥匙</td><td rowspan="2">业主委托</td><td rowspan="2">转介</td><td rowspan="2">业绩</td><td rowspan="2">目标</td><td rowspan="2">差距</td><td rowspan="2">合计</td></tr>
<tr><td>上门</td><td>网络</td><td>电话</td><td>其他</td><td>租</td><td>售</td><td>上门</td><td>网络</td><td>电话</td><td>其他</td><td>租</td><td>售</td><td>盘源</td><td>客源</td></tr>
<tr><td></td><td></td><td></td><td></td><td></td><td></td><td></td><td></td><td></td><td></td><td></td><td></td><td></td><td></td><td></td><td></td><td></td><td></td><td></td><td></td><td></td><td></td><td></td></tr>
<tr><td></td><td></td><td></td><td></td><td></td><td></td><td></td><td></td><td></td><td></td><td></td><td></td><td></td><td></td><td></td><td></td><td></td><td></td><td></td><td></td><td></td><td></td><td></td></tr>
</table>

2. 经纪人周业绩报表

周工作报表不涉及具体房源客源内容，主要统计各业务的完成情况（见表3-38）。

表3-38 经纪人周业绩报表

经纪人：　　　　　　　　　　　　　　　日期：　　年　月　日至　　年　月　日

<table>
<tr><th colspan="2">服务客户
项目</th><th>商圈
调查
（次数）</th><th>联络
（次数）</th><th>陌生
拜访
（次数）</th><th>派报
（份数）</th><th>带看
（次数）</th><th>开发
信
（份数）</th><th>收意
向
（份数）</th><th>签合
同
（成交
或续
约）</th><th>交房</th><th>值班</th><th>签订
房产
租赁
委托
书</th><th>签订
房产
买卖
委托
书</th></tr>
<tr><td colspan="2">周一</td><td></td><td></td><td></td><td></td><td></td><td></td><td></td><td></td><td></td><td></td><td></td><td></td></tr>
<tr><td colspan="2">周二</td><td></td><td></td><td></td><td></td><td></td><td></td><td></td><td></td><td></td><td></td><td></td><td></td></tr>
<tr><td colspan="2">周三</td><td></td><td></td><td></td><td></td><td></td><td></td><td></td><td></td><td></td><td></td><td></td><td></td></tr>
<tr><td colspan="2">周四</td><td></td><td></td><td></td><td></td><td></td><td></td><td></td><td></td><td></td><td></td><td></td><td></td></tr>
<tr><td colspan="2">周五</td><td></td><td></td><td></td><td></td><td></td><td></td><td></td><td></td><td></td><td></td><td></td><td></td></tr>
<tr><td colspan="2">周六</td><td></td><td></td><td></td><td></td><td></td><td></td><td></td><td></td><td></td><td></td><td></td><td></td></tr>
<tr><td colspan="2">周日</td><td></td><td></td><td></td><td></td><td></td><td></td><td></td><td></td><td></td><td></td><td></td><td></td></tr>
<tr><td rowspan="2">本月
累计</td><td>计划</td><td></td><td></td><td></td><td></td><td></td><td></td><td></td><td></td><td></td><td></td><td></td><td></td></tr>
<tr><td>实际</td><td></td><td></td><td></td><td></td><td></td><td></td><td></td><td></td><td></td><td></td><td></td><td></td></tr>
<tr><td colspan="2">工作绩效
评定</td><td colspan="3">□优
□中
□差</td><td colspan="2">店长批示</td><td colspan="7"></td></tr>
</table>

3. 经纪人月业绩报表

月工作报表首先对经纪人业务要求进行统计，例如盘客次数是否达到公司要求，否则扣除工资；其次对成交业绩进行记录，方便财务结算（见表3-39）。

表3-39　经纪人月业绩报表

经纪人________　　　　2009年____月

工作项目	小区调查	DM派发	客户拜访	客户配对	电话联络	带看次数	客户磋商	房源跟踪数量	房源数量	客源跟踪数量	客源数量	签订求购求租委托	签订出售出租委托	成交金额
本月计划	6	80	60	624	520	52	10	星期/次	26	星期/次	26	10份	10份	
第一周								星期/次		星期/次				
第二周								星期/次		星期/次				
第三周								星期/次		星期/次				
第四周								星期/次		星期/次				
第五周								星期/次	星期/次					

本月累计所有的房源出售的______套；出租的______套；客源中求购的______个；求租的______个。

（1）本月工作总结：

____

（2）问题寻求解决或建议反映：

____

三、房地产中介经纪机构的业绩结算管理

1. 房地产中介经纪机构业绩确认管理

（1）业绩确认的条件（见表3-40）。

表 3-40 业绩确认的条件

确认条件 \ 项目	住宅		商铺	
	租单	售单	租单	售单
业绩	1. 合同签订，已查档核实产权情况正常 2. 收到客户部分（或全额）佣金 必须符合上述条件，缺一不可	1. 买方定金已转定 2. 卖方第一次开出定金收据给买方 3. 卖方委托经纪方代收买方定金，经纪方已收定金并开出定金代收据给买方 符合上述条件之一的，均可确认业绩	1. 签署了三方合约（或在租赁所签署了买卖合同） 2. 已查档核实产权情况正常 3. 分行经理审核的《成交报告》 4. 买卖方《佣金确认书》 必须符合上述条件，缺一不可	1. 买方定金已转定 2. 卖方第一次开出定金收据给买方 3. 卖方委托经纪方代收买方定金，经纪方已收定金并开出定金代收据给买方 符合上述条件之一的，均可确认业绩

（2）结算的条件（见表 3-41）。

表 3-41 结算的条件

确认条件 \ 项目	住宅		商铺	
	租单	售单	租单	售单
结算	1. 收齐双方佣金 2. 租金及押金已转给业主。（仅适用于承租方通过公司转付款项给业主的租单） 必须符合上述条件，缺一不可	1. 收齐双方佣金、按揭费 2. 新房产证已出 3. 已做物业交接 4. 尾款已付清 必须符合上述条件，缺一不可	1. 签署了三方合约（或在租赁所签署了买卖合同） 2. 已查档核实产权情况正常 3. 分行经理审核的《成交报告》 4. 买卖方《佣金确认书》 必须符合上述条件，缺一不可	1. 买方定金已转定 2. 卖方第一次开出定金收据给买方 3. 卖方委托经纪方代收买方定金，经纪方已收定金并开出定金代收据给买方 符合上述条件之一的，均可确认业绩

2. 房地产中介经纪机构业绩报告管理

（1）成交报告单的填写。业务成交达到业绩确认条件后，由经纪人员填写成交报告单，然后由分行经理签名后交由分行秘书收集（见表3-42）。

表3-42　成交报告单

编号：

成交时间		成交人	房东		经纪人	
			客户		经纪人	
产权证号		案源地址				
成交合同价		收取佣金额				
填表时间		分行		分行经理		
其他						

（2）成交报告单的上交。

1）成交报告单内容应以合同为标准填写完整，分行经理须审核后方能签名。

2）分行秘书于每周周一上午将成交报告传真至区域经理秘书处，由区经秘书进行统计。而未有成交报告单的发“无成交报告”到区经邮箱。

3）区经秘书对成交报告单进行统计，于每月1日中午12:00前发送到总经理办公室，如遇上周末休息则顺延。

（3）结案报告的填写。当成交达到结算确认要求，分行秘书应要求相关经纪人员填写结案报告，并由分行经理签名核对，月底作为业绩结算材料上交（见表3-43）。

表3-43　结 案 报 告

编号：

结案时间		结案人	卖方		经纪人	
			买方		经纪人	
产权证号		案源地址				
结案合同价		收取佣金额				
填表时间		分行		分行经理		
其他						

卖方联系方式：

卖方通信地址：　　　　　　　　　　邮政编码：

买方联系方式：

买方通信地址：　　　　　　　　　　邮政编码：

经纪人姓名：

日期：

3. 房地产中介经纪机构业绩结算标准

房地产中介经纪收费与经纪人员的业绩密切相关，各公司的收费标准不尽相同，经纪人员佣金提成比例也有所区别。

（1）按总业绩结算。根据经纪人员当月工作所收总佣金进行分段提成，即对不同的业绩层次按不同比例提成。表3-44和表3-45中的提成比例仅供参考。

1）置业顾问的业绩结算标准。

表3-44　置业顾问的业绩结算标准

业绩/元	10000以下	10001~15000	15001~20000	20001~35000	35001以上
底薪/元	800	1200	1500	2000	2500
业绩/元		提成百分比		分段金额/元	
1~10000		15%		1350	
10001~20000		20%		1400	
20001~40000		25%		4250	
40001~65000		30%		9600	
65001以上		35%			
备注：分行经理的个人结单业绩提成统一按15%来计算不分段。					

2）分行经理的业绩结算标准：（部门结单业绩÷定编人数×提成百分比）×定编人数。

表3-45　分行经理的业绩结算标准

部门业绩/元	40000以下	40001~60000	60001~100000	100001~150000	150001~200000	200000以上
底薪/元	1600	2200	2800	3200	3500	4000
业绩/元		提成百分比	分段金额/元			
1~9000		5%	450			
9001~16000		6%	420			
16001~33000		7%	1190			
33001~65000		8%	2560			
65001以上		10%				

（2）按具体业务计算。每单业务的完成需要持盘、客方经纪人员的通力协作才能完成，对持盘和持客方经纪人员的业绩分配明确如下。

1）开盘——10%。凡于公司以内或以外所接的楼盘，经纪人员应以第一时间开盘，开盘之经纪人员可将该楼盘成交后公司应收佣金的10%作为业绩。

2）钥匙——5%。业主放盘时，经纪人员能成功向业主争取得到钥匙者，得公司应收佣金的5%作为业绩。

3）独家委托——15%。标准是业主房产证复印件（或购房合同书复印件、银行抵押合同复印件）、业主身份证复印件存放公司，并签署《独家委托代理合同》者，得业绩的15%。

4）三级市场。转介楼盘——10%。经纪人员接到客人委托外区或其他部门（商业部的工、商铺组）负责之楼盘，必须尽快将该楼盘资料转介到负责该楼盘之分行或分公司，若该楼盘成功为本公司售出或租出，则首位接到该楼盘之同事可得公司应收佣金之10%作业绩。

人员填写“转介表”经分行经理签字确认，传真至接受分行，经接受转介分行经理确认（确认件传真给转介分行留存），由接受分行开盘。开盘表上的跟进记录第一条注明盘源人。

5）转介客人——20%。如经纪人员接到商业部或外区负责之楼盘的客人时，可将客人转介到负责该楼盘之部门，成功交易时，可得公司应收佣金之20%作业绩。

6）带客合作——50%。征得自己所在部门和盘方所在部门经理同意并在转介表中确认分成比例，成功交易时，可得公司应收佣金的50%作业绩。

7）评估——10%。经纪人员将信息、评估业务提供给业务部的，成功交易时，可得评估费的10%提成。

4. 房地产中介经纪机构业绩结算流程

（1）结算材料的准备与上交。各分行秘书每月月底将分行整月符合结算条件的成交报告即结算报告附上合同以及分行业绩结算清单上交到业务部。经业务部核对后再交由财务部结算。

1）业绩结算清单范本一（见表3-46）。

表3-46　业绩结算清单（一）

分行：　　　　分行经理：　　　　统计月份：　　　　填表时间：

业务项目	成交时间	案源地址	房东姓名	联系方式	经纪人姓名	应收账款	实收账款	业绩
租/售	结案时间	成交价格	客户姓名	联系方式	经纪人姓名	应收账款	实收账款	业绩
	成交时间	案源地址	房东姓名	联系方式	经纪人姓名	应收账款	实收账款	业绩
租/售	结案时间	成交价格	客户姓名	联系方式	经纪人姓名	应收账款	实收账款	业绩

本月分行应收业绩：

2）业绩结算清单范本二（见表3-47）。

表3-47　业绩结算清单（二）

序号	成交时间	成交编号	合同编号	房屋地址	房屋总价	房东承办人	佣金收入	收款编号	收佣时间	备注
						客户承办人	佣金收入			买卖/租赁
合计										

（2）业务部成交审核。业务部对各分行业绩结算清单进行核对，确保成交的准确和有效性，上交财务部进行业绩结算及工资发放（见表3-48）。

表3-48 业务部成交审核单

经纪人：　　　员工号码：　　　所属分行：

合同编号	结算日期	所收佣金金额	提成比例	应发绩效工资
(1)				
(2)				
(3)				
(4)				
(5)				
(6)				
(7)				

合计：

（3）财务部业绩结算。以下工资结算条款仅供参考。

1）员工业绩结算（见表3-49）。

表3-49 员工业绩结算

员工号	员工姓名	所属分行	基本工资	差旅费	误餐费	电话补贴	交通补贴	住房补贴	加班	补差	应发工资	迟到旷工	病事假	宿舍	行政扣款	部门基金	福利基金	代交保险	计税工资	代缴税款	实发工资

2）分行业绩结算（见表3-50）。

表 3-50 分行业绩结算

序号	分行名称	进账（收取佣金）	出账（工资等费用发出）	结单情况	公司收入明细	备注

5. 房地产中介经纪机构离职人员业绩结算管理

（1）离职人员业绩的结算规定。

1）离职人员应按公司规定办理离职手续，并经分行秘书、财务部等确认资料、物品和财务移交清楚之情况下，如有单未结清，可在该单提成中抽出20%～30%给予负责跟进经纪人员后享有其他提成。如自动离职或在2日内未能办理离职手续，所有提成无权享有，列为分行基金收入，由分行经理负责跟进。该离职转介单经双方签字确认后存于财务部一份，以备核算之用。

2）负责跟进经纪人员，所收提成不予计算在其本人业绩内。提成于该单结算后次月提成发放日发放。

3）经纪人员转岗、调换分行但在同一区域内，其开盘、钥匙、独家代理、转介楼盘资格保留，如有成交，其仍分配相应个人业绩，但业绩上属原分行；如不在同一区域，则仍分配相应个人业绩，但该业绩作为开盘分行的公盘；如离职，则失去取得开盘、钥匙、独家代理、转介楼盘个人业绩的权利，盘源作为开盘分行的公盘。

4）凡经纪人员转岗、调换分行，其客户可带至现分行并分配业绩。如离职，则失去取得转介客人或带客合作业绩的权利，该业绩作为原有之分行公客业绩。

（2）离职人员业绩跟进申请表（见表3-51）。

表 3-51　离职人员业绩跟进申请

离职之营业员姓名：__________ 职员编号：__________
分行：__________ 离职日期：__________
跟进之营业员姓名：__________ 职员编号：__________
分行：__________
跟进的业务：业务类型　　　　物业名称
1. __________ __________
2. __________ __________
3. __________ __________
4. __________ __________

分行经理　　　　区域经理　　　　总经理
姓名：　　　　姓名：
日期：　　　　日期：　　　　日期：
财务部批核：

日期：__________

6. 房地产中介经纪机构逾期业绩结算管理

（1）对超过合同约定期限 14 天以上未能结算的业务即未能按期收取的佣金，负责的经纪人员须填写《迟收佣金解释表》（见表 3-52），对情况进行说明。由分行经理申请追讨，并由区域经理及业务总监核准。

表 3-52　迟收佣金解释表

合同号码：__________ 佣金金额：__________ 应缴日期：__________
负责经纪人：__________ 所属分行：__________
迟收原因说明：__________

分行经理意见：__________ 区域经理意见：__________ 业务总监意见：__________
日期：__________ 日期：__________ 日期：__________

（2）由业务部根据具体情况决定是否由公司法务部介入案件。若介入，

业务部在法务部配合下出具催告函。

催告函范本：

________先生/小姐：

物业地址：____

合同号码：____

截至______年____月____日，我公司已为贵公司/阁下成功代理上述物业之销售/租赁，根据我公司财务部/销售代理合同之记录，贵公司应于______年____月____日向我公司支付佣金共总人民币______元，现已过期14天，但我公司至今未收到贵公司/阁下支付的佣金，烦请贵公司/阁下收信后尽快清付上述佣金。如在此信发出前贵公司/阁下已缴下该款，则此函作废。若有任何疑问，请致电____________，多谢合作！

此致

________中介经纪公司

______年____月____日

（3）若催告函发出一周内仍未收回佣金，则发出催交佣金最后通知，并由负责经纪人直接联系客户进行口头通知，确保客户了解公司的态度及将采取的措施。

催交佣金最后通知范本

________先生/小姐：

物业地址：____

合同号码：____

截至______年____月____日，我公司已为贵公司/阁下成功代理上述物业之销售/租赁，根据我公司会计部/销售代理合同之记录，贵公司应于______年____月____日向我公司支付佣金共总人民币________元，现已过期21天。我公司曾于两周前天前向贵公司/阁下发出催告函，但至今仍未收到贵公司/阁下支付的佣金。现做最后通知，烦请贵公司/阁下收信后7天内清付上述欠款，否则，我公司唯有委托律师，依法诉追。若有任何疑问，请致电____________，多谢合作！

此致

________中介经纪公司

______年____月____日

（4）若最后通知发出一周内未能收回佣金，法务部发送律师函或直接通过诉讼或仲裁等途径开展佣金追讨工作。追讨成功的，按照表3-53中比例提成。

表 3-53 佣金提成比例

佣金总额	出具律师函	调 解	诉 讼
9000 以下	2%	6%	6%
9001～16000	2%	8%	8%
16001～33000	3%	10%	10%
33001～66000	3%	12%	12%
66001 以上	3%	14%	14%

追讨失败，按照公司该单损失总额由公司承担 50%，剩余 50% 由总监、区经、分行经理、置业顾问按比例承担（该单各级别不享受业绩提成）。

第十节 房地产中介经纪机构联动管理

房地产中介经纪机构的一二手联动业务充分利用三级市场丰富的客源服务于二级市场，又充分利用二级市场丰富的盘源、客源服务于三级市场，互惠互利。有能力开展一二手联动业务的中介机构一般都设有一手楼盘代理部（简称代理部或项目部）和二手物业业务部（简称业务部，并设联动部）。由于联动业务涉及经纪人员、中介机构、开发商及其销售团队等不同工作人员，为了完善联动的流程与制度，应建立合理的管理制度保证联动业务的顺利展开。

房地产行业一二手联动业务的种类有公司内部联动项目和开发商申请联动项目。

（1）公司内部联动项目。代理部各代理项目在取得项目《预售许可证》后提出联动申请，经代理部审议，代理部总经理书面批准后参加公司内部联动的项目。

（2）开发商申请联动项目。开发商提出联动申请，经公司批准后签订代理合同的补充条款，在双方约定的代理费之外，对经转介成功销售的物业额外给予现金奖励的项目（成交方特指二级市场）。

一、房地产中介经纪机构联动的前期准备

1. 联动的申请流程

（1）所有参加联动的项目，必须在取得项目《预售许可证》后，填写《项目联动申请表》，经代理部领导书面批准后，方可参与联动。同时，联动信息与指标由联动部统一发布与分配（指标分配以事业部为单位，按在售项目占总项目的比例相应分配）；联动部每月接受所有项目的总转介成交量指标

50 套（纳入考核），超过的需特批；独个项目联动成交指标超过 20 套/月，需要提前 7 工作日做好联动计划与申请。

联动部根据项目需求做好联动前准备；同时，在内部平台上了解各分行最新情况，“项目联动申请”批准后，将申请表提交业务部联动部，由业务部与二级市场楼盘的开发商签订联动协议。联动部在签订协议后的 1 个工作日，及时在公司公布联动项目信息。

（2）联动申请流程图（如图 3-2 所示）。

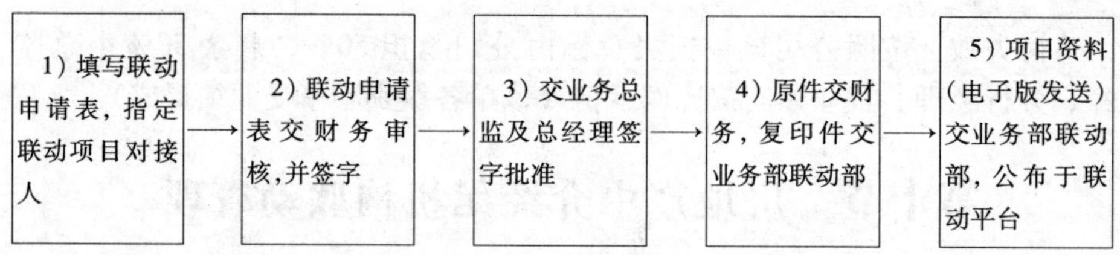

图 3-2 联动申请流程图

（3）项目联动申请表（见表 3-54）。

表 3-54 项目联动申请表

一、联动情况			
项目名称		取得《预售许可证》	是□ 否□
项目经理		电话：	
项目位置			
联动范围	二级市场联动 □；事业部内部联动 □；职能部门人员 □		
联动开始： 年 月 日	联动结束： 年 月 日	楼盘电话：	
二、联动内容			
1. 联动形式（说明：据项目情况在两种形式上选择，两种形式须代理部批准后方可执行，提交的申请表上将选择的联动形式写上。） （1）公司内部联动项目 业绩分配说明，如： 代理费按 5∶5 分别计入双方业绩，二三级经纪人员均按二级提成标准进行提成。 （2）开发商额外奖励的联动项目 业绩分配说明，如： a. 代理费 100% 记入成交方业绩，成交经纪人员在其中按二级提成标准进行提成。 b. 开发商额外奖励 100% 记入转介方业绩，若转介方为二级，转介经纪人员在其中按二级提成标准进行提成。			

（续）

<table>
<tr><td colspan="2">若转介方为三级，转介经纪人员则按二级提成标准的两倍进行提成。
2. 联动指标（说明：如项目有联动指标要求须填写指标量）
（1）转介量指标： a. 单位： 批； b. 考核要求：考核 □ 不考核 □
（2）成交量指标： a. 单位： 套； b. 考核要求：考核 □ 不考核 □</td></tr>
<tr><td colspan="2">三、联动审批</td></tr>
<tr><td>代理部审批</td><td>业务部审批</td></tr>
<tr><td>代理部签字/时间：

审核人签字/时间：

批准人签字/时间：</td><td>审核人签字/时间：

批准人签字/时间：</td></tr>
<tr><td colspan="2">备注：
1. 代理部由营销总监级（含）以上；代理部审核人是指财务部经理；批准人是指代理部或中介经纪业务总监。
2. 此表格一式两份，业务部与财务部各保存一份（财务部保留原件、业务部保留复印件）。</td></tr>
</table>

（4）联动销售及奖励支付的协议。

甲方（委托方）：____________________

地　　　址：____________________

乙方（受托方）：____________________

地　　　址：____________________

为了提高__________项目的销售速度，快速实现销售目标，现在双方原代理合同基础上，双方针对剩余的物业签署补充协议，确定如下事项：

乙方继续对__________项目的销售保持原的销售团队，甲方在双方约定的代理费之外，对经转介成功销售的物业额外给予现金奖励，具体如下：

1）____________________________。

2）____________________________。

3）____________________________。

上述奖励不包含在双方约定的代理费中，该奖金应区分于代理费并进行单

独支付。具体的支付时间是在转介成交的物业签订完《房地产买卖合同》（预售）（或《银行按揭协议》）后 3 日内，甲方将奖金支付给乙方在售楼现场负责销售的项目经理，之后再由项目经理进行分配。

本协议作为《项目委托策划、销售代理合同书》的补充协议，与原合同不可分割，具同等法律效力。

本协议与原合同冲突的条款以本协议为准，本协议未涉及条款及内容仍遵照原合同执行。

本协议自双方签字并盖单位公章之日起生效。

本协议一式两份，甲乙双方各执一份。

甲方：　　　　　　　　　　　　　　乙方：

______年____月____日　　　　　　　______年____月____日

2. 联动的人员准备

（1）按照已审拟的联动申请表制定联动方案。方案包括以下内容。

1）销售目标。联动时间、范围、奖励及方式（要求与“项目联动申请表”上一致）。

2）项目概况。

a. 地理位置及交通（提示：位置不清楚的，可以注明参考位置或物业）。

b. 项目卖点及其他（提示：可以提供 PPT、户型图或均价，卖点整合、标准话术等）。

3）联动推介会模式参考。

a. 公司统一宣讲推介会形式一　项目简要；会议时间、地点、与会人员；会议议程；电话及联系人员。

b. 各分行实地讲解推介会形式二　联动项目组代表到各个分行或项目现场面对面沟通，答疑。

（2）对较大的联动指标项目，该项目需做好联动的人员安排。

1）联动转介/联动成交的数据统计人。

2）项目现场的联动接待、协调工作；项目联动信息与联动部的对接人。

3）联动项目需向中介经纪机构总部或直接向分行提交项目资料（根据分行数量分别部署）。

3. 联动的信息管理

（1）大型的联动项目在联动过程中，有联动转介或成交数据，中介经纪机构联动部及其负责人核对联动相关数据，每周统计后由项目联动对接人发送联动部统一公布。

（2）联动工作中任何变化，如，联动奖励的变化、联动户型的变化等，

项目联动对接人必须及时邮件形式告知联动部，由联动部统一更改并发布；未发布前，一律按原计划执行。

（3）在项目联动工作开展中，项目联动对接人，及时将联动情况邮件给联动部，即：联动转介或联动成交数据、喜讯及联动激励邮件或其他联动相关信息。

（4）按照项目要求，联动部将定期性的公布项目联动相关情况。

（5）联动部每月将正在联动的项目进行总结，即联动成交转介、成交等，在联动平台上公布，让联动信息及时、透明。

二、房地产中介经纪机构联动的执行流程管理

1. 二级市场提供信息给三级市场

（1）提供信息的范围

1）盘源信息。

2）客源信息。

（2）提供信息者填写二、三级市场联动登记表 A（详见第（10）点），其中，除登记确认一栏无须填写之外，其余均须认真填写。填写完毕后，信息提供者传真联动登记表 A 给三级市场目标分行的分行经理，等待确认。如信息提供者无传真条件，可由其部门秘书代为填写，并传真给目标分行的分行经理。为提高效率，信息提供者可以电话方式将信息报给目标分行，之后补填联动登记表 A。

（3）三级市场目标分行的分行经理收到传真后，核查信息的有效性，在收到信息之时起 24h 之内给予答复，即填写联动登记表 A“登记确认”一栏，确认或不确认登记，并回传给信息提供者。

（4）成交后，三级市场成交分行的分行经理须填写二、三级市场联动联动成交表 A（详见第（11）点），由信息提供者及其经理、成交人及其经理共同签名确认。为提高效率，签名确认可通过传真形式。签名确认完成后，成交分行的分行经理须将联动成交表 A 交至财务部。

（5）联动成交后，三级分行经理填报《联动成交报告》，并向二级相关人员反馈；经二级市场信息提供者、项目经理签字确认后，由三级财务文员报送给财务联动专员。

（6）根据二级项目经理签字确认后的《联动成交报告》填写《业绩佣金分配表》报送三级市场结算人员。

（7）联动结算时，需及时通知二级市场结算信息，经反馈确认后在每月报送财务部的销售个人业绩表、结算佣金拆佣表中体现。

（8）分行秘书每周收集部门联动资料（不论成交与否，资料以双方签名确认为准），于星期三上午12时前，编制成《联动情况统计表A》，以电子版的形式报至联动部。所报的信息资料将作为日后查档之首要依据。

（9）联动项目执行流程（如图3-3所示）。

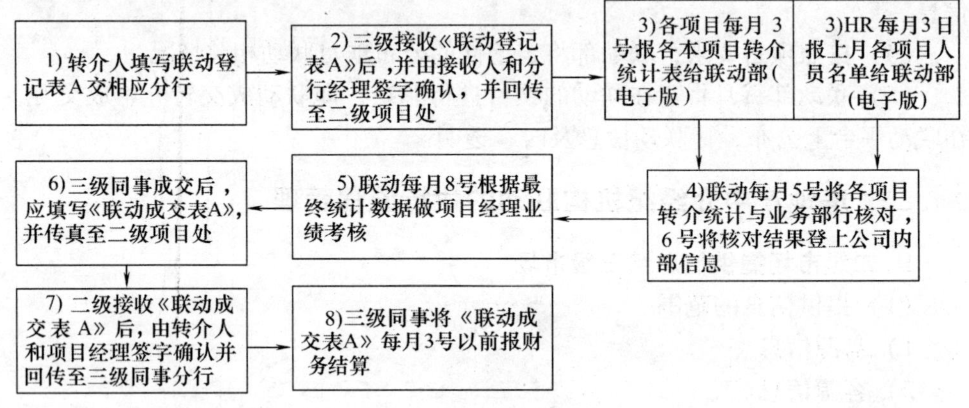

图3-3 联动项目执行流程

（10）联动登记表A（见表3-55）。

表3-55 联动登记表A

适用范围：二级市场提供信息给三级市场，由二级市场项目人员填写。

登记日期：______年____月____日　　　　　　　　编号：____________

联动	致三级市场________________分行　分行经理 提供信息部门：□　二级市场（事业____部______________项目组） 提供信息类型：□　盘源信息： □　客源信息： 提供信息者：____________　项目经理：____________ 联系方式：____________
盘源信息	委托类型：□出售　□出租 物业名称：____________地址：________区____________ 物业类型：□住宅　□写字楼　□厂房　□商铺　□其他 房号：____________　面积：□建筑　□套内________m^2 业主名称：____________　联系方式：____________
客源信息	委托类型：□求购　□求租 客户名称：____________　联系方式：____________ 客户意向：________________________________

（续）

分配比例	二级市场项目组________　三级市场分行________
登记确认	确认登记　接收同事：____________联系方式：__________ 不确认登记　理由：□重复信息　□其他____________ 分行经理：________

（11）联动成交表A（见表3-56）。

表3-56　联动成交表A

适用于二级市场提供信息给三级市场，与三级市场成交报告配套使用，由三级市场经纪人员填写。

成交日期：____年____月____日　　三级市场成交报告编号：________

合约	□房屋转让合约　□房产租赁合约　　编号：____________
物业资料	物业名称：____________　地址：____________ 物业类型：□住宅　□写字楼　□厂房　□商铺　□其他 房　号：________　面积：□建筑　□套内　________m²
交易	租赁　成交单价：________元/月·m²　总价：________元/月·套 买卖　成交单价：________元/m²　总价：________元/套 业主名称：____________　客户名称：____________
	预计公司净佣金收入________元，按揭办证费________元，总计________元
联动	提供信息部门：□　二级市场事业________部　项目组________ 提供信息类型：□　盘源信息　　□　客源信息 提 供 信 息 者：________
佣金分配	转介方 项目名称________　拆佣人________　比例______　金额______ 项目名称________　拆佣人________　比例______　金额______ 项目名称________　拆佣人________　比例______　金额______ 成交方 分行名称____________　比例______　金额______ 分行名称____________　比例______　金额______ 分行名称____________　比例______　金额______ 办　证　人____________　按揭拆佣金额________
签名	提供信息者：________　项目经理：________ 成交人：________　分行文员：________　分行经理：________

2. 三级市场提供信息给二级市场

（1）提供的信息为客源信息，针对二级市场已批准开通联动的项目。

（2）信息提供者填写二、三级市场联动联动登记表 B（详见第（6）点），其中，除登记确认一栏无须填写之外，其余均须认真填写。填写完毕后，信息提供者传真联动登记表 B 给二级市场目标楼盘的项目经理，等待确认。如信息提供者无传真条件，可由本分行文员代为填写，并传真给目标楼盘项目经理。为提高效率，提供信息者可以先将信息电话报给目标楼盘的项目经理，之后补填二、三级市场联动联动登记表 B。

（3）目标楼盘的项目经理收到传真后，核查信息的有效性，自收到信息之时起 24 小时之内给予答复，即填写二、三级市场联动联动登记表 B“登记确认”一栏，确认或不确认登记，并将二、三级市场联动登记表 B 回传给信息提供者。

（4）成交后，二级市场同事填写联动成交表 B（详见第（7）点），并向三级市场人员反馈，经三级市场信息提供者、项目经理签名确认，并传真至三级市场同事。三级市场同事、分行经理签名确认后传真至二级市场同事。

（5）联动成交时，二级市场项目经理填写《联动成交报告》，并向三级相关人员反馈；经三级市场信息提供者、财务文员、分行经理签字确认后，由二级项目经理报送给财务联动专员。联动结算时，需及时通知三级市场结算信息，经三级分行经理反馈确认后在每月报送财务部的《销售个人业绩结算表》中体现，三级分级经理填写结算佣金表报送财务部。

（6）三级市场转二级市场流程图（如图 3-4 所示）。

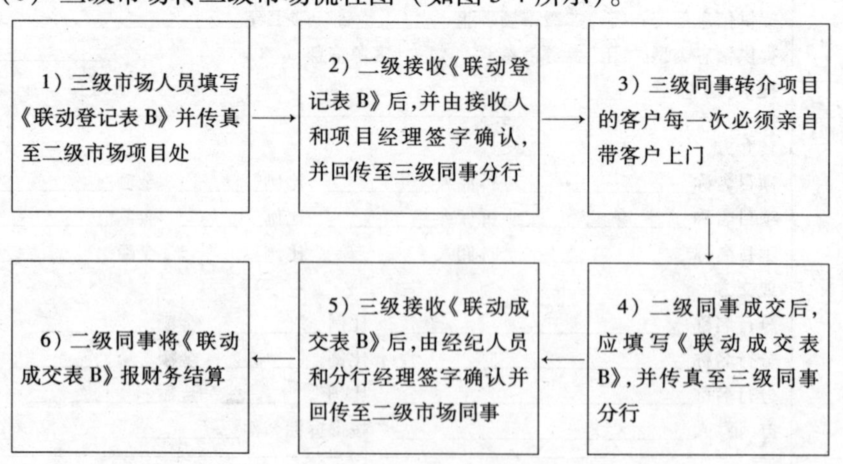

图 3-4　三级市场转二级市场流程

（7）联动登记表 B（见表 3-57）。

表 3-57　联动登记表 B

适用于三级市场提供信息给二级市场，由三级市场经纪人员填写。

登记日期：______年____月____日　　　　　　　　编号：____________

联动	致二级市场____________项目　项目经理
	提供信息部门：三级市场（________分行） 提供信息类型：客源信息 提 供 信 息 者：____________　分行经理：____________ 联 系 方 式：________________________
客源信息	委托类型：求购 客户名称：____________　联系方式：____________ 客户意向：______房______厅______卫生间______阳台 ________________________________
分配比例	二级市场项目组____________　三级市场分行____________
登记确认	确认登记　跟进同事：____________　联系方式：____________ 不确认登记　理由：□重复信息　□其他____________________ 项目经理：____________________

（7）联动成交表 B（见表 3-58）。

表 3-58　联动成交表 B

适用于三级市场提供信息给二级市场并成交，与楼宇认购书配套使用，由二级市场项目人员填写。

成交日期：______年____月____日　　　　楼宇认购书编号：____________

物业资料	物业名称：____________　地址：____________ 物业类型：□住宅　□写字楼　□厂房　□商铺　□其他 房　　号：____________面积：□建筑　□套内____________ m^2
交易	成交单价：________元/m^2　总　　价：________元/套 开发商名称：____________客户名称：____________
	佣金结算方式：□累计补差　□不补差 预计公司代理费收入：________元 预计开发商提供的现金奖励额：________元
联动	提供信息部门：三级市场营业部 提供信息类型：客源信息 提 供 信 息 者：____________
	成交人：____________

（续）

佣金分配	成交方 项目名称________ 拆佣人______ 比例____ 金额______ 项目名称________ 拆佣人______ 比例____ 金额______ 项目名称________ 拆佣人______ 比例____ 金额______ 转介方 分行名称__________ 比例____ 金额______ 分行名称__________ 比例____ 金额______ 分行名称__________ 比例____ 金额______
签名	提供信息者：______ 分行文员：______ 分行经理：______ 成　交　人：______ 项目经理：______

3. 联动工作业绩汇总

（1）在联动工作即将结束时，项目应将联动的最后数据发送联动部，将相关联动最终情况汇总。

（2）联动部根据项目联动申请表的截止日期，修改或撤销公司内部信息平台的联动信息。

（3）如果联动项目的联动时间已到期，但要继续联动的项目，如果与原来的联动申请表内容一致的，填写申请表交联动部即可，不需要再批准；如果内容有变化，需要重新填写项目联动申请表，按照相关流程报相关领导批准后交到联动部；若联动时间没有到期，项目不能不接受联动。

（4）二级市场项目联动情况公布（见表3-59）

表3-59　二级市场项目联动情况统计

项目经理	销售代表	联动客户转介量				联动客户成交量		
		各指标	已完成	未完成	总指标	已完成	未完成	总指标

（5）三级市场项目联动情况公布（见表3-60）

表3-60　三级市场项目联动情况统计

区域	分行名称	分行经理	置业顾问人数	联动客户转介统计		
				各指标	已完成	未完成

三、房地产中介经纪机构联动的业绩管理

1. 业绩的确认原则

（1）联动成交/结算时，联动业绩根据分配标准分别记入成交时双方所在项目（分行）。

（2）若提供信息者或成交人离职。

1）公司辞退。联动成交/结算时，联动提供信息者或成交人已被公司辞退，则被辞退人员不再参与业绩分配。

2）本人辞职。联动成交/结算时，联动提供信息者或成交人已辞职，则辞职人员仍可照常参与业绩分配。

2. 业绩的分配标准和提成比例

（1）公司内部联动项目。

1）二三级业绩的分配标准。三级市场成交的买卖单，对公司所结算的创收，需在拆出按揭服务费后按下述比例进行分配。表3-61中的比例仅供参考。

表3-61　二三级业绩的分配标准

项目 类别	二级转介三级，三级成交		三级转介二级，二级成交	
	二级分佣	三级分佣	二级分佣	三级分佣
提供盘源	15%	85%		
提供客源	30%	70%	50%	50%
提供盘源、客源	45%	55%		

2）个人业绩的提成比例。由二级市场人员主成交时，二三级经纪人员均按二级的提成比例标准进行提成；三级主成交时，二三级经纪人员按各自岗位的提成比例标准进行提成。

佣金优惠调整等因素造成成交报告数据与实际结算金额不一致时，联动最终提成的发放，以财务部核定的实际结算金额为准。

（2）开发商申请联动项目。

1）二三级业绩的分配标准。二级成交方享受正常的代理费，不再享受开发商额外奖励的业绩分配；三级转介分行享受开发商额外奖励，不再享受正常代理费的分配。

2）个人业绩的提成比例。二级经纪人员按岗位的提成比例标准在物业结算的正常代理费中进行提成；三级经纪人员按二级提成比例标准的两倍在开发商提供的现金奖励中进行提成。

（3）特殊分配情况。

1）三级市场盘源信息录入计算机后即成为共享信息，如二级市场提供盘源信息给三级市场，经目标分行的分行经理确认登记后，三级市场任何一间分行成交，算作联动，二级市场及三级市场成交分行均可参与佣金分配。

2）三级市场客源信息为非共享信息，如二级市场提供客源信息给三级市场，经目标分行的分行经理确认登记后，如目标分行未能成交，由三级市场其他分行成交，不算作联动。

3）二级市场客源信息为非共享信息，如三级市场提供客源信息给二级市场，经二级目标楼盘的项目经理确认登记后，如目标楼盘未能成交，由二级市场其他楼盘成交，不算作联动。

4）如二级市场提供信息给三级市场目标分行的A经纪人员，经目标分行的分行经理确认登记后，如由该目标分行的B经纪人员成交，算作联动，二级市场及三级市场的B经纪人员参与佣金分配，目标分行的A经纪人员不参与分配。

5）如三级市场提供信息给二级市场目标楼盘的A销售人员，经目标楼盘的项目经理确认登记后，如由该目标楼盘的B销售人员成交，算作联动，三级市场及二级市场的B销售人员参与佣金分配，目标楼盘的A销售人员不参与分配。

6）如果是多次转介，例如，A提供信息给B楼盘（分行），B楼盘（分行）转给C楼盘（分行），C楼盘（分行）再转给D楼盘（分行）成交，算作联动，只有A和D参与佣金分配。即多次转介中，不管转介多少次，只有第一个提供信息者和最后成交者参与佣金分配。

7）如信息提供者转介的客户，成交后如登记的业主是该客户的直系亲

属、亲兄弟姐妹或其公司机构，此信息提供者参与联动佣金分配。

8）如信息提供者转介的客户成交一单位，后来此客户未经此信息提供者而再次购买成交另一单位，不算作联动，此信息提供者不参与佣金分配。

9）如联动成交时，联动成交人员已离职，则离职人员不参与佣金分配。

3. 业绩问题的罚则制度

由于联动涉及的人员广泛，对接点众多，任一环节出了问题都将影响到之后的流程并最终影响提成的发放。若各岗位人员未能正确履行其职责，造成二三级之间信息不对称时，双方联动业绩及个人提成当月不予发放，待核实后次月按正确数据调整业绩及个人提成，并对直接责任人及签字经理予以一定的处罚，以下金额仅供参考。

（1）成交方漏报、错报联动成交信息，第一次通报批评；第二次通报批评并各罚款 300 元；第三次通报批评、各罚款 500 元并在考核中扣分，以此类推。

（2）成交方隐瞒不报联动信息，第一次通报批评并各罚款 500 元；第二次通报批评并各罚款 1000 元；第三次通报批评、各罚款 2000 元并在考核中扣分，以此类推。

（3）成交方未及时反馈联动结算信息，第一次通报批评；第二次通报批评并各罚款 300 元；第三次通报批评、各罚款 500 元并在考核中扣分，以此类推。

（4）分行经理（分行秘书）业绩结算拆分有误，第一次警告提醒；第二次通报批评并各罚款 200 元；第三次通报批评，各罚款 500 元并在考核中扣分，以此类推。

同类书推荐

《二手房买卖三日通》 余源鹏 主编

本书作者在对房地产行业进行长期实操性研究的基础上，结合最新的政策精神以及当今高房价下的二手房交易的特点，对二手房买卖、租赁、投资等交易问题的知识、手续和操作要诀进行全面地介绍。本书共有三章，分别为二手房买卖的基础知识，二手房买卖的操作知识，二手房交易与投资要诀。本书编写脉络清晰，可以满足不同读者不同时期的二手房买卖、租赁、投资的需要。

ISBN 978-7-111-25838-4 出版年月：2009.1 定价：30.00元

《三天造就二手房租售冠军》 余源鹏 主编

本书重在讲述房地产经纪从业人员达到租售冠军所需要具备的“实操性”业务技能。分从业准备，客户接待，促使成交三部分。通过阅读本书，房地产经纪人员在与实践相结合后，能快速提高租售业务水平。本书是从事二手房租售业务的房地产中介经纪机构进行员工专业知识培训时的首选教案，也是广大房地产中介经纪人员业务技能提升的必备手册和职业晋升的阶梯。

ISBN 978-7-111-25823-0 出版年月：2009.1 定价：30.00元

《房地产项目可行性研究实操一本通》

余源鹏 主编

本书是一本理论与案例相结合的房地产项目可行性研究的实操教科书和工作参考书。全书共分13章，分别介绍了房地产项目的研究概论、概况分析、市场调查分析、规划设计建议与进度安排、费用估算、资金筹措、财务评价、风险分析、方案比选、社会评价及研究的结论和建议等。书中列举了大量优秀案例，进行分析论证，并为读者提供了一份较完整的标准模板。

ISBN 978-7-111-23882-9 出版年月：2008.6 定价：46.00元

《问鼎房地产》 余源鹏 主编

本书针对广大房地产从业人士的需求编写，全书由房地产行业最重要、最常用的四大部分实战知识组成，分别是房地产及其产权、房地产开发全过程、房地产交易与营销、房地产规划与建筑工程。本书内容涉及专业名词解释、常用专业知识、常见问题解答、相关法律法规等。

ISBN 7-111-20438-7 出版年月：2008.4 定价：48.00元

《三天造就售楼冠军》 余源鹏 主编

这是一本面向房地产销售人员的集实用性、全面性为一体的指导性读本。全书分三部分内容，第一部分为售楼冠军是怎样炼成的；第二部分为售楼冠军必备专业知识；第三部分为售楼冠军实战业务流程与技巧。

ISBN 7-111-17140-3 出版年月：2007.9 定价：25.00元

同类书推荐

《房地产一线销售管理》 余源鹏 主编

本书结合房地产销售管理的实际需要，理论联系实践，引入经典的企业管理和营销管理理论，提供了国内许多著名房地产开发公司和销售代理公司的实用管理规章制度和工作流程。

ISBN 7-111-18479-3 出版年月：2008.4 定价：33.00元

《促动楼盘》 余源鹏 主编

这是一本房地产项目开盘活动策划的实战指导书和策划工具书，具有贴近实战的指导和参考作用，使策划人员能够全面、简便、适当、有效地进行房地产项目开盘活动策划。

ISBN 978-7-111-21885-2 出版年月：2008.4 定价：25.00元

物业管理服务实操一本通丛书系列

《物业管理客户服务实操一本通》 余源鹏 主编

本书全面讲述了物业管理客户服务实操的工作内容，使读者对物业管理客户服务工作有更全面和深入的认识，具有实操性、全面性、工具性。本书内容包括客户服务部概述，业户收楼入住管理，业户装修管理，日常业户服务工作，日常物业管理工作，社区文化活动管理。适合物业管理相关人员阅读和参考，特别适合作为物业客服人员的培训教程和工作手册，也可用于物业和房地产专业教学使用。

ISBN 978-7-111-30864-5 出版年月：2010.7 定价：32.00元

《物业管理服务方案编写实操一本通》 余源鹏 主编

本书是一本内容全面的物业管理服务方案编写指导书，全面讲述了物业管理服务方案的编写内容和要点，内容包括企业介绍与项目物业管理服务设想，项目物业管理服务的前期准备工作，项目物业管理服务的正式启动方案，项目物业管理服务的日常运作方案，项目物业管理顾问方案编写要点。为便于读者参考，本书收入了多个实用性的案例。

ISBN 978-7-111-30748-8 出版年月：2010.7 定价：39.00元

同类书推荐

《房地产项目物业管理招标与投标实操一本通》

余源鹏 主编

本书根据最新物业管理条例，从实操角度编写，包括物业管理市场、物业管理招投标概论、物业管理招标实务、物业管理投标实务、物业管理定标实务。本书特别适合广大物业管理服务从业人士阅读，适合作为物业服务企业高层管理人士投标的指导书，同时也非常适合作为物业管理和房地产相关专业师生的教材及参考书。

ISBN 978-7-111-27054-6 出版年月：2009.7 定价：38.00元

《物业管理服务人员实用从业知识三日通》

余源鹏 主编

本书系统讲述了物业管理服务人员在物业管理服务活动中应掌握的基本知识及应了解的各项实操业务。全书分为三部分内容，包括物业管理服务基础知识，物业管理服务实务，各类房屋的物业管理服务。本书具有实操性、全面性、工具性、简明性，可作为广大物业管理服务人员的基础培训手册或自学提升教程，也可供物业服务公司管理人员及广大物业管理专业和房地产专业师生学习参考。

ISBN 978-7-111-27161-1 出版年月：2009.7 定价：38.00元

《物业安全管理实操一本通》 余源鹏 主编

本书从实际操作与管理的角度出发，对物业安全部管理与治安、交通、车辆、消防、应急管理进行了详细的论述。全书共分6章，分别为物业安全管理总论、安全部内部管理、治安管理、交通车辆管理、消防管理、应急处理。

ISBN 978-7-111-26969-4 出版年月：2009.6 定价：36.00元

《物业环境绿化与清洁管理实操一本通》

余源鹏 主编

本书全面讲述了物业环境管理的各方面内容，包括环境管理总述、绿化管理、清洁管理三个部分。书中运用大量的图表、案例，对物业日常管理中所涉及的制度、流程、规范、方法等内容进行了全面简明的介绍，是物业环境管理人员最佳的使用参考书籍、内部工作手册和实操培训教程。

ISBN 978-7-111-26251-0 出版年月：2009.3 定价：24.00元

《物业管理工程管理实操一本通》 余源鹏 主编

本书全面细致地介绍了物业服务公司在对物业进行接管验收时的注意事项以及对物业各设备的管理与维修养护的具体工作。本书适用于物业管理服务企业的土建、水电、机电等专业从业人士阅读。

ISBN 978-7-111-27722-4 出版年月：2009.9 定价：39.00元

读者调查问卷

亲爱的读者：

感谢您对机械工业出版社建筑分社的厚爱和支持，并再次对您填写并寄出（或传真或 E-mail）下面的读者调查问卷表示由衷地感谢！

请邮寄到：北京市百万庄大街 22 号机械工业出版社　建筑分社　收
邮编 100037
电话或传真：010—68994437　E-mail：cmpjz2008@126.com

读者调查问卷

<table>
<tr><td colspan="2">姓名</td><td colspan="2"></td><td>性别</td><td colspan="2">□男　□女</td><td>年龄</td><td></td></tr>
<tr><td rowspan="4">有效联系方式</td><td colspan="2">地址</td><td colspan="4"></td><td>邮政编码</td><td></td></tr>
<tr><td rowspan="3">电话</td><td>手机/小灵通</td><td></td><td rowspan="3">网络</td><td>Email</td><td></td><td colspan="2" rowspan="3"></td></tr>
<tr><td>住宅</td><td></td><td>QQ/MSN</td><td></td></tr>
<tr><td>办公室</td><td></td><td>其他即时方式</td><td></td></tr>
<tr><td colspan="2">现从事专业</td><td colspan="2"></td><td>从事现专业时间</td><td colspan="2"></td><td>所学专业</td><td></td></tr>
<tr><td colspan="2">现有职称</td><td colspan="7">□建筑师　□建筑工程师　□土木工程师　□结构工程师　□建造师　□公用设备工程师
□咨询工程师　□房地产估价师　□城市规划师　□设备监理师　□造价工程师
□电气工程师　□安全工程师　□房地产经纪人　□化工工程师　□其他</td></tr>
<tr><td colspan="2">教育程度</td><td colspan="7">□初中以下　□技校/中专/职高/高中　□大专　□本科　□硕士及以上</td></tr>
<tr><td colspan="2">个人平均月收入(元)</td><td colspan="7">□1000 以下　□1000～2000　□2000～3000　□3000～5000
□5000～8000　□8000～12000　□12000 以上</td></tr>
<tr><td colspan="2">购书名称</td><td colspan="7"></td></tr>
<tr><td colspan="2">本书购买方式</td><td colspan="7">□书店　□网上书店　□邮购　□上门推销　□其他</td></tr>
<tr><td colspan="2">促使您决定购买的直接原因</td><td colspan="7">□内容　□书名　□封面　□现场人员推荐　□报纸/期刊广告
□电视/网络广告　□同事/同行/朋友推荐　□其他</td></tr>
<tr><td colspan="5">您愿意收到与您职业/专业相关图书的信息</td><td colspan="4">□愿意　□不愿意</td></tr>
<tr><td colspan="9">您有何建议？
____
____
____________________</td></tr>
</table>

注：1. 可选择项目用笔在□划“✓”即可。

2. 对信息填写完整的读者，我们将努力为您的职业发展提供更多量身定做的贴心服务（如提供相关职业图书信息，机械工业出版社及其合作伙伴的信息或礼品等）。